# 数字金融发展报告·广州

## （2022—2023）

主　编　江映霞
副主编　潘柳青　吴明琴

责任编辑：黄海清
责任校对：刘　明
责任印制：陈晓川

**图书在版编目（CIP）数据**

数字金融发展报告．广州．2022—2023/江映霞主编；潘柳青，吴明琴副主编．—北京：中国金融出版社，2024.7
ISBN 978－7－5220－2384－7

Ⅰ.①数…　Ⅱ.①江…②潘…③吴…　Ⅲ.①数字技术—应用—金融业—发展—研究报告—广州—2022－2023　Ⅳ.①F832－39

中国国家版本馆CIP数据核字（2024）第072149号

数字金融发展报告·广州（2022—2023）
SHUZI JINRONG FAZHAN BAOGAO · GUANGZHOU（2022—2023）
出版发行　中国金融出版社
社址　北京市丰台区益泽路2号
市场开发部　（010）66024766，63805472，63439533（传真）
网上书店　www.cfph.cn
（010）66024766，63372837（传真）
读者服务部　（010）66070833，62568380
邮编　100071
经销　新华书店
印刷　北京九州迅驰传媒文化有限公司
尺寸　185毫米×260毫米
印张　23.5
字数　478千
版次　2024年7月第1版
印次　2024年7月第1次印刷
定价　108.00元
ISBN 978－7－5220－2384－7

# 《数字金融发展报告·广州（2022—2023）》编纂委员会

# 主编简介

**江映霞**，广州市数字金融协会副会长、秘书长，华南理工大学硕士，高级经济师，连续三年入选广州市产业急需紧缺人才；拥有十多年越秀集团、无线电集团等大型国企管理经验。获得省市科技进步奖；作为项目负责人主持省科技项目 1 个、市科技项目 2 个，参与国家级项目 2 个和省市级项目 10 多个，获得发明专利 1 项，发表论文多篇；参与和主导制定多项国家标准、地方标准、团体标准；兼职华南理工大学、广州大学等高校专业硕士校外导师；省科技厅、省工信厅、市科技局、市工信局、市金融委等单位评审专家库成员。

**潘柳青**，广州市数字金融协会总工程师，国防科技大学硕士，高级工程师。享受国务院政府特殊津贴，广州市高层次人才。长期从事计算机、网络系统、信息安全、信息管理，大数据政策、标准、产业和系统平台建设等工作；从事数字金融工作，研究数字技术驱动金融和产业转型升级，“金融 + 科技 + 产业 + 人才”的数字金融生态圈建设等工作。多次承担国家级和省部级科技项目，获科技成果奖多项，发表论文多篇，多次参与教材编写，获发明专利 1 项。入选财政部、广东省政府（发改委、财政厅、工信厅）、广州市政务服务和数据管理局专家库。

**吴明琴**，华南师范大学教授，香港大学博士，新加坡国立大学、美国匹兹堡大学访问学者。现任华南师范大学经济研究所所长、亚洲开发银行外部咨询专家。研究方向集中在数字金融、创新创业、环境保护和社会保障等领域。在国内外经济学顶级期刊发表论文多篇，曾主持国家自然科学基金项目和多个省部级项目。

# 序　　言

党的二十大报告提出，加快发展数字经济，促进数字经济和实体经济深度融合，打造具有国际竞争力的数字产业集群。数字金融是数字经济的重要组成部分，并为数字经济的发展提供重要支撑。它旨在通过数字化技术来提高金融服务的效率和普及率，承担着积极变革、主动服务、推动实体经济与数字化发展相融合的重大历史使命。金融科技是数字金融发展的重要技术基础。国务院印发的《“十四五”数字经济发展规划》提出了一系列关于金融科技的重要任务，包括强化金融科技治理，全面塑造数字化能力，加强数据能力建设，建设绿色高可用数据中心，深化数字技术金融应用，健全安全高效的金融科技创新体系等。这些任务的实施将为科技赋能金融提供新的数字环境，为金融发展提供新的数据资源和技术基础，进一步推动数字金融和数字经济的高质量发展。

2023 年 10 月 31 日，中央金融工作会议提出金融强国目标，要求做好科技金融、绿色金融、普惠金融、养老金融、数字金融五篇大文章。金融科技是五篇大文章的重要技术支撑。金融业需要以数字化技术提升其发展质量，以适应数字经济时代的需求。数字技术如云计算、大数据、人工智能、区块链等的大规模应用，可以提高金融业的服务效率、安全性和用户体验，有效防范风险和降低成本。

如何进一步发展普惠金融服务、绿色金融服务，重要的问题是如何降低金融服务成本，从而降低实体经济和社会的融资成本，这是发展数字金融的重要目标。数字金融的主要业态包括数字支付、数字银行、互联网证券、数字保险、数字征信、互联网小额贷款、产业链金融和消费金融等，都以不同的技术、不同的内涵和不同的方式支撑普惠金融和绿色金融的发展。同时，打造具有国际竞争力的数字产业集群，也离不开数字金融的支持。

要充分发挥金融科技在金融风险防控和监管方面的应用。充分运用云计算、大数据、人工智能、区块链等先进技术，提高交易的透明度和可追溯性，提高识别新型金融犯罪的能力，提高实时监控能力，减少欺诈和不当行为的可能性，减少合规成本，防范“黑客”攻击和数据泄露。帮助金融监管机构更好地理解和应对市场风险，提高监管效率，保护投资者利益、维护金融市场的稳定性，维持监管和创新之间的动态合理平衡。

广东的数字经济实力雄厚，拥有众多高新技术企业，推动数字金融的迅速发展，同时也为金融科技的发展提供了强大的产业基础。广州高度重视金融科技的发展，通过政、学、研、产等多维度合作，在金融科技领域具有较大的优势。广州作为重要的金融科技创新聚集中心，创新氛围浓厚，成立了全国首个数字金融协会，在数字金融领域先行先试方面取得了显著成效。广州成功落地了金融科技创新监管、资本市场金融科技创新、数字人民币、区块链创新应用等一批国家级创新试点项目，成为全国获得此类改革创新试点最多的城市之一。特别是在资本市场金融科技创新项目中，广州首批落地的项目数量达13个，且通过率在试点城市中位列第一，这标志着广州在金融科技领域的创新能力得到了国家和社会的认可、支持。这些创新试点成果，为广州在数字金融方面的探索打下了坚实的基础、提供了丰富的经验，这些在本书中得到了很好的体现。

本书从国内外数字金融形势着眼，从广州数字金融以及金融科技的发展着手，分析了国内外的发展形势，数字金融及金融科技的应用，存在的风险与监管措施，总结了广州数字金融及金融科技的发展成果和经验，剖析了存在的困难，提出了实用的对策建议，撷取了多篇金融机构、科技企业、地方金融等领域的专业研究、总结文章。希望该书的正式出版，使“广州经验”得到更好的推广，为促进我国金融业进一步深化改革与高质量发展提供有益的启示和借鉴。

**陈　静**
**中国人民银行科技司原司长**
**中国互联网协会数字金融工作委员会专家委员会主任**

# 目　录

## 求索篇


做好数字金融大文章　打造数字金融标杆城市
……………………………………………… 中共广州市委金融委员会办公室（1）

做好科技金融大文章　为广州市科技创新高质量发展提供金融支撑
……………………………………………… 中共广州市委金融委员会办公室（8）

数字金融发展概述
…………………………………………………………… 广州市数字金融协会（14）

广州数字金融发展情况分析
……………………… 杨连成　袁　峰　王利华　张子昱　张　晖　赖建军（63）

创新社会组织建设内涵　赋能数字金融高质量发展
………………………………………………………………… 谈新艾　江映霞（85）


## 数字篇


人工智能语言大模型在广州金融领域发展趋势与应用研究
………………………………… 徐天适　孙峥峥　杨　旭　文　莉　杨　波（114）

区块链技术在银行领域的应用与分析
…………………………………………………… 李安琪　郭桂福　彭点点（128）

运用新一代信息技术　做好金融风险监测防控工作
…………………………………………… 汪　俭　钟文良　李　莉　张海华（145）

金融科技背景下商业银行数字化转型研究
…………………………………………………… 袁星飞　齐贝贝　纪成金（161）

基于区块链技术的产业链金融服务助力乡村振兴
…………………………………………… 莫小锋　钟　毅　朴晓光　兰家隆（181）

基于大数据云服务的数字化客群运营生态建设
……………………………………………… 中国工商银行广州分行课题组（190）

## 金融篇

服务贸易数字化与数字金融
……………………………………………………………………… 熊　凌（204）
我国城商行数字化转型现状及分析——以广东省城商行为例
……………………………………………………………… 郑　鸿　曾　翔（216）
利用 LSTM 模型分析宏观因素对广州期货交易所碳酸锂和
工业硅品种期货价格的影响
……………………………… 上海杉达学院智能金融创新研究中心课题组（237）
推动数据资产金融化，强化数据资产计量
……………………………………………………………… 徐　燕　苏柏杨（265）
数智技术在投研领域的应用——以广发证券智慧数系统为例
………………………………………………………… 广发证券智慧数课题组（276）
基于批流一体架构的标签平台在消费金融领域的应用
…………………………………………… 朱　威　唐镇坤　李浩民　王　珏（285）

## 发展篇

广州数字金融司法发展研究报告（2023）
……………………………… 罗玲玲　黎　明　陈嘉敏　覃书凝　谭嘉霖（295）
地方金融控股集团数字化演进与展望
…………………………………………… 广州越秀金融科技有限公司课题组（319）
论我国个人金融数据法律监管体系的完善
………………………………………………………… 钟　瑜　李小龙　汪靖欢（330）
数字科技下普惠金融与绿色金融融合发展路径研究——以广州市为例
……………………………………………………………………… 周贤娴（345）

# 求　索　篇

## 做好数字金融大文章　打造数字金融标杆城市

中共广州市委金融委员会办公室①

2023 年 11 月，中央金融工作会议提出要“做好科技金融、绿色金融、普惠金融、养老金融、数字金融五篇大文章”，明确将数字金融作为我国金融体系高质量发展的重要组成部分。2021 年 9 月，广州市制定了《广州市金融发展“十四五”规划》，提出了创新金融政策体系、深化金融改革的一系列措施，并明确提出创建广州数字金融标杆城市。同时，出台了《关于推动广州金融科技创新发展打造数字金融标杆城市的工作方案》，进一步明确建设“数字金融标杆城市”发展定位。目前，广州市在数字金融政策制定、数字金融基础设施和金融生态建设、创新试点和金融监管、服务实体经济和民生等方面取得了部分重要成果。这些成果的取得得益于上级政策的支持，得益于金融机构、监管部门的共同努力和不断探索。

### 一、政策支持，引路护航

#### （一）国家层面有关政策

——党的二十大报告提出，要加快发展数字经济，促进数字经济和实体经济深度融合，打造具有国际竞争力的数字产业集群。

——国家“十四五”数字经济发展规划提出，要加强数字基础设施建设，完善数字经济治理体系，协同推进数字产业化和产业数字化，赋能传统产业转型升级，

① 2024 年 3 月，广州市地方金融监督管理局正式更名为中共广州市委金融委员会办公室。本书下文以事件发生时点为依据使用名称。

培育新产业新业态新模式，争取到2025年数字经济核心产业增加值占国内生产总值比重达到10%。

——《粤港澳大湾区发展规划纲要》提出，支持粤港澳大湾区在科技金融等领域开展深度合作。

——《国务院关于印发进一步深化中国（广东）自由贸易试验区改革开放方案的通知》（2018年）提出，要大力发展金融科技，在依法合规前提下，加快区块链、大数据技术的研究和运用。

——《广州南沙深化面向世界的粤港澳全面合作总体方案》提出，推动金融与科技、产业深度融合，探索创新科技金融服务新业务新模式。

——《数字中国建设整体布局规划》（2023年2月中共中央、国务院印发）提出，数字中国建设的整体框架，标志着数字经济被放到更重要的位置。

——《关于加快构建新型基础设施建设的意见》（2020年，国务院发布）提出，加强5G网络、数据中心、人工智能、工业互联网等新型基础设施建设以支撑数字经济的发展。

——《金融科技发展规划（2022—2025年）》（2022年，中国人民银行印发）提出，新时期金融科技发展指导意见，明确金融数字化转型的总体思路、发展目标、重点任务和实施保障。

——《关于金融支持粤港澳大湾区建设的意见》（人民银行、银保监会　证监会　国家外汇管理局2020年联合印发）提出，进一步提升粤港澳大湾区金融服务创新水平，加强科技创新金融服务，大力发展金融科技。

——中国人民银行启动数字人民币试点项目（2017年），探索数字货币在零售层面的应用，推动金融服务的数字化和智能化。

### （二）广东省层面有关政策

——广东省“十四五”规划提出，要推动金融数字化智慧化转型，支持金融科技依法规范发展。

——《关于支持广州市天河中央商务区建设“四个出新出彩”示范区的行动方案》（省委深改委2022年7月出台）提出，支持推动广州市天河中央商务区（包括天河北、珠江新城、广州人工智能与数字经济试验区广州国际金融城片区）打造成为综合城市功能、城市文化综合实力、现代服务业、现代化国际化营商环境出新出彩示范区。

## 二、积极作为，成效明显

近年来，广州市高度重视数字金融创新发展，先后出台一系列支持政策，落地数字人民币、金融科技创新监管、资本市场金融科技创新、区块链创新应用金融科技领域等一批国家级创新试点项目，大力打造数字金融生态体系，积极提升地方金融数字化监管能力水平，各项工作均取得了较好的成效。

### （一）注重数字金融发展政策顶层设计

将数字金融发展纳入广州市金融业“十四五”规划，提出要加快建设大湾区数字金融科创中心，创建数字金融标杆城市。印发《关于推动广州金融科技创新发展打造数字金融标杆城市的工作方案》，提出推动金融业态与数字科技深度融合发展，推进广州地区金融机构数字化转型，构建金融科技和数字金融生态圈，培育金融科技和数字金融创新龙头企业及聚集区。

### （二）加大对金融科技和数字金融企业的支持力度

出台《加大力度支持科技型企业融资的若干措施》，引导金融资源投向科技型企业和科创产业链群，加速金融、科技、产业融合发展。修订《关于支持广州区域金融中心建设的若干规定》，将金融科技主体纳入政策扶持范围，给予奖励补贴并鼓励其落户广州。支持天河区、广州开发区、南沙区大力发展金融科技产业，出台金融科技扶持政策。实施《广州市加快推进企业上市高质量发展“领头羊”行动计划（2020—2022 年）》和《广州市加快推进企业上市高质量发展“领头羊”助力产业领跑行动计划（2023—2025 年）》，加大在新兴支柱产业及优势产业的上市培育力度，截至 2023 年末共有数字科技类上市企业 15 家。印发《广州市关于促进金融科技创新发展的实施意见》，大力发展和利用金融科技，推动广州市金融业转型升级。

### （三）大力推动数字金融基础设施建设

以“一台、一园、一室”（广州地方金融数字化基础设施平台、广东数字金融产业园、中大湾谷风险管理技术实验室）为基础，全力打造广州市“金融 + 科技 + 产业 + 人才”数字金融生态圈，目前已入驻广州民间金融街信用数据技术有限公司、广州湾谷数字技术公司、中山大学国家级实验室、国家超级计算广州中心等一批产业核心企业、数字金融机构、科研实验室、行业协会以及中国联通广州分公司建设的“广州数金云”“广州地方金融数字安全运营创新中心”。推动设立广州市数字金融协会、广州数字金融创新研究院等组织，为广州市数字金融发展搭建桥梁、提供智库支持。

### （四）数字金融领域创新成效明显

持续深化金融科技创新监管工具运用，支持鼓励广州地区金融机构运用数字科技稳步推动金融改革创新，自 2020 年实施以来已落地 12 个金融科技创新项目；加快开展资本市场金融科技创新试点，助力广州资本市场机构数字化转型，已落地第一批 13 个试点项目，通过率在各试点城市中排名第一；成功获批“区块链 + 贸易金融”和“区块链+股权市场”两个特色领域试点，积极探索区块链技术在金融领域的创新应用。连续两年举办金羊“点数成金”数字金融创新案例示范活动，遴选出30多个数字金融创新案例，涵盖产业链金融、智能风控、移动支付等重要领域的实践成果。

## （五）创新推动数字人民币应用场景“广州模式”

获批数字人民币试点资格以来，围绕“系统性”“人民性”“示范性”“引导性”“市场性”“普及性”六大方面，积极探索创新更多数字人民币应用场景落地。截至2023年11月末，广州市已在食、住、行、游、购、娱、医、税、公积金9类重点民生领域及重大活动、政务服务、惠民助农等14类特定领域落地特色应用场景，累计开立个人钱包983万个（2023年新增326万个）；流通业务总计227亿元、6 176万笔；落地支持数字人民币支付商户门店93万个（2023年新增58万个）。2023年，在第134届广交会、国际金融论坛（IFF）20周年全球年会等大型国际性活动中提供数字人民币钱包移动支付、硬钱包兑换等服务；在南沙创享湾粤港澳青创基地举办广州市首个数字人民币跨境消费节；在港科大（广州）校区举办数字人民币进校园联结穗港主题活动；由市属国企广电运通自主研发的“数字金融+产业”数字人民币生态合作平台项目在第五届中新（苏州）数字金融应用博览会亮相。此外，广州市地方金融监督管理局报送的“创新推动数字人民币应用场景‘广州模式’”项目获首届广州市区直机关“金穗杯”工作创新大赛三等奖。

## （六）大力推进中小企业信用信息平台建设及推广应用

发挥“粤信融”“中小融”“信易贷”等中小企业信用信息和融资对接平台作用，融合企业政务信息、互联网信息和金融数据等多维数据源，为金融机构提供更精准、全面的企业信用画像，促进银企融资对接更高效、便捷。截至2023年11月末，“粤信融”平台广州地区注册中小微企业约23.46万家，上线235款信贷产品，累计撮合融资37.76万笔，放款金额1 546.3亿元；“信易贷”平台广州站上线金融产品179个，累计放款金额2 015.02亿元；“中小融”平台广州地区共57家银行机构上线116款产品，累计为656家中小微企业放款31.24亿元。

## （七）积极推动地方金融业态数字化转型

小贷公司方面，结合广州市小贷“瞭望塔”监管系统推广运用工作，全面推动将广州市传统小贷公司纳入数字化运营轨道。在典当行方面，目前广州市持证且正常经营的93家已全部采用全国典当信息管理系统企业端或者典当通软件进行展业并实现数字化经营。在交易场所方面，结合《广东省交易场所监督管理办法》全面推动各交易场所建设数字化交易系统并实现数字化平台展业。在融资担保公司方面，构建了“增信+分险”政策性融资担保机制，初步形成以广州市融资再担保有限公司为核心，区级政府性融资担保机构为骨干的“1+4”政府性融资担保体系。

### （八）数字科技赋能金融监管水平不断提升

指导广州金融风险监测防控中心优化升级监测系统，建成18个子平台，获得18项软件著作权、6项发明专利，获得广东省高新技术产品认定、人民银行金融科技试点。截至2023年12月末，广州金融风险监测防控中心共监测全市约23万家企业，发现风险企业335家，实现对地方金融风险监测全覆盖。推动筹建广州金鹰地方金融调处中心，打造智能化“互联网金融非诉案管”平台，截至2023年10月末调解成功结案25 360宗，履行金额达1.79亿元。推出全国首个私募投资基金行业数字化线上综合服务平台——广州私募基金“瞭望塔”平台系统。打造以“监管链、司法链、征信链、风控链、服务链”有机衔接的地方金融“五链协同”监管和服务体系，有效降低诉讼调解、司法救济举证难度并实现案件批量智审，2022年该体系获评第三届“新华信用杯”全国信用案例。

## 三、存在的问题

一是支持数字金融发展的政策需继续完善。广州市财政对金融科技或数字金融相关主体落户的支持力度需要加大，例如，对国家金融监管部门及其直属机构在广州发起设立的相关重要金融科技机构，奖励按其实收资本的2%一次性给予，最高不超过1 000万元，远低于深圳、苏州、重庆等地。

二是推动广州数字金融发展的金融科技龙头企业数量不足。在毕马威发布的《中国2022领先金融科技双50企业名单》中，北京、上海、深圳分别有34家、25家和23家企业入榜，而广州仅有3家上榜。在中关村金融科技产业发展联盟和中关村互联网金融研究院联合发布的《2022中国金融科技竞争力100强榜单》中，广州只有云从科技、天星数科、巨杉数字库3家企业入围（北京、上海、深圳、杭州分别有33家、14家、12家和10家企业上榜），在很大程度上制约了广州市数字金融的创新发展。

三是缺少金融科技所依托的核心技术研发企业。相比传统金融，金融科技发展更依赖底层的大数据分析、云计算、人工智能等数字技术，相比北京、杭州、深圳等城市，广州在金融科技的五大关键领域（人工智能、区块链、大数据、云计算、物联网）的技术先发优势并不突出，独角兽企业数量在国内城市排名中也不靠前。

四是数字金融人才队伍建设亟须加强。从总体来看，广州市数字金融复合型人才供给未能充分满足数字金融发展的需求，尤其是中小金融机构受到多种条件的限制，难以吸引或培养复合型的数字金融人才。根据相关研究，广州市数字金融职位数量仅占数字化岗位的5.3%，数字金融人才仅占数字化人才的4.8%。此外，从地域吸引力来看，深圳、香港等周边城市同样具有良好的传统金融基础，再加上金融创新发展迅速，同广州相比发展前景更好，对人才的吸引力强于广州。

五是金融数据共享和流通机制有待完善。数字金融天然需要依靠数据经营，促进金融数据开放与流通有利于健全数字金融数据治理体系。从目前的情况看，广州市政府部门之间、企业机构之间等维度的数据共享和流通机制尚未建立起来。根据复旦大学数字与移动治理实验室发布的《2022中国地方政府数据开放报告》，在地级城市排名中广州市居第27位，远远落后于深圳、贵阳等城市。

六是地方金融业态数字化转型成效不够明显。由于广州市大部分“7+4”地方金融组织规模不大，在数字化转型方面的投入相对有限，搭建一整套完整的现代公司治理体系、内控管理和风险管控体系存在一定难度。

七是数字金融监管能力有待加强。随着金融业与科技加速融合、创新发展，金融活动参与主体呈现多元化发展趋势，新型金融安全问题持续增长，少部分数字金融新业态的经营主体游离于金融监管体系之外，例如，一些金融科技公司、供应链金融公司等。此外，人员编制、职责权限、监管工具等方面仍然是制约广州市数字金融监管能力提升的重要因素。

## 四、下一步工作思路

为做好数字金融大文章，2024年广州市数字金融工作应重点做好以下几个方面。

### （一）加强数字金融发展政策支持

深入贯彻落实省委“1310”具体部署、市委“1312”思路举措和广东省及广州市金融发展“十四五”规划，结合《广州南沙深化面向世界的粤港澳全面合作总体方案》《关于金融支持粤港澳大湾区建设的意见》，研究制定支持广州市数字金融发展若干措施，并纳入广州金融业高质量发展“1+N”系列政策，把打造数字金融标杆城市作为未来一段时间内广州市数字金融发展的重要任务。

### （二）持续夯实广州市数字金融产业布局基础

认真实施《加大力度支持科技型企业融资的若干措施》《广州市加快推进企业上市高质量发展“领头羊”助力产业领跑行动计划（2023—2025年）》，助力广州市金融科技企业培育发展。支持易方达基金在穗设立金融科技子公司；积极推动和培育一批数字化转型成效显著的持牌金融机构。

### （三）积极推动广州市数字金融基础设施建设

围绕人工智能、区块链、大数据、云计算、物联网等技术领域大力推进数字金融基础设施建设。积极争取国家监管部门及直管机构、头部金融机构、大型科技公司等在广州设立数字金融设施、平台。进一步对接中国金融电子化集团，争取该集团在广州设立相关国家级金融科技平台。大力支持广电运通金融电子股份有限公司、中科汇智（广东）信息科技有限公司等本地金融科技企业做大做强。

### （四）大力推进广州市数字金融生态圈建设

加快推进广东数字金融产业园建设，建立完善工作机制，积极推进产业园国际金融城地块项目建设相关工作，努力把产业园建设成为有影响力的数字金融服务集群平台。充分发挥广州数字金融创新研究院、广州市数字金融协会等数字金融智库在行业发展、理论研究、人才培养、交流合作等方面的作用。引导数字金融企业、广州科研院所、高等院校等优势资源打造金融科技和数字金融人才培育体系，开展金融科技、数字金融职业技能培训和相关资格认证。

### （五）创新打造广州数字金融名片

结合第 13 届中国（广州）国际金融交易 · 博览会（金交会）契机举办数字金融节，包括金羊“点数成金”数字金融创新案例示范活动，2024 中国（广州）金融科技大会等，全面展示广州资本市场金融科技创新试点成果及相关金融机构和科技企业的优秀技术成果、数字人民币应用场景成果。组建数字金融标准化专委会，推动发布多项国内首创团体标准，推动广州首批金融地方标准编写和发布。

### （六）进一步推动数字人民币应用场景建设

加强跨部门、跨行业的沟通和合作，完善数字人民币线上线下受理环境，不断夯实数字人民币应用的社会基础。持续扩大在民生、体育、消费、文旅、公交等领域数字人民币应用场景覆盖面；结合数字人民币应用场景探索推动北京路、永庆坊等数字金融示范商圈、示范园区建设；在境外商贸人员聚集区推动数字人民币在跨境商贸中进行支付结算；探索在教育、餐饮预付费等领域的应用。面向社会、校园做好宣传推广工作，持续普及数字人民币使用常识。

### （七）努力提升数字金融监管工作能力水平

在数据资源、学术资源、机制建设、技术升级等方面大力支持广州金融风险监测防控中心建设发展，探索引入本地政务数据和地方金融机构业务数据，提升监控水平并扩大覆盖面；指导该中心积极参与粤港澳大湾区统一的数字金融监管平台建设。充分发挥广州私募基金“瞭望塔”平台系统作用。深化地方金融“五链协同”监管机制，进一步提升金融科技在地方金融监管治理体系和治理能力建设中的作用。

# 做好科技金融大文章<br>为广州市科技创新高质量发展提供金融支撑

中共广州市委金融委员会办公室

中央金融工作会议提出，要做好科技金融、绿色金融、普惠金融、养老金融、数字金融五篇大文章，加强对重点领域和薄弱环节的优质金融服务。近年来，中共广州市委金融委员会办公室围绕“产业第一、制造业立市”“科创强市”战略，全力做好科技金融大文章，积极构建全方位、多层次的金融支持科技创新融资服务体系，为科技创新高质量发展提供了有力的金融支撑。

## 一、上级有关政策

（一）《中共中央关于制定国民经济和社会发展第十四个五年规划和二〇三五年远景目标的建议》强调，完善金融支持创新体系，促进新技术产业化规模化应用。

（二）《粤港澳大湾区发展规划纲要》提出，打造国际科技创新中心和国际金融枢纽。

（三）2020 年中国人民银行等部门印发的《关于金融支持粤港澳大湾区建设的意见》要求，加强科技创新金融服务，积极探索多样化的金融支持科技发展业务模式，研究推进金融对接科技产业的服务模式创新。

（四）2023 年国家有关部门联合出台《加大力度支持科技型企业融资行动方案》，引导金融机构根据不同发展阶段的科技型企业的不同需求，进一步优化产品、市场和服务体系，为科技型企业提供全生命周期的多元化接力式金融服务。

（五）广州市先后出台《广州市人民政府办公厅关于促进科技金融与产业融合发展的实施意见》《广州市促进科技金融发展行动方案（2018—2020 年）》《广州市加大力度支持科技型企业融资的若干措施》等，全面部署科技金融工作。

## 二、有关工作开展情况

### （一）出台《广州市加大力度支持科技型企业融资的若干措施》

2023 年 10 月 11 日，广州市地方金融监督管理局、广州市科学技术局、中国人民银行广东省分行营业管理部、国家金融监督管理总局广东监管局、中国证券监督管理委员会广东监管局联合印发《广州市加大力度支持科技型企业融资的若干措施》，从优化间接融资支持、加大直接融资支撑、加强财政资金支持、强化数字技术赋能、谋划顶层设计等方面，提出强化银行信贷供给、加大保险资金投入、培育科技企业上市、发挥引导基金作用、营造风投创投发展环境、创新知识产权融资服务、争创广深科创金融改革试验区等13条具体举措，拓展科技型企业融资渠道，引导金融资源向各类科技型企业项目、重点科创产业链群集聚，促进科技、产业、金融融合发展。

### （二）不断提升科技信贷供给

一是用好阶段性科技创新再贷款。加大对科技创新领域的信贷投放，截至2023年11月末，引导19家银行金融机构发放优惠贷款近370亿元，涵盖“专精特新”、高新技术企业等主体超过6 500家。二是设立广州市科技信贷风险补偿资金池，鼓励银行愿贷、敢贷、能贷、懂贷。资金池累计为广州市11 600多家科技企业提供授信金额累计超过1 500亿元，发放贷款额超过930亿元。三是加强科技创新金融服务能力建设。结合广州市产业布局和优势产业特点，指导各区将科技企业培育工作延伸至支持重点产业园区、创新项目引进、科技企业孵化等环节。

### （三）大力推动科技企业上市融资

实施企业上市高质量发展“领头羊”助力产业领跑、高新技术企业（以下简称高企）上市倍增等行动计划，做实做细科技企业上市培育工作，举办“走进交易所”、“领头羊”拟上市企业评选、“拟上市高企百强榜单”及“拟上市高企后备百强榜单”评选等系列活动，引导科技企业合理申报拟上市的交易所和板块，加快上市进程，截至2023年末，广州市现有境内外上市公司231家，合计市值约3万亿元，募集资金超过6 000亿元，其中高新技术企业占比超过50%，科创板上市公司18家。支持广州企业和项目利用科创票据融资发展，自2022年5月科创票据推出以来，推动广州凯得投资控股有限公司成功发行用于先进制造、电子信息、材料能源和生物医药等领域投资的科创票据，规模3亿元。推动知识产权证券化先行先试，成功发行4单知识产权证券化产品，规模10.25亿元。

### （四）加大风投创投支持力度

积极营造风投创投良好环境，完善市区两级风投创投政策体系，对风投创投机构给予管理能力及相关落户奖励，开展QDLP和QFLP试点，举办三届中国风险投资论坛、中国投资年会·有限合伙人峰会，为风投创投与科技企业搭建融资需求对接交流平台，截至2023年3月，广州市私募基金管理人超过800家，管理基金规模超过5 000亿元。QDLP试点审批额度20亿元，QFLP试点审批额度超过200亿元，其中粤开资本QDLP、万联天泽QDLP、广药资本QFLP试点项目已正式落地。

### （五）持续发挥产业母基金、政府引导基金放大效应

一是设立1 500亿元产业母基金、500亿元创投母基金，加快推进高水平科技自立自强和构建现代化产业体系建设，目前产业母基金已下设新能源、半导体与集成电路、先进制造、生物医药与健康、重大项目投资5只专项母基金，创投母基金已签约7只合作子基金项目。二是发挥科技创新母基金投早、投小、投科技、投长期作用。截至2023年5月底，科技创新母基金累计投资24只子基金共21.63亿元，撬动社会资本实缴出资209.33亿元，放大8.68倍，累计投资295个项目，投资金额超过143.57亿元。三是积极引导新兴引导基金投向科技创新等领域。截至2023年9月底，新兴引导基金累计投资95家国家级“专精特新”“小巨人”企业和220家省级“专精特新”企业，其中44家广州企业获得“小巨人”、118家广州企业获得省级“专精特新”称号。

### （六）推动知识产权金融发展

一是出台《广州市知识产权质押融资风险补偿机制管理办法》，年度补助总额最高达5 000万元，修订《广州市知识产权工作专项资金管理办法》，对企事业单位主要是知识产权质押融资贴息补助和证券化产品发行产品补助。二是积极探索开展知识产权证券化工作，为科技型企业提供更加灵活的融资渠道。目前，广州市已累计发行知识产权证券化产品4只，惠及企业47家。三是积极推动开展知识产权保险工作，鼓励保险公司为科技企业提供知识产权保险服务。目前，广州市知识产权保险服务已有20个险种。

### （七）发挥地方金融组织服务作用

依托广州市企业转贷服务中心为有短期资金周转需求的科技型中小企业提供转贷服务。发挥“粤信融”“中小融”“信易贷”等中小企业信用信息和融资对接平台作用，促进银行机构与科技企业融资对接更高效、便捷。截至2023年11月末，“粤信融”平台广州地区上线235款信贷产品，累计撮合融资37.76万笔，放款金额1 546.3亿元；“中小融”平台广州地区共57家银行机构上线116款产品，累计为656家中小微企业放款31.24亿元；“信易贷”平台广州站上线金融产品179个，累计放款金额2 015.02亿元。

## 三、存在的问题

总的来讲，广州市科技金融工作取得了一定的成效，但仍存在信贷匹配度不高、

科创企业上市工作仍需加强、风投创投支持力度有待增加、政府引导基金作用未能有效发挥、相关风险补偿及分担机制仍有待完善等问题。

### （一）科技信贷与科技企业匹配度不高

我国融资结构长期以间接融资为主，信贷资金风险偏好低，难以与科技企业资金需求大、研发风险高、可抵押资产少、回报周期滞后、研发成果不确定性等发展周期和特点相匹配，一定程度上降低了金融机构对科技企业的放贷意愿。

### （二）科创企业上市工作仍需加强

科创板重点支持新一代信息技术、高端装备、新材料、新能源、节能环保、生物医药等战略性新兴产业行业，而广州在半导体、生物医药等“硬科技”领域科技企业数量远低于深圳、苏州、南京、成都等城市，符合科创板定位的优质企业不多，导致广州市科创板已上市及后备企业体量不足。

### （三）风投创投支持力度有待增加

广州市股权创投类私募基金管理人412家，管理基金数量1 977只，相比于北京市（2 774家、8 755只）、上海市（2 216家、7 657只）、深圳市（2 315家、6 873只）等其他城市，家数及管理基金数量较少，风投创投对广州科技企业支持优势不明显。

### （四）政府引导基金作用未能有效发挥

广州市2 000亿元的广州产业母基金仍处于起步阶段。此外，7只政府引导基金，分别由6个主管部门管理，累计基金总规模约120亿元，但与深圳、苏州、合肥等城市的政府引导基金相比，小且分散，同时受制于国资考核、勤勉尽责、跟投机制等因素，投早、投小、投科技作用未能有效发挥。

### （五）相关风险补偿及分担机制仍有待完善

科技信贷风险补偿资金池的合作银行反映，风险补偿机制覆盖面窄，积极性受打击。广州市政府性融资担保机构规模相对较小，通过融资担保满足科技中小企业的作用仍有较大提升空间。银行机构在知识产权的价值评估、流转处置等方面仍面临困难，知识产权相关机制措施有待加强和完善。

## 四、下一步工作计划

中共广州市委金融委员会办公室将全面贯彻落实中央金融工作会议精神，认真落实省委“1310”具体部署及市委“1312”思路举措，围绕高质量发展首要任务，深化金融供给侧结构性改革，加大金融支持科技创新力度，提高金融服务科技创新效能。

### （一）提高间接融资供给

引导和支持银行、保险等金融机构创新金融产品和服务，用好用足再贷款、再贴现等政策工具。鼓励银行、保险等金融机构在穗设立科技金融专营机构。进一步推动险资入穗，支持保险资金通过股权、债权、股债结合、基金等多种方式助力科技企业发展。鼓励科技企业投保科技保险。支持粤信融、中小融、信易贷等平台设立科技创新专区，探索推动金融机构、政务数据等信用信息共享。完善市区科技信贷风险补偿联动机制，不断提高风险补偿比例和拓宽受惠面，鼓励银行、保险等金融机构加大科技金融服务力度，提高风险识别及承受能力。

### （二）加快培育科技企业上市

加快推动广州企业上市高质量发展“领头羊”助力产业领跑行动计划、高企上市倍增行动方案，力争全市新增境内外上市公司中高新技术企业、“专精特新”企业占比超过50%。推动设立广州市上市公司高质量发展基金，持续赋能上市公司，整合、引导相关产业链联动发展。将市场前景好、持续经营能力强的科技型企业纳入广州市拟上市企业库，与相关产业部门进行联合重点培育。鼓励广发证券、万联证券等广州市法人证券公司强化投资银行业务，提高科技企业上市保荐服务水平。推动广东股权交易中心做优做强“专精特新”“科技创新”专板。

### （三）强化风投创投支持

充分发挥1 500亿元产业母基金、500亿元创投母基金及50亿元科技创新母基金投引带动作用，进一步优化考核和容错机制，支持广州金控等市属投资平台建立项目跟投机制，促进风投创投资本与早期科技企业对接，让更多创新创业企业、优质项目获得长期资金支持。鼓励银行机构理财子公司、证券机构资管子公司以及保险资金、家族财富公司等社会资本加大对科技型企业的投资力度。推动设立广州海通科创基金；推动中信集团、中科院联合市区相关投资平台成立科技成果转化基金，重点投向并引进一批科技成果转化项目。开展私募股权与创业投资基金份额转让试点，大力培育私募二级市场基金（S基金）。建设广州市资本市场融资对接服务平台，举办产融对接会、投资交流会、项目路演等活动，通过线上线下相融合的方式，为科技企业提供多样化金融服务。加快开展QDLP和QFLP试点，拓宽科技企业跨境融资渠道。

### （四）鼓励科技型企业创新运用各类融资工具

联合中国银行间市场交易商协会在广州市开展债务融资工具政策宣讲及对接活动，会同相关单位对广州市企业进行摸查，筛选储备符合条件的企业，指导企业向交易商协会申报注册科创票据、混合型科创票据等债务融资工具。鼓励科技企业充分利用科技创新公司债券、不动产投资信托基金（REITs）等融资工具。深化科技企业开立自由贸易（FT）账户试点，支持科技企业在一定额度内自主借用外债。

### （五）完善多元化科技金融服务

完善知识产权质押融资风险分担机制，鼓励金融机构加强对知识产权融资产品的研发和创新，推动知识产权证券化创新发展。支持广州知识产权交易中心为科技企业提供知识产权质押融资全流程服务。支持融资担保、小额贷款、融资租赁、商业保理等地方金融组织创新服务科技企业，健全市区两级政府性融担风险分担体系，不断完善相关风险分担机制，拓展科技企业融资渠道。依托广州金控或广州股权交易中心探索搭建科技金融综合服务平台，整合专利、“专精特新”、高新技术企业、产业园区、生物医药临床审批等各部门数据共享，汇集各部门及各区科技金融政策，通过线上线下相结合，为科技企业提供“一站式”服务。

### （六）争创广深科创金融改革试验区

贯彻落实创新驱动发展战略和广深“双城联动”，积极争取人民银行、国家发展和改革委员会支持广州市申报科创金融试验区试点，支持有条件的区设立科技金融服务平台，加大各区资源导入，定期开展常态化、多层次产融对接及政策宣讲活动，精准培育孵化辖区内优质科技企业，助力大湾区建设成为具有全球影响力的国际科技创新中心。

# 数字金融发展概述

广州市数字金融协会[①]

## 一、研究背景和意义

### （一）数字金融的概念

数字经济作为继农业经济、工业经济之后，又一深刻影响和改变人类经济社会发展模式的重要经济形态，也是我国经济转型发展的重点，得到了各方广泛关注，连续6年写入政府工作报告。而随着新一轮科技革命的快速发展，信息技术与实体经济深度融合的数字经济成为世界经济发展趋势。在此背景下，大数据、区块链、云计算、人工智能等数字科技不断向金融领域渗透，与数字经济高度契合的数字金融应运而生，涵盖了传统金融的数字化、移动化以及互联网金融等领域，并逐步成为带动我国经济社会高质量发展、提升国家竞争力的新引擎。

数字金融主要是指持牌金融机构运用数字技术，通过数据协作和融合打造智慧金融生态系统，精准地为客户提供个性化、定制化和智能化的金融服务。目前主要包括数字货币、数字支付、互联网贷款、数字信贷、数字证券、数字保险、数字理财等金融业态。从定位上看，互联网金融与金融科技都强调技术革新对金融的赋能作用，两个概念大致相同。数字金融泛指金融机构，或者金融机构与金融科技公司合作，利用数字技术，深挖金融数据，创新金融产品和业务模式，完成支付、融资、投资、理财等金融业务的新型形态。这个概念与中国人民银行等十部门定义的“互联网金融”以及金融稳定理事会定义的“金融科技”看似相

---

① 广州市数字金融协会是促进金融、科技和产业数字化转型，推动数字经济高质量发展的全国首家数字金融地方组织。协会由广州市地方金融监督管理局主管，于2020年7月1日正式登记成立。协会依托金融机构、科技公司、供应链核心企业、第三方支付机构、征信公司、科研院校等多方主体，积极推动人工智能、区块链、5G、物联网、云计算、大数据等科技手段在金融领域落地应用，推进金融数据共享；大力推进数字金融相关标准建设；研究发布供应链金融专业指南和标准指数。协会积极组建专业智库，设有金融科技专委会、供应链金融专委会、数字金融投资专委会、数字金融标准化专委会、数字金融法律专委会等五个专业委员会，聚集全国数字金融高端人才，开展跨领域专业研究、政策咨询和交流合作，致力于构建数字金融生态体系，助力数字经济高质量发展。

似，但互联网金融更多地被看作互联网公司从事金融业务，而金融科技则更突出技术特性。相比较而言，数字金融这个概念更加中性，突出技术和数据应用，所覆盖的面也更广泛一些（见图1）。

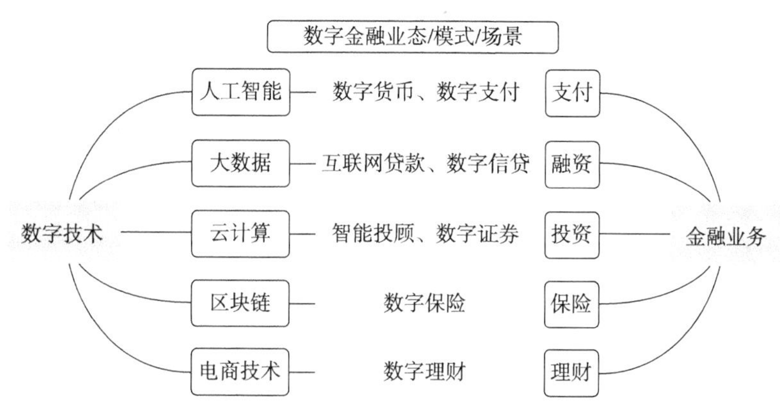


**图1　基于技术和数据的数字金融**

数字金融是金融与科技结合的高级发展阶段，是金融创新和金融科技的发展方向。数字金融在金融数据和数字技术双轮驱动下，金融业要素资源实现网络化共享、集约化整合、精准化匹配，进入英国演化经济学家卡萝塔·佩蕾丝“技术—经济范式”的金融与经济协同发展阶段，实现金融业高质量发展，推动数字经济和实体经济深度融合。

2019年以来，我国数字金融行业整体回归合规经营，金融科技赋能数字金融取得新成效，数字金融模式创新亮点精彩纷呈，互联网巨头在金融必须持牌经营的严要求下谋求转型，监管科技提升了数字金融的治理能力，我国数字金融的监管框架和体系逐渐清晰。

## （二）国家层面政策脉络与趋势

1. 数字经济。数字经济顶层战略规划有序推进。党的十八大以来，我国坚持实施网络强国战略，对发展数字经济的重视度不断提升（见图2），相继出台了《网络强国战略实施纲要》《数字经济发展战略纲要》《“十四五”数字经济发展规划》《“十四五”大数据产业发展规划》《数字中国建设整体布局规划》等数字经济发展战略，推动实施了“互联网+”行动、大数据行动纲要、企业数字化转型、新型数字基础设施、“东数西算”等一系列数字经济发展工程，助推我国数字经济从小到大、由大到强，2021年，我国数字经济规模占GDP比重就超过了30%。

2. 数字金融。2016年发布的《G20数字普惠金融高级原则》中，第一条原则是利用数字技术推动普惠金融发展，努力消除数字金融服务发展的障碍。从2016年开始，金融监管层进一步推动金融科技和电子商务的整合，评估互联网金融的风险，建立数字金融的监管体系和市场准入体系，实现数字金融标准规范与金融监管的有机结合。

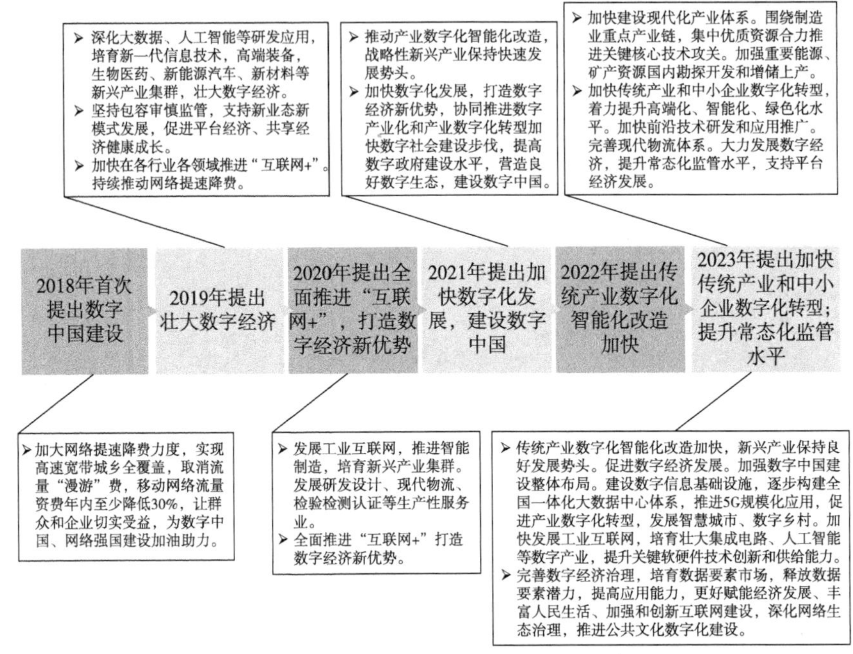


**图 2　2018—2023 年政府工作报告数字经济主要论述**

2020 年 7 月，在广东省地方金融监督管理局、广州市地方金融监督管理局指导下，全国首个数字金融地方行业组织——广州市数字金融协会正式成立，探索构建独具广州特色的数字金融创新服务模式。

2022 年 12 月，以“世界大变局：共生与重构”为主题的国际金融论坛（IFF）在广州以线上方式举行。年会开幕首日，《IFF2022 年全球金融与发展报告》正式发布。该报告包含两大部分：第一部分为全球经济展望，对 2023 年全球经济前景进行分析研判，梳理了全球面临的主要经济风险，并提出兼具广泛性和实用性的政策建议。第二部分为全球数字金融发展报告，针对近年来取得飞速发展的数字金融的内涵与发展、机遇与挑战、风险与监管三个维度进行详细解读。

2023 年发布的《数字中国建设整体布局规划》提出，要将金融行业作为数字化转型的重点行业之一：推进金融科技创新，提高金融服务效率和质量；建设数字金融基础设施，加快数字货币、数字债券等金融工具的发展；推进金融监管科技创新，提高监管效能和风险防范能力；推动金融服务数字化升级，提高金融消费者的体验和便利性；打造数字化金融生态，促进金融与实体经济的深度融合。

## （三）研究意义

1. 数字金融是数字经济发展的重要驱动力。作为数字经济高质量发展的重要动能，数字金融在加速经济发展方式转变、推进数字产业化和产业数字化进程、助力更高水平的对外开放、强化系统性风险防控、更好地满足人民群众对美好生活的向往等方面发挥着不可替代的作用。

数字金融能够加速经济发展方式转变。数字金融以数据为基础、技术为驱动，通过信息流、技术流来加速资金流、产业流流动，能够激发各类市场主体活力，更高效地为生产、分配、流通、消费各个环节配置资源，推动实现供给与需求之间更高水平的动态平衡，推动经济体系优化升级，助推我国经济社会向低碳绿色高效集约的发展模式转变。

数字金融能够推进数字产业化和产业数字化进程。数字金融能够发挥数据要素价值，加大对双循环“卡脖子”领域的金融支持力度，为科技创新企业提供精准、安全、高效、全面的金融服务。此外，在农业、工业、服务业等各个行业的数字化进程中，数字金融能够与其进行深度融合，通过延长产业链条、丰富应用场景、拓展新兴市场，不断催生数字化新模式、新业态，加快实现数字产业化和产业数字化。

数字金融能够助力更高水平的对外开放。利用创新金融支付、升级金融基础设施、发行数字货币等，在“一带一路”建设中对外输出数字金融服务，能够积极联通两个市场，增强全球资源配置能力，助力企业便利化开展对外投资，加快推动跨国技术转移，吸引高端创新成果落地，进而重塑世界经济格局。

数字金融能够强化系统性风险防控。利用大数据、云计算等先进技术建设数字化、智能化、透明化、精细化的“穿透式”数字金融安全网，健全风险预防、预警、处置、问责制度体系，能够有效防范跨行业、跨市场、跨地域的风险传递，从而为监管部门提供更加科学精准的决策支持。

数字金融能够更好地满足人民群众对美好生活的向往。在正确金融价值观的引领下，围绕人民群众所想、所急、所盼，建设完善便利性好、调控性强、透明度高的数字金融服务体系，能够加快改善分配结构，增加居民收入，挖掘消费潜力，不断增强人民群众的获得感、幸福感、安全感。

2. 发展数字金融存在的问题。近年来，大数据技术为数字金融的发展提供了重要支撑，但是在数据治理机制、数字金融基础设施建设和数字金融服务体系等方面仍存在诸多问题。

数据治理机制不完善。一是高质量数据汇聚不足。在互联网沉淀的海量数据中，可用于金融业务数字化转型的高质量数据较为分散；产业链、供应链、价值链等上下游数据未能打通，“数据休眠”现象严重；政府部门高质量数据开放不足，形成了众多的“信息孤岛”。二是数据管理机制不健全。数据采集没有统一标准，更新频率较慢，兼容性较差；数据权属界定不清，存在权责混乱、多头管理等问题。三是数据安全保护不足。数据具有易复制、易篡改等特点，针对数据安全保护的技术研发不足、保护机制仍不完善，数据安全无法保证等问题一直是掣肘数据要素高效流通的痛点。

数字金融基础设施不健全。数字金融的发展离不开底层基础设施建设。数字金融基础设施包括金融数据汇聚设施、传输设施和应用设施等。上述基础设施是数字金融发展的基础环境，其完善程度和运行效率，直接影响着资金融通、资源配置、风险监测以及政策传导等的质效。当前，各大金融机构和互联网公司搭建的平台，存在标准不一、重复建设等问题，同时众多中小金融机构囿于资金实力和技术储备不足等，基础设施建设严重滞后于数字化转型需要。

数字金融服务生态体系建设不完备。当前，涵盖企业全生命周期、满足企业全方位需求的数字金融服务生态体系建设不完备，企业无法根据自身发展需求，通过线上平台“一站式”获取股权、债权、担保、保险等多元化、多维度的金融服务。整合线上金融资源、发挥数字金融优势，更好地服务实体经济，是发展数字金融的意义所在。

随着技术进步和人民生活水平的提高，数字金融行业飞速发展，国内外市场竞争激烈，创新模式和金融产品不断涌现，同时也带来了新的问题与风险。只有持续研究行业趋势，了解最新市场信息和变化，才能够制定出合适的战略，在自身发展中借鉴和应用外部经验，从而提高数字金融企业的竞争力和风险预警能力，同时为我国数字金融政策的制定提供更全面的帮助。

通过研究国内外数字金融发展形势，可以深入了解政策主导下的行业走向和政策导向，为企业和机构提供指导，并在此基础上制定战略规划。通过研究国际先进经验和最佳实践，以及其监管经验和措施，可以引进与融合国际优秀技术和理念，有助于了解行业的发展路径和趋势，推动数字金融领域的国际化发展，并且加强国内的风险管理与监管能力，保护金融体系的安全稳定。因此，本课题研究旨在推动金融业向实体经济转型，了解国际先进技术和行业最佳实践，激发金融科技创新动力，促进我国数字经济的健康发展，同时提高监管效率和能力，对于推动数字金融领域的长期健康发展有一定重要意义。

### （四）研究结论

金融科技和互联网金融强调的技术赋能金融只是开端，数字金融降低金融服务门槛和成本，是更高效支持实体经济、服务数字经济的金融形态。当前，数字金融已经渗透到生产和生活的各个方面，数字银行、数字货币、数字支付、数字供应链金融、数字普惠金融、数字保险、数字证券发行等是我国金融机构实现数字金融创新的主要切入点。正如200多年之前，英国的金融革命不断为工业革命注入资本燃料和动力，数字经济高质量发展正在迎来一场数字金融革命。

从居民层面看，数字金融通过新型的融资、支付、投资模式，在缓解居民流动性约束、提升支付便利、降低预防性储蓄、提高收入水平等方面发挥着重要作用，进而释放居民消费潜力，促进经济增长。

从企业层面看，在数字金融背景下，新型的融资模式（众筹、数字银行等）拓宽了中小企业的融资渠道，并且随着信息技术的深入应用，信息不对称问题得以改善，进而推动了融资成本的降低以及融资效率的提升，有效解决了中小企业融资难、融资贵、融资慢的问题，为全球经济发展注入了新的活力。

从产业层面看，数字金融通过利用数字技术对内建立产融生态圈，改善供应链上下游企业融资环境；对外显著提升了贸易融资和跨境支付的效率，并降低了相关交易成本，从而缓解了企业经营的现金流问题，助力产业结构转型。

但数字金融的应用与创新同时也伴随着新的风险和问题。首先，运用大数据、云计算、分布式账本等技术，实现大数据征信、防欺诈和模型审批，一定程度上解决了传统金融模式下金融信息不对称问题，降低了相关风险。但是网络信息技术下的多元化参与主体和复杂的连接模式，形成了区别于传统金融的信息不对称问题，也催生出更为隐蔽的金融风险。其次，市场非理性情绪在“羊群效应”下的迅速蔓延，有可能对整体金融市场形成快速冲击。数字金融的高连通性和高渗透性更具传染性和“羊群效应”，加剧风险在金融部门间的交叉传染，使上述风险传导过程更为迅猛。最后，各种新商务模式、应用场景、金融产品的出现，使得数字金融机构之间、数字金融机构与银行等传统金融机构之间、数字金融机构与实体经济之间的联系都更加紧密，也显著提高了系统性风险、技术安全风险和数据安全风险发生的可能性。

在数字金融大发展的背景下，风险识别、评估方式、金融产品、金融服务、业务流程的设计逻辑均发生了根本性变化，对金融监管者提出了更高的技术要求。另外，金融科技的高速发展模糊了金融服务的边界，传统金融的分业监管不能完全适应。现行金融监管框架以审慎监管、功能监管、行为监管为主，但受限于监管法律、监管理论和监管技术滞后，难以有效监测数字化、智能化、动态化的数字金融创新活动。因此，我们在数字金融监管的政策方面提出了以下几点建议。

引导数字金融更好发挥服务经济的正向作用，寻求包容性、稳定性、合规发展和消费者保护的新平衡。加强对数字金融发展的规范、引导和扶持，鼓励我国平台机构在合规框架下积极创新，在全球金融竞争环境中保持优势地位。更好利用信息技术手段监管和精准打击违法犯罪行为，加强与安全部门的统筹协调，彻底摒弃一禁到底、牺牲群众利益的“一刀切”监管方式，注重保护大众利益，鼓励满足人民群众迫切需求的金融创新。

在不断完善数字金融法律监管体系的同时，建立起适应数字金融边发展边应用模式的定期更新修订制度。配合数字金融监管技术，实现以法律为基础、技术为手段的动态监管模式。

在数字金融大发展背景下，金融科技公司与金融机构边界不断模糊，可以从性质认定、监管主体、监管手段等多个维度优化数据金融监管。

## 二、数字金融的应用

### （一）数字融资

得益于我国大数据、云计算、AI、区块链等数字技术的不断发展，中国数字金融已经成为引领全球的一面旗帜。从数字金融服务来看，数字技术与金融业务的加速融合不仅使得保险、理财等传统金融业务迈向互联网平台呈现互联网保险、互联网理财等新形式，还创新出第三方支付和货币基金等金融业务。从需求者来看，一方面，数字金融所创新的诸如“花呗”“京东白条”等消费信贷工具为消费者提供了更多样的金融服务；另一方面，供应链金融也为众多中小企业提供了更多的融资渠道，呈现金融下沉的普惠特征。

数字融资包括获取和提供资本的所有数字化类型。数字金融快速发展的同时催生了不少的金融服务产品，这些产品按照产品供给对象的不同，大致可以分为电商主导型融资服务、网贷平台主导型融资服务以及传统商业银行主导型融资服务三类。

1. 电商和互联网主导型融资服务。以蚂蚁集团、京东金融为代表的电商平台依托庞大的用户群体、自身数字技术优势，成为数字金融创新产品的主力军，为中小企业提供了多种多样的金融服务产品。同时，以微众银行为代表的互联网银行也积极运用金融科技探索践行普惠金融、服务实体经济的新模式和新方法。

（1）蚂蚁集团。蚂蚁集团起步于2004年诞生的支付宝，源于一份为社会解决信任问题的初心，经过多年的发展，已成为世界领先的互联网开放平台。蚂蚁集团通过科技创新，助力合作伙伴，为消费者和小微企业提供普惠便捷的数字生活及数字金融服务；持续开放产品与技术，助力企业的数字化升级与协作；在全球各地进行广泛合作，服务当地商家和消费者实现“全球收”“全球付”“全球汇”。2013年3月，支付宝的母公司宣布将以其为主体筹建小微金融服务集团，小微金融成为蚂蚁金服的前身。2020年7月蚂蚁金服正式更名为蚂蚁集团。

蚂蚁集团通过技术、数据和平台能力，服务全国超过2 000家金融机构，与它们一同为消费者和小微商家提供小微信贷、消费金融、理财、保险等普惠金融服务，并推出了蚂蚁保、蚂蚁财富，以及花呗、借呗等信用购、信用贷类服务。蚂蚁集团发起成立的网商银行，作为全国首批民营银行之一，专注于服务小微经营者。网商银行与全国超过1 000个县域政府、500家品牌开展合作，共同助力小微经济，目前已累计为超过4 900万个小微经营者提供数字信贷服务。

①网商银行。网商银行于2015年6月25日正式开业，是由蚂蚁集团发起，银监会批准成立的中国首批民营银行之一，以“无微不至”为品牌理念，致力于解决小微企业、个体户、经营性农户等小微群体的金融需求。

网商银行持续科技探索，深入布局前沿技术，是全国第一家将云计算运用于核心系统的银行，也是第一家将人工智能全面运用于小微风控、第一家将卫星遥感运用于农村金融、第一家将图计算运用于供应链金融的银行。

作为一家科技驱动的银行，网商银行不设线下网点，借助实践多年的无接触贷款“310”模式（3分钟申请，1秒钟放款，全程0人工干预），为更多小微经营者提供纯线上的金融服务，让每一部手机都能成为便捷的银行网点。

近年来，科技发展使得中国小微贷款可得率大幅提升，截至 2022 年 6 月，累计超过 4 900 万个小微经营者使用过网商银行的数字信贷服务，助力自己的经营与发展，他们中的 80% 过去从未获得银行经营性贷款。

未来，网商银行将坚持微利普惠，坚持科技驱动，进一步向品牌伙伴、金融同业开放科技能力及互联网运营模式，共同为小微群体提供更全面的综合金融服务。

②花呗和借呗。2021 年 11 月，根据品牌隔离要求，原花呗和借呗服务中由银行等金融机构全额出资的部分，更新为信用购和信用贷类服务。花呗、信用购类服务和借呗、信用贷类服务均是由持牌金融机构面向支付宝用户提供的普惠消费和小额信贷服务。花呗和借呗由重庆蚂蚁消费金融有限公司专门运营。信用购类服务和信用贷类服务由银行等金融机构独立提供，蚂蚁集团为其提供云计算等技术服务。花呗和信用购类服务均倡导“量入为出、合理消费”的服务理念，借呗和信用贷类服务均倡导“量入为出、理性借贷”的服务理念。

重庆蚂蚁消费金融有限公司（以下简称蚂蚁消金）是经中国银保监会批准、持有消费金融牌照的金融机构。蚂蚁消金经营花呗和借呗两大品牌，怀抱着“让每一位认真生活的人，平等享受消费金融服务”的使命愿景，坚持科技引领驱动、服务实体经济、深耕消费场景、践行普惠金融的理念宗旨，依托独立自主的智能商业决策和智能量化风控能力，将金融服务深度融入中国大众消费者的生活，为消费者提供便捷、安全的消费金融服务。

花呗是一款根植于丰富消费场景的消费信贷产品，服务广大消费者。由客户在线上发起申请，授信有效期内额度可循环使用，纯信用无担保，方便快捷。消费者在确认收货后的次月偿还贷款或申请分期付款、最低还款服务。

蚂蚁花呗自 2015 年 4 月正式上线，主要用于在天猫、淘宝上购物，受到了广大消费者，尤其是“80 后”“90 后”消费者的喜爱。为了更好地服务消费者，蚂蚁花呗打破了购物平台的限制，将服务扩展至更多的线上线下消费领域。

花呗用户可享受最长 40 天免息期，并可根据个人需要，在交易时直接分期，或者次月申请账单分期。花呗倡导理性消费，消费者通过签约花呗，获得消费信贷服务，可使用其可用授信额度在淘宝、天猫、线下商户等场景进行购物消费。额度：最高不超过 20 万元，期限：支持 3 期、6 期、9 期、12 期、24 期，利率：年化利率（单利）免息至 18. 25% 不等。具体期限、利率以客户选择的服务及相应的合同约定为准。

借呗是一款在线小额信用消费贷款，支持日常生活消费、旅游等用途的贷款产品。客户在线上发起申请，按照芝麻分数的不同，用户可以申请的贷款额度不等，方便快捷，额度循环使用，纯信用无担保。借呗支用时可提现至用户支付宝余额账户或客户绑定银行卡账户，支持随借随还，按日计息。

借呗致力于让每个用户都能够享受到简单、快捷的产品体验，满足用户更为灵活的消费信贷需求。借呗支持循环授信，随借随还，按日计息，快速放款。额度：最高不超过20万元，期限：支持3期、6期、9期、12期，利率：年化利率（单利）5.475%～21.90%不等。具体期限、利率以客户选择的服务及相应的合同约定为准。

（2）京东金融。京东金融是京东数字科技集团旗下个人金融业务品牌，已经成为众多用户选择的个人金融决策平台。京东金融以平台化、智能化、内容化为核心能力，与银行、保险公司、基金公司等近千家金融机构一道，共同为用户提供专业、安全的个人金融服务。京东金融已推出白条、基金、银行理财、小金库、金条、联名小白卡、小金卡等在内的近万只金融产品，涵盖理财、借贷、保险、分期四大业务板块。

其中，理财板块为用户提供了小金库、银行精选、定期精选、基金、黄金等众多明星理财产品；借贷板块为用户提供了消费信贷、现金贷、银行借贷等个人金融服务，以及白条、联名小白卡、金条等明星金融产品；分期板块为用户提供海量的正品大牌商品，支持白条、信用卡、小金库等多种支付工具和分期方式，打造零门槛/全分期的购物场景；保险板块为用户提供寿险、财产险、养老险、重疾险、医疗险、运费险、延保等多方面的保险及相关保障服务，并可根据用户实际需求为其推荐保险产品。

京东白条。京东白条是业内首款互联网信用消费产品，以“先消费、后付款，实时审批、随心分期”的消费体验，受到用户欢迎，并奠定了消费金融行业领先品牌的地位。

京东白条通过大数据进行信用评估，为信用等级高、有消费需求的用户提供先消费后付款服务。其使用场景也在不断扩大，用户在京东商城以及京东体系内的O2O（京东到家）、全球购、京东线下店等场景，以及小米、华为、苹果等外部线上线下合作商户，均可享受白条的先消费后付款和分期购物服务，分期最长可达24期，并具有灵活的账单还款与分期服务。

随着京东白条用户群体的不断扩大，京东白条更加深度地洞悉用户的需求和顾虑，从技术和服务等多层面出发保障用户资金和信息安全，让用户安心使用。

从技术方面来看，京东金融App背靠京东科技这一京东集团旗下专注于以技术为产业服务的业务子集团，拥有强大的风控能力，且企业已通过ISO 27001及ISO 27701认证，这意味着企业的“信息安全管理”和“隐私保护体系”符合国家的法律法规要求，且达到了国际先进水平。而京东白条作为京东金融App推出的一款互联网信用支付产品，其用户个人信息可以得到充分的安全保障。

在账户安全方面，除了需要实名认证以外，平台还设置了身份证审核、刷脸认证、手势解锁、指纹解锁、支付密码等多重安全认证方式。用户可以在京东金融App打开“我的”—“设置”—“账号与安全”—“安全中心”设置提高账户安全性。

从服务方面来看，京东白条为了保障用户的资金安全，还给用户提供了“百万资金账户安全险”，当极端意外情况发生，如用户的白条被他人盗刷或者盗用，“百万资金账户安全险”可以用于保障用户的资金安全。

京东金条。京东金条是京东金融旗下产品，于2016年3月上市，主要为信用良好的用户提供便捷的消费借款服务，具有在线贷、无抵押、实时批、到账快的特点。京东金条借款可选择用于日常消费、教育、旅游以及装修，能满足用户各类场景下的现金借款需求。

在放款速度上，为满足用户即借即用的要求，京东金条的放款速度已提升至借款申请通过后最快1分钟放款。在额度、利息和还款方式方面，最高可支持提现额度20万元，年化利率严格按照监管要求执行最高不超过24%，支持按月、按日计息方式，其中按日计息提前还款不收剩余利息；分期还款有1期、3期、6期、24期等多种选择，用户可以根据资金需求和自身情况合理进行借款规划、选择最适合的还款期数。

为保障用户的个人信息及资金安全，京东金条依托京东科技强大的风控技术，采取加密技术对用户的个人信息进行加密存储，从安全管理、策略、过程、网络体系结构等诸多方面保障交易及个人信息安全。与此同时，京东金条的网络服务还采取了传输层安全协议等加密技术，通过https等方式提供浏览服务，确保用户的个人信息在传输过程中的安全。

（3）微众银行。微众银行于2014年正式开业，总部位于深圳，是国内首家互联网银行。微众银行专注于为小微企业和普罗大众提供更为优质、便捷的金融服务，运用金融科技探索践行普惠金融、服务实体经济的新模式和新方法，并坚持依法合规经营、严控风险。微众银行严格遵守国家金融法律法规和监管政策，以合规经营和稳健发展为基础，致力于为普罗大众、小微企业提供差异化、有特色、优质便捷的金融服务。

微众银行在区块链、人工智能、大数据和云计算等关键核心技术的底层算法研究和应用方面开展技术攻关，在2017年成为国内首家获得国家高新技术企业资格认定的商业银行。微众银行已跻身中国银行业百强。国际知名独立研究公司Forrester定义微众银行为“世界领先的数字银行”。2022年1月6日，微众银行（微信支付）数字人民币钱包上线，腾讯接入数字人民币开始提供服务。2023年4月18日，微众银行以2 300亿元人民币的企业估值入选《2023全球独角兽榜》排名第六位。

微众银行已在大众银行、直通银行和场景银行三大业务板块陆续推出了微粒贷、微业贷、微车贷、微众银行App、微众企业爱普App、小鹅花钱、We2000等产品。微众银行致力于服务大众消费者及小微企业的金融需求，提供线上开户、账户管理、存款、理财、信贷和支付等综合服务，截至2023年6月，服务的个人客户已突破3.7亿人，企业法人客户超过410万家。

①微粒贷。微粒贷是微众银行推出的首款互联网小额信贷产品，自 2015 年 5 月在手机 QQ、微信平台上线以来，已为超过千万用户提供便捷、高效的贷款服务。

“微粒贷”通过微信、手机 QQ 等 App 提供一次授信、循环使用的纯线上小额信用贷款。客户可 7×24 小时线上自助申请，无须提交任何纸质资料，无须任何担保与抵质押，最高可借款 20 万元。“微粒贷”按日计息，借款次日起可随时还款，提前还款不收取任何违约金，为用户提供灵活、便捷的贷款体验。

截至 2021 年末，“微粒贷”已辐射全国 31 个省、自治区、直辖市，逾 44% 的客户来自三线及以下城市，逾 80% 的客户为大专及以下学历和非白领从业人员；“微粒贷”笔均贷款仅约 8 000 元，约 70% 的客户单笔借款成本低于 100 元，广泛服务了大众小额、灵活的消费信贷需求，有效降低了客户的融资成本。

截至 2022 年末，“微粒贷”已累计服务超过 6 000 万借款客户，年内日均发放贷款超过 90 万笔，有效满足大众的消费信贷需求。

②微业贷。微众银行微业贷为广大中小微企业提供线上流动资金贷款服务。企业从申请至提款全部在线完成，无须抵（质）押，额度立等可见，资金分钟到账，按日计息，随借随用，为中小微企业提供高效便捷的融资服务。

“微业贷”是微众银行综合运用互联网、大数据、云计算等技术推出的全国首个线上化、无抵押、随借随用的企业流动资金贷款产品，也是中国第一个线上无抵押的企业流动资金贷款产品，目前已覆盖 30 个省、自治区、直辖市。“微业贷”从提交申请到资金到账的全流程仅凭一部手机即可完成，提升了小微金融服务的易得性；随借随用的使用模式，契合小微企业快速周转的资金需求。截至 2022 年末，“微业贷”的批发零售业、制造业、建筑业贷款余额占比超过 70%；企业征信白户占比超过 50%，让更多小微企业有机会平等地享受到及时、安心的银行信贷服务；信用贷款余额占比达 98%，缓解了小微企业因缺少抵（质）押物而融资难的问题。

③“微众企业 +”。2020 年 10 月，微众银行在微业贷的基础上进一步将企业金融服务品牌升级为“微众企业 +”，服务小微企业的金融与非金融需求，打造全链路商业服务生态。

微众银行打造了集“票据 +”和“微众银行企业金融”App 于一体的商业服务生态——“微众企业 +”，为小微企业提供丰富、便捷化的企业综合服务。

“微闪贴”是微众银行为小微企业客户推出的电子银行承兑汇票贴现产品，具有贴现流程全线上、面额小、放款快等特点，客户可在他行网银发起票据贴现，最快 10 秒到账。“微闪贴”帮助小微企业解决小额票据不便贴现的问题，缓解小微企业的现金流压力。2022 年，微众银行在“微闪贴”的基础上升级推出“票据 +”，将票据业务从单一贴现升级为贴现、收付票、托收的全流程服务，并创新推出整票拆分等特色功能，优化企业用票体验。2022 年，凭借票据业务的优秀表现，微众银行被评为上海票据交易所“优秀贴现机构”。

“微众银行企业爱普”以“成为企业家的随身数字银行”为使命，为中小微企业客户提供移动化、智能化的综合金融服务应用。2022 年，“微众银行企业爱普”App 推出 App 3.0 产品，并正式升级为“微众银行企业金融”App。“微众银行企业金融”App 整合接入本行企业金融全线产品，提升企业账户基础服务能力；新推出数据保管箱、聚合收单、企业发薪等服务及“企业成长服务”专区，保护客户数据资产，提供更完善的现金管理服务，并为企业提供政策咨询、贴息补贴申办等专项服务。

④微车贷。微众银行微车贷深度嵌入购车场景，围绕汽车金融产业链，向广大购车、用车、养车消费者和车商提供乘用车、商用车及二手车等创新金融解决方案，并致力于为客户提供更便捷、更高效、更可靠的汽车金融服务。

“微车贷”是微众银行为购车消费者提供的线上申请、快速审批、刷脸签约的数字化汽车贷款产品。2022 年，“微车贷”持续优化 B、C 两端的产品流程体验，完成与多家主机厂的全流程系统对接；不断丰富后台大数据参考源，构建更智能、更可靠的风控体系；陆续推出多元化增信方案、订单数字化管理等关键系统功能，着力扩大汽车金融服务覆盖面。

2022 年，“微车贷”业务积极践行绿色金融发展战略，大力推动新能源汽车贷款业务发展，与特斯拉、理想、Smart、AITO 等多家新能源汽车品牌维持总对总合作，年内新能源汽车贷款发放额占整体车贷比例超过 60%。

⑤其他产品。小鹅花钱是微众银行于 2019 年推出的个人消费信贷产品。用户申请到贷款额度后，可将小鹅花钱绑定到支付平台，在日常生活中付款使用，也可借出作为应急资金备用。小鹅花钱倡导用户合理借贷、按需使用和诚信履约。

微众银行 We2000 是围绕日常生活消费而设计的一款集账户、存取、理财、消费支付、积分权益、贷款等服务于一体的银行支付产品，倡导合理规划、量入为出、聪明消费，有钱也要省着花。

微众小康，是微众银行旗下的健康金融业务品牌，秉承着“我们，让你更安康”的理念，围绕科技金融产品及工具，为各场景用户提供合适的保险、健康管理及金融服务，全面提升用户抗风险能力和资产健康度。

（4）亚马逊卖家贷款计划。国外方面，本报告主要介绍的是比较知名的跨境电台融资平台，由亚马逊推出的亚马逊卖家贷款计划（Amazon Lending）。其背景是由于银行通常不愿意向亚马逊卖家们贷款，首先在亚马逊上销售的专业知识会搞得他们晕头转向，其次亚马逊上的企业数量数不胜数（大企业以及中小企业），银行根本无法承受所有贷款的金额。因此，很多亚马逊卖家都会直接向亚马逊进行贷款，既方便同时又不用支付高昂的费用。

为了满足广大卖家多维度的经营需求解决资金难题，亚马逊与相关金融机构合作推出了官方贷款支持——亚马逊卖家贷款计划。亚马逊卖家贷款计划是一项协助卖家获得商业融资机会的服务，卖家将有机会收到中国贷款推荐方的贷款邀请，用于拓展卖家在亚马逊的业务。亚马逊卖家贷款计划为卖家提供了多样化的灵活贷款类型，包括定期贷款、随借随还、提前还款、短期贷款类型。

亚马逊卖家贷款计划是一项协助卖家获得商业融资机会的服务。通过这个平台，卖家可以根据其在亚马逊平台上的销售表现和业绩申请贷款，亚马逊将根据数据评估卖家的信用风险，并提供贷款额度和条件。

其对于卖家的优势主要在于更低的成本。卖家手中有了足够的资金，就能够批量购买商品，通常，供应商都会给予卖家批量购买的折扣，因此卖家能够获得更低价的商品，利润也能够得到提升。吸引更多的潜在消费者。有了贷款，卖家的广告预算也将会增加，因此广告能够覆盖的范围更广。吸引的潜在消费者就更多，这也就意味着商品的转化率会得到提升。

目前亚马逊卖家贷款计划也面临着考验。据外媒报道，亚马逊预计在2023年将其向卖家提供的贷款增加一倍左右，不过由于近两年市场消沉，卖家还款压力加大，预计还款率下降，因此亚马逊卖家贷款核销程序或将变得更加严格。

根据Insider获得的内部文件，亚马逊在2023年向卖家提供增加1倍的贷款。

2. 网贷平台主导型融资服务。在数字金融发展初期，一些网贷平台创新出了一大批数字金融产品，如P2P网络借贷、众筹等金融产品，这些网贷平台一方连接资金需求方，另一方连接资金供给者，通过技术优势为借贷双方提供可靠的信息平台，为各类创新型企业和小企业提供了金融服务平台。

P2P网络借贷和众筹的累计交易额2016—2017年每月实现稳步增长的趋势。但由于监管体系的不完善以及平台自身违规经营造成了大量金融风险的发生，典型的例子就是2018年P2P频现爆雷潮，而据统计，仅上海地区违约规模就超过2 000亿元。目前，随着监管的趋严，行业发展逐渐回归理性，如陆金所在零售信贷业务中，充分发挥匹配小微企业与银行、信托和保险公司的信息中介职能。

（1）P2P网络借贷。P2P（Person to Person）即点对点网络借款，是网络信贷平台借助移动互联网技术以开展理财金融服务等形式将小额资金聚集起来借贷给有资金需求人群的一种借贷模式。网络借贷公司作为联结者，为借、贷双方提供信息，搭建起实现各自需求的平台。出借人在网络借贷平台通过购买理财产品或是直接出借的方式进行投资，借款人在平台发布借款需求，平台将在同一范围内的借贷双方需求进行匹配，由借贷双方进行商议，平台努力促成双方达成交易，从中获取一定比例的利息和管理费。P2P网络借贷的整个交易过程中，商议交流、资料传达、合同签订、资金流转等均通过平台在网络中进行。P2P属于互联网金融的一类具体运行模式，伴随网络、信息技术的快速发展，P2P逐渐与传统金融、互联网金融进行融合且程度越来越高。

尽管P2P在推动金融普惠、服务小微企业等方面发挥了一定的作用，但是其也存在很多问题。P2P 网贷在中国起源于 2007 年，2008—2012 年进入爆发期，2013—2016 年经历高速增长期，2017—2021 年受到严格监管和市场洗牌的影响，进入了调整期。截至 2022 年 12 月 31 日，全国 P2P 网贷机构已经全部停止运营；同期，全国 P2P 网贷未兑付的借贷余额为 4 900 亿元，较 2018 年 6 月底的 1.29 万亿元下降了 99.62%；全国 P2P 网贷出借人数不足 10 万人，较 2018 年 6 月底的 5 029.5 万人下降了 99.8%。

P2P 网贷行业经历了从野蛮生长到规范发展的过程，目前正处于转型升级的关键时期。随着互联网金融风险专项整治工作的顺利完成，近 5 000 家 P2P 网贷机构全部停业，存量化解难度加大。未来，只有符合监管要求、具备合法牌照、拥有核心竞争力、能够提供优质服务的少数优秀平台才能在市场中生存和发展。

国外方面，本报告主要对全球最大 P2P 平台——Lending Club 进行了分析。Lending Club 是美国最大的网络借贷平台之一，成立于 2007 年，总部位于加利福尼亚州旧金山。经过十多年的发展，Lending Club 已成为全球最大的 P2P 平台之一，平台累计投资金额超过 200 亿美元。Lending Club 的出现，有效地打破了传统贷款行业的垄断局面，为广大投资者、借款人提供了全新的融资投资渠道。

Lending Club 的业务模式。其通过在线平台将需要贷款的个人或企业与愿意出借资金的投资者相连。借款人可以在 Lending Club 上申请贷款，填写个人信息和贷款用途，并根据自己的信用评分和财务状况得到相应的贷款利率。投资者可以在 Lending Club 上选择不同的借款标的，根据自己的风险偏好和投资需求进行投资，收取相应的利息。

Lending Club 的优势。低利率：Lending Club 的利率一般比传统银行贷款低，这是因为 Lending Club 去掉了传统银行的中间环节，同时采用了更先进的信用评估技术，使得借款和投资更加便宜与高效。

高效率：Lending Club 的借贷过程通常只需要几分钟，而传统银行的借贷过程需要几天甚至几周。借款人可以在网上申请贷款，投资者可以随时在线投资，使得借贷更加便捷和高效。

透明度高：Lending Club 的借贷过程非常透明，借款人可以清楚地了解自己的贷款利率和还款期限，投资者可以清楚地了解自己的投资收益和风险。

其当前发展规模日渐迅猛，在硅谷银行（SVB）倒闭后，搅乱了美国的金融体系。Lending Club 金融科技贷款机构通过收购特许经营权成为一家直接面向消费者（DTC）的银行，它能够利用这场动荡，获得近 10 亿美元的新客户存款。

2023 年第一季度财报数据显示，该公司的总存款增长了近 13%，即 8.26 亿美元，这是增幅非常大的一笔存款，给贷款业务提供了非常大的业务支持。

不过该公司也正面临着持续的市场挑战。该公司的贷款业务从 2022 年第二季度开始持续下滑。由于美联储加息，借贷成本上升，导致一些金融科技平台在试图跟上加息步伐时陷入困境。同时，还有人们对经济走向更加不确定，市场普遍存在避险情绪，这也是公司面临的挑战之一。

（2）众筹。众筹即大众筹资或群众筹资，由发起人、跟投人、平台构成。具有低门槛、多样性、依靠大众力量、注重创意的特征，是指一种向群众募资，以支持发起的个人或组织的行为。一般而言是透过网络上的平台连接起赞助者与提案者。群众募资被用来支持各种活动，包含灾害重建、民间集资、竞选活动、创业募资、艺术创作、自由软件、设计发明、科学研究以及公共专案等。Massolution 研究报告指出，2013 年全球总募集资金已达 51 亿美元，其中 90% 集中在欧美市场。世界银行报告更预测 2025 年总金额将突破 960 亿美元，亚洲占比将大幅增长。

众筹解决了我国小微企业面对经济下行压力融资成本高的难题，为其提供了一种全新的营销方式和筹资渠道。与银行承兑、不动产抵押等传统融资方式相比，利用众筹平台进行融资有三大优势：一是其打通了创新和金融市场，建立了创新者即融资方与投资人之间的沟通桥梁。另外，众筹平台奉行“普惠金融”，依靠大众力量，为融资方提供触达大规模投资人的机会，使其能够拥有全方位、多维度的融资信息，推动了两者的精准对接；二是作为一种开放式架构，众筹平台为融资方与投资人提供了实时、个性化和丰富的互动渠道，促进了双方的深度合作；三是其基于平台范围内的高水平核心互动创建了良性的价值共创环路，引发了积极网络效应。对于融资方来说，众筹平台可以促进项目融资绩效的提升；对于投资人来说，众筹平台可以丰富其在互动过程中的共创体验价值。

2023 年，中国众筹行业的整体市场规模将持续增长，从近几年的数据来看，2015 年全国众筹行业的整体市场规模约为 120 亿元，2016 年约为 280 亿元，2017 年约为 620 亿元，2018 年约为 1 000 亿元，预计到 2023 年众筹行业的整体市场规模达到 2 000 亿元左右。从主流媒体来看，在 2023 年中国众筹市场规模的增速会逐渐放缓，可能为每年 20% 到 30% 之间，众筹市场的发展涉及更多的领域，未来的市场表现会更加多元，按照目前的趋势，以股权众筹、债权众筹、公益众筹等众筹类型为主导。

目前，以欧美市场为主并涵盖全球市场的海外众筹平台主要有 Kickstarter 和 Indiegogo，还有面向日本市场的 Makuake、Wadiz、Campfire，以及面向中国台湾市场的啧啧、挖贝等。本报告主要分析介绍美国的 Indiegogo 平台。

Indiegogo 是全球科创新品首发和众筹平台，中国科创企业构筑全球出海品牌的第一站，其总部位于旧金山，是美国最早的众筹平台之一。

Indiegogo 作为面向欧美市场的众筹平台，全球最大的科创新品众筹平台，截至 2022 年，其在全球聚集了数千万的科创爱好者和玩家，覆盖全球超过 230 个国家和地区，平台共筹集了 27 亿美元。其主要吸收 Tech & Innovation（科技创新）、Creative Works（创意产品）和 Community Projects（社区项目）三类项目入驻，其中科创产品是重点方向。同大多数平台一样，Indiegogo 可以直接绑定 Facebook 的广告投放体系，让众筹项目优化广告投放。

在绿色经济及疫情常态化背景下，绿色能源环保、办公效率、智能家居家电、游戏娱乐及户外出行成为该平台全年度前五大品类。持续撬动前沿技术实现全球消费者对绿色创新生活的想象，是 Indiegogo 等全球创新品牌 2022 年的成功秘诀。虽然过去一年充满不确定因素，但中国品牌仍然保持强劲势头，逆势爆发。年度 TOP 10 中，中国项目高达 7 个，绿色能源明星品牌 Bluetti 更是成功打破千万美元纪录。表 1 是该平台 2022 年的众筹项目以及资金规模。

**表 1　　Indiegogo 平台各国项目众筹情况**

| 项目名称 | 众筹金额（美元） | 支持人数（人） | 地区 |
| --- | --- | --- | --- |
| 1. “BLUETTI AC500 & B300S” 家庭备用发电站 | 14 121 937 | 2 538 | 美国内华达州拉斯维加斯 |
| 2. “GPD WIN Max 2 游戏笔记本” 4G LTE + AMD 6800U 处理器 | 4 858 904 | 3 583 | 中国深圳 |
| 3. “飞利浦 Screeneo U5” 超短焦 4K 投影仪 | 3 841 900 | 1 984 | 瑞士 Tolochenaz |
| 4. “AYANEO 2” 与众不同的 AMD 6800U 掌机 | 2 956 114 | 2 186 | 中国深圳 |
| 5. “AYANEO AIR” 首款超薄 OLED 屏 Windows 掌机 | 2 028 978 | 2 048 | 中国深圳 |
| 6. “XFoil” 电动碳纤维船艇 | 2 014 540 | 389 | 美国加利福尼亚州 Fremont |
| 7. “Segway SuperScooter GT 系列” 成就未来 | 1 744 226 | 448 | 美国华盛顿州西雅图 |
| 8. “SIRUI” 性价比最高的 2 倍变形镜头 | 1 295 893 | 729 | 美国新泽西州 Verona |
| 9. “ENGWE X26 全地形电动自行车” 62 英里最长续航里程 | 1 251 744 | 620 | 中国香港九龙 |
| 10. “OliveMax” 助听器、耳机和耳鸣缓解三合一设备 | 1 144 710 | 3 353 | 美国加利福尼亚州 |

3. 传统商业银行线上融资服务。数字经济时代正加速到来，银行业的转型备受关注，尽管早期传统金融机构在数字化发展进程方面较为缓慢，但近年来银行纷纷加码数字化转型并取得了颇为丰硕的成果，从经营模式到业务流程、风险管控等环节的变革创新不仅可以提质增效，也是普惠金融可持续发展的必然之路。

（1）智慧风控。智慧风控主要是实现传统业务中尽职调查、审批、放款的智慧化，大大提升传统业务效率。随着金融科技的迅猛发展，数据库、人工智能、云计算、机器学习、知识图谱等深入应用，智慧风控逐渐崭露头角，商业银行开始用金融科技手段挖掘数据的价值，为传统风控注入新的活力，传统风控逐步向智慧风控转变。智慧风控并未改变传统风控本质，但是以数据驱动的风险管控和运营优化，基于商业银行的海量数据，利用数据分析平台的计算分析能力，汲取专家经验或者建立机器学习模型，运用在信贷、运营、员工行为异常、反欺诈、反洗钱、财会和交易监控等主要风险领域，可以有效帮助商业银行降低风险管理成本、提升客户体验、提高风控能效，精益化风险管理。

①招商银行信用卡“智慧风控”。凭借多年来对大数据和人工智能等技术的深入运用，招商银行信用卡中心于2017年正式推出“智慧风控”体系，完成了交易风控闭环的构建，为用户提供银行级的安全管理体验。该体系不仅为用户提供银行级别的智能安全保障，还通过掌上生活App上的“一键锁卡”“全景智额”“安全中心”三大模块让用户拥有了自主安全管理的主动权。

“一键锁卡”为用户提供了基于交易地区、交易渠道、交易时间等多维度的卡片交易管控功能，可帮助用户从账户层面防范各类盗刷风险。“全景智额”可根据用户的经济能力、消费习惯、信用状况，智能判断给予用户合适的授信额度，并能根据用户的实际使用需求实时调整额度；还可根据交易性质主动为用户提供额度邀请，为临时额度即将失效的用户引入临时额度自动延期邀约机制，根据用户过去良好的用卡习惯为其推荐更高级别的额度服务。招商银行信用卡中心的安全等级可以动态测评用户当前的信用卡账户安全状态，推荐用户进行安全功能设置；当用户的信用卡发生风险事件时，“安全中心”会实时进行提醒并引导用户及时处理。

除了让用户拥有账户安全功能管理的主动权之外，招商银行信用卡中心还将风控中急需变革的痛点与AI技术结合，在2018年进一步升级了“智慧风控”体系。在新体系中，“天网”体系、生物识别技术和智能ID画像是三个重要升级点。其中，“天网”实时防控欺诈交易，生物识别技术平台在不同的业务场景中开始使用。

此外，招商银行信用卡中心打造了轻渠道、全流程、实时解决方案——智能交易管家。智能交易管家是招商银行信用卡中心从以银行为主体的风控模式向“银行+客户”风险管理模式的理念转变过程中的又一创新，功能设计覆盖交易闭环中的所有节点，在交易全流程中能够给予客户管家式服务的体验。

②平安银行“智慧风控平台”。目前，“智慧风控平台”已在平安银行全面运用，通过智慧风控实现传统业务中尽职调查、审批、放款的智慧化，大大提高传统业务效率，为平安银行的经营增长保驾护航。已经落地的“智慧风控平台”2.0版本，还荣获了“Gartner2020年金融创新奖亚太区冠军”，该奖项评选由全球权威IT研究机构Gartner举办，主要表彰全球最前沿、最优表现的创新金融科技产品，平安银行成为首家获此殊荣的中国金融机构，彰显了其在风险管理方面的科技实力。

平安银行“智慧风控平台”上线了六大智能场景应用，贯穿整个信贷业务全流程，从智慧审批、智能控制到智能放款、智能监控，同时还有智能预警、智慧分析助力决策者全方位、多维度洞察业务表现。

其中，“智慧审批”以机器智能融合传统经验，通过“定级、定量、定期、定价、定保”生成项目决策画像，让信息更充分，让决策更轻松。“智能控制”把政策制度的要求标签化、参数化，实现准入、授权等关键环节的系统刚性管控。“智能监控”可以实现对人员、机构、效率、产品、行业的全方位监控，全面赋能业务、赋能风控、赋能管理。在完成审批等环节后，“智能放款”可以基于内外部底层数据，通过搭建风险信息模型、特殊管控模型、缓释工具管控模型和额度管控模型，实现“三查”信息的机器核准，构建“智能控制＋机器辅助＋自动审查”的放款体系。在贷款发放后，“智能预警”模块开始发挥作用，该模块加大了对潜在风险客户的预警，可以提前90天甚至180天发现客户的风险，因此银行可以提前安排对策，从而实现对风险客户的早发现、早预警、早退出。“智慧分析”模块可以通过多维风险看板和透视分析平台的层层下钻分析，实现对授信业务的全面透视分析，为决策者找到现象背后的原因。

（2）线上融资贷款。

①平安银行“数保贷”。依托自身成果的数字化基础，平安银行联合数家金融机构开发出面向中小企业的“数保贷”金融产品，为中小企业提供了一种便利的信用贷款服务，该产品实现了数字化、电子化的线上审批新模式，是小微金融领域的新尝试。

“数保贷”是面向缴纳增值税和所得税企业的一种免抵押、免担保的融资担保业务，该业务借助平安银行的技术和多维场景应用优势，与担保、保险机构的风控能力形成“优势叠加＋风险共担”，同时具有免抵押、最高额度500万元、最低利率5.2%、线上操作、最快3个工作日放款五大优势。

在服务过程中，国任财险与平安银行这款“数保贷”产品彰显出了强大的优势，如免抵押、免担保等特点，更能满足公司融资需求，并且申请后放款时间也较快，能够解决一些企业的燃眉之急。

与此同时，国任财险与平安银行推出的该产品还实现了数字化、电子化的线上审批新模式，在平安银行同类产品中具有显著优势，在市场预热阶段已得到银行内部的一致好评，已在全辖范围内大力推广。该产品的落地，为国任财险与平安银行的深度合作打下良好基础，也为打造良性互动、合作共赢的科技保险生态圈带来更多的机遇。

②光大银行“专精特新企业贷”。光大银行为国家级“专精特新”“小巨人”企业高泰昊能投放了行内首笔自动化审批的“专精特新企业贷”，从企业线上申请到业务落地，用时不到1天，切实解决了企业短期融资难题。

光大银行“专精特新企业贷”是专为“专精特新”企业提供用于其日常生产经营资金周转的融资产品，具有无须抵（质）押物、全自动模型审批、线上提款、随借随还等特点。该行通过结合行内外数据，运用金融科技和大数据技术，建立起全新客户评价体系。国家级“专精特新”“小巨人”企业通过该评价体系模型自动审批，可获得最高1 000万元的授信额度，根据需要还可通过人工审批获得更高授信额度。

为积极贯彻落实党中央、国务院一系列支持“专精特新”企业发展的决策部署，光大银行持续加大对“专精特新”企业金融支持力度，在客群建设、优惠政策、全流程服务、产品创新、风险管控、集团协同等方面持续发力。截至2023年6月末，光大银行已为国家级“专精特新”“小巨人”企业授信近1 200户，授信余额超过300亿元。

光大银行将持续通过科技赋能、场景赋能、生态赋能，打造特色金融服务模式，畅通资金渠道，惠泽实体企业，为实现高水平科技自立自强贡献光大力量。

（3）供应链金融。银行围绕核心企业，管理上下游中小企业的资金流、物流和信息流，并把单个企业的不可控风险转变为供应链企业整体的可控风险，通过立体获取各类信息，将风险控制在最低的金融服务。

落脚在企业和产业客户上，供应链金融几乎成为所有银行的战略选择，且多数银行已将供应链金融培育成为重要增长极。多家银行供应链金融业务取得30%以上乃至100%以上增长。

①浙商银行打造“行业化+嵌入式”供应链金融服务新模式。浙商银行持续提升供应链金融数智化能力，围绕产业链供应链上下游中小微企业的真实融资需求，创新应用区块链、物联网、大数据等前沿技术，通过流程重构、授信创新、技术赋能、服务跃迁四大创新手段，打造“行业化+嵌入式”的供应链金融服务模式，为供应链客户提供各类表内外融资业务。

目前，已在电力能源、建筑施工、钢铁、汽车、通信、政府采购等28大重点行业、板块，形成特色化、差异化供应链金融解决方案。截至2023年6月底，浙商银行服务超过2 000个数字供应链项目，提供融资余额超过1 500亿元，服务上下游客户超过28 000家，其中普惠小微企业占比达75%。

在行业专业化经营方面，浙商银行积极构建能源金融专业化经营体系。紧扣“碳达峰、碳中和”战略方向，持续深耕电力能源产业链特色化服务场景。截至报告期末，在电力装备制造、电力生产、电力输配和终端应用领域服务客户超过2 400户，融资余额超过1 000亿元。客群及融资规模保持稳定增长且结构明显优化，合作客户涵盖电力能源类央企（国家电网、南方电网、国电投等）、省属能源国企（浙能集团、山能集团等）和民营龙头企业（正泰集团、晶科能源等）。

在票据业务方面，浙商银行顺利上线直通车出票、自助贴现、供应链票据等特色产品，支持企业多样化票据业务需求。上半年，浙商银行商票贴现量达786.06亿元，在股份制银行中位居第二，市场占有率为11.18%。

②工商银行提升工银聚融服务能力，深度嵌入客户数字化转型场景。工商银行持续提升“工银聚融”金融服务能力，深度嵌入头部客户数字化转型场景，根据客户个性化需求组合输出账户管理、融资管理、票据管理、风险管理、数据视图等综合化金融服务。

在产品方面，工商银行打造信用类“经营快贷”、抵（质）押类“网贷通”和交易类“数字供应链”三大数字普惠产品体系，提升普惠服务适配性，因地制宜做好区域性业务创新，打造更多有区域特色的普惠产品、场景、服务。

工商银行还持续推动线上线下触达均衡发展，加快数字普惠和网点下沉一体推进、双向赋能。线上通过手机银行、企业网银等渠道，为小微企业提供全天候在线申请、在线办理的金融服务，强化数据分析精准满足客户需求，提升服务直达性和适配性。线下推进普惠业务下沉网点，优化网点普惠业务运营模式，提升客户服务效率，将普惠金融服务向县域、乡镇延伸，为小微企业提供随时随地、触手可得的金融服务。

在司库建设方面，工商银行以司库体系建设为契机，持续优化银企服务建设，提高大型央企黏性。工商银行央企司库服务继续保持市场领先，现金管理业务实现对国资委监管央企的全覆盖。积极为各级地方国企提供资金管理服务和系统建设服务，深化现金管理领域合作。

从国外供应链金融的服务主体角度，通过案例形式简要介绍主要的三类模式：金融主导型、产融结合型以及信息协同型。

金融主导型即金融机构通过掌控产业链上下游的资金流、物流、信息流等主导提供融资服务。金融主导型在供应金融发展的早期就登上了历史舞台，并仍在广泛的领域发挥作用。

金融主导型的典型案例如下：

苏格兰皇家银行 MaxTrad 平台。MaxTrad 是供应链金融线上化的领先者，被用于实现对供应链的有效监管和控制，以及提供国际贸易与供应链相关的金融解决方案。该平台为企业提供的服务包括自动处理贸易交易、管理应收账款与预付账款等。大型跨国企业能够通过 MaxTrad Enterprise 与供应商在全球范围内开展合作，而中小型企业同样能够通过 MaxTrad Express 获得开展全球贸易的支持。

德意志银行从作为买方的核心企业出发，为供应商提供灵活的金融服务，包括装船前后的融资、应付账款确认、分销商融资以及应收账款融资等。在不同的贸易场景中，基于买方良好的信用，德意志银行能够为指定的供应商提供融资机会；对于信用良好的分销商，该银行则帮助它们从制造商那里采购货品。此外，该银行还能为卖方提供应收账款融资服务，使后者获得额外的流动资金，缓冲未付款产生的风险。

产融结合型即产业资本渗入或掌控供应链金融，常见的有核心企业主导、物流企业主导两种。产融结合型伴随着精细化的生产与物流管理和规模化的企业集团运作发展起来。在这类供应链金融模式中，核心企业或大型物流企业借由在产业链中所处的优势地位，整体把控上下游的价格、订单、货物等关键信息，并结合自身或金融机构的资本优势开展供应链金融业务。

产融结合型的典型案例如下：

通用电气公司的 GE Capital（GEC）。通用电气（GE）通过不断的整合把散布在各业务板块中的金融业务集中到一起形成了 GEC。GEC 业务范围广泛，飞机融资租赁业务是 GEC 供应链金融崛起的关键因素。GEC 与航空公司签署融资租赁协议，由 GEC 直接向飞机制造商下订单、付款采购飞机。飞机交付航空公司后，航空公司按期支付本金以及相应利息给 GEC。GEC 利用通用电气在飞机制造产业链的优势地位，在促进通用电气和飞机厂商销售的同时，也使租赁方能更早地获取飞机并减轻了资金压力。

随着信息技术在金融、产业、物流等领域越发深入的应用，供应链金融的第三种模式，即信息协同型开始浮出水面。在这种模式中，第三方平台通过领先的信息技术和供应链解决方案，成为联系各方的重要服务纽带。

信息协同型的典型案例如下：

PrimeRevenue 是一家美国供应链项目服务商，其云平台为供应链中的买方、供应商提供有针对性的、定制化的金融服务。PR 和企业应用软件解决方案供应商 SAP Ariba 创建了一个闭环系统，通过结合各方关系、转账以及财务数据，链接采购与融资，并为买方与供应商提供现金流的优化方案、促进交易双方的合作关系。核心企业与供应商可以在这个平台上兑换发票与账款，供应商拥有自助工具将获得核准后的应收账款兑换成现金流。

DEMICA 是一家荷兰供应链金融服务商。它帮助客户延长应付款的天数或是获得提前付款的优惠，并帮助供应商寻找更低成本的资金。DEMICA 专业服务于非投资级项目以及跨国运营企业。通过独特灵活的技术平台和创新性架构，DEMICA 为每一位客户提供量身定制的供应链金融解决方案。DEMICA 为国际保理商联合会（FCI）开发了一款以买方为中心的确认应付账款融资平台 FCI Reverse，基于反向保理业务并围绕核心企业开展供应链金融服务。

4. 国内外对比分析。综合国内外对数字融资分析，主要分为两个部分。第一，发展阶段：国内的数字融资发展相比国外呈现一种跨越式发展的态势，尤其是移动互联网普及后，更多用户选择在移动端参与各类互联网活动，相对 PC 端金融科技公司可以获取更多的用户行为数据，如消费轨迹等，使我国数字金融得到了快速发展。而国外的数字融资则呈现出一种渐进式的发展，这与其金融市场的成熟度和监管的严格程度有关。第二，运营模式：国内数字融资的运营模式相对简单，主要包括银行存管系统和无银行存管系统两种。国外则注重技术研发，运用科技手段提高金融效率。

### （二）数字投资

1. 互联网理财。

（1）移动交易。

①余额宝。余额宝是蚂蚁集团旗下的余额增值服务和活期资金管理服务产品，于 2013 年 6 月推出。余额宝的特点是操作简便、低门槛、零手续费、可随取随用。除理财功能外，余额宝还可直接用于购物、转账、缴费还款等消费支付，是移动互

联网时代的现金管理工具。余额宝依然是中国用户数最多的货币基金。

1 元起购，定期也能理财，余额宝被普遍认为开创了国人互联网理财元年，同时也已经成为普惠金融典型的代表。它不仅让数以千万从来没接触过理财的人萌发了理财意识，同时激活了金融行业的技术与创新，并推动了市场利率化的进程。正是由于余额宝的横空出世，拓展了大众理财的渠道，在余额宝强大的资金聚拢效应影响下，各大银行纷纷推出类似余额宝的产品以应对挑战，如招商银行推出“朝朝宝”、工商银行推出“天天盈”、平安银行推出“平安盈”、民生银行推出“如意宝”、中信银行联合信诚基金推出“薪金煲”、兴业银行推出“兴业宝”和“掌柜钱包”等，不仅可以用于转账、支付等各类场景，还能收获比活期存款更高的利率。这些银行系“宝宝”军团多为银行与基金公司合作的货币基金。不过，“宝宝”军团的出现，并未影响到余额宝中国第一大货币基金的地位。

2023 年 6 月 13 日，余额宝正式上线十周年。截至 2023 年 5 月 1 日，余额宝十年间累计为用户赚的收益超过 3 867 亿元。截至 2023 年 6 月 13 日，余额宝对接的货币基金中，有超过 20 只理财产品最新 7 日年化收益率低于 2%，占比超过半数。其中，余额宝最大的货币基金天弘余额宝的 7 日年化收益率仅为 1.7270%，万份收益为 0.4641 元，并不算高。但即便如此，相较于市面上活期存款的收益率，余额宝的收益依旧位居前列，对小额投资者仍充满吸引力。

从表面上看，虽然余额宝只是一款收益不高且平平无奇的货币基金，但从实际上看，余额宝的渠道优势和规模优势明显，很难找到可替代的产品。就现在而言，作为主打小额普惠的现象级理财产品，余额宝得到了用户的信赖和支持。

②京东“小金库”。京东“小金库”是京东科技旗下的活期资金增值的互联网理财产品，于 2014 年 3 月上线，与国内多家基金管理公司合作推出。作为行业内第一批上线的互联网余额理财类产品，它具有操作简便、投资门槛低、零手续费、随取随用的特点。除了理财功能外，在京东集团体系内，实现了全场景的支付打通，包括京东商城线上购物，生活缴费、金条和白条还款等，随着场景的丰富，京东“小金库”也逐渐成为京东用户在移动互联时代的又一款现金管理工具。

随存随取，支持大额：不同于一般的货币基金，京东“小金库”支持随存随取，而且可以实时到账，具有很强的流动性。同时，京东“小金库”提供了大额资金转入转出功能。单笔转入最高可支持 100 万元，单笔快速转出最高可支持 20 万元，方便用户大额资金的进出。

便捷支付，优惠多多：京东“小金库”支持多种支付场景，包括但不限于京东商城线上购物、还款（京东白条/金条/信用卡）、手机充值、生活缴费以及理财购买等。同时，京东“小金库”联合银行共同推出京东数字小金卡，实现京东“小金库”与微信支付生态的打通，进一步拓展京东“小金库”的使用场景，提升支付便捷性。同时，用户在使用“小金库”购物、还款、理财时，还有机会享受各类优惠

（具体以产品页面展示为准）。

收益稳健，每日计息：京东“小金库”底层是货币基金，在各种投资类型里，属于较为安全的一种。京东“小金库”采用每日计息，交易日15:00前转入，第二个交易日开始计算收益，如遇周末、节假日顺延。当日收益=（“小金库”持仓份额/10 000）×基金公司当日公布的该产品每万份收益。零手续费：“小金库”资金转入、转出均不收手续费。

自“小金库”上线以来，其理财收益一直位列前茅，不仅超过同期大部分“宝宝类产品”，且发展势头也不容小觑。截至2022年12月，京东“小金库”已与国内25家基金管理公司合作，累计服务用户超过1.3亿。

而国外以欧美国家为主的发达国家在移动交易的数字投资，主要有以下几个方面：

第一，小额投资：互联网理财在国外允许投资者进行小额投资，甚至是分散投资。这意味着个人可以用相对较少的资金参与市场，而不必购买整只股票或债券。这样的机会使更多人能够参与投资，而不受到高门槛的限制。

第二，自动化储蓄：一些互联网理财平台提供自动化储蓄计划，使投资者可以每月定期存款并自动投资到他们选择的投资组合中。这种自动化有助于养成储蓄和投资的习惯，同时也确保了投资的连续性。

（2）数字智投。

①蚂蚁财富。蚂蚁财富是蚂蚁集团旗下互联网理财服务平台，与全国金融机构合作，致力于让理财更普惠，引导“好习惯、理好财”。目前超过150家资管机构在蚂蚁财富上为数亿用户提供多样化产品。蚂蚁财富通过深度开放阵地、技术和服务体系，助力资管机构数字化转型，完善线上投资者陪伴与教育。

目前，超过150家资管机构在蚂蚁财富上为数亿用户提供余额宝（货币基金）、债券基金、权益基金等丰富的产品，同时通过蚂蚁理财金选、指数基金专区、定投专区等阵地，满足用户多样化的需求。

蚂蚁财富平台持续向资管机构开放阵地、技术和服务体系。在1.0阶段，蚂蚁财富帮助机构更高效地提供“投”的能力，把优质的产品搬上平台，助力机构数字化转型，效率提升70%、综合成本下降50%。在2.0阶段，蚂蚁财富搭建开放生态服务体系，完善理财直播、理财社区、智能理财助理支小宝等服务矩阵，助力机构为用户提供更多元“顾”的服务。在理财的各个阶段，用户都能获得资管机构、平台、达人提供的专业服务或内容。

蚂蚁财富不断践行投资者教育责任。“蚂蚁投教基地”是中国证监会授牌的国家级投资者教育基地，通过图文、视频、直播、答题、进社区等鲜活的内容和形式向投资者科普金融知识，目前已有超过4亿人次用户访问。

②“微众银行财富+”。“微众银行财富+”致力于以买方视角的金融产品甄

选、专业有温度的服务体验以及先进的金融科技与应用，基于微众银行 App，打造专业、安全、高效的一站式数字化财富管理服务，为用户精选各类产品，提供多元化资产配置选择。2022 年，微众银行推出“微众银行财富 +”品牌，以“财富 + 一点，生活好一点”为品牌主张，致力于以买方视角的金融产品甄选、专业有温度的服务体验以及先进的金融科技与应用，打造专业、安全、高效的“一站式”数字化财富管理服务。截至 2022 年末，“微众银行财富 +”累计与 57 家基金公司、19 家银行理财子公司、8 家信托公司、9 家保险公司开展合作，在售产品超过 1 700 只，为不同资金状况、不同风险承受能力和不同投资理财需求的用户提供丰富的产品选择。2022 年，微众银行被评为《经济观察报》“2021—2022 年卓越金融企业年度卓越财富管理银行”和“2021—2022 年度值得托付财富管理银行”。

数字智投方面，国外一些欧美国家主要应用在以下几个方面：

智能投顾：国外许多互联网理财平台采用智能投顾技术，这是一种利用人工智能算法为投资者提供高度个性化投资建议的方式。这些算法会考虑投资者的风险承受能力、投资目标和时间跨度，然后创建一个适合他们的投资组合。这种自动化的投资方法不仅提高了投资效率，还降低了人为错误的风险。

移动应用：多数互联网理财平台都提供移动应用程序，使投资者可以随时随地查看其投资组合，进行交易并获得市场更新。这种便利性让投资更加灵活，适应了现代生活的节奏。

总的来说，国外互联网理财应用的发展使投资变得更加个性化、便捷和可靠，为广大投资者提供了更多的选择和机会。但是，投资仍然涉及风险，因此投资者需要谨慎研究和明智决策，以实现他们的财务目标。

2. 数字货币投资。数字货币投资是一种新兴的投资方式，它允许投资者购买、持有和使用数字货币，并通过这些数字货币获取收益。随着全球数字经济的蓬勃发展，数字货币投资成为越来越多投资者的选择。数字货币投资可以通过交易所、场外交易等多种方式实现。

（1）权益类数字货币。权益类数字货币投资主要涉及一些加密货币。例如，以太坊是一个功能广泛的平台，其发行许多代币，投资者可以选择在这些代币上进行投资。加密货币市场具有高度的波动性和潜在的高回报，但也伴随着较高的风险。了解加密货币的基本原理、市场趋势和项目背后的团队是进行投资的重要前提。

从 2017 年开始，我国政府开始对数字货币进行监管，并禁止比特币进行 ICO。同时，人民银行也开始着手研发数字货币。随着监管的加强，2017 年底至 2018 年初的两个月内，我国多家比特币交易所先后关停或暂停交易，引发数字货币市场的大幅波动。目前，我国只有少数几家合法的交易所可以进行数字货币交易。

（2）数字货币 ETF。数字货币 ETF 和数字货币投资基金等传统金融机构推出的产品则更加趋于稳健，具有一定的风险控制能力，同时也有所收益。数字货币 ETF

是一种可以在交易所交易的基金，它允许投资者间接投资数字货币市场而无须直接购买数字货币。通过数字货币 ETF，投资者可以获得数字货币的多元化投资组合，并能够分散投资风险。

目前，国内数字货币 ETF 主要分为比特币 ETF 和以太坊 ETF。比特币 ETF 的主要代表是易方达比特币 ETF（159934），它于 2017 年 11 月 2 日正式发行，是境内首只比特币 ETF。该基金主要投资于比特币现货，通过在交易所购买比特币合约来实现投资目标。此外，还有华泰柏瑞比特币 ETF（512300）、华夏基金比特币 ETF（515010）等。以太坊 ETF 的代表是博时以太坊 ETF（515330），该基金于 2020 年 8 月 24 日正式发行，是境内首只以太坊 ETF。该基金投资于以太坊现货，与比特币 ETF 类似，通过在交易所购买以太坊合约来实现投资目标。

需要注意的是，虽然数字货币 ETF 为投资者提供了新的投资机会，但同时也存在一定的风险和挑战。投资者需要了解数字货币市场的基本知识、ETF 的运作原理以及相关的风险情况，以便作出明智的投资决策。此外，数字货币 ETF 的投资还涉及数字货币的保管、交易和监管等方面的风险，投资者需要谨慎考虑。

3. 国内外对比分析。总的来说，国内外数字投资在投资环境、规模、类型方面均存在一定的差异。投资环境：与国内数字投资主要依赖国内资本市场和投资者不同，国外数字投资在更大程度上依赖全球市场和投资者。投资规模：国内外的数字投资规模有所不同。国外数字投资规模往往较大，尤其是对于大型科技公司而言，而国内数字投资规模相对较小。投资类型：国外在数字货币投资处于领先地位，应用比较广，国内则是重心在线上智投数字产品投资。

### （三）数字支付

1. 数字支付。支付业务是综合金融体系的入口，数字支付方式相比于传统支付方式来说，交易成本更低潜力更大。《中国经营报》相关报道称，约有 93% 的受访者表示会考虑使用新兴数字支付手段，尤其在数字支付领先的中国，更多的人表示更喜欢线上购物的方式。有关数字支付的研究热点主要有以下三大类：电子支付，移动支付以及点对点（P2P）支付。

（1）电子支付。电子支付是指单位、个人直接或授权他人通过电子终端发出支付指令，实现货币支付与资金转移的行为。电子支付的类型按照电子支付指令发起方式分为网上支付、电话支付、销售点终端交易、自动柜员机交易和其他电子支付。

随着信息技术的快速发展，电子支付已经成为人们生产、生活中随处可见的一种支付方式。与传统的支付方式相比，电子支付方式具有省时、省力、不易产生错误等优点，尤其是对于商户而言，电子支付在较大程度上能够节约成本，提升效率。

①电子支付工具。近年来电子支付工具越来越丰富，大致可以分为电子货币类、

电子信用卡类及电子支票类三种类型，如表2所示。用户可以依照交易过程的不同，选择合适的电子支付工具。

**表2　　电子支付工具**

| 类型 | 常用工具 |
| --- | --- |
| 电子货币类 | 如电子现金、电子钱包等 |
| 电子信用卡类 | 借记卡、智能卡、电话卡等 |
| 电子支票类 | 如电子支票、电子划款、电子汇款 |

②国内外电子支付现状。国外电子支付发展现状。随着电子商务的全球化以及欧洲支付服务指引的落实，用户对大型电子商务服务商的信任也逐渐增加，从单纯的支付发展到金融服务。

世界支付研究报告指出，技术的创新以及对支付渠道需求的增长，推动了世界各地对于电子支付和移动支付的需求数量。电子支付在过去四年持续增长20%，预计在2023年将达到314亿美元。移动支付的增长速度更快，每年为52.7%，在2023年将达到1 710亿美元。

国内电子支付发展现状。根据相关部门的调查结果可以发现，现阶段我国电子支付正处于快速发展的时期，在2021年，国内电子支付的业务数量为350.66亿笔，与上一年相比，增长了30.19%。支付的总金额达到了507.39万亿元，与上一年相比，增长了28.25%。其中，通过网络进行支付的有290.55亿笔，总支付金额为498.89万亿元。通过移动支付的有0.84亿笔，总支付金额为2.38万亿元。从以上数据可以看出，国内电子支付行业的发展是十分迅猛的，越来越多的人选择通过网络进行支付，而移动支付方式也呈现出快速发展的状态。

（2）移动支付。移动支付是指使用手机完成支付或者确认支付，而不是用现金、银行卡或支票进行支付。买家可以使用移动手机购买一系列的服务、数字产品或商品等。移动支付作为一种低成本的服务，其主要优势是克服时间和空间的局限性，具有便捷、易于操作、能随时随地实现等特点。同时，作为一种数字化的金融服务方式，移动支付在我国金融服务领域中占据着重要地位，凭借可获得性与便利性的优势，使基础金融服务进一步提高。

移动支付是第三方支付的衍生品。所谓第三方支付，是指在第三方支付平台的交易中，买方选购商品后，使用第三方平台提供的账户进行货款支付，由第三方通知卖家货款到达并发货；买方检验物品后，就通知付款给卖家，第三方再将款项转至卖家账户。

近年来国内移动支付现状如下。

①2020年移动支付使用状况。2021年2月1日，中国银联发布了《2020移动支付安全大调查研究报告》。报告显示，通过对全国超过17万人的调查分析，98%的受访者选择把移动支付作为最常用的支付方式。2020年期间平均每人每天使用移动

支付的频率是3次。此外，二维码支付已经成为人们最常用的移动支付方式，用户占比超过85%。

②2021年移动支付使用状况。2021年10月，人民银行行长易纲参加国际清算银行（BIS）监管大型科技公司国际会议，在会上表示，在大型科技公司推动下，中国移动支付快速发展，目前普及率已达86%。

③2022年移动支付使用状况。2022年春节假期前五天，网联平台共处理跨机构网络支付交易62.36亿笔，金额4.20万亿元，同比分别增长5.30%和11.58%。其中，餐饮、娱乐、购物等是假期消费的主要场景。

2022年6月14日，中共中央宣传部举行“中国这十年”系列主题新闻发布会。互联网应用全面普及，移动支付年交易规模达到527万亿元，新经济形态创造超过2 000万个灵活就业岗位，5G行业应用案例累计超过2万个。

④2023年移动支付使用状况。2023年7月21日，蚂蚁集团发布消息，作为杭州亚运会官方支付合作伙伴，支付宝已经完成对境外用户在中国使用移动支付的服务支持。

2023年8月，微信支付已支持中国电信旗下的“翼支付App”扫码支付功能。

（3）点对点（P2P）支付。P2P（Person to Person）即点对点支付，指在无须现金、支票、信用卡的方式下，个人及个人间通过移动应用程序将钱经由支付平台进行资金转移，使支付更具便利性。

P2P支付与在线应用程序一起运行，应用程序可以实现快速转账，而无须填写大量银行和个人详细信息。只需打开选择的应用程序，找到所需转账的联系人，指定所需的金额并点击发送，就能快速完成转账交易。

①常见的P2P支付方式。常见的P2P支付方式主要为基础转账支付、移动账单付款、QR码支付、移动应用网络支付（WAP）、非接触型支付（NFC）。目前，国内提供P2P支付的知名平台主要有支付宝、微信支付等。

②P2P支付如何运作？使用者通过支付平台完成资金流转移，支付平台取代部分传统银行的功能，且掌握使用者的资金流及消费信息。

以余额宝为例：余额宝其内部操作流程如图3所示，客户买入余额宝实际上就是买入天弘基金公司的增利宝。天弘基金公司是基金的发行和销售者，它们在余额宝中发行增利宝，然后支付宝公司的客户通过余额宝购买或赎回这一基金。

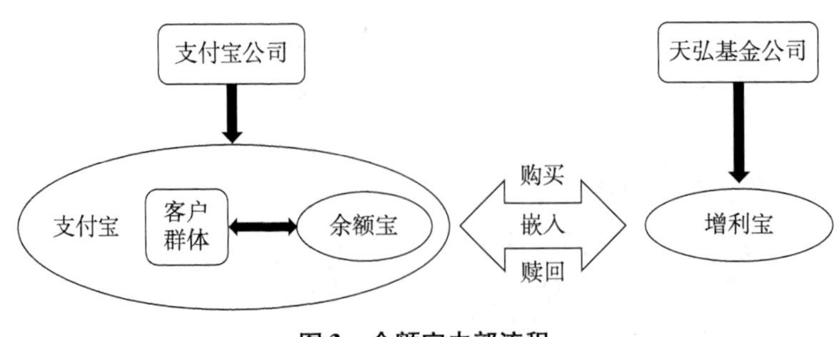


**图3　余额宝内部流程**

余额宝的优势：

第一，拥有多种销售渠道。支付宝与财付通两大巨头交易规模市场份额共占94.1%，而其中支付宝所占据的市场份额是53.8%，以微信支付所代表的财付通则占有40.3%的市场份额。大部分客户会将他们的资金放入支付宝的余额中以便使用，无须客户操作，支付宝会自动将余额转入余额宝。同时，余额宝页面会经常推荐一些期限相对较长但收益率高的基金，客户可以直接从余额宝中将闲置资金转入这些基金中，既省去了手续费又节约时间成本。

第二，充分利用大数据的便利性。余额宝可以利用自身的大数据库，通过更精确地掌握客户的信息，有效分析出互联网平台上的客户对他们的资金理财管理需求的风险偏好。

第三，使用的便利性。人们出行只需要带上手机就可以买到想要的东西，从路边的小水果摊到大型商场，都可以用支付宝进行支付。

第四，对专业知识要求低。余额宝操作简单，用户不需要掌握太多的金融理论知识就可实现理财目标。消费者只需要知道自己可以放入多少钱，然后多长时间可以取出，可以得到多少利息。

2. 全球数字支付现状。根据波士顿咨询发布的报告，预计从2020年到2025年，全球数字支付的收入规模将增长7.3%，并将在2030年突破2.9万亿美元。尤其在COVID－19的刺激下，全球数字支付出现大幅度的增长（见图4）。

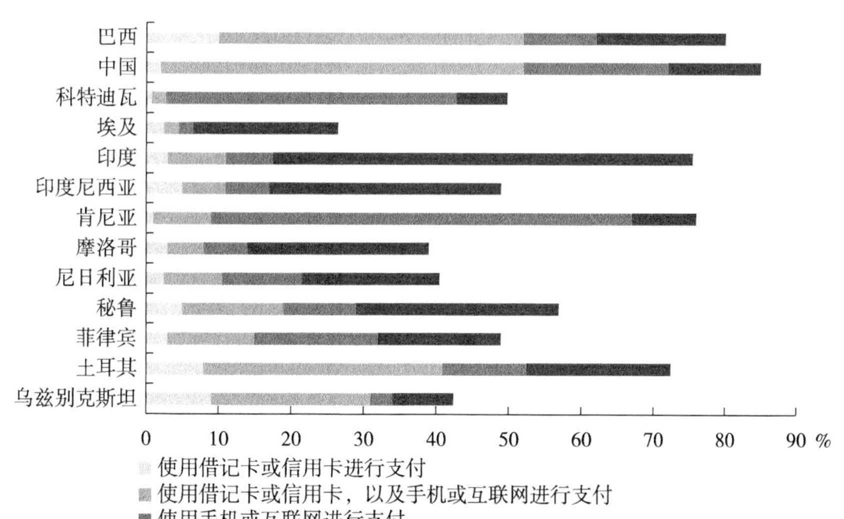


**图4　全球支付的数据**

（1）欧洲和中亚地区。自2017年以来，欧洲和中亚账户拥有率上升了13%，达到78%。数字支付的使用率很高，约四分之三的成年人使用账户进行或接受数字支付。COVID－19进一步推动了在疫情期间首次进行数字商户支付的10%成年人的使用。数字技术可能会进一步增加8 000万个使用现金进行商业支付的成年人的账户使用，其中包括俄罗斯的2 000万成年人和土耳其的1900万成年人，这是该地区最大的两个经济体。

（2）亚太地区。亚太地区是全球数字支付的最大市场，市场份额为42.18%，2021年的市值约为3 975.1亿美元。由于智能手机的普及，亚太地区目前主导着数字支付市场。在中国，89%的成年人拥有账户，82%的成年人使用账户进行数字商户支付。其他地区，59%的成年人拥有账户，23%的成年人进行了数字商户支付。近年来，东盟地区的多个国家正在开展二维码支付和基于当地货币结算的快速支付服务的双边合作。

（3）中东和非洲地区。中东和非洲地区表现突出，《2022年中东和非洲在线支付方式》报告显示，全球在线支付行业持续进步，常见的支付方式仍以信用卡为主，借记卡和信用卡是网上购物时最受欢迎的支付方式。随着越来越多的消费者使用数字钱包在线支付，在线商家也在调整它们提供的支付方式，几乎一半的电子商务公司已经接受数字钱包作为支付方式，大约三分之一的公司计划在未来扩大它们的数字钱包的应用。

3. 国内外对比分析。总体来看，中国的数字支付在规模和技术上领先于欧美和其他发展中国家，主要原因是，中国在科技领域的快速发展和政府对移动支付的大力推广，而欧美国家在移动支付方面的普及程度可能受限于其自身的经济发展和消费习惯等原因，另外其他发展中国家目前处于一个起步阶段。

## （四）数字货币

狭义的数字货币主要指纯数字化、不需要物理载体的货币；而广义的数字货币等同于电子货币，泛指一切以电子形式存在的货币。

数字货币最初以私人数字货币的形式出现，这些私人数字货币改变了传统货币的形态、流通方式及支付方式。在私人数字货币发展的同时，各国中央银行也纷纷试水主权数字货币。

1. 央行数字货币。央行数字货币也叫数字货币电子支付（DECP），这是一种基于区块链技术的全新加密电子货币体系。受益于国内移动支付和电子支付的快速发展，中国法定数字货币的研究进度在全球位居翘首；英国作为公认的世界金融科技中心，在法定数字货币的研发方面也有巨大潜力。

（1）国际传统跨境支付的局限。SWIFT在全球金融机构之间搭建起以美元为主导货币的资金流、信息流传输网络。随着全球金融和贸易活动的迅速发展，各国经济的不确定性和不稳定性也在不断增加。传统跨境支付体系已衍生出一系列矛盾和问题，具体表现为以下几个方面。

一是安全性问题日益突出。以SWIFT为代表的跨境支付与结算系统，在传统技术的支撑下，通过网络平台对交易订单进行信息转化，其网络安全存在较大隐患。

二是交易成本居高不下。传统跨境支付系统在进行结算交易时存在着较低的效率和较高的交易成本，这使得跨境支付陷入了长期的困境。

三是受不确定性影响严重。以 SWIFT 为代表的国际清算系统对外不断扩张，但内部治理结构却仍然不够透明，这使得其陷入了严重的信任危机，不仅遭受怀疑，也偏离了最初公正透明的发展方向。

因此，需要探索新型的跨境支付方式来解决这一问题，而央行数字货币的诞生则为这一现实诉求提供了切实可行的解决方案。

（2）中国央行数字货币。中国在央行数字货币研发上进展最为迅速。早在 2014 年，在时任行长周小川的支持下，中国人民银行便成立了法定数字货币专门研究小组，并明确了发行数字货币这一战略目标。如表 3 所示，我国央行数字货币是由中国人民银行发行的具有价值特征及 M0 属性的数字支付工具。

**表 3　　我国央行数字货币概述**

| 名称 | Digital Currency Electronic Payment，简称 DCEP |
|---|---|
| 定义 | 由中国人民银行发行的具有价值特征及 M0 属性的数字支付工具 |
| 特征 | 1. 央行的数字货币属于法币，具有法偿性，任何中国机构和个人均不能拒绝 DCEP<br>2. 功能和属性跟纸币完全一样，只不过其形态是数字化，需手机下载数字钱包使用<br>3. 采取“双离线支付”技术，交易双方都离线也能进行支付。只要手机有电，即使没有网络也可以实现支付 |
| DCEP 必要性 | 1. 保护中国的货币主权和法币地位<br>2. 现在的纸钞、硬币成本较高<br>3. 现在人们对纸币的需求越来越低<br>4. 满足公众匿名支付的需求 |
| DCEP 如何运营 | 双层运营模式，即“人民银行—商业银行”“商业银行—老百姓” |
| DCEP 技术路线 | 采取混合架构，不预设技术路线；只要商业机构能够满足央行对于并发量、客户体验以及技术规范的要求，无论采取哪种技术路线都可以，央行并不会干涉 |
| DCEP 投放方式 | 与纸钞投放一样，商业银行在中央银行开户，缴纳足额准备金，老百姓在银行开立数字钱包 |
| DCEP 的法偿性 | 具有无限法偿性 |
| 普通民众如何使用 DCEP | 用户不需要去商业银行，只需要下载一个 App 注册，钱包就可以使用了；兑换数字货币，可以通过银行卡进行兑换；取现金会按照现行的现金管理规定，设置一定的限额等 |
| DCEP 数字货币钱包的使用 | 出于反洗钱考虑，钱包内存储金额有限额，会有 3 个或者多个级别，实名认证程度越高，额度就越高 |
| DCEP 如何应对洗钱 | 利用大数据，虽然普通的交易是匿名的，但用大数据识别一些行为特征的时候能够获得真实身份 |

我国央行数字货币还具有以下特点：

一是采用“一币、两库、三中心”架构。“一币”指法定数字货币，即由央行担保签发的代表一定金额的加密字符串。“两库”指的是数字货币发行库和数字货币商业银行库。“三个中心”即认证中心、登记中心和大数据分析中心，分别负责对身份信息的集中管理，数字货币的流通、清点核对等全程登记和反洗钱、监管指标分析。

二是采用“前台自愿，后台实名”监管。法定数字货币坚持中心化管理，对法定数字货币实现可控的匿名化，在保护用户隐私的同时，主要通过大数据等技术给监管者提供新的监管手段，辅之以合规审查等监管技术，强化对反洗钱、反恐怖融资等不法活动的监管。

三是通过智能合约聚焦传统货币政策失灵。根据数字货币研究所的设计，法定数字货币内置智能合约，旨在强化其对宏观货币政策的支持力度，试图解决传统货币政策所面临的货币空转、流动性陷阱等问题。

人民银行从2014年起已经开始研究数字货币，并于3年后成立了央行数字货币研究所，直到2019年10月28日中国央行数字货币DCEP正式提出，央行针对数字货币已经申请了74项专利。如今，不仅我国央行已开足马力在此领域进行测试深耕，各国央行也在紧锣密鼓地推出自己的相关项目。

（3）欧洲央行数字货币。在2021年3月举行的欧元峰会上，欧元成员国和欧洲央行呼吁建立更强大、更具创新性的数字金融部门以及更高效、更有弹性的支付系统，并表示应就央行数字货币（数字欧元）进行探索性工作。

数字欧元是指欧洲央行发行的中央银行数字货币。数字欧元与实物现金等价，与纸币和硬币不同，数字欧元存在于数字账户中，用户可以通过电子设备进行存款、支付和转账。数字欧元是欧洲央行探索的一个项目，旨在将欧元引入数字领域，以便更好地满足公众在数字时代的支付和金融需求。数字欧元也将在支持欧盟经济方面发挥重要作用。与传统的纸币和硬币相比，数字欧元具有一些优势：可以在电子设备上存储和传输，因此可轻松地进行在线支付和转账；难以被伪造或盗用，这有助于减少欺诈和假币流通的风险；可以通过区块链等技术来实现点对点的交易，从而减少中介环节和相关费用；交易可以被记录和追踪，这有助于监管机构防止洗钱和其他非法活动；可以在国际范围内进行快速、安全和低成本的跨境交易，有助于促进国际贸易和金融流动性；其使用将扩大金融包容性，使更多的人能够参与金融体系；其推广将减少社会对纸币和硬币的依赖，这有助于提高货币的可持续性；数字欧元系统还可以大规模使用。例如，当装载货物的集装箱抵达汉堡港，当起重机将集装箱放在码头上，这时智能系统就会识别出货物已进入买方区域，并通过中央银行数字货币自动付款。

不过目前数字欧元距离正式推出需等待，“数字欧元”项目虽然得到了来自金融业行业龙头的欢迎，而且数字欧元将作为一种新的央行货币形式对欧元进行补充，并提供创新机会。

但是，目前数字欧元在金融界备受争议，政界也在争论谁应该对数字欧元有发言权——是欧盟机构还是各国议会。预计欧洲央行理事会将在今年10月决定欧洲央行是否启动该项目的下一阶段工作。这将涉及数字货币的技术开发，计划耗时三年。欧盟委员会称，关于数字欧元的最终决定不太可能在2028年之前作出。

（4）美国央行数字货币。尽管全球多家央行入局SWIFT央行数字货币，但目前美联储正面临国内的强烈逆风。美国50名议员联合已重新引入《央行数字货币反监视国家法案》，禁止美联储发行零售数字美元，为了保护创新和真正数字现金的未来发展。

美联储正通过另一种模式，复制数字美元的出现。被视为“数字美元”的FedNow支付系统在2023年7月已与35家参与银行和信用合作社、美国财政部财政服务局，以及16家服务提供商合作推出。参与的金融机构包括纽约梅隆银行、摩根大通、第一公民银行、合众银行和富国银行。美联储表示，将与全国9 000多家银行和信用合作社合作，支持随着时间推移，为客户广泛提供服务。

（5）各国央行数字货币对比。根据报道，各国对于央行数字货币的研究现状如表4所示。

**表4　各国央行数字货币探索情况**

| 国家（地区） | 探索情况 |
| --- | --- |
| 中国 | 2014年，中国人民银行成立法定数字货币研究小组，论证央行发行法定数字货币的可行性<br>2016年1月，中国人民银行召开数字货币研讨会，论证央行数字货币对中国经济的意义，并认为应尽早推出央行数字货币<br>2017年1月，中国人民银行正式成立数字货币研究所，并在国务院批准下，开展DC/EP的法定数字货币研发工作<br>2019年11月，中国人民银行表示，央行法定数字货币已基本完成顶层设计、标准制定<br>2020年4月，央行法定数字货币推进试点测试 |
| 美国 | 2020年2月，美联储主席表示，美联储正在对央行数字货币进行研究，但尚未决定是否推出 |
| 英国 | 2015年3月，英国央行宣布规划发行一种数字货币<br>2016年，在英国央行授意下，英国伦敦大学研发法定数字货币原型——RSCoin以提供技术参照框架<br>2020年3月，英国央行发表央行数字货币报告，探讨向数字经济转变 |
| 新加坡 | 2016年11月，新加坡金融管理局和区块链联盟R3合作推出ProjectUbin，探索分布式账本技术在数字货币领域的应用<br>2019年，新加坡金融管理局和加拿大银行完成了使用央行数字货币进行跨境货币支付的试验 |
| 瑞典 | 2017年9月，瑞典央行启动E-Krona计划，探索法定数字货币在零售支付方面的可行性<br>2018年4月，瑞典央行宣布将与IOTA区块链公司合作，研发推出国家数字货币<br>2020年，瑞典央行宣布，将于2020年7月开展数字货币试点 |

续表

| 国家（地区） | 探索情况 |
| --- | --- |
| 加拿大 | 2016 年 6 月，区块链联盟 R3 与加拿大银行共同发起法定数字货币 Jasper 项目<br>2019 年，新加坡金融管理局和加拿大银行完成了使用央行数字货币进行跨境货币支付的试验 |
| 俄罗斯 | 2017 年 10 月，俄罗斯总统普京正式宣布，俄罗斯将在莫斯科举行的闭门会议上发布官方数字货币——加密卢布 |
| 菲律宾 | 2020 年 7 月，菲律宾央行行长称央行已成立一个委员会研究发行央行数字货币的可行性以及相关政策影响 |
| 挪威 | 2018 年 5 月，挪威央行发布的一份工作文件表示，央行正在考虑开发法定数字货币作为现金的补充，以“确保人们对当前货币体系的信心”<br>2019 年 5 月，挪威央行的工作组发布央行数字货币报告，报告表明，随着公民退出使用物理形式的货币，银行必须考虑“一些重要的新属性以确保高效稳健的支付系统” |
| 马绍尔群岛 | 2018 年 3 月，马绍尔群岛议会通过立法正式宣布其将通过 ICO 的方式发行数字货币 Sovereign（SOV）作为法定货币<br>2019 年 9 月，马绍尔群岛官方透露，即将推出的国家数字货币 SOV 将可以通过预订的方式获得 |
| 委内瑞拉 | 2018 年 2 月推出官方石油币，成为全球首个发行法定数字货币的国家 |
| 厄瓜多尔 | 2014 年 12 月，厄瓜多尔推出了电子货币系统<br>2015 年 2 月，运营电子货币系统和基于该系统的厄瓜多尔币，市民可通过该系统在超市、银行等场景支付；2018 年 3 月，政府宣告系统停止运行 |
| 突尼斯 | 2015 年，突尼斯央行探索将区块链技术应用于其国家货币 Dinar，推出本国货币 Dinar 数字版本“E - Dinar”，成为全球首个发行由法定货币支持的数字货币的国家 |
| 塞内加尔 | 2016 年 12 月，塞内加尔央行发布基于区块链的数字货币 eCFA，由当地银行和一家位于爱尔兰的创业公司 eCurrency MintLimit - ed 协助发行 |
| 泰国 | 2018 年 10 月，泰国政府发行数字货币 CTH 120 亿枚<br>2019 年 7 月，泰国央行副行长公开表示，其与中国香港金融管理局共同合作研发的数字货币项目正式进入第三阶段<br>2020 年 1 月，中国香港金融管理局与泰国央行公布数字货币联合研究计划——Inthanon - LionRock 项目的成果，并发表研究报告 |
| 乌拉圭 | 2017 年 11 月，乌拉圭央行推出一项为期 6 个月的零售数字货币的试点计划，用于发行和使用乌拉圭比索的数字版本 |
| 立陶宛 | 2018 年，立陶宛启动了 LBChain 区块链平台项目，积极研究区块链和数字货币<br>2019 年 12 月，立陶宛央行批准数字货币 LBCoin 的实物样本，于 2020 年春季发行基于区块链的数字纪念币 LBCoin<br>2020 年 1 月，立陶宛央行表示正继续努力加强数字货币工作 |

各国央行数字货币的主要特征如表5所示。

表5 各国央行数字货币的主要特征对比

| 央行 | 币值 | 储备 | 应用场景 | 技术方案 | 发行流通体系 |
|---|---|---|---|---|---|
| 中国人民银行 | 1:1 转换为 CNY | 100%准备金率 | 批发和零售 | 技术中性 | 双层 |
| 欧洲中央银行 | 1:1 转换为 EUR | 100%准备金率 | 批发和零售 | DLT（R3 corda） | 双层 |
| 加拿大银行 | 1:1 转换为 CAD | 100%准备金率 | 批发 | DLT（R3 corda） | 双层 |
| 新加坡金融监管局 | 1:1 转换为 SGD | 100%准备金率 | 批发和零售 | DLT（R3 corda） | 双层 |
| 瑞典中央银行 | 1:1 转换为 SEK | 100%准备金率 | 零售 | 考虑以 DLT 为主的解决方案 | 双层 |
| 泰国银行 | 1:1 转换为泰铢 | 100%准备金率 | 批发 | DLT（R3 corda） | 双层 |

2. 国内外数字货币比较分析。数字货币在全球范围内发展迅速，中国在央行数字货币研发上进展尤为突出。从数字货币的发行主体来看，数字货币可分为官方数字货币和非官方数字货币。官方数字货币由国家或地区以国家信誉为担保，由政府主导发行，如中国央行数字货币。而非官方数字货币主要由私人或金融机构尝试发行，较为成功的货币包括比特币、莱特币、花旗币等。

中国央行数字货币的研发和推行得到了国家的大力支持。中国央行数字货币采取了“前台自愿，后台实名”的监管方式，通过云计算、大数据等技术对交易进行实时监控，保障交易的合法性和安全性。同时，中国央行数字货币的发行和流通是基于区块链技术的，具有分布式存储、算法加密等机制，使得数字货币具有高度安全性、匿名性和稳定性。

而比特币等非官方数字货币的发行和使用以区块链技术为基础，具有去中心化、安全性高、交易效率高等优点。但是，由于非官方数字货币的发行和监管主体多为个人或金融机构，其监管力度较低，易受各种因素的干扰，从而造成币值的较大波动，甚至出现偷盗事件，进而损害持有者利益。此外，由于非官方数字货币的匿名性，也容易滋生洗钱、诈骗等不法活动。

总体来说，官方数字货币具有更高的安全性和稳定性，而基于区块链技术的非官方数字货币具有更高的交易效率和去中心化等特点。未来数字货币的发展趋势可能是在保证安全性和稳定性的同时，实现交易效率的提高和去中心化的发展。此外，数字货币的发展也需要更多的监管和规范，以保障其合法性和安全性。

## 三、数字金融的潜在风险

### （一）数字金融可能会催生新型信息不对称问题

数字金融运用大数据、云计算、分布式账本等技术，实现大数据征信、防欺诈和模型审批，一定程度上解决了传统金融模式下金融信息不对称问题，降低了相关风险。但在数字金融体系中，数据金融平台对金融数据具有垄断的优势，而普通金融消费者处于绝对的劣势地位，因此，数字金融在缓解传统的信息不对称的同时可能也会引发严重的数据不对称问题。主要表现数据规模和质量的不对称、数据技术的不对称、数据管理的不对称和数据效用的不对称。

1. 潜在的金融数据规模和质量的不对称。

（1）数据规模的不对称。在大数据时代，数据不对称首先表现为掌握的数据规模的不对称。腾讯发布 2023 年第二季度财报显示，截至 2023 年 6 月 30 日，微信 WeChat 的合并月活跃账户数 13.27 亿，同比增长 2%，腾讯 QQ 的智能终端月活跃账户 5.71 亿，同比增长 0.4%，每天产生的数据量规模超过 200 个 BT；据阿里巴巴网站介绍，2018 年底其旗下的 MaxCompute 云平台存储的数据规模已经超过 EB 级别。这些大型数据公司可以收集用户大量的购买偏好、财务情况、金融交易习惯、持有资产分布以及信用状况等数据，从而为其旗下金融板块业务的开展提供了大规模数据的支撑。这些大型数据公司的数据规模不仅远远超出一般的大数据公司，更非一般的金融消费者所能企及。

（2）数据质量的不对称。金融数据质量的不对称也是金融大数据公司所具有的重要优势。金融大数据公司不仅拥有结构化的金融数据，更具有非结构化的金融数据，而大型金融公司、国家政府部门所掌握的金融数据则以结构化数据为主。结构化数据和非结构化数据共同构成的多维大数据使得金融大型数据公司在对金融用户的精准画像、精准服务、精准营销、精准的产品定价和精准的风险管理等方面具有更大的优势。

2. 潜在的金融数据技术的不对称。

（1）数据采集技术的不对称。网络抓取数据、网络资讯数据采集等大数据采集技术的创新应用已经对传统的金融机构和金融监管部门提出了更大的挑战，一般的金融消费者也很难掌握大数据采集技术。如网络抓取数据采用多线程搜索技术，可以同时搜索多个站点，根据资源抓取策略自动抓取资源，它实现对目标网站的非涉密、经授权的信息进行实时监控，并把符合条件的最新的数据及时采集到本地，并进行内容分析和过滤等操作，同时系统可以根据目标网站页面结构的变化及时通知用户并作出相应调整。大数据采集技术的创新为金融数据平台积累海量的金融数据，使其在市场中保持优势地位。

（2）数据分析技术的不对称。在大数据时代，金融数据平台的数据分析技术也有很大的创新，如金融数据分析智能信息处理技术，其是利用人工智能、人工神经网络、混沌、遗传算法、智能决策支持系统、数据挖掘、数据库的知识发现等方法，在全球化金融环境下，将影响金融市场行为的各种因素模型化，从而对金融市场中非结构化、不可测因素众多的数据进行预测分析，并进行资源的开发、管理、服务与知识发现。并且金融计量分析以抽样统计学的因果分析为基础，而数字金融的计量分析则建立在全样本大数据的相关性分析基础上，金融分析技术的革命性变革势必加剧金融数据技术的不对称。

在通常情况下，金融数据平台不仅积累了大规模的金融数据，而且在大数据建模及其应用方面处于行业领先和创新的地位，在大数据技术不对称中处于最具优势的地位。金融服务主体掌握了用户的大量结构化数据和部分非结构化数据，在数据技术上也具有人才和资金的优势，而金融监管主体不仅掌握了行业的统计数据以及部分实时交易数据，在数据技术上也进行了大量投资，在金融数据技术不对称上处于仅次于金融数据平台的优势地位。普惠金融消费主体只能获取金融数据平台、金融机构和监管部门提供的加工后的数据以及部分较少的点评或者交易数据，因而是数据技术不对称中最弱势的群体。

3. 潜在的金融数据管理的不对称。

（1）政府监管主体。在金融数据管理方面，政府监管主体不仅掌握了大量的行业统计数据，而且具有制定金融数据管理规则的权力，因此，在金融数据管理方面处于最具优势的地位。2019 年 6 月，Facebook 发布数字货币 Libra 白皮书以后，美国财政部对其监管和治理的审慎表态就使得 Libra 推向市场的时间变得难以预测；2019 年 8 月 22 日，中国人民银行印发的《金融科技发展规划（2019—2021 年）》，明确提出“增强人民群众对数字化、网络化、智能化金融产品和服务的满意度”目标，这就凸显了政府在数字金融管理及金融数据方面的强势地位。

（2）金融大数据平台公司。金融大数据平台公司不仅掌握了海量的实时金融数据，而且在数据管理和应用上还形成了模式创新的领先优势，因此金融大数据平台公司处于仅次于政府监管部门的优势地位。

（3）传统金融机构。传统金融机构在金融数据管理上虽然不能与政府管理部门和金融大数据平台公司相比，但与金融消费者相比又具有相对优势。因此，在金融数据管理方面，政府监管部门、金融大数据平台公司、传统金融机构、金融消费者呈现优势递减的态势。

4. 潜在的金融数据效用的不对称。

（1）规模越大，效用越大。传统的结构化金融数据量级比较小，难以发挥大数据的效用。而金融数据规模一旦达到 ZB 量级，就具有了大数据开发的“大”价值。而且随着金融数据规模量级的提升，数据的开发潜在价值呈现几何级数的增长。

（2）单位数据效用低。在大数据背景下，多采集全部原始数据且保留所有细节，与结构化数据价值密度较高有所不同，这种非结构化数据具有价值密度低的特点，因而其单位数据效用也较小。

国内 P2P 金融平台之所以出现大量的跑路事件，一个重要原因就是其不具有大数据规模的支撑。以蚂蚁金服、腾讯金融、平安金融等为代表的大数据金融平台在数据效用方面占据最为有利的地位，表现为强者恒强的“马太效应”。而缺乏大数据规模支撑的一般互联网金融平台处于数据效用的劣势地位，普通金融消费者在早期会享受到数据效用整体提升带来的边际福利递增，但随着金融数据平台寡头垄断的形成，则很可能又会面临边际福利递减的威胁。

## （二）数字金融可能会导致流动性风险爆发力更强

市场非理性情绪在“羊群效应”下的迅速蔓延是金融风险的重要类型之一，有可能对整体金融市场形成快速冲击。数字金融的高连通性和高渗透性更具传染性和“羊群效应”，将加剧风险在金融部门间的交叉传染，使上述风险传导过程更为迅猛。

1. 可能会诱发“肥尾风险”。

（1）理解能力有限。数字金融的优势在于能够服务传统金融机构难以覆盖的“长尾客户”，这些客户是指普通居民、农民、城镇低收入者、中小微企业等受到传统金融排斥的对象，这些客户组成了一个巨大的长尾市场。由于传统金融机构在开发这部分用户时，需要付出大量的成本，如投入网点建设、安排大量员工进行服务等，来自长尾市场的收益难以覆盖金融机构人力、物力的成本支出。但是当前信息技术迅速发展，数字金融利用数字技术，通过线上推广的方式降低了长尾客户的获客成本和推广费用，这就使长尾理论的应用具备了技术条件，将金融的长尾市场变成重要利润来源，如余额宝就是通过互联网技术将这个人群吸引过来，进行整合，最终为这个平台创造了非常大的利润，同时也为这些长尾客户提供了很大的便利。但这部分人群受教育程度相对较低，对于风险的防范意识较弱，缺乏基础的金融知识，往往对金融产品的潜在风险理解能力有限，部分不良经营者甚至利用此类用户的弱点制造金融骗局，导致“肥尾风险”效应。

（2）容易煽动。由于长尾金融产品的相对较小市场规模和流动性，投资者可能面临较高的买卖成本和较低的信息透明度。此外，由于缺乏标准化和监管，长尾金融产品可能存在更高的风险和不确定性。并且长尾客户受教育程度相对较低，缺乏基础的金融知识，因此容易受到虚假信息和不当舆论的煽动。当市场出现负面信息时，可能会引起长尾客户出现挤兑的现象。

2. 可能会加剧金融风险的交叉传染。

（1）数字金融风险传播更为迅速、延伸性更强。多部门、多领域和多行业的数字金融深度参与加剧了金融风险的交叉传染。随着传统金融机构与金融科技企业之间关联性的增强，风险的隐蔽性、复杂性和传染性也更强，因此与传统金融风险相比，数字金融风险传播更为迅速、延伸性更强，信用风险、流动性风险等金融市场风险均有被进一步放大的倾向。

（2）容易面临“挤兑”。部分小规模的数字金融机构可能会由于产品方面的期限错配，技术方面的网络故障，经营方面的疏漏或不审慎以及投资者的非理性投资等，从而产生不能按时偿付的流动性风险。加上金融科技加速了金融市场在信息传导和产品交易方面的反馈速度，提升了兑付要求和数字金融机构的流动性风险管理要求。而一些数字金融机构的流动性风险并不会像商业银行那样可以受到央行的最后贷款人的支持，若在特殊时期或者由于负面信息传播，更容易面临“挤兑”风波，造成资金链断裂，并通过平台间的业务往来进行风险转移和蔓延，迅速催生流动性风险。

### （三）数字金融可能引发技术安全风险和数据安全风险

1. 潜在的技术安全风险。近年来，随着以移动互联网、人工智能、大数据、云计算、区块链和密码技术为代表的信息技术与金融业务深度融合，金融科技在全球范围内蓬勃发展，科技对金融服务各细分领域渗透逐步加深，科技驱动的金融业务创新越发活跃。

技术进步能够带动金融创新、提高金融效率，但同时也会带来技术安全隐患。数字金融领域的技术风险具有广泛存在的特性，金融技术风险将会伴随金融市场的整个发展过程。技术研发中的潜在风险集中体现在金融企业投入了较多的前期研发资源，然而并未取得金融产品研发与推广的预期经济利润。在此种情况下，金融科技的产品研发企业就会遭受经济效益层面的显著损失。此外，网络空间本身存在着多个层面的金融安全隐患，数字金融的产品交易过程需要依靠金融企业的物联网支撑平台，数字金融的企业关键信息数据就比较容易被窃取。不法分子在盗取以及冒用金融企业的信息数据过程中，金融安全监管的风险等级就会趋向于明显增加。

数字金融安全风险始于技术安全风险，可进一步引发金融业务风险，最终威胁整个金融系统的稳定。从造成的影响结果看，数字金融安全风险主要分为对金融机构的影响和对金融用户的影响。对金融机构的影响主要包括关键信息数据丢失、机构敏感信息和用户隐私信息遭受窃取、业务连续性被破坏、客户服务体验下降、机构资金或财产遭受损失。对金融用户的影响主要包括身份信息被冒用、隐私信息泄露、债务违约、信誉下降、个人资金或财产遭受损失，在极端情况下人身安全也会受到威胁。

数字金融的技术安全风险来源是多种多样的，机理各不相同，可以分为传统网络信息安全风险和新技术安全风险，其对应的技术领域和主要攻击方法与风险如表6所示。

表6　　潜在技术风险情况

| 风险分类 | 技术领域 | 主要攻击方法与风险 |
|---|---|---|
| 传统网络信息安全风险 | 金融科技安全技术领域 | DDOS、勒索病毒、渗透攻击、SQL注入攻击、应用服务仿冒、网络金融钓鱼、诈骗短信、APT |
| 新技术安全风险 | 人工智能 | 窃取攻击、诱饵攻击、对抗样本攻击、物理对抗攻击、模仿攻击、逆向攻击、供应链攻击、后门攻击、可解释性风险 |
| | 大数据 | 平台框架安全风险、安全配置风险、数据泄露风险 |
| | 隐私计算 | 层协议安全风险、联邦学习算法风险、硬件安全风险、隐私数据安全风险 |
| | 区块链 | 51%攻击、算法安全风险、协议安全风险、智能合约安全风险 |
| | 密码技术 | 通用标准密码算法攻击，新型密码方案，量子计算攻击 |

一些应用于金融科技的新技术，由于技术尚未成熟稳定、设计原理存在缺陷、未考虑安全防护、采用组合式创新、缺乏有效的检测评估方法与时间检验等原因，其技术本身存在安全风险隐患。例如，基于多方安全计算（MPC）的联邦学习技术，是一项综合应用密码技术、多方安全协议技术、数据安全技术和人工智能技术的组合式创新技术，这种组合式应用的安全一方面依赖于各技术的原生安全性，另一方面取决于技术间的衔接调用安全，需要时间、实践和专业检测技术的检验。近年来，在已经上线应用的一些金融科技产品中，陆续发现了存在漏洞或攻击的问题，它造成的影响也不完全与传统网络信息安全攻击一样，这些安全风险有的隐蔽性很强，有的与金融业务安全产生了关联。

（1）人工智能安全风险。人工智能技术在金融领域的应用是较为广泛的，但其很多模型算法由于黑盒问题及固有训练偏差的问题，在使用时会出现意料之外的结果，这为使用者带来了不小的担忧和困扰。总的来看，针对人工智能的攻击及其安全风险，主要会造成敏感信息数据的泄露、核心模型资产的丢失、模型算法的失效以及定向改变模型算法的判定结果，在模型被恶意篡改的情况下，攻击者可以结合具体金融业务获取非法利益，包括获取金融权限、获取用户资金、逃避风险追查等。目前，对于人工智能的攻击有很多类型，攻击研究也逐渐深入，常见的攻击类型包括窃取攻击、诱饵攻击、对抗样本攻击、物理对抗攻击、模仿攻击、逆向攻击、供应链攻击、后门攻击等。人工智能算法的可解释性问题得到了越来越多的关注，其问题源于人工智能算法尤其是深度学习计算过程为黑盒操作，模型计算、参数优化以及特征选取皆由模型自行操作，无法追溯自身的学习和决策过程，目前尚无完备理论能够对模型结果及模型本身作出合理解释，随着相关算法模型在金融领域的融合应用，存在产生不可控结果的隐患，也无法使算法使用者绝对信任算法的结果输出。

（2）大数据安全风险。金融大数据技术的应用建立在金融硬件基础设施、数据库和操作系统的基础上，它面临的安全风险与传统网络信息安全风险高度相似。较为特异性的技术风险主要聚焦在大数据平台技术和隐私信息保护技术，而大数据安全的核心就是信息数据资产的保护。一些场景的大数据应用依赖于专用的平台架构体系，对分布式需求较高，相关开源平台架构的安全设计与实现机制存在一定的安全风险，常用的大数据框架有 Apache Spark 与 Apache Hadoop，相比较而言，Hadoop 的安全设计要弱很多。大数据的应用可能需要大规模部署大数据框架，对于框架平台的安全配置至关重要，唯有保证统一正确的配置，才能有效抵御攻击风险，但现实情况中存在漏洞的安全配置案例比比皆是。对于数据泄露风险，其存在于数据生命周期的各个环节，包括数据收集、存储、处理、传输、展示、共享和销毁等。

①隐私计算安全风险。隐私计算技术的多方安全计算技术多基于底层密码学协议和专用交互协议进行设计与实现，但非标准的密码学协议很少得到过完整系统的

理论证明（如通过形式化分析方法），一些同态加密算法、秘密共享方案和混淆电路方案均是定制型解决方案，自身在不断演进，没有成为行业达成共识和认可的标准化方案，其安全性无法得到保证，且安全模型和安全参数的选取也缺乏论证，因此多方安全技术存在一定的底层协议安全风险。联邦学习的两个或多个参与方通过安全的算法协议进行联合机器学习，而该算法同样存在缺少理论与实践证明的问题，已经有文献阐述了通过恶意节点和边缘后门的方法攻击联邦学习以达到恶意影响模型训练的目的。

②区块链安全风险。区块链技术与应用是金融科技的重要组成部分，在获得诸多优势特性的背景下，区块链技术也具有一定的自身安全风险问题。51%的攻击，是区块链技术与生俱来且难以抵御的攻击。区块链在交易层、共识层和应用层使用了不同类型的密码算法，虽然多数使用的通用标准密码算法目前是安全的，但也存在被攻击的可能。对于协议安全风险，区块链在网络层使用了P2P协议，在共识层使用了共识协议，其中共识协议包含多种类型，这些协议在设计时往往难以全面考虑安全要素，因而成为区块链安全风险的主要源头。智能合约本质上是运行在区块链上的程序，由开发人员编写，当智能合约与复杂金融业务逻辑相结合时，智能合约的设计和实现就可能出现漏洞，即智能合约漏洞，这些漏洞造成的后果不尽相同，但都可能摧毁整个区块链系统的安全体系和经济生态。

③密码技术安全风险。密码技术安全风险是基础性安全风险，其安全问题将影响整个金融科技上层体系安全，尤其是重度依赖密码技术的大数据、隐私计算和区块链技术，一旦密码技术遭到攻击破坏，上层创新技术立足的安全特性将不复存在，其本身也将失去存在的意义。加密数字货币同样建立在密码技术安全的基础之上，如若根基不稳，加密数字货币的防止双花、交易认证、货币验伪、双离线支付、可控匿名等属性均将无法实现。通用标准密码算法目前一般而言是安全的，但也存在一些间接的攻击风险。对于新型密码方案，包括密码算法和密码协议，虽然有些因为具有出众的功能特点而快速投入应用，但它们仍需要大量的理论和实践证明，才能提升学术界和产业界对其安全的信赖程度。量子计算一直威胁着传统密码学的安全，根据相关研究，未来的量子计算可以成功破解RSA、ECDSA、ECDH和DSA等非对称密码算法，并将SHA-256和AES算法的安全强度降低一半，这一安全风险或将成为未来金融科技应用的重大潜在基础性风险。

2. 潜在的数据安全风险。随着金融科技浪潮的快速推进，新技术叠加新业务模式逐步扩充至金融机构原有的信息系统中，再加上技术中台的普及和数据量激增的现实情况，世界发达国家以及我国当前金融机构信息系统的复杂度和代码量都达到了惊人的高度。例如，当前常规的商业银行系统主要有业务系统、MS系统、渠道系统和其他系统，而每一个系统都包含十几个到几十个子系统，单从子系统数量看就达到上百量级水平，很多系统都需要跨全国各地乃至海外分支机构部署。在如此庞大而又自动化程度高、关系错综复杂的信息系统中，新技术与新业务的引入势必增加原有系统的网络信息安全风险。事实上，新增代码往往缺乏累积的测试时间检验，较容易成为整个系统的短板，被攻击者作为突破口利用，进而造成金融机构和金融用户的重大损失。

（1）大数据集群数据库饱受威胁。在大数据时代背景下，所有的信息数据变得更加透明化、复杂化和庞大化，特别是在虚拟网络中，大数据集群数据库逐渐成为网络病毒、网络黑客、不法分子重点攻击的目标，该数据库内部存储的数据相对比较集中，这就为网络攻击者一次性攻击和窃取大量数据提供了可乘之机。现阶段，在大数据技术的应用背景下，金融信息逐渐向数据化、系统化、集中化方向不断发展，所以，金融企业对金融信息的安全性提出了更高的要求，但是，部分金融企业忽视了对金融信息安全保障体系的优化和完善，无法保证金融信息的安全性，从而导致金融信息安全风险系数不断升高，严重影响了金融企业的健康、可持续发展。

（2）智能终端数据遭受威胁。近年来，随着我国综合实力的不断提升，我国逐渐成为世界级的智能终端市场，而智能终端的使用对金融信息的稳定性、可靠性和安全性提出了更高的要求，这是由于智能终端设备内部存储海量的金融信息数据，一旦该设备网络攻击者非法攻击，将会导致大量的金融信息出现丢失、泄露，给金融企业造成巨大的经济损失。目前，金融信息系统与各个智能终端设备进行了有效的连接，因此，智能终端设备参与到金融信息的传输和共享环节中，无疑增加了金融信息被攻击的风险和概率。由此可见，利用智能终端设备采集、存储和传输金融信息会为网络病毒、网络黑客、不法分子恶意攻击和窃取金融信息提供可乘之机。

（3）数据虚拟化导致泄密风险。数据虚拟化作为一种常用的数据处理方法，为实现对数据的安全访问、管理和完善发挥了重要作用。通常情况下，数据是海量信息的综合，通过利用数据虚拟化技术，可以提高海量数据处理能力，但是，却增加了数据的丢失风险和泄露风险。随着金融电子行业的不断发展，网络业务得到了极大的推广和普及，造成数据处理难度不断加大，同时，金融卡号窃取事件、电子欺诈事件频繁出现，金融信息面临前所未有的安全风险。由此可见，数据虚拟化技术的出现和应用，增加了金融信息泄密的风险。

### （四）数字金融发展过快可能致使监管滞后风险

1. 传统的金融监管可能难以适应。

（1）监管模式难以适应。伴随着数字金融的飞速发展，混业经营已经成为金融行业的主要特征之一。现实中混业经营例子较多，已经成为数字金融发展的常态，例如，蚂蚁金服已经获得了银行、保险、基金和股票等几乎所有的金融领域经营牌照，还有京东金融和陆金所等也是采用混业经营，现在几乎大大小小的金融机构都意识到数字金融的优势和潜在的巨大利润空间，积极借助其大范围开展多业务、多品种和多方式的交叉混业经营来抢占市场份额。金融科技的高速发展模糊了金融服务的边界，传统金融的分业监管不能完全适应，同时，在分业监管模式下，监管部门对于风险暴露的应对缓慢，很难适应当前数字经济模式下信息快速传播、风险快速蔓延的新特点。

在数字金融监管模式方面，英国起到了一个很好的示范效应。英国金融业有着自律监管和分业监管的传统，但自 1986 年“金融大爆炸”以后，逐渐转变为统一监管，1997 年以后英国合并了原有的金融监管机构，设立了统一的监管部门——金融服务监管局（FSA），负责金融业的综合性监管。2008 年国际金融危机的冲击使英国金融监管体系遭受沉重打击，促使当局开始进行金融监管体制改革，直至 2013 年金融服务法案生效后，英国正式撤销了金融服务监管局，继而采用“双峰监管”（Twin Peaks Supervision）模式。英国的这次监管体制改革将消费者权益保护从审慎监管中分离出来，其中隶属于银行体系的金融政策委员会（FPC）负责宏观审慎监管，审慎监管局（PRA）负责微观审慎监管，监管的主导机构金融行为局（FCA）则负责金融行业相关业务服务的监管，并注重保护金融消费者的权益。2015 年，英国金融行为局创立了监管沙盒机制，其监管原则是平衡金融创新发展与监管之间的关系。监管沙盒的基本逻辑是在虚拟环境中测试新兴的科学技术，并适用于金融领域的初创企业。换言之，监管沙盒就是为不断涌现的数字技术与新兴金融业态提供一个“监管试验区”，即一个对新兴金融创新产品与服务适当放宽监管约束的安全区。这一机制不仅支持了初创数字金融企业的发展，也提高了科技转化效率，激发了金融创新活力。

（2）监管技术的滞后。数字金融大发展的背景下，风险识别、评估方式、金融产品、金融服务、业务流程的设计逻辑均发生了根本性变化，对金融监管者提出了更高的技术要求。传统的监管技术往往依赖人工审核和纸质文档，这些办事环节浪费时间和精力，效率低下，而金融机构逐渐转型数字化、自动化，监管部门的技术水平滞后于金融行业的发展，面临监管技术条件不足的困境。2015 年股灾就充分说明了监管者技术缺陷导致的监管迟钝，缺乏技术能力和技术手段进行监管、预警，无法识别配资公司运用 HOMS 系统给投资人开设伞形账户的行为。全球数字金融在监管技术方面也存在固化问题，如美国通过《多德—弗兰克法案》等，强制推行长臂管辖或替代合规的美式金融监管标准，禁止不能有效监管自身金融市场的国家的金融机构进入美国金融市场。加之，数字金融所涉加密资产及线上交易均被纳入美国联邦金融法律框架，在金融霸权下推行单一的金融监管模式，这不啻在世界范围内封锁了进行多元化监管技术创新的通道。

2. 可能难以把握监管时点。

（1）过早监管抑制金融创新。现行金融监管框架以审慎监管、功能监管、行为监管为主，但受限于监管法律、监管理论和监管技术滞后，难以有效监测数字化、智能化、动态化的数字金融创新活动，金融科技的快速发展使得监管机构很难把握监管时点，过度的监管会扼杀创新，尤其是新事物处于初级阶段时。因此，政府过早制定监管规则，可能会扼杀数字金融的创新。金融科技监管既要体现传统金融监管的继承性和延续性，又要体现大数据时代的适应性和包容性，避免过度的监管把创新扼杀在摇篮之中，即掌握好力度。

（2）过晚监管会导致金融风险。当监管部门的信息处理与研判以及应对速度落后于密切接触一线市场的创新主体，金融监管等金融治理体系滞后于金融科技等金融创新形式具有客观必然性。监管晚时会容易带来金融创新，但同时也可能会引起一系列的行业乱象问题。如第一家 P2P 网贷平台拍拍贷于 2007 年上线，监管机构直到 2016 年才制定监管标准，并且实际落地实施效果并不尽如人意。其中，P2P 网贷因监管滞后产生了一系列行业乱象问题，如平台定位从信息中介演变为信用中介，部分平台完全属于伪金融科技，披着金融科技的外衣从事非法集资和金融诈骗活动，实际并未发挥信息科技在风险控制方面的作用，与科技赋能金融的初衷背道而驰。大量平台相继出现提现困难甚至倒闭以及卷钱跑路等不良现象，给大量投资者造成了无法追回的损失，严重影响了整个金融科技行业的发展声誉。可见，监管滞后可能会产生较为严重的金融风险。

### （五）数字金融可能会提高系统性风险发生的概率

1. 可能增加信用风险和流动性风险。

（1）信用风险。数字金融的信用风险形成原因较多，主要表现在以下四个方面。

①风险的快速积聚效应。众所周知，数字金融依托于互联网信息平台开展，具体运营过程中若出现部分违约事件，很可能在互联网发酵，引发大规模违约风险，致使信用风险快速积聚。

②我国数字金融信用体系不完善。在我国，数字金融交易双方采取的是线上交易方式，双方的信用很难得到科学、有效评估，再加上数字金融信用体系不完善。此种情况的存在很容易引发信用风险积累。

③创新引发新的信用风险。在当前大背景下，很多金融机构（金融企业）为实现更好的生存与发展，始终积极进行数字金融服务与产品创新，在此过程中有些创新是可取的，可促进数字金融发展。但有些创新却归于失败，甚至造成信用风险。

④我国数字金融市场信息不对称。在我国数字金融市场中，普遍存在信息不对称情况。这种信息不对称不仅存在于交易参与者与金融机构之间，在数字金融监管部门与金融机构之间同样存在。信息不对称在一定程度上加剧了数字金融信用风险。

（2）流动性风险。随着互联网科技的普及，经济金融化、金融自由化和市场化进程的加快，传统金融中介机构的作用被逐步削弱，金融脱媒越发明显，部分金融中介机构缺乏稳定的资金来源而出现流动性风险。并且，由于数字金融满足了平民投资和中小企业融资的需求，但这个消费群体整体金融素质偏低，盲从性强，财力基础相对有限，快速趋利心理预期强，侧重短线，加之数字金融操作便捷，增大了挤兑发生的可能性，因此流动性风险更加突出。

2. 可能增加风险管控难度。

（1）增加金融系统的关联性和复杂性。数字普惠金融的发展加大了金融体系的关联性和复杂性，给当前金融监管带来巨大挑战。第一，数字金融发展日新月异，以传统金融监管方式对其监管，成本过高且效力不足。一方面，当前中国金融业分业监管的模式难以监管具有混业经营牌照的数字金融企业，监管漏洞、监管缺位和监管真空现象频出。另一方面，监管方式也需要不断创新，而数字普惠金融作为一种新型发展模式，监管当局政策出台却始终落后于身处创新一线的数字金融企业，增加监管难度。同时，数字普惠金融令每个人都能享受到金融服务，但这也会使得不法分子获取“金融身份”，增加监管当局反洗钱的难度。第二，消费者权益保护工作难度加大，信息安全问题成为重中之重。数字普惠金融依托于互联网技术，消费者在数字金融体系中完全处于被动地位，难以保证个人信息安全，这对监管当局提出了较高的监管要求。第三，在数字化科技与传统金融深度结合的背景下，数字普惠金融有可能弱化宏观调控政策的效力。同时，随着移动支付的普及，以蚂蚁花呗、京东白条为代表的新型借贷业务会为居民和企业借贷提供便利，进一步削弱银行在金融体系中的作用，让货币政策调控效果大打折扣。

（2）增加风险的传播速度和危害程度。随着数字金融覆盖广度、使用深度以及数字化程度不断向纵深发展，同时也就增加了风险的传播速度和危害程度。特别是依附于同一大型投资顾问公司的投资决策和投资行为很可能存在一致性，以至于很容易产生“一荣俱荣，一损俱损”的结果。并且数字金融网络结构复杂，网络结构集中度高，系统关联性强，风险传染性强，传播面积广泛，风险暴露面大。信息是传染机制的载体，网络技术的发展使信息有很高的共享程度，当出现金融风险时，信息通过网络快速传播，金融消费者在相同时间作出相同决策，加速金融风险蔓延。数字金融的开放性和普惠性加大了负面信息的传播规模，产生对整个行业的不信任，如网络借贷平台的萎缩。

对于数字金融提高系统性风险发生的可能性，美国采取了较为严格的监管。国际金融危机爆发之前，美国经历了很长一段金融自由化时期。2008 年国际金融危机使风险在金融机构间快速扩散，系统性风险全面爆发，各经济领域受到严重波及，美国实施了一系列“严监管、强管控”的金融监管政策。2010 年，具有宏观审慎管理特点的《多德—弗兰克法案》围绕系统性风险，对美国金融监管体系进行修正和完善，通过外部性征税进一步稳固美联储的金融地位，保护消费者权益，禁止风险的跨市场转移。美国对数字金融的监管采取“归口监管”方式，即将数字金融业务按照一定标准进行分类后，归入现有的金融监管框架内统一管理。数字金融的监管主要集中在网络信贷、移动支付、金融理财管理等方面。在网络借贷方面，证券交易委员会依据证券法重点监管市场准入和信息披露，其注册要求严、准入门槛高，且平台每天须提交一次以上的报告，有效保证了网络借贷环境的参与度与安全性。在移动支付方面，监管的重点在于交易过程，根据相关法律规定，移动支付平台须在金融犯罪执法网站上注册登记，便于联邦政府和州政府统一管制，禁止私自挪用客户资金，并要求存档所有交易记录。这些措施有效防范了移动支付可能存在的监管漏洞。在金融理财管理方面，美国证监会（SEC）监管投资顾问，并通过客户披露的信息评估金融理财公司的操作行为是否合法；所有投资理财公司均依据消费者保护法受到联邦贸易委员会（FTC）的监督。总体而言，美国的数字金融监管政策比较灵活。其国内监管层在保证金融消费者合法权益和实施差异化监管的基础上，对数字金融行业实行充分自律的监管模式，以此鼓励金融领域的创新，同时把控整体的金融风险。

## 四、数字金融监管的政策建议

### （一）统筹防风险与促创新

在数字金融高速发展的背景下，监管创新是一个十分紧迫的任务。金融监管既要平衡金融创新与金融稳定之间的关系，又要做到与时俱进。

数字金融的风险管理具有提前防范风险、有效规避风险、节约数字金融的发展资源、维护金融市场的稳定秩序等重要意义。因此，数字金融的平稳发展过程不能缺失金融风险管理。相比于传统的金融市场而言，数字金融市场存在更加多样化与隐蔽性的金融安全危机。金融监管部门要牢固树立数字金融的风险预警思维，针对各种常见类型的金融风险提前进行准确预测，提前防范数字金融风险。引导数字金融更好地发挥服务经济的正向作用，寻求包容性、稳定性、合规发展和消费者保护的新平衡。加强对数字金融发展的规范、引导和扶持，鼓励我国平台机构在合规框架下积极创新，在全球金融竞争环境中保持优势地位。更好地利用信息技术手段监管和精准打击违法犯罪行为，加强与安全部门的统筹协调，注重保护大众利益，鼓励满足人民群众迫切需求的金融创新。

具体而言，一是推动普惠金融发展，利用数字技术提供所有人和企业都能获得负担得起、负责任和可持续的金融服务。二是加强宏观审慎监管，在搭建和执行宏观审慎框架时，高度重视科技风险，在对资本监管要求的基础上附加相应的数据治理要求和监管标准，维护金融体系平稳运行。三是促进合规发展，对金融科技市场新进入者，遵循技术中性原则，不对特定技术而豁免监管要求，不应对标榜“技术创新”的金融科技公司放松监管尺度，反之则相反。四是加强消费者保护，保护个人隐私，维护客户资金安全，免受信息诈骗、技术缺陷、算法歧视和网络攻击等伤害。

### （二）完善监管法律体系与标准

1. 完善数字金融相关法律法规。健全的法律规则是开展监管的基础和前提。随着数字金融新技术、新业态的蓬勃发展，需要进一步加强对相关风险的管理。首先要对相应的法律法规进行完善，进一步加强政策上的监督与管理。现阶段我国不能只依靠金融市场这一外部手段，中小型金融机构的数据治理不仅受市场监督，更依赖于科学完善的法律手段。完善金融数据治理的法律法规才能解决市场中数据垄断等问题，保障金融数据治理工作的稳步落实。我国在2015年发布了《关于加强金融消费者权益保护工作的指导意见》，开启了金融消费者权益保护的新纪元。在2018年发布的《银行业金融机构数据治理指引》中，虽然阐明了国家对数据价值、数据安全的重视，但并未规定具体的施行、监管等方面条款。我国现阶段缺乏金融数据治理法律体系，金融数据治理相关的规范文件较为分散，未能实现全面、协同治理的目标，可能导致金融机构在实践中无所适从。

完善金融数据治理的法律法规是未来我国明晰金融数据权属问题、更好地保护金融消费者隐私的可行路径。立法应当把明晰数据权属、加强数据治理监管问责评估配套机制、明确金融机构义务、建立专门金融数据保护机构与金融监管机构的统筹协调机制等措施纳入考量。在金融监管方面，由于金融市场呈现出多元的经营业态，金融数据垄断问题更为复杂，金融监管和反垄断规制的冲突不会自然消解。为了促进金融市场创新以及促进数字经济业态健康发展，避免资本的无序扩张，监管部门需要不断更新金融数据治理理念，做到与时俱进，与数据治理部门、反垄断规制部门配合，于事前、事中、事后三个规制阶段合理统筹配置资源，完善治理规则，构建以数据治理为主体，金融监管与反垄断规制为两翼的生态体系，规避金融数据垄断造成的竞争风险、系统性金融风险和治理能力风险。

2. 加快建立数字金融标准与规则。金融创新能够提升金融发展活力和经济增长动能，但也极易引发风险。随着数字金融的发展，有不少非法机构以“虚拟货币”“区块链”“数字资产”的名义吸纳资金，进行非法集资，打着“金融创新”的旗号，实行“借新还旧”的庞氏骗局，侵害公众合法权益。主要原因在于金融行业门槛随着金融创新的发展逐渐降低，一些没有获得金融牌照的第三方平台也借着金融创新的东风进入金融领域，实行圈钱诈骗。因此，有必要严格市场准入制度，只有获得相关牌照的企业才能从事相应的金融业务。一是制定牌照获取规定和无牌经营的处罚，明确主体责任，加大惩处力度，规范行业发展。二是提高第三方平台的注册资本门槛，降低平台破产跑路风险。三是互联网平台要严格落实审核制度，下线没有金融牌照或者金融资质较差的企业，减少网络金融诈骗。

数字金融是新技术推动下数字普惠金融发展的新模式。当前，在数字金融发展过程中，由于利用网络技术模糊现行业务边界，各种金融业务交叉运行，模糊经营边界，导致非法集资活动打着合法口号进行包装，存在监管缺位、错位，侵害消费者的财产安全。因此，需要加强顶层设计，明确业务经营边界，严格市场准入机制，提升数字金融行业经营门槛，制定监管红线实施细则，设置市场退出机制，清退清理一批存在安全漏洞、违法违规违纪的企业，加大违法惩处力度，提高违法成本，严格规范数字金融整体发展。

### （三）提升数字金融监管适应性

1. 增强场景适应性，构建以算法为核心的监管体系。数字经济企业的绝大多数行为都是通过算法实现的。因此，除利用传统的会计、审计、律师等中介机构进行监管外，还需强化以算法为核心的行为监管。

一是将算法监管纳入平台监管，在算法模型中构建监管要求、道德伦理和反垄断等方面的监测机制。运用大数据分析、机器学习等前沿 AI 技术，增强风险识别的前瞻性，及时识别海量的数字金融交易过程，对可能发生风险的行为给予风险警示，对可能涉嫌违法违规的行为及时予以终止。

二是提高算法透明度，建立企业决策过程的追溯系统和分级分类的监管体系。对于适合公开的，要求其公开源代码或核心算法；对于涉及商业机密等因素不适合公开的，可规定其委托第三方专业机构出具审查报告或提供自我审查报告。

2. 增强能力适应性，构建以数据为核心的监管平台。金融的数字化，也需要监管数字化，包括监管大数据的建设、监管规则的数字化和标准化，监管手段的数字化和智能化。为此，监管部门可与有关部门合作，联合建设大数据监管平台，利用科技手段推动监管工作信息化、智能化。可要求被监管部门的基础数据库和业务操作系统预留监管接口。以此来保证监管部门对数字经济企业行为的日常监督，也使监管部门能够随时提取所需数据，提高监管的及时性和有效性。

3. 增强过程适应性，构建以沙盒为核心的监管模式。沙盒原是一个计算机术语，是指将来源不可信、具有破坏力或是难以判定真实意图的程序置于一个虚拟的环境下进行观察测试。将这一概念借用到数字金融监管领域，它实际上相当于为数字经济企业划定了一块风险可控的试验田。在一定的范围内，在政府部门的监管下，企业可以对数字经济的新项目、新模式展开大胆探索，经测试合格后再推向市场。截至 2021 年 3 月 5 日，全球已有 50 余个国家对监管沙盒这一模式进行了探索，均取得了良好效果。

监管沙盒的优点在于它能够贯穿创新活动的全过程。从监管时效上看，监管沙盒能够提前介入创新活动，实现创新“起步即监管”，提高监管的响应速度。另外，由于创新活动时刻处于监督之下，也有助于企业更好地理解政策要求，减少合规成本。从监管方向上看，监管沙盒既没有在创新活动刚诞生时就“一刀切”地阻断，也没有等到创新举措已经推向市场了才实施监管，而是在一个中间地带进行监管。这能够有效地构筑起项目与市场之间的防火墙，及时发现项目的漏洞，实现纠偏的功能。而且，监管沙盒这一模式也支持企业向接受测试的消费者真实地提供产品和服务，且支持消费者直接向监管部门反馈使用意见。这本质上是让消费者直接参与到创新活动中来，有助于项目朝着符合消费者利益的方向发展。由此看来，监管沙盒这一模式确实能够契合适应性监管的要求，也能够契合数字经济本身的发展要求，应予大力推广。

## 参考文献

[1] 牟晓伟，盛志君，赵天唯．我国数字金融发展对产业结构优化升级的影响［J］．经济问题，2022（5）：10－20.

[2] 钱海章，陶云清，曹松威，等．中国数字金融发展与经济增长的理论与实证［J］．数量经济技术经济研究，2020，37（6）：26－46.

[3] 宋俊峰，于丽红．数字普惠金融的影响效应：一个文献综述［J］．农村经济与科技，2021，32（9）：129－131.

[4] 张勋，万广华，吴海涛．缩小数字鸿沟：中国特色数字金融发展［J］．中国社会科学，2021（8）：35－51，204－205.

[5] 粟麟，杨伟明．数字金融：发展现状、未来趋势与监管启示［J］．北方金融，2021（6）：8－12.

[6] 陈熙．数字经济时代中金融安全相关问题研究［J］．现代商业，2023（2）：146－149.

[7] 上官绪明，李剑岚．数字金融：脉络、框架和展望——基于业务功能视角的文献综述［J］．河南工业大学学报（社会科学版），2022，38（1）：1－11.

[8] 翟华云，刘易斯．数字金融发展、融资约束与企业绿色创新关系研究［J］．科技进步与对策，2021，38（17）：116－124.

[9] 魏传捷．浅谈如何以数字金融推动小微企业融资［J］．全国流通经济，2023（7）：169－172.

[10] 杨玉娇．数字金融对企业投资效率的影响研究［D］．成都：四川大学，2022.

[11] 郭卫平．金融科技与数字金融风险管理探索［J］．中国科技投资，2022（21）：84－86.

[12] 周舒雯．金融科技与数字金融风险管理探究实践［J］．城市情报，2022（3）：100－102.

[13] 于萍．数字经济时代金融数据风险及应对策略［J］．商场现代化，2023（17）：65－67.

[14] 周春英．数字经济时代下新金融业态风险的识别和防控［J］．山西财政税务专科学校学报，2023，25（3）：27－31.

[15] 范志英，杜俊萍．数字普惠金融、风险承担与技术创新［J］．中国注册会计师，2023（3）：57－61.

[16] 陈道富．数字金融监管的基本思路、原则和重点思考［J］．北方金融，2021（6）：3－7.

[17] 王瑞霞．我国数字金融监管法律问题研究［D］．石家庄：河北经贸大学，2022.

[18] 胡美伦．关于数字金融监管存在的风险及其思考［J］．中国战略新兴产业，2022（32）：27－29.

[19] 张钰敏．数字经济浪潮中的金融监管路径思考［J］．全国流通经济，2022（6）：147－149.

［20］李瑛. 金融支持数字经济创新发展的监管挑战及应对［J］. 中国流通经济，2021，35（10）：116－128.

［21］龚强，马洁，班铭媛. 数字经济创新的金融支持与适应性监管［J］. 北京交通大学学报（社会科学版），2021，20（3）：60－70.

［22］李佳. 数字化时代金融科技监管困境与完善路径探索［J］. 现代经济信息，2022，37（18）：74－76.

［23］王景利. 数字金融给金融监管带来的机遇与挑战［J］. 金融理论与教学，2022，172（2）：33－35.

［24］康艳琳. 数字金融下的金融风险和金融监管机制探究［J］. 品牌研究，2021（15）：194－196.

［25］OZILI P K. Impact of digital finance on financial inclusion and stability［J］. Borsa Istanbul Review，2018，18（4）：329－340.

［26］AMIT R，ZOTT C. Crafting business architecture：the antecedents of business model design［J］. Strategic Entrepreneurship Journal，2015，9（4）：331－350.

［27］SIMON D，HEIMER R. Facebook finance：how social interaction propagates active investing［J］. SSRN Electronic Journal，2012（6）：203－218.

［28］DYHRBERG A H. Hedging capabilities of bitcoin. Is it the virtual gold?［J］. Finance Research Letters，2016（16）：139－144.

［29］ONDRUS J，BUI T，PIGNEUR Y. A foresight support system using MCDM methods［J］. Group Decision and Negotiation，2015，24（2）：333－358.

［30］ZHOU T. An empirical examination of continuance intention of mobile payment services［J］. Decision Support Systems，2013，54（2）：1085－1091.

［31］KETTERER J A. Digital Finance：new times，new challenges，new opportunitie［R］. Inter－American Development Bank，2017.

# 广州数字金融发展情况分析

杨连成　袁　峰　王利华　张子昱　张　晖　赖建军[①]

## 一、概述

数字金融是指为传统金融机构、互联网企业、金融科技公司以及其他经济主体以数据资源为关键要素，运用大数据、云计算、区块链等数字技术对金融业务模式、服务与产品进行创新，而形成的新型金融业态。数字金融通过数字技术赋能传统金融，从目前的最新发展情况看，在技术上大致可分为人工智能技术、区块链技术、云计算技术、大数据技术、物联网技术等几个大类。随着全球经济数字化转型的大趋势，数字经济已成为经济社会高质量发展的动力源。数字技术在金融行业中扮演着至关重要的角色，对金融行业高质量发展具有重要的支撑作用。在数字技术的驱动下，金融行业面临新的机遇和挑战，数字技术的应用可以提升金融机构的效率、降低成本、优化风险管理，促进金融创新和金融普惠，推动金融行业向着更加高效、可持续和包容性的方向发展。

世界各国纷纷将数字经济作为国家战略性支柱产业，通过推动数字基础设施建设、加强数字技术研发和应用、优化数字产业发展环境等措施，加速数字经济发展。同时，国际金融监管机构也在不断加强对数字金融的监管，推动全球数字金融规范发展。

### （一）数字金融发展背景

我国高度重视数字经济和数字金融的发展，2017 年 5 月，中国人民银行成立了金融科技委员会，旨在加强金融科技工作的研究规划和统筹协调。2018 年 5 月，《国务院

---

① 杨连成，工程硕士，高级会计师、高级人力资源管理师，中国联通广州市公司党委书记、总经理，研究方向：金融科技、算网算力、数字货币等。袁峰，博士，研究员，广州软件应用技术研究院常务副院长，研究方向：软件工程、物联网、人工智能等。王利华，本科，EMBA 在读，中级工程师，广电运通集团股份有限公司金融科技首席技术官，广州中智融通金融科技有限公司总经理，研究方向：人工智能在金融科技领域的研究与应用等。张子昱，硕士，广州金融发展服务中心副总经理，研究方向：数字金融、普惠金融等。张晖，大学本科，高级工程师，中国电信股份有限公司广州分公司副总经理，研究方向：数字科技、数字经济等。赖建军，硕士、工程师，中国移动通信集团广东有限公司广州分公司副总经理，研究方向：移动 5G 通信网络规划部署与行业应用创新，以及党政、金融、医疗等集团客户业务管理。

关于印发进一步深化中国（广东）自由贸易试验区改革开放方案的通知》提出，要大力发展金融科技，在依法合规前提下，加快区块链、大数据技术的研究和运用。2020年，国务院发布《关于加快构建新型基础设施建设的意见》，提出了加强5G网络、数据中心、人工智能、工业互联网等新型基础设施建设以支撑数字经济的发展。2021年3月，《中华人民共和国国民经济和社会发展第十四个五年规划和2035年远景目标纲要》发布。中国人民银行等监管部门为此出台了一系列金融科技监管政策。2022年，中国人民银行印发《金融科技发展规划（2022—2025年）》，提出新时期金融科技发展指导意见，明确金融数字化转型的总体思路、发展目标、重点任务和实施保障。2023年2月，中共中央、国务院印发《数字中国建设整体布局规划》，提出数字中国建设的整体框架，标志着数字经济被放到更重要的位置。在“十四五”规划中，数字经济被确定为我国经济社会发展的重点领域，提出了加快数字社会建设，推动数字经济与实体经济深度融合。中国人民银行在多个城市启动了数字人民币试点项目，探索数字货币在零售层面的应用，推动金融服务的数字化和智能化。与此同时，国家加大资本市场改革力度，推动注册制改革，优化资本市场结构，为科技创新企业提供更多融资机会，支持数字经济和高新技术产业发展。国家还推动跨境电商综合试验区建设，支持离岸贸易发展，促进数字贸易和国际贸易便利化。这些政策和举措体现了中央和国家层面对于数字经济和数字金融发展的重视，旨在通过政策引导和监管创新，推动数字经济和数字金融的健康发展，促进经济结构优化升级。

### （二）广州数字金融谋篇布局

广州位于中国南部，毗邻香港和澳门，是连接中国内地与世界的桥梁，具有明显的地理优势和开放程度，有利于数字金融的国际合作和交流。作为粤港澳大湾区的中心城市，广州的金融发展对于国家战略具有重要意义。国家对于粤港澳大湾区建设提出了明确的要求，要求广州发挥金融引领作用，推动区域金融一体化发展。

随着广州经济结构的转型升级，实体经济对于金融服务的需求日益增长。近年来，广州金融市场发展迅速，金融业已成为推动经济增长的重要力量。为了进一步巩固和提升广州金融市场的竞争力，适应新时代金融发展的新要求，广州市制定了《广州市金融发展“十四五”规划》，提出了创新金融政策体系、深化金融改革的一系列措施，以实现金融业的高质量发展。《广州市金融发展“十四五”规划》中102次提及“数字金融”，并将“推进数字金融创新发展”作为重点任务，明确提出，“十四五”时期广州将建设“三中心、一标杆、一高地”，即高标准打造风险管理中心、面向全球的财富管理中心和具有重要影响力的国际化金融资源配置中心，支持广州创建数字金融标杆城市及建设引领全国、影响全球的绿色金融创新发展高地。

此外，广州还制定了一系列支持数字金融发展的政策，包括金融政策、科技创新政策、人才政策等，为数字金融创新发展提供有力保障。鼓励金融机构与数字科技企业、科研机构、高校等合作，共同开展金融科技创新项目，推动金融业与其他产业的融合发展。打造金融科技创新平台，加大对金融科技创新平台的建设力度，推动金融科技创新项目落地实施，为数字金融发展提供技术支撑。加强人才培养与引进，重视金融人才培养，加强与国内外金融机构、院校合作，培养具有创新精神和专业素养的金融人才。推进金融监管创新，加强金融监管能力建设，利用科技手段提高金融市场监测预警能力，确保金融科技创新与风险管理相平衡。优化金融生态环境，致力于优化金融市场体系，提高金融法治化水平，打造良好的金融生态环境，促进金融产业健康发展。推广数字金融应用，积极推动数字金融在实体经济、民生、政务等领域的广泛应用，提高金融服务效率，降低融资成本。广州市积极参与国际金融合作与交流，引进国际先进金融理念和技术，提升广州金融国际影响力。

## 二、广州数字金融发展情况

广州市积极推动金融科技和数字金融创新发展，形成了富有活力、勇于创新的数字金融生态圈，金融科技创新试点取得显著成效，数字金融重大平台建设加快推进，总体保持强劲的发展势头，加快建设全国数字金融标杆城市。广州的数字金融得到了快速发展，数字金融创新应用也赋能广州数字产业的高质量发展。政策支持和引导力度在不断加大，以推动数字金融产业高质量发展。同时，金融机构的数字化水平在不断提升，数字化转型步伐加快。当前，数字金融新业态已成为数字经济的重要驱动力，在推进数字产业化和产业数字化进程、强化系统性风险防控、满足人民群众生活需要等方面发挥着日益重要的作用。

### （一）政策法规日益完善

为加速金融、科技、产业的融合发展，广州先后出台了金融科技、供应链金融等扶持政策，将金融科技主体和人才纳入政策扶持范围。

1. 加大广州金融科技和数字金融政策扶持力度。一是《加大力度支持科技型企业融资的若干措施》，引导金融资源投向科技型企业和科创产业链群，加速金融、科技、产业融合发展。二是修订《关于支持广州区域金融中心建设的若干规定》，将金融科技主体纳入政策扶持范围，给予奖励补贴并鼓励其落户广州。三是支持天河区、广州开发区、南沙区大力发展金融科技产业，出台金融科技扶持政策。

2023 年 7 月印发《广州市加快推进企业上市高质量发展“领头羊”助力产业领跑行动计划（2023—2025 年）》，加大在新兴支柱产业及优势产业的上市培育力度，推动 13 家优质企业赴境内外证券交易所上市。截至 2023 年 12 月，共有广电运通、广哈通信、高新兴、智度股份、凡拓数创等数字科技类上市企业 15 家，新培育数字经济企业中旭未来在香港联交所挂牌上市。

目前广州市正在制定实施金融业高质量发展“1＋1＋N”系列政策，如表1所示。

表1 部分政策

| 序号 | 文件名称 |
|---|---|
| 1 | 《广州市建设粤港澳大湾区理财和资管中心实施方案》（穗府办〔2022〕7号） |
| 2 | 《广州市人民政府办公厅关于印发推动广州金融开放创新实施方案的通知》（穗府办〔2023〕9号） |
| 3 | 《广州市人民政府办公厅关于印发完善广州现代金融服务体系实施方案的通知》（穗府办〔2023〕10号） |
| 4 | 《关于印发广州市金融支持“百县千镇万村高质量发展工程”工作方案的通知》（穗金融〔2023〕9号） |
| 5 | 《2023年广州金融支持实体经济高质量发展行动方案》（穗府办函〔2023〕23号） |
| 6 | 《广州市加快推进企业上市高质量发展“领头羊”助力产业领跑行动计划（2023—2025年）》（穗金融〔2023〕11号） |
| 7 | 《关于金融支持广州市制造业高质量发展的指导意见》（穗金融〔2023〕23号） |
| 8 | 《广州市加大力度支持科技型企业融资的若干措施》（2023年10月印发） |
| 9 | 《广州市金融支持民营经济发展的若干措施》（2023年12月印发） |
| 10 | 《广州市促进金融业高质量发展若干措施》（穗府规〔2023〕6号） |

2. 充分发挥市区两级联动和行业主管部门牵头作用。将金融科技和数字金融相关主体纳入政策扶持范围，同时广州市支持天河区、广州开发区、南沙区等制定专项政策，持续加大对数字金融领域支持力度。由市地方金融监管局牵头组建的广州数金创新服务队以建设数字人民币应用场景项目参加广州市“金穗杯”工作创新大赛并获得三等奖，该项目结合广州千年商都、改革开放先行先试地区的独特优势，大力打造以“六性”为核心的数字人民币应用“广州模式”。广州市政府、人民银行省分行营管部、市地方金融监管局、市生态环境局等单位开展数字人民币在员工食堂和内部消费场景的应用实践。越秀区部分单位通过财政统发工资系统以数字人民币形式发放在职公务员工资，并上线数字人民币国库集中支付功能，完成公务费用报销。市交通运输局深化推进广州智慧交通体系建设，公交地铁全线已实现数字人民币支付乘车费用；市住房公积金中心实现住房公积金缴存、提取、贷款等主要业务场景数字人民币应用全覆盖。

## （二）基础设施成果明显

目前，广州市数字金融基础设施建设有较大进展，数字基础设施与金融基础设施均不断完善；同时数字金融专业机构建设持续推进，优化了广州市数字金融的发展生态。

关于数字金融基础设施，5G基站、云计算中心、人工智能融合赋能中心等新型数字基础设施有序推进建设。2023·5G应用创新大会在广州举行，资料显示，截至

2023 年 6 月，广州市累计建成 5G 基站超过 8.56 万座（含室外站、室内分布系统和共享站点），5G 基站数量保持广东省第一，率先实现 5G 网络市内全覆盖和重点区域的深度覆盖，为 5G 应用繁荣提供扎实的网络基础①。2022 年 6 月 24 日，全国首个地方金融数字化基础设施平台——广州地方金融数字化基础设施平台（简称“一台”）启动建设。同日上午，广东数字金融创新产业园（简称“一园”）也正式授牌。“一台”依托中大湾谷风险管理技术实验室（简称“一室”），汇聚国内高校、科研机构及省内头部金融科技企业的研发力量，为广州市银行、保险、小额贷款、融资租赁和融资担保等多类金融机构提供数字化解决方案、数据资源、算力支持及系统服务集成、跨行业互动协作的基础性技术服务平台和开放式创新生态。② 至此，广东数字金融的“一室一台一园”整体建设布局基本完成。

关于专业机构，广州市数字金融智库体系不断完善，为数字金融创新发展提供智力支持并搭建交流合作平台。在政府支持下，2020 年 7 月，全国首个数字金融协会在广州落地，广州市数字金融创新研究院、数字金融创新监管和应用场景实验室等数字金融平台相继成立。其中，作为全国首个数字金融地方组织，广州市数字金融协会致力于打造集金融、科技、产业于一体的创新型地方专业组织，为广州市数字金融创新营造良好氛围。目前，广州市数字金融协会已组建了金融科技专委会、供应链金融专委会等五个专业委员会，协调各领域专家合作开展行业调研、课题研究等，集聚各专业智慧为广州市数字金融发展提供智力支持。

充分发挥“粤信融”“中小融”“信易贷”等中小企业信用信息和融资对接平台作用，融合企业政务信息、互联网信息和金融数据等多维数据源，为金融机构提供更精准、全面的企业信用画像，促进银企融资对接更高效、便捷。截至 2023 年 9 月末，“粤信融”平台广州地区注册中小微企业约 23.46 万家，上线 235 款信贷产品，累计撮合融资 35.36 万笔，放款金额 1427.86 亿元；“信易贷”平台广州站上线金融产品 179 个，累计放款金额 1953.98 亿元；“中小融”平台广州地区共 57 家银行机构上线 118 款产品，累计为 496 家中小微企业放款 21.58 亿元。

### （三）创新试点效果良好

近年来，广州金融部门科学构建数字金融创新生态系统，推动落地一批国家级数字金融领域创新试点。持续深化金融科技创新监管工具运用，支持鼓励广州地区金融机构运用数字科技稳步推动金融改革创新，自 2020 年实施以来已落地 12 个金融科技创新项目；加快开展资本市场金融科技创新试点，助力广州资本市场机构数

① https://baijiahao.baidu.com/s?id=1771840636526189597&wfr=spider&for=pc.

② 资料来源：南方日报，https://static.nfapp.southcn.com/content/202206/24/c6621138.html?from=weChatMessage&date=bnVsbA==&code=200&evidence=a188ba1a-f3cc-45f1-87f2-77e802651e7f&firstColID=7587&appversion=8900&colID=7587&layer=3。

字化转型，已落地第一批 13 个试点项目，通过率在各试点城市中排名第一；成功获批“区块链＋贸易金融”和“区块链＋股权市场”两个特色领域试点，积极探索区块链技术在金融领域创新应用。

一方面，广州积极建设数字金融创新发展试验区，促进金融资源集聚与创新发展。依托已有的产业数字化平台、广州金融风险监测防控中心等，广州市探索建设数字普惠金融监管试验区、人工智能与数字经济试验区等创新试点项目。另一方面，广州积极推动数字金融创新，主动参与并积极举办数字金融创新试点与创新案例评选等活动。2021 年，由广州市地方金融监督管理局主办、市数字金融协会承办的首届金羊“点数成金”数字金融创新案例示范活动，遴选出 15 个数字金融创新案例，涵盖了产业链金融、智能风控、移动支付等重要领域的实践成果。① 2022 年，广州市获批参与科技金融创新服务“十百千万”专项行动②、数字人民币试点等一批金融科技及数字金融创新活动，2022 年 11 月 25 日宣布开展第二届“点数成金”数字金融创新案例示范活动。2022 年 12 月 15 日，广州资本市场金融科技创新试点第一批 13 个试点项目正式启动，如表 2 所示。广州市于 2021 年 10 月获批参与该试点项目。

表 2　广州市资本市场金融科技创新试点项目

| 项目名称 | 项目简介 |
| --- | --- |
| 基于大数据及区块链技术的中小企业 ABS 融资服务平台 | 运用大数据、区块链等技术，在供应链体系中将核心企业的入库单及订单数据证券化，把融资向前延伸，为中小企业提供高效便捷、风险可控的“非传统确权”融资服务；同时通过工信部提供大数据赋能，根据中小企业的历史数据证明其交付能力和信用情况，提供更完整的数字风控维度 |
| 基于区块链的广东省非上市证券集中托管及创新服务平台 | 运用区块链、大数据、人工智能等技术，重点围绕非上市证券集中托管，根据托收人、持有人、监管部门、司法机关等市场参与主体需求，在提供账户管理、初始及变更登记、质押登记等登记托管服务的基础上，加强综合管理研究、提升中小微企业服务能力；完善本地业务链对接中央监管链，通过区块链技术建立信息共享数据库，深度挖掘数据要素价值，提供统计数据发布、信息、研究报告、监管数据报送等综合信息服务，以及与企业股权配套的政企服务、融资服务等创新应用 |
| HarmonyOS 在金融场景下的创新应用 | 接入华为鸿蒙生态，打造全场景多设备的智慧金融服务，有效促进新兴技术与金融场景的深度融合，让金融服务以更丰富、更智慧的形式触达用户 |
| 企业套期保值风险管理系统 | 借鉴国内外衍生品风险量化的先进理念，引入在险价值作为评估企业套期保值投资组合风险水平的指标，为产业客户开展套期保值风险管理提供了一整套的解决方案。在系统建设过程中，项目团队自研了风险量化引擎、分布式容错总线、全内存交易核心等技术 |

① 资料来源：中共广州市委金融委员会办公室，http：//jrjgj. gz. gov. cn/zxgz/zbsc/content/post_7802712. html。

② 科技金融创新服务“十百千万”专项行动：2021 年 9 月 24 日，科技部火炬中心与中国工商银行在京联合启动科技金融创新服务“十百千万”专项行动。该专项行动将择优选择 10 家左右具备条件的在国家高新区内建设科技金融创新服务中心，带动 100 家以上国家高新区与工商银行创新政银合作新模式，每年新遴选 1 000 户以上高新技术企业进行重点支持，力争到 2025 年实现工商银行高新技术企业融资余额突破 10 000 亿元。

续表

| 项目名称 | 项目简介 |
| --- | --- |
| 基于人工智能的大湾区客户非现场业务服务平台 | 在业务流程中集成 OCR 识别、图像质检、人脸识别、活体检测、TTS 语音转换、ASR 语音识别、NLP 语义理解、智能回访以及虚拟数字人等人工智能技术，结合大湾区港澳客户群，创新优化从客户前台业务流程到证券公司工作人员资料审核的整个开户及业务办理流程 |
| 基于大数据平台技术在全球衍生品风控系统的应用 | 在研究了国内外应用大数据进行衍生品风险控制的理论基础上，提出创新的衍生品风险监控的系统架构。整套系统主要是为公司中后台部门提供统一的数据、风控、客服等核心功能，由大数据平台、统一风控、智能客服组成。大数据平台将公司的境内外数据进行整合，对数据进行统一管理，将数据标准化和资产化；统一风控实现对期货公司及境内外子公司各条业务线的盘中风险监控，盘后风险分析挖掘的功能；智能客服应用人工智能中自然语言处理、语音识别、分析推理等技术进行客户服务 |
| 基于大数据的反洗钱应用 | 利用自建大数据平台，高效整合、分析海量客户身份信息和交易数据，保障反洗钱系统有效开展客户风险等级评定、可疑交易筛查、黑名单监测等工作 |
| 基于超大规模国产预训练模型的企业财务智能预警平台 | 引入国产化超大规模预训练模型技术，复杂网络结构和强大算力的支持，使模型性能得到提升。训练数据方面采用多数据源聚合机制，完善财务与非财务指标体系，引入舆情与市场波动等动态高频数据。系统方面拥有可动态配置的管理端和券商业务特色的用户端，同时兼容信创改造，支持 Web 应用，API 服务及数据 SDK 服务 |
| 基于人工智能技术的债券风险分析系统 | 利用大数据和人工智能技术，构建了融信用评价系统、财务造假识别系统、债券流动性分析系统、债券舆情分析系统于一体的综合债券风险分析平台。首先利用大数据技术对债券相关的舆情进行分析，判断舆情类事件对债券发行人的偿债能力是否有影响，及时从细微信息中提取对违约预测有价值的信息。其次利用人工智能技术对债券发行人的财务质量进行分析，通过行业横向对比、自身历史数据纵向分析，能够判断债券发行人的财务健康程度，并能够判断此份财务报表的可靠程度，用于判断分析涉嫌财务造假的企业。最后利用机器学习技术收集相关债券数据并判断其交易的风险 |
| 基于大数据的投顾业务智能合规管理平台 | 利用大数据及人工智能技术，解决证券投资顾问业务合规风控管理的全链路留痕、监控预警、历史追溯，管理效率等难点。实时处理海量数据，分析多场景多类型消息（文本、图片、语音、视频），监控业务全流程和预警风险，提升合规风控管理效率，实现合规风控的数字化和系统化管理 |
| 基于 NLP 智能查重技术在期货开户中的应用 | 采用最新的 NLP（Natural Language Processing）技术，对客户提供的内部相关制度文件进行查重，并从语义的角度给出文档查重评分。同时采用向量搜索引擎进行文档向量的储存与搜索 |
| 基于大数据技术的期货公司数字化平台体系 | 包含营销管理系统、精准管理系统、运营管理系统和 MOT 关键人物管理系统四大模块系统。整合了各类数据，包括员工数据、客户数据、交易数据、产品数据、咨询数据等，基于大数据平台进行全面客户画像，并将从前端对客户的服务到后端对业务的管理进行了全闭环系统落地 |
| 基金投顾服务内容平台项目 | 为各种投顾内容创作者提供内容协同编辑、基于模板的内容创作、内容素材管理、内容检索管理、内容分发和内容合规等功能。研发采用了多种新型技术对企业自有数据和外部数据进行治理和分析，如通过运用深度学习技术，训练多个模型对内容进行分类处理；运用自然语言处理技术对内容进行实体提取，对内容中的知识进行快速关联；运用图数据库技术和知识图谱技术，对内容标签、实体进行管理，方便内容创作和内容分发快速进行；创新性地提出了多种人机交互技术，方便内容创作者在海量内容中进行素材和创意的管理 |

资料来源：笔者根据公开资料整理。

2023 年 9 月 26 日，广州举办资本市场金融科技创新试点工作座谈会，会上，广州市地方金融监管局邱亿通局长介绍了广州开展资本市场金融科技创新试点相关情况。广州市积极构建多方参与、共建共治的金融监管体系，形成“金融监管机构主导、多元主体协同创新”的多元共治金融监管体系，金融监管的精神性、有效性不断提高。

### （四）产品和服务不断完善

数字技术为金融机构提供了创新和发展新产品与服务的能力，在金融领域产生了广泛而深入的影响。通过应用大数据分析、人工智能、区块链、云计算、物联网和机器学习等技术，金融机构可以更好地理解客户需求，定制个性化的金融产品和服务，提高整体客户体验。随着金融科技加速发展，科技与金融的深度融合推动了金融业务数字化转型，广州各数字金融业态创新发展。广州持续推进数字金融创新发展，加速金融和科技的深度融合，其中数字支付、数字银行、互联网证券、数字保险、数字征信、互联网小额贷款、产业链金融等方面取得了长足进步，并保持稳定态势，为广州数字金融高质量发展贡献了力量。

广州市消费金融供给种类持续增多，服务效率和服务质量不断提升。广州市消费金融产品主要的供给主体为商业银行，以及消费金融公司，如中邮消费金融有限公司于 2022 年 8 月上线“新市民助力计划——1 亿免息补贴”主题活动，推出“新市民贷”服务。另外，广州场景消费金融进入了与数字化消费场景全面深度融合的新阶段，支持广大居民消费需求与实体经济发展。2022 年以来，邮储银行广州市分行积极拥抱各类场景合作伙伴，与商户共建商圈生态。广州银行的“优 e 贷”产品实现 API 方式将金融服务嵌入生活场景，支持向场景合作方、同业合作伙伴开放该产品，共同打造银行服务无处不在的商业模式，助力实现场景消费金融与数字化消费场景的全面深度融合。

广州构建了“增信 + 分险”政策性融资担保机制。截至 2023 年 7 月末，广州市有 5 家企业被广东省财政厅纳入政府性融资担保、再担保公司名单，初步形成以广州市融资再担保有限公司（以下简称市再担保）为核心，区级政府性融资担保机构为骨干的“1 + 4”政府性融资担保体系。市再担保首创“批量担保 + ”广州模式，与各商业银行在广东省内率先推出“专精特新批量融资服务方案”。截至 2023 年 6 月，“批量担保 + ”广州模式项下累计落地业务规模近 90 亿元，笔均低于 300 万元，担保费率低至 1%。

特别是数字人民币试点继续向深度和广度推进。2022 年开始数字人民币试点，试点工作结合广州实际，围绕服务经济发展、普惠民生福祉的目标，按照“先易后难”的原则，分“推广常规消费，打造特色应用，探索复杂场景”三个阶段，先后推动数字人民币在交通、体育、教育、财政支付、文旅等领域应用，赋能金融惠民利企，构建体系化、全场景的数字人民币生态，形成具有广州特色的数字人民币试点工作路径。在2022年试点工作基础上，2023年广州围绕“系统性”“人民性”“示范性”“引导性”“市场性”“普及性”6大方面，积极探索创新更多数字人民币应用场景落地。截至10月末，广州市已在食、住、行、游、购、娱、医、税、公积金9类重点民生领域及重大活动、政务服务、惠民助农等14类特定领域落地特色应用场景，累计开立个人钱包983万个（2023年新增326万个）；流通业务总计227亿元、6 176万笔；落地支持数字人民币支付商户门店93万个（2023年新增58万个）。

同时，数字人民币试点营造了良好数字支付氛围。一是在各类会展推广体验。在第134届中国进出口商品交易会（广交会）中投放数字人民币硬钱包外币兑换机，为境外人士提供数字人民币钱包移动支付服务，在国际金融论坛（IFF）20周年全球年会上开展政策宣导，引导境外嘉宾开通数字人民币钱包。二是赋能羊城新零售。广州市首个数字人民币跨境消费节在南沙创享湾粤港澳青创基地成功举办，发挥北京路、永庆坊等广州特色商圈影响力大、辐射力强的优势，推动建设数字人民币消费示范区。三是推广校园等封闭场景数字人民币应用，港科大（广州）举办“开学心喜，数币有礼”数字人民币走进校园联结穗港主题活动，在校师生可体验数字人民币校园便捷消费。四是搭建数字人民币综合服务平台，市属国企广电运通协自主研发的数字人民币综合服务平台在第五届中新（苏州）数字金融应用博览会亮相，并重点介绍了广州市以数字人民币为底座的“数字金融＋产业”生态合作平台项目，该平台入选广东省促进经济高质量发展专项资金（金融发展）项目，全方位展示了在数字人民币探索中形成的硬件和软件实力。

## （五）监管能力日益加强

一方面，广州充分运用大数据、区块链技术探索金融风险防控新模式，金融监管方式不断创新。广州市地方金融监管局联合广州金融风险监测防控中心、广州私募基金协会正式推出全国首个私募投资基金行业“促发展＋防风险”功能于一体的数字化线上综合服务平台——广州私募基金“瞭望塔”平台系统①。在风险防控方面，该平台基于大数据、区块链、人工智能等技术完成对主体行为活动的动态跟踪，多维度、全流程监测以及智能识别，并在此过程中提炼特征，挖掘潜在风险行为主体。在其他业务领域中，广州市已推出了3批11个金融科技创新监管工具项目，涵盖区块链、人工智能、云计算、大数据、物联网等数字科技在中小微企业融资、跨境贸易金融等重点领域的创新应用（见表3）。广州持续大力打造以“监管链、司法链、征信链、风控链、服务链”有机衔接的地方金融“五链协同”监管和服务体系。实践证明，该体系有效降低诉讼调解、司法救济举证难度并实现案件批量智审。

① 资料来源：中国新闻网，https：//www. chinanews. com. cn/stock/2021/03 -18/9435389. shtml。

该系统大大提升了地方金融组织的司法救济效能，有力维护金融消费者合法权益，促进地方金融稳定健康发展，为全国地方金融监管工作提供了“广州样本”。2022年1月，广州以该体系为基础报送的《打造“监管科技+司法存证”双循环体系，营造诚实守信金融生态环境》获评第三届“新华信用杯”全国信用案例[①]。

表3　广州市金融科技创新监管工具项目及参与的金融机构、科技企业

| 金融科技创新监管工具项目 | 所运用的数字科技 | 金融机构 | 科技企业 |
| --- | --- | --- | --- |
| 基于知识图谱的安全金融服务 | 知识图谱 | 广发银行 | 同盾（广州）科技有限公司 |
| 基于大数据和物联网的普惠金融服务 | 大数据、物联网 | 中国工商银行广东省分行 | |
| 基于流媒体技术的线上金融服务渠道 | 流媒体技术、多方安全计算、VR技术 | 交通银行广东省分行 | 京东数字科技控股股份有限公司 |
| 基于大数据和复杂网络的普惠小微融资服务 | 大数据、复杂网络 | 广州农村商业银行 | |
| 基于多方安全计算溯源认证的跨境结算服务 | 多方安全计算、大数据、人工智能 | 中国工商银行广州分行 | 广州银联网络支付有限公司、云从科技集团股份有限公司 |
| 基于知识图谱技术的风险交易预警服务 | 知识图谱、机器学习 | 中国农业银行广东省分行 | |
| 基于大数据风控的小微企业融资服务 | 大数据、多模数据库 | 广州银行 | 广州巨杉软件开发有限公司 |
| 基于知识图谱的外汇违法违规风险行为识别应用 | 神经网络、知识图谱 | 广发银行 | |
| 基于区块链的报关信息核验系统 | 区块链 | 招商银行广州分行 | 广州中国科学院软件应用技术研究所、广州电子口岸管理有限公司、中科汇智（广东）信息科技有限公司 |
| 基于数字技术的供应链金融服务 | 区块链、大数据 | 中国工商银行广东省分行 | |
| 基于区块链和远程视频的供应链金融服务 | 区块链、大数据、机器学习 | 中国民生银行广州分行 | |

资料来源：笔者根据公开资料整理。

另一方面，广州高效开展金融风险防控工作，金融监管能力不断增强。在事前风险监控方面，广州市建设智能化地方金融风险防控体系，依托“金鹰系统”构建18个风险监测平台和7套非法金融活动识别模型，广州市构筑起线上数据流与线下群防群治于一体的“天罗地网”。在事中金融监管强化方面，广州市积极推

① 资料来源：中共广州市委金融委员会办公室，http://jrjgj.gz.gov.cn/gzdt/content/post_8065884.html。

动地方金融监管立法，防范成果显著。广州市率先探索小额贷款公司等地方金融组织的监管评级，建设智能化的非现场监管系统，在全国率先印发《处置非法集资条例》省级实施方案，将非法集资行政执法职责列入权责清单。2022 年，广州市政府深入贯彻落实相关方案政策，创新开展防范和处置非法集资宣传，处置非法集资陈案化解成效显著。在重点金融风险防范方面，广州市坚持以人民利益为根本，从“源头”化解风险，立足于维护投资者合法权益做决策、定措施、求实效，维护社会大局稳定。

2023 年 12 月，广州成为全国首个地方金融组织批量接入人民银行征信系统的试点城市。开展数字金融的一个重要基础是征信数据的累积。我国个人征信记录覆盖率不高、信贷数据不完整等问题较为明显，不利于数字金融的有序发展。需要进一步完善征信体系，制定征信信息接入标准，推动公共部门数据公开，营造良好的社会信用环境。此外，伴随数字支付规模的不断扩大，支付行业对业务系统和基础设施的依赖性增强，高度数字化的支付清算生态链也使得发生系统性风险的概率增加，因此需要进一步加强支付清算系统建设，通过科技手段不断升级改造，提升风险防控和运维保障能力。

### （六）人才队伍不断增加

广州市高度重视数字金融人才队伍建设，采取多种措施培养和吸引高素质的数字金融人才。广州市出台了一系列政策，鼓励和支持数字金融人才的培养和引进，如提供创业支持、税收优惠等。金融行业组织了一系列培训班和论坛，通过与高校、研究机构以及产业界的紧密合作，开展广州高层次金融人才领导力提升培训班，旨在提升金融人才的综合能力和领导力。广州还构建了“政产学研用”一体化的数字金融人才培养体系，促进了理论与实践的结合。通过打造广东数字金融创新产业园等载体，吸引了众多金融机构和科技企业入驻，形成了良好的产业集聚效应，为人才提供了丰富的实践平台。

### （七）辖区优势各显特色

广州市各区积极发展数字金融，形成了不同的区域发展特色（见表 4）。以南沙区为例，南沙区近年来致力于打造粤港澳大湾区金融发展新标杆，已落户全国首个混合所有制的广州期货交易所、全国首个航运保险要素交易平台等多个重点项目，打造了全国首个国际金融岛，并建设国际金融论坛永久会址，集聚国际化优质金融要素。其他各区也都在积极建设数字技术研发中心及金融产业集聚区，引进金融机构与科技企业，大力发展云计算、人工智能等金融科技，结合自身区位特色和产业优势推动数字金融发展。广州市各区立足金融发展特色优势，全面推进金融数字化转型。

表 4　　广州市 11 区数字金融发展特色及典型案例

| 区域 | 发展特色 | 典型案例 |
|---|---|---|
| 天河区 | 基于金融产业优势推进科技创新及成果转化 | • 国际金融城<br>——国际金融城起步区成功引进金融机构 12 家，包括广发银行、农业银行、广州银行、南粤银行、华兴银行 5 家银行机构的全国总部或区域总部<br>• 广州（国际）科技成果转化天河基地<br>——打造集科技成果转化、科技企业孵化、科技金融和人力资源服务于一体的综合性科技创新服务枢纽 |
| 越秀区 | 创新数字金融监管体系 + 产融合作 | • 广州民间金融街："数字普惠金融监管试验区"<br>——自主研发非现场监管系统，建立"数字金融协同治理中心"，发布"五链协同"监管服务体系，推动数字金融监管创新在越秀区内的试点及广州市内的推广。如广州民间金融街信用数据技术有限公司建设了基于"信用知识图谱 + AI"的金融机构智能风控服务等系统<br>• 国家产融合作试点区<br>——依托辖内核心制造业企业发展供应链金融。广汽集团建设广汽财务产业链金融系统，并推出"e 秒贷"和"电子合同"，为产业链上下游企业提供融资服务 |
| 海珠区 | 发力数字新基建 + 科技创新 | • 发力数字新基建<br>——2020 年签约落地云计算、5G 建设、人工智能等 15 个"新基建"项目，总投资近 350 亿元。截至 2020 年底已建成 4 402 座 5G 基站，数量位居全市第三<br>• 人工智能与数字经济试验区琶洲核心片区<br>——粤港澳大湾区科技金融与数字经济协同创新研究院、人工智能与数字经济广东省实验室落地，已引进首批 7 个专项科研团队，拥有市级以上重点实验室等 18 家 |
| 南沙区 | 推动金融服务重要平台项目建设 + 集聚国际优质金融要素 | • 航运保险要素交易平台<br>——全国首个在线航运保险要素交易平台于 2019 年正式落户南沙，以大数据为抓手整合航交所、海事局等数据资源，并实现全国首个内河船舶保险线上询价、自动核保和出单<br>• 南沙国际金融岛<br>——引进首个具有国际影响力的金融论坛活动——IFF 全球年会，将 IFF 南方总部、国际金融学院学术智库区及配套设施等导入南沙国际金融岛，吸引国际金融资本和高端人才 |
| 荔湾区 | 金融科技产学研合作 + 产业数字金融 | • 荔湾区金融科技产学研中心<br>——打造集教育、科研、金融、科技、数字文化产业为一体，具有国家级示范作用的产学研创新联盟孵化基地<br>• 白鹅潭产业金融服务创新区<br>——白鹅潭国际金融中心已动工，推进先进装备制造产业与金融业相结合 |
| 白云区 | 数字科技园区建设 + 聚焦数字便民金融服务 | • 白云湖数字科技城<br>——重点发展云计算、人工智能、新一代通信网络、物联网等，华为广州研发中心、广州北大科技园数字创新中心、广州中关村信息谷创新中心等 74 个重大项目开工<br>• 推进数字金融服务便民惠民<br>——广州农商银行与白云区人和镇政府紧密联动，联手云闪付打造"金米智付"，大力推进支付设施数字化改造，为镇上商户及居民提供更便捷的支付手段 |

续表

| 区域 | 发展特色 | 典型案例 |
|---|---|---|
| 黄埔区 | 科技赋能金融服务实体经济 | • 国家中小企业公共服务平台数字金融平台<br>——以“区块链”应用切入，推动信贷融资、支付清算、风险管理、保险理赔、供应链融资等领域的金融科技创新，通过金融产品与服务模式创新扶持中小企业发展<br>• 民营科技型中小企业金融创新服务超市<br>——线上小程序、网页平台与线下服务点相结合，打造一站式、标准化、个性化的科技金融综合性服务平台。截至 2020 年底，已有中国银行、工商银行等 50 多家金融机构入驻，累计发布超过 200 种金融服务产品，不断提升中小微企业贷款覆盖面和可得性 |
| 花都区 | 金融绿色化与数字化两手抓 | • “粤信融”融资对接系统<br>——实现了绿色企业和绿色项目 24 小时在线申报、绿色项目产融对接以及绿色金融业务统计分析等功能。截至 2021 年 6 月末，共有 2 544 家企业和项目通过融资对接系统进行展示推荐，15 家银行机构通过该系统发布 92 个绿色信贷产品 |
| 番禺区 | 供应链金融服务 + 大学城“智核” | • 广州钻石交易中心供应链金融服务中心<br>——广州钻石交易中心作为供应链金融服务平台方，联合广州农商银行番禺支行和广州民间金融街信用数据技术有限公司等机构，共同构架闭环的货物流、资金流和信息流，为钻石珠宝行业的小微企业提供融资服务<br>• 广州人工智能与数字经济试验区（大学城片区）<br>——充分发挥科研和人才资源优势，为数字金融发展打下优良基础。截至 2021 年上半年，大学城片区建成有 3 个国家级孵化器、2 个省级创新创业示范基地、4 个国家级众创空间以及 1 个创新创业示范点 |
| 从化区 | 数字金融赋能农村金融 | • 中国电信粤港澳大湾区 5G 云计算中心<br>——中国电信粤港澳大湾区 5G 云计算中心成功落户，带动一批商业 IDC 项目以及数字应用企业集聚发展<br>• 促进乡村金融科技发展，推动惠农金融产品创新<br>——2020 年从化区政府与建设银行广州分行签订乡村振兴战略合作协议，双方将在搭建服务乡村金融科技平台、搭建农产品电商销售平台、创新惠农金融产品等方面开展合作 |
| 增城区 | 以金融创新服务助推科技企业发展 | • 广州南粤基金集团有限公司<br>——发起设立国内实际管理规模最大的智能科技产业投资基金——总规模 100.05 亿元的广银南粤智能科技产业投资基金<br>• 平安（增城）科技硅谷“科技 + 金融”示范区<br>——引进平安云科技中心、平安金服等企业和清华深圳研究院等资源，致力于金融科技研发。示范区与华夏银行增城支行合作，推出定制化的产业园区“批量保”业务，为科技型中小微企业提供融资担保资金 |

资料来源：笔者根据公开资料整理。

## 三、广州数字金融形势分析

广州自古以来就是中国的商业和金融中心之一，拥有悠久的金融历史和丰富的金融文化。这种传统为金融科技的发展提供了坚实的基础。

### （一）数字经济赋能金融老城市新优势

广州作为现代化大都市，拥有完善的金融基础设施，包括银行、证券、保险等各类金融机构，以及发达的支付系统和金融服务平台。广州吸引了大量科技企业入驻，特别是在高新技术产业开发区和科技园区，这些企业的集聚为金融科技的创新和应用提供了强大的技术支持。广州拥有多所知名高校和研究机构，与金融科技相关的研发和人才培养能力强，为金融科技的发展提供了智力支持。广州作为国际化大都市，积极参与国际合作和交流，与全球金融科技的发展趋势保持同步，不断引进和消化国际先进技术与管理经验。

1. 千年商都的数字化转型有序推进。广州在数字支付、网络借贷、区块链技术、人工智能在金融领域的应用等方面取得了显著成果，金融科技的应用日益深入市民的日常生活。随着金融科技的发展，广州正不断巩固和提升其在全国乃至全球的金融地位。

近年来，广州市数字金融基础设施建设有较大进展，数字基础设施与金融基础设施均不断完善。关于数字金融基础设施，广州市5G基站、云计算中心、人工智能融合赋能中心等新型数字基础设施有序推进建设。2021年中国云计算行业区域格局发展现状调研结果显示，广州云计算发展水平与深圳、杭州以及北京共同处于第一梯队。此外，广州无线电集团与华为共建人工智能融合赋能中心，该中心以此前的广州“鲲鹏+昇腾”创新中心和人工智能公共算力中心为基础，聚焦算力需求，夯实数字金融发展的“数字底座”。此外，广州期货交易所、广东金融资产交易中心、粤港澳大湾区（广东）财经数据中心与广州地方金融数字化基础设施平台等重要金融基础设施相继落地。

2. “专精特新”企业不断夯实实体经济基础。广州市“专精特新”企业在技术研发、市场定位、创新能力等方面具有显著优势，它们在金融科技领域的发展中发挥着重要作用，为金融科技的发展打下了良好的基础。“专精特新”企业通常在某一技术领域深耕细作，拥有核心技术和专利，这些技术可以在金融科技领域得到应用，如在支付系统、风险管理、数据分析等方面。“专精特新”企业往往针对特定市场细分领域提供专业化服务，金融科技企业可以通过服务创新来满足这些细分市场的特殊需求。“专精特新”企业可以在金融科技产业链中发挥整合作用，通过上下游企业的合作，形成完整的金融科技解决方案。“专精特新”企业激发整个金融科技行业的创新活力，推动新技术、新模式、新业态的产生。

广州金融机构的自主研发能力在近年来得到了显著提升，在技术研发上的投入持续增加，尤其是在人工智能、大数据分析、区块链技术等领域的创新应用。这些技术的引入和研发有助于提升金融服务的效率和安全性，同时也能够推动金融产品的创新。广州金融机构加强与高校、科研机构的合作，共建研发机构，如研发中心、实验室等，以此为基础进行技术研发和创新。这些机构能够聚集一批高水平的科研人才，形成较强的研发实力。广州金融机构在研发成果的转化方面也有所作为，将研究成果应用于实际业务中，如在风险管理、资产配置、客户服务等领域引入新技术，提升金融服务质量和客户体验。

3. 数字技术持续提升金融市场活力。广州积极建设数字金融创新发展试验区，探索建设数字普惠金融监管试验区、人工智能与数字经济试验区等创新试点项目。2021 年 12 月，广州琶洲人工智能与数字经济试验区入选广州特色产业园区，吸引了 39 家人工智能与数字经济领军企业，在龙头企业的辐射带动下，琶洲试验区企业总数已超过 3.4 万家，年度营收超过 4 000 亿元。广州积极举办数字金融创新试点与创新案例评选等活动。2021 年，由广州市地方金融监督管理局主办、市数字金融协会承办的首届金羊“点数成金”数字金融创新案例示范活动，遴选出 15 个数字金融创新案例，涵盖了产业链金融、智能风控、移动支付等重要领域的实践成果。例如，广州市“点数成金”创新案例中的巨杉数据库，凭借湖仓一体架构结合数据湖和数据仓库的优势，实现了对万亿级金融数据的实时处理，很大程度上保证机构和用户的信息安全。

2022 年 3 月 31 日，广州成功获批国家第三批数字人民币试点地区。在政府政策支持与引导下，2022 年广州市数字人民币试点成果丰硕，数字人民币应用场景不断丰富。广州市数字人民币试点分 3 个阶段推动 26 类数字人民币应用场景落地。

4. 投融资环境逐步优化经济发展动力。广州正在建设国际金融城，吸引国内外金融机构、科技企业入驻，形成一个集聚金融科技创新的生态圈。这种集聚效应有助于金融机构之间的信息交流和技术合作，进一步提升整体研发能力。

2022 年 6 月 24 日，在第十一届中国（广州）国际金融交易·博览会启动仪式上，广东数字金融创新产业园（简称“一园”）正式授牌成立。广东省地方金融监督管理局、广州市地方金融监督管理局、中山大学管理学院等相关单位正式启动广州地方金融数字化基础设施平台（简称“一台”）。结合 2021 年金交会授牌成立的中大湾谷风险管理实验室（简称“一室”），广州数字金融的“一室一台一园”整体建设布局基本完成。“一室一台一园”项目，依托“一室”进行校地企合作和产学研转化，打造“一台”推动金融机构数字化转型和数字金融创新，建设“一园”作为大湾区数字金融产业集聚基地，成为广州加快建设数字金融创新示范体系和基础设施、金融科技先行示范区、高质量建设粤港澳大湾区国际金融枢纽的重要举措。

广州聚焦重点产业链关键环节，在车规级芯片、新型显示材料等领域实现突破。广州在疫苗、药物等方面取得一批科技创新成果，核酸检测能力在全国领先。高新技术企业以占全市企业总量千分之六的体量，贡献了全市超过 1/6 的企业所得税，营收过亿元的高新技术企业超过 2 000 家。广州首个供应链金融领域数字人民币应用场景落地，满足多种供应链金融服务需求。2022 年 7 月，简单汇信息科技（广州）

有限公司完成了数字人民币在供应链金融业务中的创新试点。惠州炬威电子有限公司借助农业银行数字人民币钱包服务，成功通过简单汇平台完成了身份核验、风险识别、保理融资及资金清分等全流程的供应链金融业务。

5. 产学研教多方面赋能未来发展。建设数字中国是推进中国式现代化的重要引擎，也是构筑国家竞争新优势的有力支撑，推动发展数字金融成为建设数字中国的重要一环，也是高校、企业与政府并肩合作的结果。国内多所高校联合展开行动，主动融入数字金融发展中，支持数字金融发展。

华南师范大学携手银行共建“金融科技班”，培养数字金融人才。为响应数字经济和金融科技迅速崛起的时代需要，进一步推进新文科建设，落实新时代金融创新人才培养任务。2023 年 9 月 15 日，华南师范大学与中国建设银行广东省分行合作共建的第二届“华师—建行金融科技班”举行开班仪式。双方就继续深化战略合作、推动高质量发展开展交流探讨。

广东科学技术职业学院的数字金融基地作为首批“校企协同就业创业创新示范实践基地”之一，联合广州翰智软件有限公司、珠海富银投资有限公司致力于服务粤港澳大湾区、横琴粤澳深合区数字金融产业发展，构建产业、金融、高校间合作共建、区域间协作发展的良好生态，实现为金融机构赋能，为产业赋能，打造“金融 + 产业 + 生态”的新型模式，建设“一个空间，两个智库，三个中心，四个专项”，形成全国数字金融方向的示范基地，打造产教融合标杆，形成“专精特新”型中小企业产教融合发展格局。

广东金融学院携手粤财助力金融业数字化转型，双方将以联合建立粤港澳大湾区财富管理研究院、金融科技联合实验室等平台为抓手，充分发挥双方优势开展核心技术和应用开发攻关，形成“高水平的研究能力、国际化的交流平台、多元化的业务创新、国内领先的财富传承推广、系统化的人才培养”的运营体系，在粤港澳大湾区财富管理、金融科技成果转化等方面为广东乃至全国金融业数字化转型再进一步贡献力量。

广州市数字金融协会坚持以“服务政务，服务会员，专业创新”为重点，牢牢把握“产学研促合作”活动主线，开展了多种形式、多种维度的金融机构、科技企业与科研院所的系列研讨交流活动，同时发挥跨界资源整合的优势和协会专委会的智库优势，助推广东数字金融创新产业园建设等专项工作，打造可持续的数字金融生态体系。

### （二）技术进步和产业竞争带来新压力

技术进步和产业竞争的发展带来了多方面的压力，涉及经济、社会和政治等多个层面，比如经济转型、基础设施建设、政策和法规完善、国际和国内竞争、可持续发展等。尤其是数字技术飞速发展的时代，拥抱数字技术就是拥抱未来。广州数字金融面临的最新压力主要有以下 4 个方面。

1. 金融数据共享和流通机制有待完善。根据《2022 中国地方政府数据开放报告》，广州市排名落后于其他一线城市。尽管在前几年中国人民银行广州分行①已开始组织金融机构试点推广金融机构信息共享系统，但仍处于起步阶段，应用成果尚不显著。广州尚未充分发挥隐私计算“原始数据不出域”“数据可用不可见”的技术优势，导致各参与方数据隐私和数据安全暂未得到完全保障。

在数字金融产品和服务创新方面，广州市缺乏更加完善的统一合规标准。广州互联网法院成立后便受理了 6.7 万件以上的互联网金融纠纷，数字金融产品存在合同标准不统一、要素不齐备等多项问题。在金融科技发展方面，广州金融科技标准化工作要匹配金融数字化转型发展需求，因此需要更加注重金融机构与金融科技企业合作的规范发展。

2. 数字金融发展缺乏品牌牵引。广州金融科技竞争力主要在以下两个方面需要加强：一是加强龙头企业引领。虽然广州市数字金融整体发展水平较高，但与其他一线城市相比在头部金融科技公司方面仍有待加强。在《2022 中国领先金融科技双 50 企业名单》中，京沪深分别有 34 家、25 家和 23 家企业入榜，而广州仅有 3 家上榜。在《2022 中国金融科技竞争力 100 强榜单》中，广州只有 3 家企业入围，而北京、上海、深圳、杭州分别有 33 家、14 家、12 家和 10 家企业上榜。可见广州数字金融领域的头部企业数量与广州数字经济整体地位不很相称。二是关键核心技术研发力量仍需加强。相比北京、杭州、深圳等城市，广州在金融科技的五大关键领域——人工智能、区块链、大数据、云计算、物联网的技术先发优势并不突出。据调查，2021 年北京、上海、深圳和杭州的独角兽企业数量分别为 82 家、66 家、26 家和 22 家，而广州以 19 家独角兽企业排名第 5。可见，广州市还需要重视培育核心技术的研发企业，以促进数字金融的长远发展。

3. 数字金融复合型人才培养急需加强。数字金融业务的开展离不开人才的培养，需要的是具有互联网思维、理解数字科技、拥有大数据分析能力、掌握金融业务知识的复合型人才。目前，广州市金融业数字化人才需求缺口较大，尤其是中小金融机构受到多种条件的限制，更加难以吸引到合适的复合型人才。根据相关研究，广州市数字金融职位数量仅占数字化岗位的 5.3%，数字金融人才仅占数字化人才的 4.8%。因此，广州市数字金融复合型人才培养环境是有待进一步优化的，打造满足广州市数字金融发展需求的高层次金融人才队伍是有很大的发展空间的。

4. 大湾区区位优势的发挥不明显。作为国际化大都市，广州金融市场规模不断扩大，但与伦敦、纽约、香港等国际金融中心相比，市场规模和影响力仍有差距，广州金融在大湾区区位优势的发挥还不明显，这限制了广州在全球金融体系中的作

① 现为中国人民银行广东省分行。

用和地位。一是国际化程度有待提升，虽然广州在提升金融国际化方面取得了一定进展，但与其他国际金融中心相比，广州的国际化程度仍有提升空间。二是在金融创新能力方面，广州在数字金融与科技金融创新方面尚未形成明显的领先优势，与一些金融科技先进的城市相比，广州的金融创新能力有待提高。三是区域协调发展方面，大湾区内部金融资源分布不均，各地金融发展水平差异较大，需要进一步推动区域内的金融协调发展，以充分发挥各城市的优势。四是金融监管框架方面，随着金融创新的不断发展，监管框架需要不断适应和更新，广州在金融监管方面仍面临一些挑战，需要建立更加完善的金融监管体系。

## 四、促进广州数字金融发展的对策建议

2023 年 10 月中央金融工作会议强调，金融要为经济社会发展提供高质量服务，做好科技金融、绿色金融、普惠金融、养老金融、数字金融五篇大文章。为深入贯彻落实中央金融工作会议精神，围绕五篇大文章，推动金融业高质量发展，为经济社会发展提供高质量服务，需要不断完善金融体系，提升金融业的整体竞争力。

### （一）做好数字金融大文章，引导金融资源向重点领域倾斜

广泛宣传和落实好广州金融高质量发展“1+1+N”系列政策，做好科技金融、绿色金融、普惠金融、养老金融、数字金融五篇大文章，着力打造现代金融支持科技创新融资服务体系，加紧推动制定《广州市绿色金融条例》，争创广州绿色金融改革创新示范区，强化普惠金融对重点领域的支持作用，积极争取将广州市更多法人金融机构纳入各类政策试点，大力推进广东数字金融创新产业园等数字金融功能区建设，扩大数字人民币应用场景。

### （二）着力打造现代金融机构和市场体系，疏通资金进入实体经济的渠道

坚持把建设好、发展好广州期货交易所作为核心目标和重点任务。做强广发证券等资管行业头部机构，做优做强国有金融机构和地方法人金融机构，培育新增法人金融机构。不断优化融资结构，激发广州资本市场活力。鼓励保险机构优化保险产品和服务，为实体经济稳健运行提供风险保障。

发挥上市公司的产业引领带动作用，鼓励先进制造业上市公司利用资本市场做优做强，充分发挥上市公司在培育发展战略性支柱产业集群和战略性新兴产业集群中的引领带动作用，形成上市公司与上下游企业联动发展格局。推动风投创投集聚区建设，吸引一批优质风投创投机构聚集广州，加大对制造业创新型企业的支持力度。依托资本市场融资对接平台，建立风投创投与先进制造业企业融资对接机制。鼓励金融企业引进港澳地区知名天使投资基金、风险投资基金、创业投资基金等私

募基金投资机构，覆盖风险投资、并购重组、战略投资等全产业链，更好服务科技研究及关键核心技术攻关企业。

### （三）以南沙为核心，稳步扩大金融领域制度型开放

协调相关机构出台支持南沙的专项政策文件，加快筹建粤港澳大湾区国际商业银行、保险服务中心等，推动广州期货交易所上市恒生指数期货期权产品。加快推进大湾区跨境理财和资管中心建设，打造投资顾问业态生态体系，稳步推进 QDLP（合格境内有限合伙人）、QFLP（合格境外有限合伙人）试点。

### （四）充分运用数字技术监管，防范化解金融风险

中央金融工作会议强调，“必须全面加强金融监管”。金融安全是国家安全的重要组成部分。在经济全球化背景下，金融风险的传播速度快，影响范围广。当前，我国分业监管模式在面对数字金融混业经营、跨界经营的特点时，难以进行有效管理，只有通过加强党对金融工作的统一领导，才能确保金融政策的有效实施，及时发现和处置金融风险，防止系统性金融风险的发生也是推动金融改革、服务实体经济、促进经济高质量发展的必然要求。要进一步发挥国家金融监管机构的作用，协调地方各监管部门，对数字金融实施穿透式的功能监管与行为监管，防止监管套利，防范系统性金融风险，保障消费者权益需要更多关注金融创新和消费者权益保护之间的平衡，通过制定相关规则、宣传普及金融知识、严格惩处等多种措施，加强金融消费者权益保护。

要密切跟进上级部署，做好本轮机构改革工作。完善监管制度体系建设，做好非法集资防范和处置工作，开展重点领域整治工作，加强广州金融风险监测防控中心能力建设。在国家金融监管部门驻粤机构指导下稳妥化解辖内较高风险金融机构的风险。

### （五）继续完善政策和产业发展支撑环境

根据《2023 年广州金融支持实体经济高质量发展行动方案》，狠抓 30 项重点任务落地，聚焦转型升级，深入推动金融数字化绿色化国际化转型，稳妥推进数字金融领域创新试点。支持鼓励广州数字金融创新研究院、中大湾谷风险管理技术实验室、广州市数字金融协会等开展数字金融创新研究，探索建设粤港澳大湾区金融科技联合实验中心。鼓励金融机构与广东省供应链金融试点企业对接合作，为供应链上下游企业提供融资服务，打造金融科技骨干企业和数字金融聚集区。围绕引导培育数字金融产业化发展和加快广东数字金融创新产业园建设，培育、吸引一批国内外优质金融科技及数字金融主体，培育发展一批具有影响力的数字科技赋能金融示范项目。借助信息技术手段提高政府部门工作效率，优化政府对金融科技公司的各

项审批、服务及监管流程，与各部门合作研究数字金融新政策的试点和推行，助力数字金融产业的高质量发展。

## （六）打造数字金融复合型人才队伍

加强地方金融人才队伍建设。支持行业自律组织建立健全地方金融从业人员培训体系，完善员工岗前、任中培训，提升从业人员专业素质和职业道德水平。吸引地方金融领域人才在穗集聚发展，在发放人才绿卡、申报广州高层次金融人才等方面给予支持。推进地方金融组织建立健全人力资源政策体系，培育积极向上的企业文化，在人才招聘、员工培训、梯队建设、员工行为规范、重要岗位管理等方面加强管理，鼓励有条件的地方金融组织实施员工持股计划。建立多种方式的培养人才渠道。随着科技的快速发展和数字化经济的崛起，加强数字金融领域的人才培养对于适应金融科技发展和金融行业的变革具有十分重要的意义。

加大人才培养力度：一是学术教育。在大学和高等教育机构提供专业的数字金融课程、实际案例和实践机会，以培养具备数字金融和技术能力的专业人才。二是职业培训。金融机构和相关行业应提供数字金融领域的职业培训计划，为现有员工和金融专业人士提供终身学习的机会，以适应数字金融发展的需求。三是跨学科合作。数字金融领域需要融合金融学、计算机科学、数据科学和商业等多个学科的知识，以培养出综合素质强、具备技术能力和商业洞察力的数字金融人才。四是实践机会。为学生和专业人士提供实践机会，通过实习、项目合作和行业导师等方式，提高他们的实际操作技能，将理论与实际更好地相结合。五是国际交流。鼓励学者、学生和专家进行国际交流，了解国外的最新发展和趋势。

## （七）产业融合推动数字金融生态体系建设

构建数字金融生态体系需要长期和持续的努力，需要政府、监管机构、金融机构、科技公司和公众的共同合作。同时也需要灵活性，以适应不断变化的技术和市场条件。

2023 年 11 月 8 日，广州市地方金融监督管理局印发《关于金融支持广州市制造业高质量发展的指导意见》，提出聚焦服务广州“3＋5＋X”战略性新兴产业体系。引导金融机构主动融入“产业第一，制造业立市”发展战略，发挥金融“活水”作用，重点支持广州新一代信息技术、智能与新能源汽车、生物医药与健康 3 大新兴支柱产业，以及智能装备与机器人、轨道交通、新能源与节能环保、新材料与精细化工、数字创意 5 大新兴优势产业和未来前沿产业，加大对传统产业在设备更新、技术改造、绿色转型发展等方面的中长期资金支持，助推产业提质升级。做好新市民金融服务，加强对吸纳新市民就业较多的制造业企业的金融支持。持续优化稳定公平透明可预期的发展环境，充分激发民营经济生机活力，精准有效开展民营制造业企业金融服务。

构建数字金融生态体系是一个复杂而具有挑战性的任务，涉及技术、政策、商业模式和消费者需求等多个方面。提供适用于法律法规和监管框架的环境，与时俱进，鼓励创新，同时确保市场的公平和消费者的权益。建立强大而可靠的数字金融基础设施，包括高速互联网连接、安全支付系统和数字身份验证方法；提高公众对数字金融的理解和使用，增强消费者对数字金融产品和服务的了解，帮助他们作出明智的决策。鼓励金融科技公司和传统金融机构之间的合作，以推动数字金融创新。开发有效的风险管理工具和应急计划，以减轻数字金融市场的波动性和防范金融危机。与其他国家和国际组织合作，分享经验和最佳实践，以促进全球数字金融生态的发展；参与国际标准制定，以确保数字金融跨境交易的互操作性和安全性。金融机构和科技公司应承担社会责任，确保其业务和产品符合道德与社会价值观，不损害公众利益。

## 五、结语

广州是粤港澳大湾区核心城市，具有得天独厚的区位优势和发展潜力，同时还拥有发达的金融业，包括银行、保险、证券、信托、基金等行业，这些行业的发展为广州数字金融提供了广阔的市场和发展机会。广州积极推动数字金融创新发展，引导金融业态与数字科技深度融合，加大数字金融、金融科技政策扶持力度，加快推进数字人民币、国家区块链创新应用试点、金融科技创新监管、资本市场金融科技创新监管等一批创新试点，构建数字金融创新生态体系。广州地方金融数字化基础设施平台将有效赋能各类数字科技企业和各类金融机构，平台通过共建“人工智能、安全多方计算、联邦学习、区块链、云计算”等基础技术服务体系，不断降低各参与方的技术创新壁垒、数据获取壁垒、市场准入壁垒，保障其专注于打造自身的核心竞争力。

在“十四五”中期，广州金融亮点纷呈，一是持续提升金融业综合实力。金融业综合实力多年来稳居全国第四位，是全市第四大支柱产业和第五大税源产业。2023 年前三个季度全市金融业增加值 2 134.7 亿元，同比增长 7.7%，高于全国、全省增速，增速居一线城市第一位。二是推动金融为实体经济高质量发展注入新动能。本外币各项贷款余额平均增速居一线城市第一位，上市企业融资超过 6 000 亿元。三是持续深化金融改革创新。绿色金融持续走在全国前列，广州绿色贷款余额首次突破 1 万亿元。数字人民币应用场景创新不断拓宽，跨境金融创新不断深化。四是不断优化金融高质量发展环境。推动出台广州市金融业高质量发展“1+1+N”系列政策。五是稳步推进金融重大项目建设。广州期货交易所碳酸锂期货期权成功上市，两个品种累计成交额近 5 万亿元。加快筹设粤港澳大湾区国际商业银行，设立粤港澳大湾区保险服务中心的各项前期准备工作已就绪。加快建设大湾区跨境理财和资管中心。六是加强地方金融监管。不断完善地方金融监管体制机制，地方金融组织区域性、系统性风险零发生。七是扎实推进金融风险防范化解。稳步压降存量风险企业，持续推进第三方财富管理、网贷平台等专项治理工作，风险大幅收敛。成绩来之不易，但要保持数字金融创新发展的领先地位，广州仍需继续努力。

2023 年 11 月 7 日，广东省人民政府办公厅《关于印发“数字湾区”建设三年行动方案的通知》明确，2023 年启动“数字湾区”建设，粤港澳三地建立“数字湾区”联合工作机制，并在智慧城市共建、政务服务“跨境通办”、泛公共服务与资讯聚合、数字化招商引资、数字化人才培养、数字化均衡发展等重点领域率先取得突破。2024 年，粤港澳三地通过数字化合作，在推动要素资源流通、数字产业集聚发展、新型基础设施连通、社会数字化治理等方面，形成政府引导、企业主导、社会参与的多元共建模式，数字化成为大湾区建设的重要推动力。

广州市要抓住历史机遇积极推动数字经济和数字金融创新发展，助力经济转型升级，把数字经济和数字金融作为推动高质量发展的重要抓手，通过建设人工智能与数字经济试验区、推动金融科技创新、吸引高端人才、优化产业结构等举措，加速广州数字经济和数字金融的发展。同时，广州还在积极探索国际金融城建设，提升城市金融竞争力，通过不断防范新的风险，构建“金融科技 + 风险管理 + 监管服务”的综合业态，提供更具主动性、预警性、实时性和动态性的安全风险解决方案，为数字经济和数字金融发展提供有力支撑。

根据《广州市人民政府办公厅关于印发推动广州金融开放创新实施方案的通知》，未来，广州将持续加强政策引导和资金投入，深化科技创新和产学研合作，推动数字化转型和创新应用，大力发展科技金融。打造数字金融标杆城市，发展数字金融有助于提高金融监管能力，防范金融风险，优化金融生态环境。广州作为国家中心城市，需要建立健全金融体系，提升金融安全与稳定性，为推动我国经济社会高质量发展作出更大贡献。

# 创新社会组织建设内涵　赋能数字金融高质量发展

谈新艾　江映霞①

在广州市地方金融监督管理局、广州市社会组织管理局的指导下，广州市数字金融协会（以下简称协会）于2020年7月1日正式成立。这是由银行、科技企业、支付机构、科研院校单位联合发起成立的全国首家数字金融地方组织。协会成立3年来，通过举办高端论坛，落地数字金融项目，编制数字金融发展报告，制定数字金融标准，培养数字金融专业人才，打造“点数成金”“数金论道”“DF学堂”等特色品牌，创新社会组织的建设内涵，赋能数字金融高质量发展。

## 一、服务政务，打造政企联通平台

2023年，协会认真贯彻落实中央、省、市经济工作会议和省、市高质量发展大会精神，按照广州市社会组织管理局《关于社会组织“搭平台促高质量发展”工作方案》的要求，高度重视“社企联通、资源对接、招商引资、合作交流、智力支持、人才培育、行业特色”的“6+X”搭平台机制建设，充分发挥协会综合服务平台的作用。

作为政府与市场、企业之间的重要纽带，协会充分发挥社会组织桥梁作用，如联合广州金融服务中心承办了由广州市金融行业党委主办的广州金融政策专题宣讲会，省市相关部门领导到会宣讲南沙政策、绿色金融政策。在宣讲会上，协会专题分享了数字金融标准化建设工作的要点和流程。

为更好地搭建政企联通平台，协会持续开展“走进企业”活动。活动旨在深化产融协同，进一步推动金融服务实体经济、优化产业集群、提升数字化转型、强化风险防范等内容的实现。

协会在2023年初开展新春走进企业系列活动，了解企业诉求，促进供需合作。2023年2月22日，协会组织会员单位与广州开发区投资企业下属股权基金、基金管理公司一起走进企业，现场进行投融对接，促进重点领域项目落地实施。

---

① 谈新艾，学士，高级项目管理师，广州银行首席信息官，研究方向：金融科技，数据中心运维。江映霞，高级经济师，广州市数字金融协会副会长、秘书长，研究方向：数字金融、科技金融。

通过走进产业园、功能区、金融机构和企业等，协会能够更好地了解企业的实际需求和痛点，进一步推动金融服务的创新和优化。活动联系业务关联的会员单位和其他机构、科研院所组成参访小组，在走访过程中，切实了解、收集会员和企业供求情况，建立会员企业供需清单，注重跟进和服务，提高实地走访企业与会员的效率和效果，有助于加强金融机构与企业之间的联系，促进资源共享，提高金融服务的效能和质量。

充分发挥协会的社企联通平台作用，为会员单位创造资源对接机会，促成合作，实现“一次走访，多方受益”。通过协会平台，已成功撮合：科技企业与银行的业务合作交流；银行之间、银行与商家数字人民币业务合作和相关项目的落地；民间金融借贷公司与银行基于数字人民币创新应用的落地；通信企业与食品集团的智慧仓储项目对接；通信企业与资管部门的数据机房合作；金融科技企业与支付机构的数据业务对接；金融科技企业与银行案管系统项目实施等多项业务合作。

## 二、服务实体，打造产融对接平台

协会作为“广州地方金融数字化基础设施平台”单位，积极支持广东数字金融创新产业园区“一室（中大湾谷风险管理技术实验室）、一台（广州市地方金融数字化基础设施平台）、一园（广东数字金融创新产业园）”项目建设，参与广东数字金融创新产业园方案编制，举办形式多样的宣传和产融对接活动，同步为广东数字金融创新产业园招商引资工作，积极组织企业、高校参观园区和合作交流，从产业聚集角度介绍、推荐相关机构入驻。如组织广州软件应用技术研究院和广州产业投资控股集团有限公司、广州科技金融综合服务中心走进产业园（起步区）合作交流，推动“一园一策”政策落地，并运用政策性开发性金融工具及专项货币政策工具，引导金融资源向先进制造业为核心的重大关键项目、重点产业链群以及基础设施建设领域集聚。

“2023 数字金融技术与应用研讨会”于 2023 年 5 月 24 日在广东金融高新区召开。协会作为协办单位，与广东金融高新区“区块链 +”金融科技研究院、粤港澳高校区块链联盟、广东省计算机学会数字经济专委会、广东省区块链和分布式记账技术标准化技术委员会等主办、协办单位参与合作交流，搭建招商引资平台。

协会还与广州金羊金融研究院、广州金融业协会、广州金融人才协会联合举办“珠江金融沙龙”，探讨“数字经济时代的银行转型升级”；分别与广东南方金融创新研究院、广州金融业协会联合承办数字金融类论坛活动；举办了 8 期金融科技与监管专题讲座，包括金融信创、金融企业“护网行动”“信用卡”主题等热点沙龙活动，充分发挥平台作用，增进了解，到协会交流寻找资源对接的单位不绝于途。

在疫情防控期间，协会加强市区合作，灵活组织开展主题活动。协同天河区金融聚集区、黄埔开发区、南沙新区、海珠数字产业园区等开展研讨、论坛、讲座、调研等活动，吸引金融要素集聚，加强产融深度对接，助力实施广州金融“金桥工程”。围绕供应链金融如何支持产业发展、金融科技创新、司法赋能、数字人民币应用场景、产业集团金融产品和服务创新等主题，组织开展会员活动，如联合举办“广州暨天河理财和资管中心建设研讨会”“供应链金融多元纠纷化解机制”等研讨会；作为发起单位组织参与“2021 广东网民网络安全感满意度调查报告发布会”；支持会员单位太平洋财险与中国电信参与“百县千镇万村高质量发展工程”，为乡村提供对口帮扶乡村开发项目 1 个，促成太平洋财险与中国电信“陈皮园区种植保险数字监控”项目合作。推动会员单位充分发挥金融行业优势、企业自身优势，推动链金合作，支持乡村振兴。

## 三、服务行业，打造社企交流平台

按照《关于社会组织“搭平台促高质量发展”工作方案》的要求，协会充分发挥金融行业优势，深调研、实谋划、广发动，精致设计有吸引力、号召力、可行性的项目，促进产融深度对接，精心安排推动有效对接的路径抓手，确保“搭平台促高质量发展”取得实效。

协会通过“点数成金”沙龙、“数金论道”研讨会等品牌活动，进行座谈推介，投融对接，传达企业意见诉求，起到政府与社会沟通的桥梁纽带作用。会员单位在省金融发展专项资金项目、数字人民币广州特色应用、数字金融司法存证服务项目中，积极发挥组织协调作用，全面落实广州金融高质量发展“1 + 1 + 3”系列政策，加大对中小企业的扶持力度，落实助企纾困等政策。2023 年 9 月，协会理事单位简单汇携手华润守正，构建央企领先的供应链金融服务平台，开展供应链金融平台科技与运营服务合作。双方从供应链整体出发，运用金融科技手段，在真实交易背景下，为华润集团成员企业和上下游中小微企业提供“一站式”的供应链采购管理和供应链金融服务。通过构建双链联动的服务平台，快速响应产业链上企业的采购、结算、财务管理、金融服务等综合需求。同时，平台为金融机构小微业务数字化转型提供场景支持、数据支持、风控支持，打破信息壁垒，实现企业信用的有效传导。平台将持续聚焦产业链成员的切实需求，做好全面供应链金融服务工作为产业链企业提供灵活、高效、便捷的多元服务，构建央企领先的供应链金融服务平台。

举办“南方金融科技论坛”，助力广州数字金融标杆城市建设。2023 年 3 月 30—31 日，协会在省、市地方金融监管局，广东证监局，市工信局等单位指导下，抓住疫情缓解的先机，迅速策划主办了面向全国的“2023 南方金融科技论坛”，来自全国各地共 300 多位嘉宾参会，围绕金融科技的发展与应用，交换观点、碰撞思维、分享经验、对接资源，共商金融科技赋能经济高质量发展大计。被朋友圈称赞“台上嘉宾规格高、台下人员范围广，论坛话题有深度，切合实际有热度”。论坛举办三个签约仪式，13 个单位进行项目签约。论坛同步设置了金融科技创新示范案例成果展和中小银行闭门会议，与会领导和全体嘉宾高度肯定，认为向全国同行展示了金融创新的广东力量和广州标杆。

支持南沙课题研究，高峰对话项目落地。协会一直重视与南沙等各区金融部门、机构的合作，承接了“广州市南沙区促进金融科技高质量发展研究”的课题研究，深入分析了金融科技在国际、国内、大湾区以及广州各区的发展现状及政策扶持情况，结合南沙特有的战略叠加优势提出具体发展路径。

由广州南沙经济技术开发区金融工作局指导、协会主办的“智聚南沙，数惠金融”金融科技高峰对话活动在广州南沙自贸区越秀国际金融中心成功举办。来自金融机构、科技企业的高管组成区内、区外两个序列进行对话交流，为南沙经济发展建言献策，也为政企合作提供机会。

由广州市地方金融监督管理局申报，协会与广州软件应用技术研究院联合实施的开展广东省“基于大湾区特色场景的数字人民币支付结算与司法存证系统构建项目”，2023 年在南沙圆满收官，对南沙跨境贸易、跨境支付、跨境监管的创新和探索等起到重要支撑作用。

推动金融支持产业集群数字化转型升级。为深入实施产业集群数字化转型工程，加快推进以“工业互联园区 + 行业平台 + 专精特新企业群 + 产业数字金融”为核心架构的新制造生态系统建设，广州市工信局修订“数字转型贷”促进产业集群转型升级政策，协会参与政策调研，协助组织金融机构和科技企业走进皮具箱包、食品、日化、布匹、珠宝等产业基地或园区，围绕集群数字化转型所需要的金融服务进行深入研讨，推进以数据助力信贷业务的新型金融产品落地。在协会对接和推进下，银行、科技企业与花都皮具箱包产业集群的金融服务项目取得突破，银行与陶瓷产业集群的对接得到推进，银行、非银等金融机构与广州市产业集群的对接更加深入。

承办金交会“数字金融创新展区”。中国（广州）国际金融交易·博览会（以下简称金交会）已成功举办 12 届。协会承办了两届金交会“数字金融创新展区”，协助金交会通过“展示、交流、合作、交易、招商”五大平台，围绕服务实体经济、防控金融风险、深化金融改革三大任务，按照规模化、特色化、品牌化、国际化的要求，组织会员和企业单位参会参展，每届举办多场数字金融特色活动。2023 年 6 月 11 日，在第 12 届金交会现场产融对接区，协会与广州市信贷综合服务中心（主办）、广东省中小企业融资平台广州站等联合组织开展主题为“产融赋能，汇聚金融新力量”的金交会产融对接系列活动。协会负责协调接待与会嘉宾实地调研或参与现场沙龙、讲座路演，会后继续组织投融对接活动，40 多家省内外金融机构、企业以及行业协会共计近 100 名代表参加。通过金融产品宣讲、普惠金融服务宣讲、企业项目路演及现场洽谈，以项目为纽带，助推金融机构与企业需求的精准对接，实现金融赋能实体经济，落实金交会致力于推动金融交易、服务实体经济的社会担当，推动实体经济高质量发展。

开展数字金融赋能“专精特新”企业高质量发展活动。2023 年 10 月 18 日，协会牵头组织的科技赋能金融支持“专精特新”企业数字化转型研讨会在天河珠江新城顺利召开。广州市地方金融监督管理局资本市场处相关同志和“专精特新”企业高管，金融机构、会计师事务所、律师事务所、股权交易中心、媒体等有关单位人员出席研讨会。

协会与相关区、局合作，筹划开展“数字金融赋能专精特新企业高质量发展”系列活动，并连续专程拜访相关企业、媒体单位，协调企业资源和社会力量积极参与，推动各方要素精准对接，共建赋能“专精特新”发展平台。

## 四、服务科研，打造智力支持平台

协会高度重视专业智库建设，设有金融科技专委会、供应链金融专委会、数字金融投资专委会、数字金融标准化专委会、数字金融法律专委会五个专业委员会，聚集全国数字金融高端人才，积极发挥社会组织高学历人才、科研人才和行业领军人才等专业优势，开展跨领域专业研究、政策咨询和交流合作，致力于构建大湾区数字金融生态圈，助力数字经济高质量发展。协会常年征集优秀专家入库，2022 年组织了第四批专家入库评审，共收到全国 110 多名专家的申请。协会五个专委会共有 167 名在库专家。协会还根据专委会专家工作及贡献情况，评选年度优秀顾问和优秀专家，并在市地方金融监管局主办的广州数字金融专家座谈会上给获奖专家颁发证书。

组织“团体标准”编制发布，积极推动地方标准建设。2023 年 8 月 6 日，国家标准化管理委员会发布《推荐性国家标准采信团体标准暂行规定》并施行。该规定结合我国现有推荐性国家标准和团体标准特点，在推荐性国家标准工作机制基础上，畅通渠道、简化程序、缩短时间，规范国家标准采信团体标准程序。搭建了先进适用团体标准转化为国家标准的渠道，将有效促进团体标准创新成果推广应用，增加推荐性国家标准供给，提升国家标准质量水平。

协会已组织制定和发布了多项团体标准，100 多家单位参编，与广州互联网法院合作的金融司法要素标准，有效填补了互联网金融前端要素设计的空白，正推动成为地方标准。2023 年 4 月，协会组织广州金融风险监测防控中心进行《区块链金融异常交易行为分类及特征指标》《区块链金融异常交易行为识别技术框架》《区块链金融异常交易行为核心元数据规范》3 项区块链金融监管团体标准和地方标准的编制。之前，完成了《金融行业分布式非结构化数据应用全栈国产化平台平滑迁移实施指南》等 5 项团体标准的发布。其中，与广州互联网法院联合组织发布了《互联网法院金融电子数据存证标准》《互联网金融借款合同纠纷要素标准》《互联网小额借款合同纠纷要素标准》3 项标准，深入梳理研究了互联网金融类案件的特征及规律，对互联网金融借款合同纠纷、小额借款合同纠纷以及金融电子数据存证中所需的关键性要素和信息进行归类和定义。上述团体标准的实施，将推动金融借款合同、小额借款合同和电子存证标准化建设，逐步完善互联网金融和小额贷款产品设计、健全互联网金融案件要素标准，并为纠纷批量化解提供可复制可推广的操作规范，有效填补了互联网金融前端要素设计的空白。2023 年《面向同构及异构跨链的数据认证及通讯协议团体标准》等 6 个信创团体标准，完成公开征求意见进入修改发布阶段。

与此同时，协会积极推动数字金融地方标准的制定，并组织召开了地方标准推荐立项专家研讨会，市地方金融监督管理局、广州互联网法院、广州金融风险监测防控中心、中山大学计算机学院以及协会等单位领导专家出席，有力推动地方标准推荐立项工作。

积极开展政策研究和课题申报，编制发布年度发展报告。专业建设是协会创新组织服务内涵，打造标杆平台的重要抓手，积极开展政策研究是协会的主要工作之一，主动申报、提交课题，推荐各类优秀项目的参与评选，是协会发挥专业平台作用的积极举措。

2022 年，协会在“基于大湾区特色场景的数字人民币支付结算与司法存证系统构建”项目基础上，完成了《基于区块链技术的数字人民币应用与研究初探》和“A Survey of Blockchain Based Stablecoin：Crypto Currencies and Central Bank Digital Currencies”（基于区块链的全球稳定币调查研究：加密数字货币与法定数字货币）两篇论文，并分别在 2022 年区块链可信系统国际会议和《中阿科技论坛（中英文）》上发表。

协会高度重视政策研究和课题申报工作。2021 年，对比研究国内 15 个市区金融政策，完成了《广州市南沙区促进金融科技高质量发展研究》及政策建议。与番禺职业学院合作申报“智慧理财青少年科普系列活动”“青少年金融科技知识普及系列教育活动”共 2 个广州市青少年金融科技教育项目，与南方学院合作申报了“乡村振兴战略下粤港澳大湾区数字普惠金融科技发展体系研究”课题，还申报了 2022 年天河区加强科技金融服务集聚项目。

在广州市地方金融监督管理局的指导下，协会成立了《广州数字金融发展报告》编委会，在整理、分析“点数成金”数字金融创新示范案例所展现出来的新形势、新业态和新特点的基础上，对广州市数字金融发展情况进行梳理、总结和分析，助力广州市构建数字金融标杆城市，推动相关产业体系高质量发展。2023 年初，协会举办了《广州数字金融发展报告（2021—2022）》研讨会，来自金融机构、科技企业、科研院所、财经媒体的代表 30 多人应邀出席研讨会。《广州数字金融发展报告（2021—2022）》在“南方金融科技论坛”正式发布后，得到与会领导和专家嘉宾的高度重视，单位订购和个人邮购、网上订阅的读者络绎不绝。

## 五、服务人才，打造产学培育平台

协会协调高校院系领导与企业高管直接进行高端对接，同频输出高质量数字金融创新项目。如广州金科与中山大学计算机学院，广金征信与华南理工大学、中山大学，广发证券与华南理工大学，广东金融学院与多家会员单位的交流会等，已组织实施了 7 期产学研交流对接活动，活动成效明显。广州金控征信与华南理工大学、中山大学、广东工业大学已签订产学研战略合作协议。2022 年 5 月 27 日，由协会联合广东金融学院举办了广州市数字金融校企合作交流会，参会人员有来自银行、证券、保险、期货等金融机构以及科技公司和产业集团等单位代表 20 余人。该校党委领导非常感谢金融机构、协会和企业长期以来对学校的大力支持。对协会充分发挥行业资源优势，搭建平台，精心组织校企对接活动，坚持推动产学研交流合作给予高度评价，希望与协会在数字金融人才教育和培训方面有进一步的合作。

2023 年 6 月 20 日，协会开展第 8 期数字金融产学研对接之“走进高校”华南理工大学校企对接活动，发动理事单位、会员单位，以及银行、分行等与相关院系党支部，人才协会联合开展主题活动，加强金融科技复合型人才的培养，并推动与高校联系的企业在广东数字金融创新产业园设立研发机构，促进“科技 + 金融 + 产业 + 生态 + 人才”的产学研合作体系的建立。

中国科学技术协会科学技术创新部与中国通信学会联合举办“科创中国”金融科技创新大赛，协会协办大赛，协会专家担任评委，参与促进金融科技应用水平的交流与提升，推动金融与科技融合创新，助力“科技—产业—金融”良性循环。协会多次组织和参加高校学生专业技能大赛、课程建设、实训基地建设专家研讨会，支持高校金融科技专业和实训基地建设和发展，为高校开设数字金融课程讲座。协会创建“DF 学堂”开展数字金融复合型人才及师资培训，已落地 17 期 DF 学堂，开展了金融信创、隐私计算、网络安全攻防演习、金融机构数字化转型、元宇宙、金融科技发展规划等内容的培训，并分享数字金融企业的实战经验和优秀案例；协会制定了 DF 学堂运营管理办法，建立“数字金融讲师库”、DF 学员交流群。协会还与省科技厅粤科学习在线平台进行继续教育项目合作，线上开设了“数字金融”专区，将 DF 学堂、师资高级研修班等精品课程推送到“数字金融”专区，逐步形成数字金融课程体系。与此同时，协会加强在职技能培训，2021—2023 年先后与 10 家高校合作签约。协会还与猎聘合作，为行业打造人力资源平台。开辟“数字金融专区”，增加了 1 个实习招聘专区，助力会员单位线上招聘。落地 1 场行业直播招聘、1 场企业线上招聘。联合《南方日报》、猎聘网举办广州首场数字金融人才直播招聘活动，其间，白云金控、广电运通、广州金科、浦发银行、太平人寿广东分公司等企业带来近百个数字金融高薪岗位。

## 六、守正创新，营造数字金融生态平台

2023 年 9 月 26 日，协会作为成员单位参加在广州举办的资本市场金融科技创新试点工作座谈会。中国证监会科技监管局、广东证监局、广州市地方金融监督管理局、中国人民银行广东省分行以及广州期货交易所、中国证券业协会、中证信息技术服务有限责任公司、广州市数字金融协会、广东证券期货业协会、广东基金业协会、广东股权交易中心和证券基金期货经营机构、服务机构、科技企业等单位参加第二批试点工作进行了动员部署会议。

在省市地方金融监管局的指导和支持下，协会成立伊始，即以供应链金融为突破口，配合《广东省以“监管沙盒”推进供应链金融平台创新试点实施方案》的出台，协助省市地方金融监管局收集相关意见并开展广州供应链金融平台的现场检查工作，同步开展专题调研，完成了“‘十四五’时期基于科技构建粤港澳大湾区供应链金融生态研究”市级课题并编制了蓝皮书，促成了相关单位的物流供应链金融合作。

配合监管部门做好金融科技试点工作。自 2021 年 10 月广州市获批资本市场金融科技创新试点地区以来，广州积极推动新一代信息技术在广州资本市场各个业务领域的应用实施。协会积极配合广东省地方金融监管局、广东证监局和人民银行广州分行、广州市地方金融监管局等金融管理部门开展金融科技相关试点工作，包括国家金融科技创新监管试点、资本市场金融科技创新试点、数字人民币试点、国家区块链创新应用试点、供应链金融平台创新试点等，发动协会会员单位踊跃参与，做好金融科技试点。结合“点数成金”数字金融创新案例示范活动，动员相关试点单位参加优秀案例评选，不少项目成功入围，从“试点”到“优选”，成为对省市金融科技试点优秀项目的有益推广。

2022 年 12 月 15 日，广州资本市场金融科技创新试点第一批 13 个试点项目正式启动。从试点城市申报、试点获批的发布会，到正式征集试点项目，协会高效配合，全程跟进。其间，协会接受广东证监局任务，辅导 8 个试点项目申报材料编写和形式审核，为此，协会成立了专门工作小组，点对点地对试点项目进行宣传、辅导，对申报材料的规范性、完整性进行审核，对项目创新性、可行性、合规性等方面进行研判，结合广州产业政策和发展导向等内容开展有针对性的辅导，得到项目申报单位的高度肯定。项目专家评审会在协会召开，协会承担了会议组织工作，整个活动严谨高效、规范有序，得到广东证监局、被辅导单位和省证券业协会、基金业协会、会员等单位的肯定。协会与会员单位在参与金融科技试点工作中，实施了多项创新举措，取得了良好的社会效益和创新经验，为广州市的企业提供了更加便捷和多样化的金融服务：一方面，通过推动数字化转型，建立数字金融生态系统，提供

在线融资、在线支付、在线结算等一系列金融服务，便利企业日常经营，帮助企业提高了金融服务的效率和便捷性，企业可以随时随地通过平台进行融资、支付、结算等操作，大大减少了传统金融业务所需的时间和成本；另一方面，通过倡导金融科技创新，推动金融与科技的融合，推动人工智能、区块链、大数据等新兴技术在金融领域的应用，通过与金融机构的合作提供智能化的金融解决方案，为企业提供更有竞争力的融资产品和服务，帮助企业降低融资成本，提高资金使用效率。此外，协会还通过广州金控、各类合作平台共享资源，进行风险评估和监测，为企业提供更加精准的风控服务，帮助企业降低风险。

举办“点数成金”数字金融创新案例示范活动。为大力推进广州数字金融标杆城市建设相关工作，协会在市地方金融监管局指导下，成功举办了 2021 年、2022 年两届“点数成金”数字金融创新案例示范活动，收集案例 165 个，遴选出 33 个优秀数字金融标杆项目，展示了广州数字金融优秀成果，有效激发了全行业创新热情。第二届“点数成金”数字金融创新案例示范活动，在首届活动基础上优化改进，一是放开申报单位限制，联合申报单位不受地域限制，每个申报单位不限申报数量，进一步扩大征集范围，更广泛地挖掘广州具有创新性、实效性的数字金融创新示范案例，展示广州数字金融创新成果和发展成效。活动还根据政策热点，设置了更多体现广州特色的专项。二是鼓励更多数字金融细分专项案例申报，提出八个鼓励专项示范案例方向，根据实报情况调整专项示范案例设置。三是提高路演答辩评审分值权重，更充分展示申报案例内容与考察申报团队的实际情况。四是开发申报评审系统，提高活动效率。开设了线上申报渠道和线上评审系统，提高申报、评审工作效率和质量，系统、规范保存材料数据，有效监控和追溯评审过程。协会组建专业团队，公平公正、规范有序地做好数字金融创新案例示范活动的组织管理工作。五是在吸取第一届成功举办的经验基础上，第二届活动加大申报辅导力度，开展不同形式的宣讲会和辅导会，通过辅导提高申报材料质量，提升活动的口碑，扩大活动影响力。六是引入网络投票环节，进一步扩大活动影响力。第三届活动将结合金融服务“专精特新”等内容进行升级创新。

圆满完成广东省促进经济高质量发展专项资金支持项目。广东省促进经济高质量发展专项资金（金融发展）支持项目——基于大湾区特色场景的数字人民币支付结算与司法存证系统构建项目，由广州市地方金融监管局申报、广州市数字金融协会和广州软件应用技术研究院联合实施，协会结合 2022 年广州入选第三批数字人民币试点机会，联合相关单位组织项目实施。主要负责项目的组织、管理、协调和论文编写等工作。同时，协会加强宣传发动，先后在公众号发出 6 期广州数字人民币试点应用场景系列专题介绍。组织了对岭南特色数字人民币应用场景、数据需求对接，调研和对接单位有岭南商旅集团、广州酒家、视源电子、越秀食品、越秀商投、交通数据中心、唯品会、万达商圈等单位。共完成月报 10 期、周报 45 期；组织实施方案研讨会议5次，组织应用场景调研和对接会议11次，还多次组织数据需求对接和项目推进等会议，共记录会议纪要21份；发表论文2篇，完成了全部绩效指标，已顺利完成项目验收。

## 七、党建引领，打造多层次党建宣教平台

红联共建，对协会来说，就是联合会员单位有党支部或者党员的企业、机构，红联共建，“红”是指党支部和党员，“联”指各党支部、党小组成员之间的互相联动，互相交流学习党的政策和业务知识，推动党建工作和业务工作深度融合。协会联合会员单位组织党员和入党积极分子参加广州市地方金融监管局下属有关党支部的主题党日活动。协会与广州期货、金电联行、南方创新研究院、高校院系等单位联合开展党建和团建活动，牢记初心使命和宗旨服务意识，做到党建与业务融合，推动党建与业务发展、行业发展同频共振、同向发力，促进企业高质量发展。

协会积极响应中共广州市金融行业委员会深化开展红联共建工作要求，与红联共建各执委会联动，按照“处理好党建和业务的关系，坚持党建工作和业务工作一起谋划、一起部署、一起落实”的指示精神，组织会员单位党员代表参加市金融行业学习教育专题宣讲报告会和相关座谈会，通过联合学习、交流分享、业务探讨等多种方式，深化各单位之间的互相学习、经验分享和业务交流，推动党的二十大精神在基层的深入贯彻落实，更进一步推动了党建工作和业务工作的深度融合，使二者在融合发展中相互促进。

协会与中国联通合作，在广州数字金融天河学习中心展厅打造红色党建品牌——“数字党建”平台。结合平台建设，协会配合市金融行业党委部署，在线上线下做好会员单位的党建情况调查和党建宣传工作。例如，协会组织金融科技专委会、数字金融标准化专委会专家及11家金融机构、科技企业代表走进广东德生科技股份有限公司开展主题党日活动，对准企业需求，积极协助链接资源。协会“打造‘数字党建’平台推广金融行业党建创新成果”，作为年度党建引领示范性重点项目，向市金融行业党委报送。

与主流媒体合作，发挥平台的政策宣贯作用。2023年10月29日，广州市社会组织管理局登记发展处莅临协会指导工作，充分肯定协会各项工作，尤其是政策宣贯工作。协会与主流媒体保持紧密沟通，与《人民日报》广东分社、新华社广东分社、《南方日报》、《广州日报》等官方媒体建立了经常性沟通合作机制，加强数字金融普及与宣传。通过协会官网、公众号、视频号、DF资讯（协会月报）、每周简讯、专业微信群等渠道做好宣传，及时传递数字金融相关政策法规、创新思维和行业动态，积极发动企业参与数字金融试点项目申报和各级别评选等活动。有多篇报道被推送到学习强国，宣传工作取得了新的突破。

平台支撑，创新驱动，服务创新初见成效。协会通过搭建平台创新服务模式，不断丰富品牌系列活动，举办投融资对接会、前沿技术培训和交流，组织数字金融团体标准建设，持续增强行业影响力，不断提升数字金融服务实体经济发展和经济社会建设的能力水平，取得一定的经验和成效。

构建全流程全方位、多元化多层次服务载体：通过搭建线上线下相结合的全流程多元化服务平台，为会员单位提供全方位、多层次的服务。线上平台包括协会官方网站及内部“全流程综合服务系统”、视频号、公众号、App 等，方便会员单位随时随地获取信息和服务；线下平台包括举办各类研讨会、座谈会、研修班、培训班等活动。

强化政策支持，创新服务内涵，提升服务质量：协会积极争取政府相关部门的支持，为会员单位提供政策咨询、政策解读等服务。同时，协会还与政府部门保持密切沟通，反映会员单位的需求和建议，推动政策的完善和落地。协会不断丰富和创新服务内容，满足会员单位多样化的需求。协会注重提升服务质量，通过建立健全服务评价体系，结合相关项目定期进行满意度调查，了解会员单位的需求和意见，不断优化服务流程和提升服务水平。

注重调研，积极开展跨地域行业合作：与北京、上海、香港等地相关科研院所、行业协会、金融机构等建立合作关系，共同推动数字金融行业的发展。主办或协办开展金融科技创新项目评选，协助高等院校设立金融科技人才培训课程或基地，推动复合型人才建设等。通过合作，协会可以为会员单位提供更多的资源和支持，提升会员单位的竞争力。

加强组织建设，积极履行社会责任：协会注重加强自身组织建设，不断优化岗位设置，提升协会的凝聚力和影响力。通过加强专家队伍建设，提升协会的专业能力。通过加强内部管理，提高协会党团员、入党积极分子的政治素质和业务能力，提高协会的工作效率和服务水平。协会积极履行社会责任，开展金融风险防范宣传活动，提高会员单位的风险管理能力；参与各类公益活动，提升协会的社会形象和社会影响力。

协会及协会成员单位荣获 2022 年度广州市科技服务示范机构“以赛促评”优胜奖、优秀奖。2023 年 4 月 18 日，大湾区创新生态大会在广州召开。协会与成员单位积极参与由广州市科学技术局主办、大湾区科技创新服务中心开展的 2022 年度广州市科技服务示范机构“以赛促评”活动。“以赛促评”通过政府引导、要素市场化配置，聚集优势科创服务资源，形成头部效应，打造广州科技创新服务体系和品牌。经过决赛路演，由专家评委依据评分规则评出定性分数。本次获奖机构全部纳入“科技服务机构白名单”、广州市科创服务单位目录库等配套服务，成为双创大赛、科技型小企业、高新技术企业的定向支撑机构。协会夺得优胜奖；监事单位广州金融发展服务中心、理事单位广东股权交易中心也凭借优秀的服务获得优秀奖。

# 附录一　2021年“点数成金”数字金融创新案例简介

| 数字金融十佳案例 | | |
|---|---|---|
| 序号 | 案例名称 | 申报单位 |
| 1 | 自由贸易（FT）账户跨境金融服务系统 | 中国农业银行股份有限公司广州分行 |
| 2 | 基于大数据与人工智能技术的银行数据应用平台 | 交通银行股份有限公司广东省分行 |
| 3 | 基于企业风险业务的金融风险中台综合服务方案 | 广州银行股份有限公司信用卡中心 |
| 4 | 广发证券企业财务智能预警平台 | 广发证券股份有限公司 |
| 5 | 基于复杂网络挖掘及分布式计算技术在消费金融信贷的应用实践 | 中邮消费金融有限公司 |
| 6 | 医保电子凭证及移动支付平台应用 | 中国银联股份有限公司广东分公司、广东德生科技股份有限公司 |
| 7 | 粤港澳交通智慧支付清分结算云平台 | 广州羊城通有限公司<br>广东岭南通股份有限公司 |
| 8 | 基于隐私计算区块链技术的新一代综合金融服务平台 | 广州金控征信服务有限公司 |
| 9 | 数字供应链金融普惠中小微项目 | 简单汇信息科技（广州）有限公司 |
| 10 | 基于湖仓一体技术的万亿级金融数据实时处理平台 | 广州巨杉软件开发有限公司 |

| 数字金融专项示范案例 | | | |
|---|---|---|---|
| 序号 | 案例名称 | 申报单位 | 推荐情况 |
| 1 | “立客融”数字化供应链金融平台 | 广州宝凯道融商业保理有限公司 | 数字供应链金融示范案例 |
| 2 | 太保e农险 | 中国太平洋财产保险股份有限公司广州分公司 | 数字普惠金融示范案例 |
| 3 | “绿色金融共识”系统在绿色金融服务双碳目标领域的应用 | 绿融（广州）信息科技有限公司 | 数字绿色金融示范案例 |
| 4 | 广州金融风险监测防控中心—资本市场智能风险监控平台项目 | 广州金融风险监测防控中心有限责任公司、广州凡丁科技有限责任公司 | 数字金融监管示范案例 |
| 5 | 区块链身份认证智能匹配多技术融合的企业转贷服务 | 广州金融发展服务中心有限公司<br>广州民间金融街信用数据技术有限公司 | 数字金融服务示范案例 |

## 【数字金融十佳案例】

1. 中国农业银行股份有限公司广州分行——自由贸易（FT）账户跨境金融服务系统

采用集中计算和切片技术研发的分账核算服务体系，实现本外币一体化跨境金融服务，并通过大数据技术、电子围网，实现业务风险隔离和拦截。

2. 交通银行股份有限公司广东省分行——基于大数据与人工智能技术的银行数据应用平台

基于交通银行广东省分行数据服务建立的大数据应用分析平台，提供数据自主加工分析、多元化展示等完整数据应用分析生态链功能。

3. 广州银行股份有限公司信用卡中心——基于企业风险业务的金融风险中台综合服务方案

支持小成本快速创新迭代的中台核心服务，运用技术手段（微服务架构、DevOps、分布式等），提供复用的能力。

4. 广发证券股份有限公司——广发证券企业财务智能预警平台

基于大数据人工智能技术的一体化智能企业财务预警平台，辅助投行项目审核尽职调查、风险管理与自营投资决策。

5. 中邮消费金融有限公司——基于复杂网络挖掘及分布式计算技术在消费金融信贷的应用实践

基于复杂网络挖掘技术，有效识别欺诈及疑似欺诈人群，提高失联修复率，提升公司反欺诈能力和提高催收效率。

6. 中国银联股份有限公司广东分公司、广东德生科技股份有限公司——医保电子凭证及移动支付平台应用

通过国家医保局电子凭证验证机制与医保移动支付便利性相结合，提升验证与支付的便利性，提升就医服务体验。

医保电子凭证及移动支付平台应用

医保电子凭证激活验证
线下扫码、医保结算
线上挂号、缴费医保移动支付
医保在线购药、处方外配
医保费用缴纳

7. 广州羊城通有限公司、广东岭南通股份有限公司——粤港澳交通智慧支付清分结算云平台

以智慧“出行 + 生活”服务为核心，创新交通出行 + 数字金融支付能力，为粤港澳大湾区提供“一站式”出行 MaaS 服务。

8. 广州金控征信服务有限公司——基于隐私计算区块链技术的新一代综合金融服务平台

基于隐私计算、区块链技术搭建综合金融服务平台，提供智能产品匹配、智能派单引擎等服务，充分解决中小企业融资难题。

9. 简单汇信息科技（广州）有限公司——数字供应链金融普惠中小微项目

以科技赋能供应链金融，通过金单、供应链票据、微贷等多元化产品，提供一体化供应链金融综合解决方案。

10. 广州巨杉软件开发有限公司——基于湖仓一体技术的万亿级金融数据实时处理平台

基于湖仓一体架构，消除数据孤岛，提升处理效率，打造绿色低碳、可支撑万亿级数据量的金融级实时处理平台。

## 【数字金融专项示范案例】

1. 数字供应链金融示范案例：广州宝凯道融商业保理有限公司——“立客融”数字化供应链金融平台

通过内生风险把控和资方匹配撮合，为日化产业链中的无抵押、无担保、无外部增信的中小微经销商提供普惠金融服务。

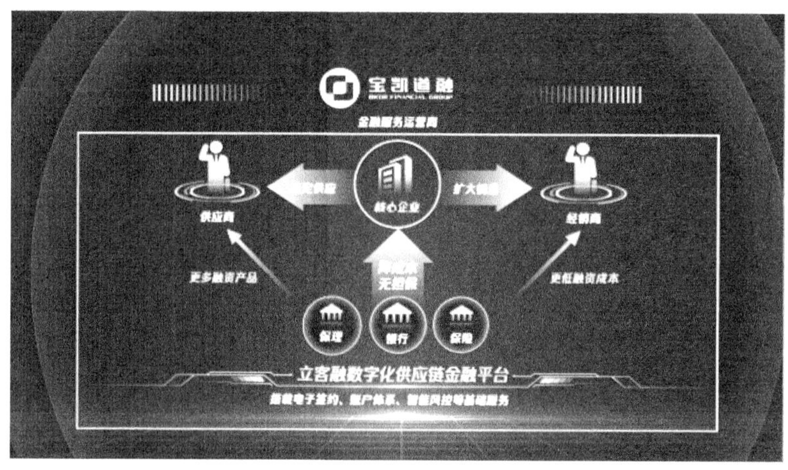


2. 数字普惠金融示范案例：中国太平洋财产保险股份有限公司广州分公司——太保 e 农险

运用遥感、人工智能、大数据、物联网等新科技，贯彻“保防赔救”理念，构建行业领先的数字农险运营体系。

3. 数字绿色金融示范案例：绿融（广州）信息科技有限公司——“绿色金融共识”系统在绿色金融服务双碳目标领域的应用

利用区块链等数字技术创设绿金产品智能认证与碳核查模式，构建了高效低成本“碳—绿金”信用体系。

4. 数字金融监管示范案例：广州金融风险监测防控中心有限责任公司、广州凡丁科技有限责任公司——广州金融风险监测防控中心—资本市场智能风险监控平台项目

从数据采集、信息提取、风险量化评估到多维度预警，实现对资本市场全方位实时监控。

5. 数字金融服务示范案例：广州金融发展服务中心有限公司、广州民间金融街信用数据技术有限公司——区块链身份认证智能匹配多技术融合的企业转贷服务

针对企业续贷成本高现象，通过信用技术及资源整合，实现业务线上化处理，大幅节省转贷成本。

## 附录二　2022 年"点数成金"数字金融创新案例简介

| 数字金融十佳案例 | | |
|---|---|---|
| 序号 | 案例名称 | 申报单位 |
| 1 | 基于区块链的国际贸易数据资产化平台 | 中科汇智（广东）信息科技有限公司<br>中国农业银行股份有限公司广州分行<br>广州电子口岸管理有限公司 |
| 2 | 银行不良资产一站式司法追索综合处置平台 | 广州银行股份有限公司<br>广州金融科技股份有限公司<br>杭州亦笔科技有限公司 |
| 3 | 基于区块链跨链技术的金融司法生态融合平台 | 招商银行股份有限公司广州分行 |
| 4 | 基于大数据云服务的数字化客群运营生态建设 | 中国工商银行股份有限公司广州分行 |
| 5 | 数字重塑科技服务新范式，构建金融数字化新基建 | 广州越秀金融科技有限公司 |
| 6 | 多场景应用的数字人民币<br>综合业务平台 | 广州广电运通金融电子股份有限公司 |
| 7 | 数智技术在投研领域的应用 | 广发证券股份有限公司 |
| 8 | 线上化知识图谱平台实时<br>应用实践 | 广发银行股份有限公司信用卡中心 |
| 9 | 基于批流一体架构的标签平台在消费金融领域应用 | 中邮消费金融有限公司 |
| 10 | 基于大数据在数字金融服务中的创新应用 | 粤港澳国际供应链（广州）有限公司 |

| 数字金融专项示范案例 | | | |
|---|---|---|---|
| 序号 | 案例名称 | 申报单位 | 推荐情况 |
| 1 | 基于区块链技术的产业链金融服务助力乡村振兴 | 浙商银行股份有限公司广州分行 | 数字金融乡村振兴示范案例 |
| 2 | 数字供应链下游融资模式，赋能产业生态链高质量发展 | 星展银行（中国）有限公司广州分行 | 数字供应链金融示范案例 |
| 3 | 基于大数据、区块链技术在普惠金融领域的应用 | 兴业银行股份有限公司广州分行 | 数字普惠金融示范案例 |
| 4 | 以价值经营为导向的数据资产管理体系建设实践 | 上海浦东发展银行股份有限公司广州分行 | 金融数据治理示范案例 |
| 5 | 数字普惠金融与数字仲裁协同处置不良资产 | 广州广电仲达数字科技有限公司 | 数字金融法治示范案例 |
| 6 | 基于协同签名技术在金融云服务领域的应用 | 中金金融认证中心有限公司华南分公司<br>梅州客商银行股份有限公司 | 数字金融服务示范案例 |
| 7 | 广州公共交通数字人民币绿色出行实践 | 中国建设银行股份有限公司广州分行 | 数字绿色金融示范案例 |
| 8 | 基于互联网金融类案的三项团体标准 | 广州互联网法院 | 数字金融标准示范案例 |

## 【数字金融十佳案例】

1. 中科汇智（广东）信息科技有限公司、中国农业银行股份有限公司广州分行、广州电子口岸管理有限公司——基于区块链的国际贸易数据资产化平台

基于区块链的国际贸易数据资产化平台，将国际贸易行业链接到金融，以中科院自主可控区块链技术为核心，进行行业全场景的数据对接上链，为国际贸易上下游企业提供贸易便利化服务，同时上链的应用数据通过区块链平台的机器信任，形成有价值的企业数据资产，应用于企业智能结算、智能核验和智能融资等金融场景，“点数成金”。平台目前已接入23家银行，为超过5 000家企业提供跨境贸易结算、供应链金融、融资等服务。

2. 广州银行股份有限公司、广州金融科技股份有限公司、杭州亦笔科技有限公司——银行不良资产一站式司法追索综合处置平台

银行主导构建一站式资产处置平台，以多链方式构建司法联盟区块链，统一对接各类司法机构及法律服务机构，拥有“全系统、全业务、全流程、全领域”四大创新亮点，为资产处置打通线上解决通道。实现专业化批量作业，通过与调解、公证及法院机构互联互通，实现网络核证，在线解决纠纷，快速高效维权，最大限度地降低时间成本，提升银行方的应诉能力，也满足当事人足不出户解决金融纠纷的司法需求，成为“金融 + 司法 + 科技”的典范案例。

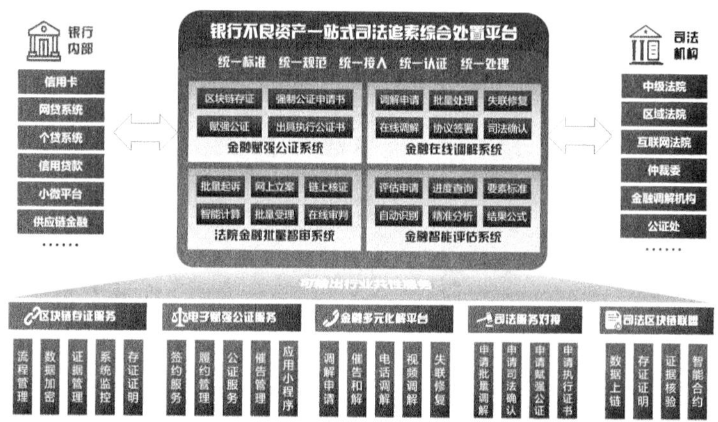


3. 招商银行股份有限公司广州分行——基于区块链跨链技术的金融司法生态融合平台

招商银行在深入总结不良贷款处置经验基础上，开创性地提出并打造了全国领先的基于区块链跨链技术的银法直连“数字化诉讼”金融司法生态融合平台。经过一年多的实践，该平台打法先进、模式领先，取得了一定的效益：一是率先通过区块链直连法院系统实现一键自动批量立案并赢得广州地区的首例判决；二是通过一键生成标准化电子证据替代传统复杂流程组织纸质材料，节约资源提高效能；三是全面提高银行、司法等生态合作方的运营效率。

4. 中国工商银行股份有限公司广州分行——基于大数据云服务的数字化客群运营生态建设

工商银行基于大数据、人工智能、机器学习等前沿技术，搭建了用数赋智云服务，按照“贴源层—聚合层—萃取层”架构开展体系化建设，实现数据的共享复用。在强有力的数据技术支撑下，工行广州分行基于微信公众号，打通行内数据服务与行外客群运营渠道，研发集账户体系、客户维护、数据分析、营销工具、风险控制、后台管理等功能于一体的微信分级运营平台，实现数据集成、模型搭建、精准营销、成效反馈、模型优化的闭环管理运营。

5. 广州越秀金融科技有限公司——数字重塑科技服务新范式，构建金融数字化新基建

以运维数据中台和运维管控中台为核心的磐石运维管理平台，形成一体化支撑多业态金融服务的科技服务运营体系，围绕“科技治理 + 科技服务 + 数字化运营 + 智能运维”四位一体的数字化新基建布局，打造坚如磐石、稳定可靠的数字化、智能化运维服务，在组织能力、服务能力、技术创新、服务大局方面取得了新的突破，进一步夯实数字金融的底座，加快金融科技自主创新和高质量发展。

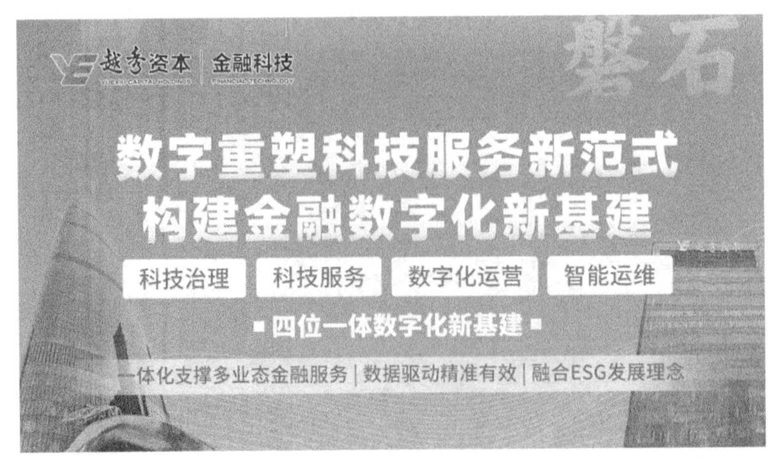

6. 广州广电运通金融电子股份有限公司——多场景应用的数字人民币综合业务平台

本案例具备数字人民币应用场景全链路建设能力，研究实现了个性化大数据推荐、多场景智能合约服务和多维度的数字人民币交易风控等数字人民币相关技术，能够提供包含终端产品、软件系统、支付应用、场景搭建、生态运营的数字人民币一体化解决方案，解决银行等机构在数字人民币系统建设、应用营销推广、创新场景落地、硬件设施建设等方面的痛点。已实现数字人民币在轨道交通、日常零售、封闭园区、智慧文旅等场景的创新应用。

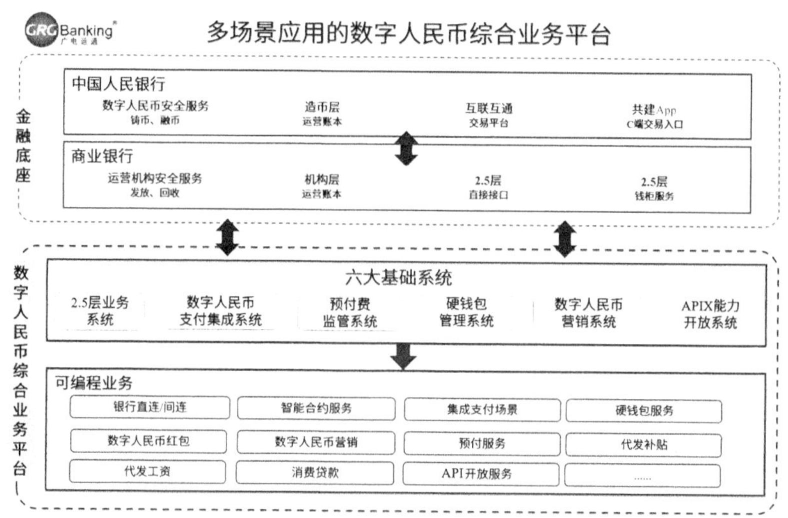


7. 广发证券股份有限公司——数智技术在投研领域的应用

本案例“智慧数”致力于建立业内领先、独树一帜的投研智库系统。系统通过NLP、智能标签处理非结构化数据，制定统一的投研数据标准，实现投研数据深度结构化融合；系统构建产业链图谱、行业框架和个股盈利拆分等模块，将研究员投资逻辑框架深度结构化沉淀，打通宏观、中观、微观，通过知识图谱技术增强深链搜索，全面赋能投研成果；通过对客端、API、SDK等技术将数据、逻辑、成果输出给客户。系统使用云原生技术、微服务架构以及可信基础设施。

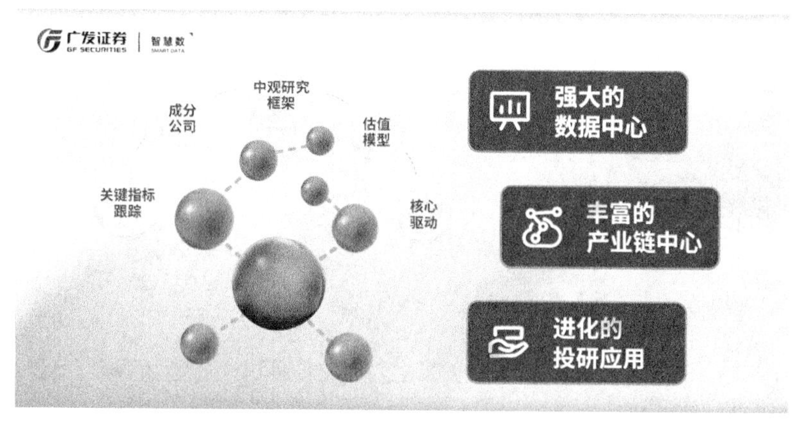

8. 广发银行股份有限公司信用卡中心——线上化知识图谱平台实时应用实践

广发信用卡实时线上化知识图谱平台，通过融合广发银行各业务数据，打造全行级客户关系图谱，在新发卡实时审批流程中，实现秒级实时构网、实时计算图指标功能，丰富审批决策维度，为夯实广发银行实时风控系统起到支撑作用。同时，知识图谱平台提供可视化查询界面、数据溯源、关联路径分析等功能，能实时查询并展示新发卡客户间关联关系，及时发现欺诈团伙，为识别中介攻击提供创新性技术手段。

9. 中邮消费金融有限公司——基于批流一体的标签平台在消费金融领域应用

对于消费金融行业来说，打造企业级的客户标签体系和基于批流一体架构的标签平台是企业数字化转型的一个重要举措，让数据全面标签化，一方面让数据被有效地管理与应用；另一方面标签在数据应用中不断衍生、深挖和创新，在一定程度上推动业务创新。标签平台将客户价值、意愿、活跃度及风险等要素标签化，对客群进行多维度的精准洞察与分层筛选，深入挖掘客户各个生命周期的转化价值，实现用户精细运营、数字营销和智能风控，提升了企业的经济效益。

10. 粤港澳国际供应链（广州）有限公司——基于大数据在数字金融服务中的创新应用

DSTP 数字服务贸易平台应用金融科技，数字化聚合贸易各环节主体，助力资金端有效滴灌至资产端，形成“金融 + 科技 + 产业”深度融合的新金融生态，促进普惠金融发展。

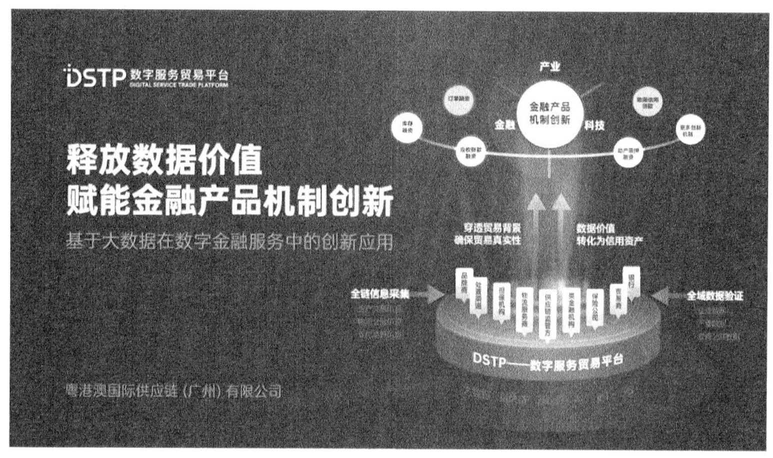


**【数字金融专项示范案例】**

1. 数字金融乡村振兴示范案例：浙商银行股份有限公司广州分行——基于区块链技术的产业链金融服务助力乡村振兴

浙商银行广州分行依托区块链技术优势，聚焦乡村振兴和农牧产业链发展，持续提升产业链金融服务能力。基于区块链 BaaS 平台等技术，无须核心企业提供担保，依托农牧行业链主企业与经销商历史交易数据、结算周期、结算方式等数据信用，为农户及经销商办理定向用于向链主企业采购货物融资的金融服务，切实解决农户和农牧中小企业融资难、融资贵问题。

2. 数字供应链金融示范案例：星展银行（中国）有限公司广州分行——数字供应链下游融资模式，赋能产业生态链高质量发展

作为唯一入选的外资银行，星展银行该案例采用“一点对全国”的模式，把广州作为数字供应链管理中心，将核心企业散布于全国各地的经销商融资吸附在广州。通过星展数字供应链金融服务平台“中小企业融资工作流程系统”，利用物联网技术实现企业供应链数据可视化。星展创新技术“信用风险打分卡”能够嵌入该系统，自动计算信用评分。通过API对接核心企业的交易数据，整合人民银行、税务等外部数据，结合打分卡评测结果完成风险评估和管理。

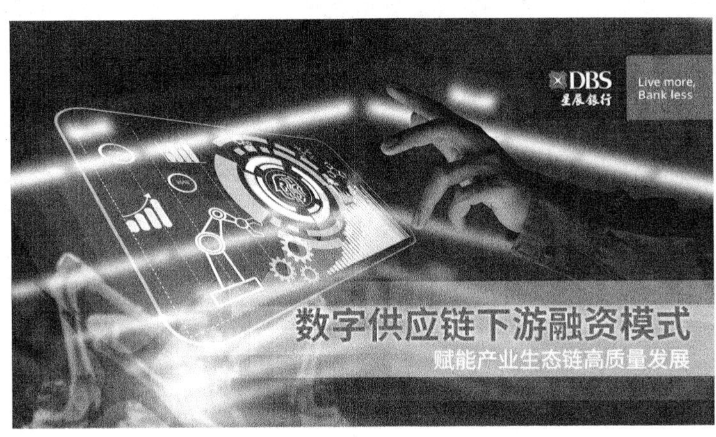


3. 数字普惠金融示范案例：兴业银行股份有限公司广州分行——基于大数据、区块链技术在普惠金融领域的应用

兴业银行广州分行为落实国家“银税互动”政策、破解小微企业融资难题，建设小微企业线上融资平台系统。兴业银行线上融资平台充分发挥金融科技的优势，通过大数据评级模型的建设，实现智能化审批和授信，通过线上线下相结合，有效控制贷前、贷中和贷后各个环节，实现从获客、验证、评审到贷后监测管理的全链条管控：（1）线上即时获客；（2）线下全面调查；（3）业务进度实时查询；（4）建立评级模型审批建议智能化；（5）动态监测数据。

4. 金融数据治理示范案例：上海浦东发展银行股份有限公司广州分行——以价值经营为导向的数据资产管理体系建设实践

浦发银行提出的数据资产管理体系围绕五个管理活动、四个管理法则以及三个方面的运营支撑，阐述了数据资产的管理方法和思路，促进数据共享，实现数据价值创造。基于该体系，浦发银行探索了 Data Ocean 管理门户，输出了海螺海星等数据产品；构建了自研的数据湖，提升了全行的数据平台容量和数据处理效率；推动了数据资产的广泛应用，建立“数据 + 算法 + 场景”的经营模式，形成了“专业化 + 全员化”的数据文化氛围，持续做大数据资产规模。

5. 数字金融法治示范案例：广州广电仲达数字科技有限公司——数字普惠金融与数字仲裁协同处置不良资产

案例以区块链为底层技术，打通金融交易与纠纷化解的端对端渠道，实现一站式区块链存证验证、贷后不良资产处置。项目全流程自动执行，有效解决案件数量与不良资产规模不断扩大、争议解决成本上升与纠纷解决渠道狭窄的供需矛盾，实现数字金融不良处置的规范化、流程化、智能化目标。

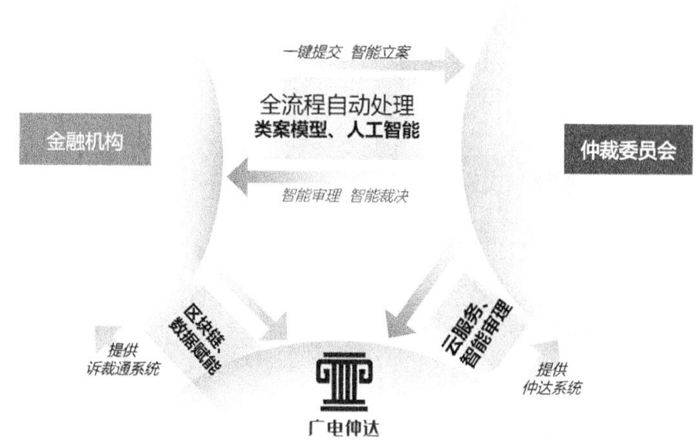

6. 数字金融服务示范案例：中金金融认证中心有限公司华南分公司、梅州客商银行股份有限公司——基于协同签名技术在金融云服务领域的应用

梅州客商银行顺应企业客户业务系统上云的趋势，提升银行系统信息交互的安全性，将银行系统与CFCA基于国密协同签名的“银企云安全服务平台”结合应用，实现了金融系统解决方案创新。为银企直联、数据报送、单据签署等业务场景，提供安全、合规、可靠、便捷的服务。

7. 数字绿色金融示范案例：中国建设银行股份有限公司广州分行——广州公共交通数字人民币绿色出行实践

建行广州分行积极响应国家战略，大力推进公共交通领域数字人民币场景应用创新：将海珠有轨电车打造为广州首个数字人民币乘车示范场景；在广州地铁实现自助购票、乘车码过闸、乘客事务处理等数字人民币全场景应用；在广州公交、水上巴士创新实现钱包付款码直接支付乘车体验；在黄埔有轨电车一号线、二号线购票场景实现数字人民币支付，提供安全高效、便捷普惠、绿色低碳的出行体验，打造独具特色的“广州公共交通应用模式”，为广州数字经济高质量发展增添新动能。

8. 数字金融标准示范案例：广州互联网法院——基于互联网金融类案件的三项团体标准

三项团体标准基于对互联网金融类案件的特征及规律的研究，对互联网金融借款合同纠纷、小额借款合同纠纷以及金融电子数据存证中所需的关键性要素和信息进行归类和定义，有效填补了目前该领域的产品前端要素设计的空白，有利于减少纠纷隐患，提升审判效率；将逐步促进完善互联网金融和小额贷款产品设计、健全互联网金融案件要素标准，为互联网金融纠纷的批量化解决提供可复制、可推广的操作规范。

# 数 字 篇

## 人工智能语言大模型在广州金融领域发展趋势与应用研究

徐天适 孙峥峥 杨 旭 文 莉 杨 波[①]

近年来，广州市金融行业在人工智能与数字化技术的浪潮下，积极推动数字金融创新，成为金融领域的突破口和增长点。《广州市金融发展“十四五”规划》明确提出了推动数字金融创新的目标，强调提升金融科技服务能力。在数字金融领域，广州取得了令人瞩目的进展，但面临着业务复杂化的挑战，普通数字化技术已不足以满足需求，而大模型具有强大的知识学习能力、敏锐数据洞察能力和高效的任务执行能力，可通过自然语言对话的方式帮助用户解决各种问题，这为金融行业的数字化转型带来了曙光。然而，通用大模型在金融等垂直领域的应用仍处于探索阶段，面临着多重问题和挑战，如高质量场景数据集构建、模型价值对齐和性能评估等。本课题目标是研究大模型在广州数字金融领域应用中的技术难点和关键问题，探讨大模型在数字金融领域的应用场景和发展趋势，并提供实践经验和行业建议。通过这些应用场景的探索，可以提高数字金融的质量和效率，为广州金融行业的数字化升级贡献力量。

### 一、引言

近年来，随着人工智能与数字化技术的发展，数字金融创新已成为广州市金融

① 徐天适，广电运通研究总院部门经理，长期从事人工智能算法及系统研发工作，主要研究领域：金融行业大语言模型、智能风控算法、智能化系统等。孙峥峥，博士，广电运通研究总院高级算法工程师，研究方向：深度学习、机器学习、大语言模型、大数据在普惠金融中的发展和应用等。杨旭，硕士，广电运通副总经理，研究方向：人工智能、大模型等技术发展和应用。文莉，硕士，广电运通研究总院高级算法工程师，研究方向：自然语言处理、计算机视觉、大语言模型、智能化系统等。杨波，广电运通标准经理，研究领域：制修订人工智能技术标准。

行业发展的重要突破口和增长点。《广州市金融发展"十四五"规划》明确提出要"推动数字金融创新，提升金融科技服务能力"。如图1所示，到2026年，中国人工智能软件及应用市场的规模预计将达到210亿美元。广州在数字金融领域的飞速发展，产生了大量的行业数据和复杂的业务流程。然而，现有的普通数字化技术很难满足日益复杂的业务需求，大模型技术为金融领域的"数智化"转型带来了曙光。目前，通用大模型内容生成技术尚处于起步阶段，其在金融行业等垂直领域的应用不够深入，仍无法满足实际的行业应用需求，同时面临着诸多问题和挑战，诸如高质量场景数据集构建、模型价值对齐和模型能力评估体系构建。

本课题旨在探索大模型在广州数字金融领域的应用场景和发展趋势，发掘大模型技术在数字金融应用场景中存在的技术难点和关键问题，并提供基于广电运通自身实践的行业建议和开发经验；通过应用场景探索，促进数字金融业务发展提质增效，从而为推动广州金融行业的数字化转型升级贡献力量。同时，本课题也将为金融领域的研究者、从业者提供参考，进一步促进学术研究和科技创新。

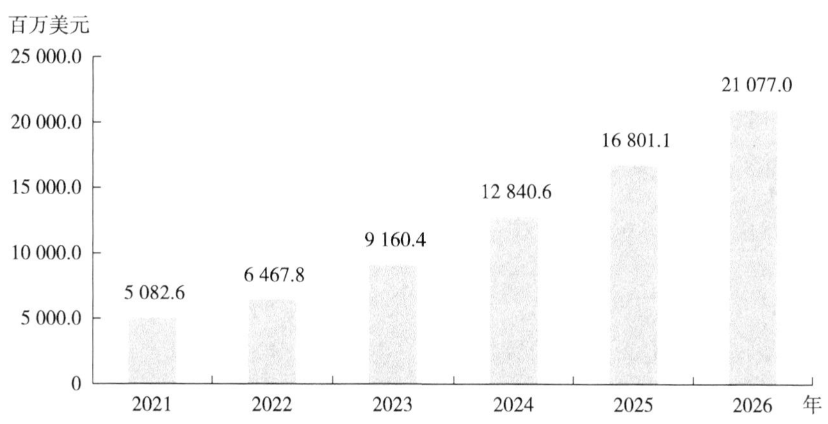


**图1　中国人工智能软件及应用市场规模预测**

（资料来源：IDC AI Cloud Tracker）

## 二、大模型在广州数字金融中的发展趋势和应用场景

### （一）通用大模型的定义、特征与发展趋势

1. 通用大模型的定义。通用大模型是指基于深度学习算法，通过海量数据训练得到的具有较高泛化能力和推理能力的模型。这类模型具有更强的特征表达能力、更复杂的模型结构和更高的预测精度。它们在处理复杂问题时，能够从数据中自动学习出特征和规律，从而有效提高模型的预测性能。

2. 通用大模型的特征。通用大模型具有鲜明而显著的特征。其优势在于：（1）预测推理能力强，在海量训练数据的加持下，能够学习到各种复杂的特征和语言模式，从而帮助用户解决更加复杂的语言任务；（2）复杂业务的理解能力强，具体应用场景包括文本分类、情绪分析、内容生成、逻辑推理等，能够灵活地满足不同领域的业务需求；（3）处理效率极高，大模型蕴含了丰富的语料知识，具备强大的语言任务处理能力，能够将复杂的业务逻辑和规则自动化，从而有效提高业务处理效率，降低人工成本。

然而，通用大模型也具有不可忽视的缺点：（1）可解释性差，这也是所有深度神经网络的通病，这导致其输出具有不可控性，可能会引发安全伦理问题；（2）技术成本高昂，生产一个成熟的大模型需要大量的计算资源、存储资源和数据资源，这对于小型企业来说是难以负担的；（3）模型部署和运维难度高，通用大模型的部署和运维需要高超的编程技巧和计算能力，需要持续的资金、技术和人员投入。

3. 通用大模型的发展趋势。大模型的发展趋势主要体现在以下几个方面：（1）模型参数规模将会不断扩大。随着数据的不断增长、算法的进步和更复杂的业务场景需求，大模型的参数规模将不断扩大以实现更强的任务处理能力和推理性能。（2）模型的类型、参数规模和应用领域将呈百花齐放之势。未来大模型将不仅仅局限于某一特定领域，而是将向多样化发展，涵盖各个领域和场景。（3）多任务多领域模型融合的综合决策。不同领域、不同任务的大模型可以通过融合的方式，进行跨领域的应用和创新，从而实现更加智能、更加精准的综合决策。

## （二）广州数字金融产业的大模型场景需求

广州作为中国南方的重要城市，在经济发展、技术研发和市场应用方面处于中心地位，拥有丰富的金融资源、先进的科技实力、旺盛的市场需求以及庞大的人才储备，数字金融产业发展迅猛。在这个过程中，人工智能语言大模型技术正在逐渐渗透到金融领域的各个环节，为广州的金融行业带来了一场技术革命。经过广泛的调研和分析，广州数字金融产业存在以下基于大模型的场景需求。

1. 金融数据交易和价值评估服务。在广州市数字金融发展的浪潮下，大模型技术有助于实现金融数据交易中数据的合规高效流通，推动金融市场和金融科技企业的数据资源共享。在遵守数据安全和隐私保护的前提下，通过基于大模型的数据交易平台进行数据的买卖、交换和分析，为金融机构提供全面、准确的数据支持。另外，金融数据价值的评估则是数据交易的重要一环，大模型给金融数据的价值评估带来了新的技术思路。价值评估服务主要聚焦于金融数据的价值评估与定价，通过对数据的质量、可用性、市场需求等多维度分析，为数据提供者和使用者提供公平、透明、高效的定价依据。此外，数据价值评估还包括对数据源的可靠性、数据质量的稳定性等方面进行综合评估，为金融机构提供决策支持。

2. 金融智能客户服务。在金融行业中，客户服务是一个至关重要的环节。大模型可以通过对大量的客户对话数据进行分析和学习，从而更好地理解客户的需求和问题，提供更加精准和个性化的服务。例如，基于 Transformer 模型，可以训练出一个聊天机器人，能够自动回复客户的问题，提供 24 小时不间断的服务。这不仅可以提高客户满意度，还可以降低人工服务成本。

3. 投资风险评估和盈利预测。大模型在金融风险评估和预测方面也具有很大的潜力。通过分析大量的金融数据和市场数据，大模型可以预测未来的市场趋势和风险情况，帮助金融机构作出更加明智的投资决策。例如，可以使用在金融财务语料上精调的大模型来识别和分析财务报表中的各种财务指标，从而预测公司的未来盈利能力和风险水平。

4. 智能投资理财。随着金融市场的日益复杂化，投资者越来越需要专业的投资建议和指导。大模型可以通过对大量的投资数据进行分析和学习，为客户提供个性化的投资建议和优化投资组合的策略。例如，可以使用强化学习算法训练一个智能投资顾问，根据客户的风险承受能力和投资目标，为客户提供最优的投资组合方案。

5. 智能合约和区块链。随着区块链技术的发展，智能合约成为一个热门话题。大模型可以用于智能合约的开发和优化，提高合约的自动化程度和执行效率。例如，可以使用神经网络模型来识别和验证合约中的各种条件和约束，从而确保合约的正确性和有效性。

综上所述，大模型在广州数字金融领域具有广泛的应用前景，可以为金融机构提供更高效、更智能、更个性化的服务，为金融行业的数字化转型提供强大的技术支持。

### （三）金融大模型在数字产业应用的条件基础

通用大模型技术具有巨大的应用前景和商业价值，但想要将其应用到特定的行业领域（如数字金融）还需要具备一定的条件基础，主要包括以下几个方面。

1. 软硬件技术条件。大模型的训练和应用需要大量的高性能计算资源、大规模数据和先进的算法。从软件层面上看，现有的大模型研发需要用到 Meta 的 HuggingFace 开发库和 Deepspeed 训练框架、OpenAI 的推理接口等；从硬件层面上看，大模型训练和推理需要 NVIDIA 公司的 A100 加速计算显卡和相关的底层框架如 CUDA、cuDNN 等。其中，大规模计算资源池的搭建需要大量的 NVIDIA 显卡，这需要花费大量的资金。因此，现有大模型开发的软硬件环境中，国产化率相对较低，具有“卡脖子”的风险。

2. 海量优质的数据条件。如图 2 所示，随着互联网的发展，全球数据的保有量呈几何级数爆发式增长。2010 年，互联网数据量只有不到 2ZB；到 2025 年，全球互联网数据预计将增长到 160ZB。然而，原始数据虽多，如何清洗数据，并将原始数据转换为大模型训练能够使用的无监督和有监督的高质量数据，则是一个具有挑战性的课题。在数字金融领域，也存在海量的原始数据。金融行业是数据密集型行业，拥有大量的客户数据、交易数据和其他业务数据。金融数据为大模型的应用提供了丰富的训练和验证样本，使大模型可以更好地学习和模拟金融市场的变化和用户的消费行为。然而，金融数据的收集、保存、流转和使用尚未形成严格的标准和规范，这可能会造成个人隐私的侵犯和社会公共安全。

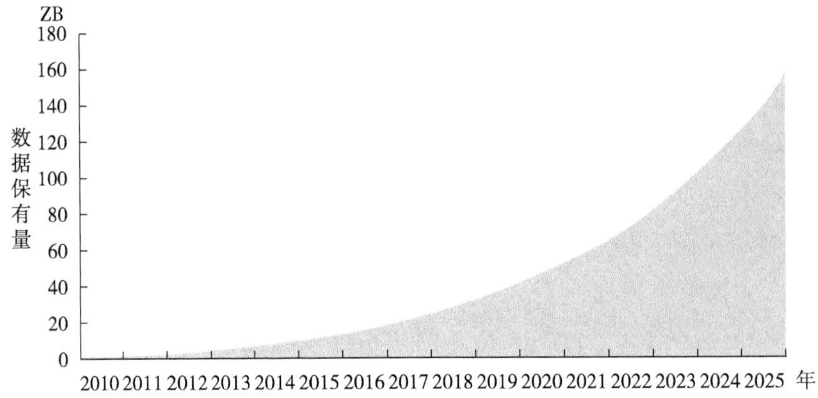


**图 2　全球数据圈年度规模和增长趋势**

（资料来源：IDC《数据时代 2025》）

3. 畅通高效的数据交易平台。要想打破不同行业间的知识壁垒，实现行业数据共享，提升垂直领域大模型在专业领域的知识储备和处理特定任务的能力，就需要打造广泛、畅通而高效的数据交易平台。数据交易平台可以通过聚集多样化的数据源，打破数据孤岛现象，促进数据的集成和共享，从而为大模型的研发提供丰富而全面的数据资源，有利于提高模型的准确性和鲁棒性。

4. 专业人才储备和优渥的科研环境。金融大模型的应用需要具备大模型设计、研发能力和金融知识的复合型人才。随着金融科技的不断发展和人才流动的加速，越来越多的跨学科人才进入行业大模型研发应用领域，为金融大模型的应用提供了必要的人才条件。另外，广州作为拥有两所 985 高校的一线城市，拥抱粤港澳大湾区，具有优越的科研环境和人才吸引力。

5. 旺盛的金融市场需求。随着金融行业的竞争加剧和客户需求的不断升级，金融机构对于数字化、智能化的服务需求越来越强烈。大模型技术的应用可以提高金融机构的服务质量和效率，提升客户体验，满足市场的需求。随着广州金融行业的数字化转型和经济的快速发展，金融领域特定任务的需求越来越多、越来越复杂，对于服务的要求标准也越来越高。金融大模型的应用有望提高广州数字金融产业的智能化程度和服务水平，并降低用人成本，从而实现数字金融产业发展的“提质增效”。

6. 配套的政策和法律法规。加强对金融行业数据的采集、保存、流转、使用和销毁全过程监督，通过制定相应的政策和法律法规，规范企业对于公共金融数据和个人隐私数据的使用，保障社会公众的数据安全。另外，要提升对于大模型知识产权的保护以及划清大模型应用的边界，既要鼓励大模型技术的创新，又要避免大模型技术应用到危害社会和国家安全的场景中去。

## 三、大模型在广州数字金融中应用的技术难点和关键问题

### （一）金融领域数据的获得难度大，缺乏高质量的行业数据

金融领域的数据对于分析和决策制定至关重要，然而，这些数据的获取和整理往往面临极大的挑战。首先，金融行业涉及大量结构化和非结构化数据，包括交易记录、财务报告、市场数据、客户数据、财经新闻等。这些数据通常分布在不同的系统和平台中，而且格式各异，使得整合和分析变得异常困难。其次，金融数据的隐私和安全问题也是一大挑战。很多金融机构对数据保护有严格的要求，限制了数据的共享和公开使用，这使得获取和使用高质量的金融数据变得异常困难，这也限制了专业领域外的人工智能企业入场金融大模型的研发与应用。

通常意义上，在人工智能应用中，数据就好比石油，是大模型运转的燃料和动力来源，即训练模型的基础。特别是对于金融领域，数据的质和量都至关重要。然而，在广州的数字金融领域，数据的获取却面临重重困难。

1. 数据质量。金融数据的来源和形式非常多样，往往存在大量的噪声、无意义数据和异常值，要处理成格式统一的可训练数据，需要耗费大量的人力、物力、财力。此外，数据的标注规范也面临挑战，要生成高质量的有监督金融数据，就要确保数据标签具有准确性、逻辑性和一致性，这需要建立综合全面的行业数据集质量评估体系和制定可靠一致的数据生产标准。

2. 数据规模。训练数据集的规模对于行业大模型训练至关重要。更多的数据可以提供更丰富的行业知识、更多样的语言模式，有助于提高模型的泛化能力和专业知识的蕴含能力，从而避免大模型出现过拟合现象。另外，更多的数据也有助于在更广阔的参数空间进行模型调优，激发模型性能，是实现高性能的专家级人工智能助手的关键。

因此，要想实现行业大模型技术在广州数字金融产业转型中的深度应用和广泛落地，让广州数字金融行业迸发新活力，注入增长新动力，就必须对行业数据的数量和质量“两手抓”，同时做好数据的生产和使用规范，避免金融数据的错用、滥用。

### （二）大模型技术不够成熟，存在数据安全、可解释性差和道德伦理对齐问题

尽管通用大模型技术已经实现了一些令人瞩目的成果，如 GPT－4、LLaMa 2、GLM2 等，但其在行业领域的应用还不够成熟，目前仍处于起步探索的阶段。人工智能语言大模型在广州数字金融领域的应用和发展，为金融行业的数字化转型带来了新的

机遇和挑战。然而，大模型技术的行业应用还不够成熟，存在数据安全、可解释性差和道德伦理对齐等问题。要切实解决这些问题，不仅需要技术的进步和创新，也需要政策、法律、道德等多方面的支持和引导。

首先，数据安全问题。大模型的训练和运用需要大量数据，但这些数据往往包含大量的个人隐私和金融机密。如何在利用数据的同时保障数据的安全，防止数据泄露和滥用，成为一个亟待解决的问题。

其次，可解释性差。大模型往往非常复杂，其决策过程和结果往往难以理解和解释。这不仅影响了人们对模型结果的信任，也在一定程度上阻碍了模型在金融业务中的广泛应用。

最后，道德伦理对齐问题。大模型的运用可能会带来一些道德和伦理问题，例如歧视、不公平、金融攻击等问题。如何确保大模型的运用符合社会道德伦理标准，如何避免模型在决策过程中的偏见和歧视，成为大模型在数字金融领域应用的一大挑战。

上述问题的存在，对于推动大模型在广州数字金融领域的广泛应用来说，既是挑战，又是机遇。挑战即是门槛，可以限制竞争者的数量；机遇则是机会，找到行业大模型在金融领域应用的无人区，对于实现广州数字金融产业在智能化赛道上弯道超车、遥遥领先同行来说是一个近在咫尺的机会。

### （三）大模型能力评估体系不够成熟，缺乏综合客观的评价标准

大模型在广州数字金融领域的应用关键在于确保其能力和性能符合实际业务需求。然而，目前的大模型能力评估体系并不成熟，缺乏综合客观的评价标准。这使得评估大模型的能力变得复杂且充满挑战。

第一，评估指标的多样性不足。大模型能力的评估标准应该包括准确性、效率、可靠性、可解释性等多个方面。然而，这些标准往往难以量化，并且对于不同的应用场景，评估标准的重要性也可能有所不同。例如，对于风险评估模型，模型的准确性、召回率、F1 分数是重要的参考指标；对于推荐系统，使用者可能更关注模型的覆盖率、点击率、转化率等。因此，不同的用户可能会与评估指标的侧重点存在较大的差异。

第二，不同的评估标准之间存在冲突。提高模型的准确性可能会降低其效率，这就需要在准确性和效率之间找到一个平衡点。因此，如何找到一组具有综合性一致性的多维度模型能力评估指标，是一项亟待解决的课题。

第三，评估方法的主观性较强。目前的评估方法往往依赖人工设计和调整，这不仅增加了模型的复杂性和开发成本，还可能导致评估结果的主观性和不准确性。此外，选取不同的评估人员，评估结果可能会存在较大的差异。

因此，建立一个综合客观的大模型能力评估体系是广州数字金融应用大模型的

关键问题之一，这也代表了大模型算法优化的方向。这需要研究者和实践者共同努力，探索和开发更加有效和准确的大模型评估体系和标准。

## 四、广电运通对大模型在金融领域的探索与实践经验

### （一）金融语料数据集构建和数据闭环

高质量的行业数据是构建金融大模型必不可少的一环。数据集的好坏决定了模型专业任务能力的强弱和泛化性。广电运通对大模型技术在金融领域的行业应用中，在构建金融语料数据集和打造数据闭环方面进行了一些探索。

1. 金融语料数据集的构建。为了构建适用于广州金融领域的语言大模型，需要收集大量金融相关的高质量语料信息，包括各种类型的金融文本，如金融新闻、公告、分析报告、社交媒体文章、股评、财经评论、上市公司年报等公开的数据，用于提高大模型对于金融行业通用知识的蕴含能力；也包括根据各种金融文本生成的有监督指令数据，如单轮对话和多轮对话数据，用于增强大模型的对话能力和逻辑思维能力。

在构建数据集的过程中，需要遵循以下原则：

（1）数据多样性：为了提高模型对不同金融场景的适应能力，需要收集涵盖不同主题、风格和来源的金融语料。在进行数据标注时，利用人工或者半自动的方式，对金融数据的实体、关系、情感等关键信息进行标注，通过梳理知识图谱，构建逻辑性强、内容丰富、类型多样的金融知识库。

（2）数据质量：为了保证模型训练的效果，需要对数据进行清洗和处理，去除无关信息、纠正错误以及过滤掉低质量的数据。同时，为了模型具备强有力的知识问答能力和金融业务能力，需要准备大量的高质量指令数据，以提高模型对于特定任务的理解和表现水平。

（3）数据规模：在行业大模型领域，语言模型的能力很大程度上取决于训练数据的规模。在保证数据质量的前提下，尽可能使用更大规模、更具多样性的行业数据训练模型，有助于模型涌现更加强大的高级智能。

2. 数据闭环。在训练和应用金融语言大模型的过程中，数据闭环是指数据预处理、模型训练、应用部署的整个数据流转过程的闭环，能够通过在应用中引入新知识、新能力，实现模型性能的迭代升级。广电运通在金融大模型的应用探索中，通过收集用户反馈信息，对模型进行持续优化和升级。这种数据闭环的做法有助于提升模型性能，提高金融服务的精准度和质量。概括来说，实现数据闭环包含以下步骤：

（1）模型部署与用户反馈收集。将训练好的金融大模型部署到各类金融业务场

景中，如金融风险评估、用户画像生成、金融欺诈检测等。在模型应用过程中，通过用户反馈、交互记录等方式收集原始数据。

（2）数据分析和模型优化。对收集的原始数据进行深入分析，了解模型在真实场景中的表现和存在的问题。结合业务需求和用户反馈，对模型进行针对性的优化和调整，例如调整模型参数、优化网络结构、增加预训练数据等。

（3）模型升级与再部署。经过优化和调整后，将升级后的模型重新部署到实际场景中。通过新一轮的应用和反馈收集，实现模型的持续优化和迭代升级。这种闭环过程不断推动金融大模型的发展和进步。

## （二）金融大模型全场景三级开发范式

金融大模型全场景三级开发范式是一种系统性的方法，是将大模型技术应用在广州数据金融领域而进行的全面深入的探索和实践。如图 3 所示，这种三级开发范式是广电运通在金融领域的一项重要探索和实践经验，旨在构建一种具有行业通用能力、行业特定能力和特定任务场景的大模型体系。

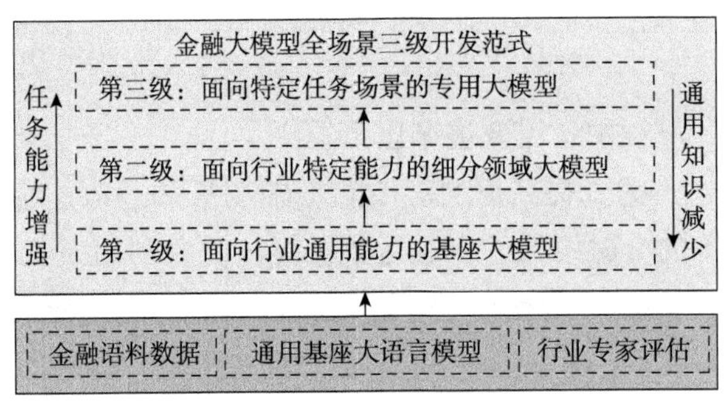


**图 3　金融大模型全场景三级开发范式示意图**

第一级：面向行业通用能力的基座大模型。基座大模型是指在金融领域具有广泛适用性、基础性功能的模型。这些模型通常涵盖金融领域的各种基本业务，如风险管理、客户服务、信用分析、投资决策等。基座大模型的开发需要结合金融领域的行业特性和通用能力要求，构建蕴含大量丰富行业知识和通用能力的大模型。

在基座大模型的开发中，广电运通收集并整理了海量的金融行业语料知识，包含财务报表和报告、市场行情数据、政府经济公告、金融机构数据、财经评论和社交媒体数据等。丰富的金融语料能够为大模型注入行业通用知识。此外，在金融大模型的过程中，广电运通还注重模型的场景自适应性和任务可迁移性，以适应金融行业应用场景的快速发展和变化。

第二级：面向行业特定能力的细分领域大模型。细分领域大模型是指在金融领域中针对某一特定领域的语言模型。这些模型通常涵盖金融领域中的某一具体的行业业务，如信用卡风控、供应链金融分析、投资理财、用户画像构建等。细分领域大模型的开发需要结合具体行业或领域的特性和能力要求，构建一套具有针对性的大模型体系。

在细分领域大模型的开发中，广电运通注重模型的专业性和技术深度，以适应金融行业中不同业务的多样性和复杂性。另外，广电运通还注重模型的交互性和可解释性，以实现模型的输出内容可控，从而方便模型的推广和应用。

第三级：面向特定任务场景的专用大模型。专用大模型是指在金融领域针对某一具体应用场景或任务的模型。专用大模型的开发需要结合具体应用场景或任务的要求和实际情况，针对特定的应用场景构建具有专业任务能力的大模型。

在特定应用场景中，基于细分领域大模型构建具有特定任务能力的模型。专用大模型的开发目标是提高模型在特定任务中的准确性和效率，使其能够更好地支持该场景的业务需求。该层次通常涵盖金融领域的某一具体任务或问题，如智能客服、智能投顾、风险评估、个性化理财推荐等。专用大模型的开发过程包括数据收集、特征提取、模型选择、参数调优等环节，其中最重要的是选择适合该场景的算法和特征工程，以提高模型的特定任务能力。

综上所述，本文所涉及的金融大模型全场景三级开发范式是一种具有广泛应用的金融模型开发方法，它能够满足金融行业不同层次的需求，提高金融模型的效率和准确性。随着技术的不断发展和业务需求的变化，该范式也将不断进行优化和更新，为金融行业的发展提供更好的支持。

## （三）大模型在数字金融领域应用的探索案例

随着人工智能技术的不断发展，大模型在数字金融领域的应用也越来越广泛。广电运通探索大模型在金融领域的应用方面，积累了一些自己的实践经验。下面列举了广电运通探索大模型在数字金融领域中三个场景的应用。

1. 金融风险评估与智能决策系统。金融风险评估是金融业务中的重要一环，传统的风险评估方法往往需要大量的人工分析和处理，而且难以避免人为因素带来的误差。广电运通研发的大模型在金融风险评估方面的应用，通过自动化的方式，对海量数据进行挖掘和分析，快速准确地评估风险，为决策提供有力支持。

概括来说，广电运通利用语言大模型的指令微调技术构建了一个自动化风险评估模型，该模型可以自动学习海量数据中的风险特征，并输出准确的风险评分。根据风险评分，金融机构可以进行分级管理，针对不同风险等级的用户采取不同的风险控制措施，有效降低风险。此外，广电运通根据上述金融风险评估模型，构建了面向机构投资、个人理财的智能决策系统。以金融风险评估模型生成的评估报告为依据，实现对于是否投资、按多少比例投资提供理财建议和风险提醒。

2. 用户画像生成与多用户群体智能推荐系统。在互联网金融领域，如何精准推荐合适的金融产品给用户是关键之一。广电运通研发的用户画像生成与多用户群体智能推荐系统，通过分析用户的历史交易数据、行为数据等，自动生成用户画像，全面了解用户的需求和偏好，从而为用户推荐最合适的金融产品。

该系统采用了协同过滤算法和深度学习技术，自动挖掘数据中的潜在关联和规律，对不同的用户群体进行精准推荐。同时，系统还集成了实时更新和调整推荐策略的功能，根据用户的反馈和行为变化，动态调整推荐结果，提高推荐的准确性和用户满意度。

通过该系统的应用，金融机构能够实现从“被动服务”到“主动服务”的转变，提高用户的满意度和忠诚度。此外，系统还能够有效降低金融机构的营销成本，提高资源利用效率。

3. 金融欺诈检测与反诈骗系统。金融欺诈是金融机构面临的严重威胁之一，如何快速准确地检测和预防欺诈行为成为亟待解决的问题。广电运通研发的金融欺诈检测与反诈骗系统通过分析海量交易数据和用户行为数据，自动检测异常交易和欺诈行为，为金融机构提供有力的防欺诈支持。

该系统采用了基于深度学习的异常检测模型和多维度风险评估机制，能够自动从复杂的交易数据中挖掘潜在的欺诈行为。同时，系统还集成了实时监控和预警功能，实时监测交易数据的变化和异常，及时发出预警信号，帮助金融机构快速反应和采取措施，降低欺诈风险。该系统能够帮助金融机构大大降低欺诈风险，保护消费者权益，提高自身的风险管理水平。此外，该系统还能提高金融业务的透明度和可信度，增强消费者对金融机构的信任。

总而言之，广电运通在金融领域探索大模型的应用过程中，积累了一些自己的实践经验。通过将大模型应用于金融风险评估、用户推荐和欺诈检测等方面，实现了数字化、智能化、高效的金融业务管理，为金融机构提供了强有力的技术支撑。在进一步的研究方向中，广电运通将继续深化大模型在金融领域的应用研究，助力金融机构实现更高效、更智能的运营管理和服务。

## 五、人工智能语言大模型在广州数字金融发展中的突破路径

随着广州数字金融领域的不断发展，人工智能语言大模型已经成为该领域的一个重要驱动力。在前述章节中，本文重点探讨了人工智能语言大模型在广州数字金融领域的发展趋势与行业应用，并给出了基于自身行业实践的经验和案例分享。然而，大模型技术在广州数字金融领域全面开花，还有很长的路要走。目前仍存在许多亟待解决的问题。如图 4 所示，为了促进广州数字金融大模型领域的健康、快速发展，本文从政策和技术层面进行归纳分析，指出四条突破路径供读者参考。

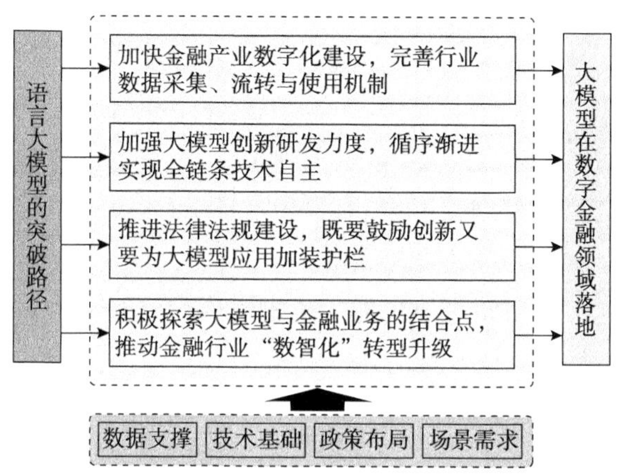


图4　广州数字金融语言大模型的突破路径框架

## （一）加快金融产业数字化建设，完善行业数据采集、流转与使用机制

在广州数字金融领域，数据是最宝贵的资源之一。为了更好地利用人工智能语言大模型，政府机构应该加快金融产业的数字化建设，以确保数据的高质量和高效率采集、流转与使用。政府应该鼓励金融机构加强数据治理，确保数据的质量、安全和合规性。建立数据共享与交流的标准化框架，以促进不同金融机构之间的数据合作与共享。同时，政府应该出台相关政策，规范金融数据的收集、存储和使用，以保护用户隐私和数据安全。具体的可实施建议包括：

1. 建立统一数据标准：制定统一的金融数据标准，以确保不同金融机构之间的数据可以互通互用。这将有助于大模型更好地分析和应用这些数据。

2. 鼓励数据共享：通过政策激励金融机构共享数据，以促进行业内的合作与创新。同时，需要确保数据隐私和安全。

3. 投资数据基础设施：投资建设数据中心和云计算基础设施，为金融机构提供高性能的数据处理能力。

4. 培养数据人才：支持金融领域的数据科学和人工智能教育，以培养更多的数据分析师和科学家，帮助金融机构更好地利用大模型。

## （二）加强大模型创新研发力度，循序渐进实现全链条技术自主

为了实现人工智能语言大模型在广州数字金融领域的成功应用，政府需要加强大模型的创新研发力度，并逐步实现技术自主。政府应加大对人工智能语言大模型研发的支持力度，鼓励金融机构和企业加大技术投入，推动大模型的创新和应用。同时，应加强人才培养和引进，吸引更多高素质人才参与大模型的研发和应用。在技术自主方面，应循序渐进地实现全链条技术自主，包括基础算法、数据处理、模型训练、推理应用等环节。本文的可实施建议如下：

1. 支持本地研究机构与企业合作：鼓励研究机构与金融科技企业合作，共同开展大模型研究与开发项目，这有助于加速技术创新与应用。

2. 鼓励创新创业：提供资金支持和税收优惠，鼓励创业公司在大模型领域进行创新。注重培育新的技术创新人才和商业模式。

3. 确保技术安全：在推进技术创新的同时，政府也需要制定严格的技术安全标准和监管政策，以防止潜在的风险和滥用。

4. 设立创新基金：提供资金支持数字金融领域的初创企业和创新项目，以激发创新活力，推动语言大模型技术在金融领域的应用。此外，政府还可以设立技术研发中心，为企业提供研究设施和资源，加速技术的研究与开发进程。

### （三）推进法律法规建设，既要鼓励创新又要为大模型应用加装护栏

为了保护广州数字金融领域的稳健发展，政府需要推进法律法规建设，既要鼓励创新，又要为大模型应用加装法律护栏。政府应加强对人工智能语言大模型应用的法律监管，建立健全相关法律法规，规范大模型的应用和管理。同时，应鼓励金融机构和企业积极探索和创新，为大模型的应用提供良好的法律环境。此外，政府应加强对大模型应用的风险评估和管理，防范潜在的风险和问题。本文建议包括以下四点：

1. 建立数据隐私法规：建立明确的数据隐私法规，以确保个人和企业数据的合法和安全使用，这将有助于建立信任，推动数据的合法流通。

2. 制定透明度规范：要求金融机构在使用大模型时提高透明度，包括解释模型决策的可解释性，以及如何应对潜在的偏见和不公平性。

3. 设立监管框架：随着人工智能语言大模型在金融领域的应用不断扩大，政府需要建立相应的监管框架，确保技术的合法合规使用。监管机构应该与行业专家合作，制定相关规定和标准，监督金融机构在人工智能语言大模型应用中的行为，防止滥用和不当使用。

4. 鼓励法律创新：鼓励法律界的创新，以适应新兴技术的发展，同时保障公共利益和个人权益。

### （四）积极探索大模型与金融业务的结合点，推动金融行业“数智化”转型升级

为了推动广州数字金融领域的“数智化”转型升级，政府需要积极探索大模型与金融业务的结合点。政府和金融机构应积极探索人工智能语言大模型与金融业务的结合点，推动金融行业的“数智化”转型升级。例如，将大模型应用于智能客服、风险控制、投资决策等领域，提高金融服务质量和效率。同时，应加强对大模型应用的效果评估和监测，及时发现和解决问题。本文的可实施建议如下：

1. 智能客服与风险管理：推动金融机构利用大模型开发智能客服系统，提高客户服务效率，并在风险管理中应用大模型识别潜在风险。

2. 智能投资与资产管理：鼓励金融机构开发智能投资工具，帮助客户作出更明智的投资决策，并提供智能资产管理服务。

3. 反欺诈与身份验证：大模型可以用于识别欺诈行为和改进身份验证方法，推动金融机构在这些领域应用大模型技术。

4. 金融教育与普及：支持开发金融教育应用，利用大模型提供个性化的金融知识和建议，帮助市民更好地理解和管理财务。

综上所述，人工智能语言大模型在广州数字金融领域的应用前景广阔，但也面临一系列挑战，如大规模语言模型计算复杂度高、训练和推理算力需求庞大、碳排放限制、高质量数据获取难度大、可解释性差、生成内容可信度评估等。政府应采取积极的政策措施，包括完善数据流转机制、推进技术创新、制定法律法规、探索应用领域，以促进该领域的健康发展，推动广州数字金融行业的“数智化”转型升级，为广州的金融业带来新的发展机遇。

## 参考文献

[1] 国际数据公司（IDC）. 2022 中国大模型发展白皮书［R］. 2023.

[2] 黄益平，黄卓. 中国的数字金融发展：现在与未来［J］. 经济学（季刊），2018，17（4）：1489－1502.

[3] 唐松，伍旭川，祝佳. 数字金融与企业技术创新——结构特征、机制识别与金融监管下的效应差异［J］. 管理世界，2020，36（5）：52－66.

[4] 聂秀华，江萍，郑晓佳，等. 数字金融与区域技术创新水平研究［J］. 金融研究，2021，489（3）：132－150.

[5] 钱海章，陶云清，曹松威，等. 中国数字金融发展与经济增长的理论与实证［J］. 数量经济技术经济研究，2020，37（6）：26－46.

[6] 广州市商务局，赛迪顾问股份有限公司. 广州重点产业白皮书——数字经济［R］. 2021.

[7] 中国信息通信研究院. 中国数字经济发展白皮书（2020 年）［R］. 2020.

[8] 广州市人民政府. 广州市国民经济和社会发展第十四个五年规划和 2035 年远景目标纲要［R］. 2021.

[9] 国家互联网信息办公室. 数字中国建设发展进程报告［R］. 2020.

# 区块链技术在银行领域的应用与分析

李安琪　郭桂福　彭点点

中科汇智（广东）信息科技有限公司[①]

## 一、绪论

### （一）研究背景与意义

1. 研究背景。近年来，人类社会正从信息时代进入到以人工智能、大数据、云计算和区块链等新兴技术为主导的数字金融时代。这个时代呈现出开放、共享和协作的特点。金融科技在很大程度上构成了数字金融时代的主要发展方向，并以前所未有的速度改变着人类社会的生产和生活方式，影响着金融业。当下，金融科技正在引领并赋能科技与金融的融合创新，改革并重塑金融业的经营理念和服务模式。在全球范围内，美国、新加坡、英国、瑞士等国家已将发展金融科技作为国家战略重点，全面推动本国金融业的转型，争夺世界金融科技的新高地。

中国也积极响应数字金融时代新兴科技创新的发展趋势，积极开展新兴技术的融合应用研究。2019 年，中国人民银行发布了《金融科技（FinTech）发展规划(2019—2021 年)》，明确表示在新一轮科技革命和产业变革的背景下，金融科技蓬勃发展，人工智能、大数据、云计算、物联网等信息技术与金融业务紧密结合，为金融业的发展提供源源不断的创新动力。国家层面开始进行金融科技的顶层设计和整体规划。尤其值得注意的是，在金融科技的各种应用模式中，我国特别重视区块链技术的探索和应用。2019 年 10 月 24 日，习近平总书记在主持中央政治局关于区块链的第十八次集体学习时强调，要将区块链作为核心技术自主创新的重要突破口，加快推动区块链技术和产业创新发展。

当前，银行为促进业务创新，积极研究金融科技，而区块链技术与银行业天然

① 李安琪，中科汇智（广东）信息科技有限公司总经理，研究方向：国际结算、数字金融、区块链技术应用等。郭桂福，高级工程师，中科汇智（广东）信息科技有限公司副总经理，研究方向：数字金融、区块链技术应用。彭点点，中科汇智（广东）信息科技有限公司售前工程师，研究方向：数字金融、区块链技术应用等。

适应性强，在银行研究中成为重点技术之一。区块链技术通过牺牲存储和计算能力，构建出解决信任问题的优势场景，正在革新并重塑金融行业的经营理念和服务模式，帮助银行缓解信息不对称问题，降低经营成本，优化业务流程。作为金融业中扮演信用中介角色的核心，银行业致力于研究和布局区块链技术，巩固和培育其自身的竞争优势，具有重要意义。我国各大银行都在积极探索区块链技术，并扩大区块链应用场景，推动数字化转型。区块链技术已成为银行积极探索金融科技、全面推进数字化转型、构建场景生态的关键技术之一。

2. 研究意义。

（1）理论意义。商业银行是以经营获取利润为目标，接受储户存款、发放贷款，提供各种金融服务和产品的金融机构，拥有更多的服务网点和广泛的服务范围，其服务能够延伸到更广阔的地区。在客户资源和信息方面拥有较大的优势，并且在金融创新方面具备雄厚的资金来源和资本支持。然而，这些优势是相对的，并且在其背后仍然存在问题。这些问题恰恰为区块链技术在商业银行中的应用探索提供了理论支持，这些理论主要包括信息不对称理论、信用和信任理论、金融中介理论以及金融创新理论等。

在解决这些问题的过程中，区块链技术在一定程度上补充和完善了这些理论。首先，区块链技术可以实现信息的点对点传输，帮助交易双方以较低的信息搜索成本获取可靠的交易对手信息，有效解决了信息不对称可能导致的道德风险和逆向选择问题，从而为信息不对称理论提供了有益的补充。其次，区块链的不可篡改性有助于增强用户对区块链信息的信任，共识机制有助于建立和维护用户之间的信用，而这一过程不需要传统可靠第三方的参与，进一步丰富了信用和信任理论。再次，区块链中智能合约的运用可以替代传统金融交易中金融中介的地位，这些合约由计算机程序定义，可自动执行，有助于进一步丰富金融中介理论。最后，区块链技术融合了分布式记账、点对点传输、智能合约、非对称加密等多种技术，为推动金融创新提供了多元技术支持，促进了金融创新理论的进一步发展。

（2）现实意义。区块链技术在商业银行中的运用对于商业银行经营模式的转变、各部分业务的智能化升级和商业银行自身的改革创新具有重要的借鉴意义。首先，区块链技术的去中心化特性虽然表面上对商业银行的信用中介地位似乎不利，但通过私链、联盟链和公链的综合应用，商业银行可以实现相对中心化的特点，既保留了商业银行作为金融中介的地位，又促进了商业银行由传统金融中介业务向中台支持的业务转型。这种转型将有助于商业银行更好地适应数字化时代的需求，提供更加智能化、高效的金融服务，从而推动商业银行经营模式的转变。其次，区块链技术在商业银行中的应用能够有效解决日常经营中的信息不对称问题，降低运营成本，提升业务效率，推动商业银行整体的改革创新。传统的金融交易和数据处理通常需要多个中介和复杂的审核流程，导致信息传递和处理的延迟和不确定性。而区块链技术具有去中心化、不可篡改的特性，可以实现交易信息的实时记录和共享，从而提高交易的透明度和可信度，减少中介环节和信息损失。最后，区块链技术的引入不仅有助于推动商业银行整体的改革创新，也有利于巩固商业银行在金融行业的重要地位。

## （二）研究内容、研究目标、拟解决的关键科学问题

1. 研究内容。

第一部分：绪论。主要对本文的选题研究背景、研究意义进行阐述，明确研究内容、研究目标和拟解决的关键科学问题，确定研究方法和研究计划。

第二部分：金融业应用区块链技术的研究综述。本章首先梳理区块链技术的发展历程、相关理论，以及区块链技术促进金融业创新发展的研究进展，为本文构建相应的理论框架和研究基础。

第三部分：银行业区块链技术应用现状分析。本章从区块链技术在我国金融领域的应用现状，以及商业银行应用区块链技术场景，总结区块链技术在我国商业银行中的应用现状，为下文商业银行结合区块链技术的发展路径研究分析进行铺垫。

第四部分：金融转型背景下商业银行新业态与区块链技术耦合发展路径研究。本章首先介绍区块链技术契合商业银行业务的底层逻辑，其次描述了基于区块链技术的商业银行数字金融创新模式，最后从跨境贸易金融和金融风险监管两个案例出发分析商业银行应用区块链技术发展的新业态。

第五部分：结论与建议。对商业银行应用区块链技术的创新模式进行评价，针对其应用的标准和风险提出建议。在此基础上，展望了商业银行与区块链结合对整个中国市场的促进作用，为我国金融科技发展提供一定的参考价值。

2. 研究目标。作者通过本文的研究，旨在实现以下研究目标：

（1）丰富我国商业银行区块链技术理论体系：作者将通过系统研究和整理相关文献，分析商业银行应用区块链技术的关键科学问题，解决现有理论体系的不足之处，并提出新的理论框架和思想，丰富我国商业银行区块链技术的理论体系，并为相关研究提供新的思路和方向。

（2）促进我国商业银行区块链技术发展：通过深入研究商业银行在应用区块链技术中面临的关键问题，作者将提出科学合理的解决方案和策略，以推动我国商业银行区块链技术的发展。这将有助于提高商业银行的技术水平和竞争力，促进金融领域的创新和发展。

（3）普及区块链知识，促进区块链技术的深入认识：通过本文的研究和结果，作者希望为我国商业银行从业人员普及相关区块链知识，提供参考价值，帮助他们深入理解区块链技术的原理、应用和潜力。这将为区块链技术研发人员和商业银行从业人员进一步开放区块链技术的实际应用提供有价值的帮助和推动。

总之，通过本文的研究，作者致力于丰富商业银行区块链技术的理论体系，促进其发展，并为商业银行从业人员提供相关知识普及和参考价值。此外，作者还期望能够给国家监管层面、银行业协会以及商业银行提供有关区块链技术的政策建议。这些目标的实现将推动商业银行应用区块链技术的进一步发展和推广。

综上所述，商业银行应用区块链技术时面临多个关键科学问题，包括业务场景的识别和解决方案设计、可扩展性与性能、隐私与安全保护、法律与监管的适应性等。通过综合分析、实证研究和模型构建等研究方法，可以为这些问题提供科学合理的解决方案和策略，推动商业银行应用区块链技术的发展。

### （三）研究工具与方法及关键技术说明、技术路线图、可行性分析

1. 研究工具与方法。

（1）文献研究法。通过知网、万方等数据库收集整理了大量关于商业银行引入区块链技术的研究，总结了区块链技术的发展历程、应用场景、应用风险以及应用在银行领域的成效，然后对现有的文献进行梳理和总结，为本文的研究打下了坚实的理论基础。

（2）案例分析法。运用案例分析法，通过对跨境贸易金融和金融风险监管的案例梳理，对两个案例引入区块链技术的动因和应用路径进行分析，进一步研究引入区块链技术产生的效果。最后，总结出商业银行引入区块链技术的创新点。

（3）比较分析法。本文运用比较分析法，通过对不同种类的商业银行引入区块链技术的现状进行梳理，比较不同类型商业银行引入区块链技术应用场景的差异，进而得出商业银行引入区块链技术带来的影响。

2. 关键技术说明。区块链技术作为一种新兴的分布式去中心化技术，近年来备受瞩目。它通过将交易记录按时间顺序组成一个链式结构，并通过加密算法和共识机制确保数据的安全性和不可篡改性。相比传统的中心化系统，区块链技术在数据处理和交易验证方面具有独特优势，因此，可以为商业银行带来许多好处。首先，它可以提高效率，通过去除烦琐的中间环节和复杂的纸质文件流程，加快交易速度，并且降低操作成本。其次，区块链技术可以带来更高的透明度和可追溯性。通过将交易数据存储在区块链上，商业银行可以实现交易全程可追溯的功能，降低信息不对称和欺诈风险。而且，区块链技术还可以为商业银行的客户提供更加便捷、安全和可靠的金融服务。

首先，密码学是商业银行应用区块链技术中保证安全与隐私的技术之一。商业银行需要建立安全的身份认证体系，并采用加密和密码学技术来保护数据的安全性。例如，商业银行可以利用公钥密码学来确保只有授权的用户能够访问和操作区块链中的数据。同时，在保证数据安全的前提下，商业银行还需要考虑用户隐私保护的问题。可以采用技术手段如零知识证明和匿名性，以确保用户的隐私信息不会被泄露或滥用。

其次，智能合约是商业银行应用区块链技术中的另一个重点。智能合约是一种能够自动执行合约条款并根据预设条件自动触发的代码。商业银行可以利用智能合约来简化和加速交易流程，减少中间环节的操作成本。通过使用智能合约，商业银行可以实现自动化的结算和清算过程，并减少对第三方的依赖。然而，商业银行在使用智能合约时需要注意编写安全可靠的合约代码，避免出现漏洞或者不当的权限设置，以免造成金融损失或不公平的交易。

最后，跨链互操作性是另一个商业银行应用区块链技术时需要关注的技术。商业银行在实现跨链互操作性时面临多个挑战。其一，商业银行应关注不同链之间的数据传输和交互的安全性。商业银行需要采用加密和签名等技术手段，确保数据在传输过程中不会被篡改或丢失。其二，商业银行需要建立合作伙伴之间的身份验证和信任框架，确保合作的可行性和顺利进行。例如，商业银行可能需要与其他金融机构、监管机构以及供应链中的其他参与方进行跨链数据交换和合作，因此需要建立统一的身份验证和信任机制。

因此，通过对区块链技术在商业银行中的关键技术的深入理解和应用，商业银行能够提高效率、降低风险，并为客户提供更好的金融服务。

3. 技术路线图。基于上述研究内容，本文的技术路线如图 1 所示。

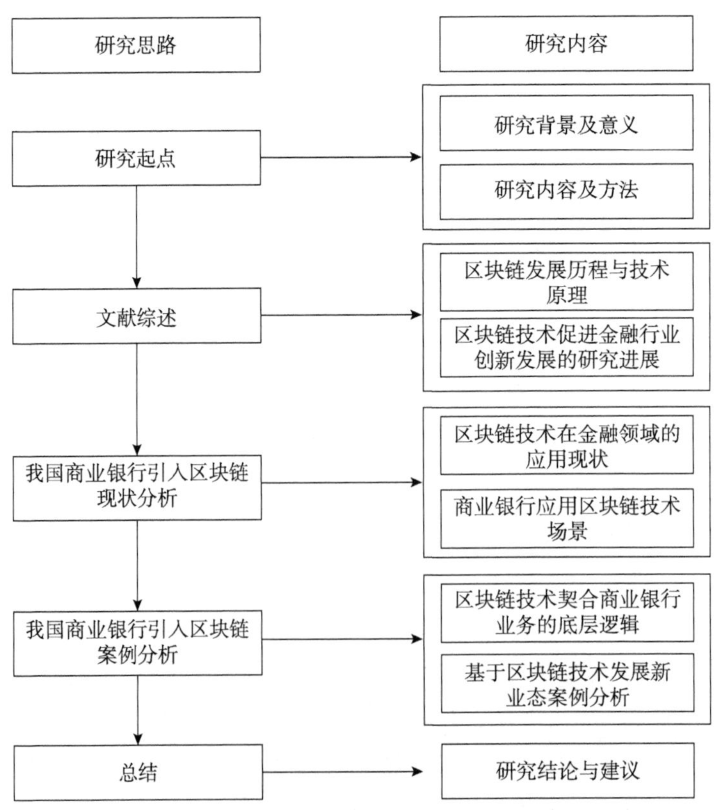


**图 1　本文技术路线**

4. 可行性分析。区块链技术具备一系列特点和优势，有助于解决商业银行所面临的问题，在商业银行中应用具有较大的技术可行性。首先，区块链技术的点对点传输和不可篡改性能够帮助商业银行实现信息的安全传输和存储，提高数据的可靠性和完整性。这意味着商业银行可以更准确和及时地获取客户的相关信息，降低信息不对称可能带来的风险，提高业务的效率和精准度。其次，区块链技术的共识机制和智能合约功能有助于建立和维护用户之间的信用关系。通过区块链的共识机制，商业银行可以验证和确定交易的有效性，并将相关信息无法篡改地记录在区块链上，增强用户对数据的信任。智能合约的自动执行功能可以提高交易的自动化程度和执行效率，减少人为操作的风险和成本。最后，区块链技术的多元技术支持能够促进商业银行的创新发展。区块链技术融合了分布式记账、点对点传输、智能合约、非对称加密等多种技术，为商业银行推动业务创新提供了更多选择和可能性。商业银行可以通过整合和应用这些技术，实现更多元化、智能化的服务和产品创新，满足客户不断增长的需求。

从商业角度来看，区块链技术在商业银行中的应用也具有可行性。首先，商业银行拥有客户资源和广泛的服务网络，这为区块链技术的应用提供了基础和支撑。商业银行可以利用自身的客户基础和信誉建立区块链平台，吸引更多的用户和参与者，进一步扩大其服务范围和影响力，并获取更多的利润机会。其次，商业银行在金融创新方面具备雄厚的资金来源和资本支持。通过将区块链技术应用于商业银行的各个业务环节，可以实现商业银行的业务智能化升级和效率提升，降低运营成本，创造更多的商业机会和利润。最后，商业银行在应用区块链技术时也需要充分考虑监管和合规等方面的问题，并与相关机构和政府部门进行合作和协商。商业银行需要积极探索适应区块链技术的商业模式和运营机制，与各方共同推动区块链技术的发展和应用，以实现商业银行的改革创新和可持续发展。

综上所述，从技术和商业两个层面考虑，区块链技术在商业银行中的应用具有可行性，有助于解决商业银行所面临的问题，提升其竞争力和盈利能力。

### （四）本文的特色与创新之处

本文在研究商业银行引入区块链技术时，采用了新颖的研究视角。与以往研究区块链应用在商业银行某个具体场景影响的方式不同，本文全面地研究了商业银行引入区块链的动因、应用路径和整体效果，以跨境贸易金融和金融风险监管为例。

首先，本文从外部区块链技术的发展环境和内部商业银行与区块链结合的场景入手，深入分析了商业银行引入区块链技术的动因。通过对区块链技术在金融行业的全球发展趋势的观察和研究，揭示了商业银行引入区块链技术的必要性和迫切性。同时，研究了商业银行在跨境贸易金融和金融风险监管等领域引入区块链技术的价值和潜力。

其次，本文进一步研究了商业银行引入区块链技术的应用路径和整体效果。通过对商业银行引入区块链的实际案例和经验的调研与总结，分析了商业银行引入区块链技术所面临的挑战和机遇，并提出了在不同场景下应用区块链技术的具体路径和策略。同时，评估了商业银行引入区块链技术所带来的整体效果，包括降低交易成本、提高效率和增强安全性等方面的影响。

综上所述，本文在研究商业银行引入区块链技术时，采用了全面的研究视角，从外部环境、内部场景深入分析，旨在为我国商业银行引入区块链技术提供决策参考依据。

### （五）研究计划与预期研究成果

本研究计划将通过文献综述和理论建立，了解现有的商业银行区块链技术研究成果和理论基础。同时，对我国商业银行在区块链技术领域的研究和应用情况进行详细了解。在此基础上，构建商业银行区块链技术的理论框架和体系，明确研究的范围和目标。基于对现有研究的分析和归纳以及应用现状的分析，通过两个现有的案例分析来研究商业银行新业态与区块链技术耦合发展的路径。

本研究的预期成果包括丰富商业银行区块链技术的理论体系，了解目前应用现状，通过案例分析提供研究路径，提出创新性贡献以及相关政策建议。这些成果将为商业银行区块链技术的发展提供新的思路和方向，促进商业银行的技术水平和竞争力提升，并为商业银行从业人员普及区块链知识提供参考价值。

## 二、金融业应用区块链技术的研究综述

### （一）区块链的发展历程和技术原理

1. 区块链的发展历程。区块链的理论研究起源于密码学。1982 年，美国加州大学伯克利分校计算机专业研究生大卫·乔姆（David Chaum）在博士论文中第一次提出了区块链的设想。1991 年美国两位加密学教授发明了时间戳（Timestamp）协议，确保数字文件真实可靠不可篡改。1992 年美国三位教授提出梅克尔（Merkle）树型数据结构，解决了数据信息存储到一个区块的问题。此外，各国专家学者在拜占庭容错算法、工作量证明（PoW）机制和哈希算法方面的学术研究成果，使得区块链技术理论逐步成熟。

在 2008 年国际金融危机爆发的背景下，日裔物理学家中本聪发表的比特币白皮书——《比特币：一种点对点的电子现金系统》介绍了比特币系统，2009 年将该系统上线并挖出了比特币的第一个区块，区块链技术在加密数字货币方面的应用由此开启。

之后，以太坊开创性地将智能合约技术与区块链结合起来，在交易主体间共识机制建立的基础上，通过自动触发可执行的电子合约，解决了交易主体间承诺履行的问题。智能合约促进了区块链技术的应用，带动了其他公有链的发展，将区块链推进到 2.0 时代。

目前区块链已经处于 3.0 时代，是超越货币、金融范畴的区块链应用，致力于为各行业提供去中心化方案，如物联网、医疗、物流等领域。这一阶段区块链技术的去中心化和共识机制发展到了新的高度。

2. 区块链的技术原理。区块链的诞生对分布式账本技术（DLT）进行了新的定义并使其成为可能，实际上区块链是由特殊底层技术构建的分布式账本的一种形式，是由点对点技术（P2P 技术）、密码学、智能合约等现有技术的重新组合，因此具有去中心化、公开透明、不可篡改等特性。

区块链采用链式存储机制，将交易数据按照时间顺序链接在一起，形成不断增长的区块链。每个区块包含了一定数量的交易记录和上一个区块的哈希值。区块的哈希值是由交易数据和先前区块的哈希值计算得出的，通过哈希指针将区块串联在一起。区块链中的数据是以不可篡改的方式存储的，即一旦数据被写入区块链，就不可再被更改。

共识算法（Consensus Algorithm）：共识算法是一种多方协作机制。其中，最著名的共识算法是工作量证明（Proof of Work，PoW），它要求节点进行一定的计算工作来竞争添加新区块的权利。具有最高算力的节点将获得添加区块的权利，从而达成共识并更新整个区块链。共识算法的引入解决了区块链中的双花问题，并确保了区块链的安全性和稳定性。

智能合约是一种在区块链上执行的自动化合约，其中包括一些预先定义好的规则和条件。以太坊是目前最著名的区块链平台之一，它引入了智能合约的概念。智能合约的执行结果是不可撤销的，并且由共识算法保证其执行的正确性。智能合约可以自动执行，无须第三方介入，从而降低了交易成本，并提供了更高的安全性和透明度。

密码学是区块链的核心技术之一，主要用于保证数据的安全性和隐私性。在区块链中，使用哈希函数将交易数据和区块头信息转化为固定长度的哈希值，确保数据的完整性。同时，数字签名技术用于验证交易的真实性和确保交易不被篡改。对称加密和非对称加密算法则用于保护数据的机密性。密码学的使用确保了区块链中的数据不容易受到篡改和窃取的威胁，使区块链成为一个可信任的分布式账本。

## （二）区块链技术促进金融行业创新发展的研究进展

区块链的三大技术共识算法、智能合约和链式结构在本质上使得区块链具有去中心化、不可篡改、全程留痕、可以追溯及公开透明等特点，这些特点与强调信任的金融行业在先天上就有着极高的契合度。金融的本质是通过金融市场这种特殊的媒介，沟通资金的供给方（投资方）与需求方（融资方）对资金进行配置和转移，而这种资金转移的条件，是基于信用以及信息对称的。区块链的技术特征恰恰能够保证这种信用和信息对称从而提高资金转移的效率。

区块链将传统社会信用关系转换为新型社会信用关系，即对计算机程序的信赖。马克思主义政治经济学派认为，货币的本质是起一般等价物作用的特殊商品，货币是生产社会关系的理论表现。因此，各类货币形态，如实物货币、金属货币、纸币货币、电子货币，以及因区块链概念兴起而产生的数字货币，实质为隐藏在物后面的人类关系，是基于信用而产生的表现形式。区块链实质是利用计算机程序的信用来代替传统的社会信用及市场信用。基于分布节点共识机制与规则，所有节点的权利与义务都是相同的，任何一个节点出现问题或停止工作都不会影响整体数据的操作，并且系统中的节点可实现共同维护。所有市场的交易活动可以不借助中介的信用背书，而是直接实行点对点地传递，在此基础上重构了社会信用理念，即去中心化的社会构建。

区块链可以解决金融行业中普遍存在的信息不对称问题。因投资者对投资对象的情况无法全面掌握，金融中介是传统社会中负责发挥监督管理作用以缓解信息不对称问题的角色。然而中心化的金融中介体系也存在诸多暂时无法解决的问题：金融中介本身也存在一定的信息不对称从而也存在信用风险，在信息优势下有部分金融中介趁机欺诈与牟利，无法承担金融中介遭遇攻击后的巨大损失。区块链利用分布式结构与共识机制创造了信用凭证，将道德风险分散到链上的每一位参与者，消除了仅有中介才拥有的信息优势，减少了中心化金融中介被攻击的风险，并且具有可溯源特性，不仅加强了信任保障且增加了个人金融信息泄露的难度。

随着区块链技术的发展，其在金融行业的价值被不断挖掘。从 2016 年，微众银行发起“金链盟”，开发出了面向金融业的区块链服务 BaaS，聚焦区块链金融应用场景的落地；到 2018 年中国建设银行区块链贸易金融平台上线，交易金额不断攀升。该平台先后部署国内信用证、福费廷、国际保理、再保理等功能，为银行同业、非银机构、贸易企业三类客户提供基于区块链平台的贸易金融服务。伴随着区块链可扩展性和效率的提高，区块链已进入“区块链 3.0”时代，将成为社会的一种最底层的协议落地于各个领域，而区块链天然的金融属性也使金融领域将是区块链技术最先成熟落地的领域。

## 三、银行业区块链技术应用现状分析

### （一）区块链技术在金融领域的应用现状

区块链技术应用场景十分广阔，特别适用于中间环节繁杂、中介成本过高、需要实时处理的事务领域。随着区块链技术的发展，大致可分为三个应用阶段：区块链1.0，即可编程货币，主要可应用于数字货币及支付领域；区块链2.0，即可编程金融，主要可应用于股票、债券、年金、私募股权、众筹、金融衍生品等金融交易领域；区块链3.0，即可编程社会，主要可应用于公证、仲裁、博彩、投票、医疗、教育等社会生活领域。

区块链的主要技术特性包括加密货币、透明可溯不可篡改、分布式记账自组织和智能合约，其对金融领域的赋能机制主要体现在三个方面：第一，数据要素上，区块链可以保障上链信息的互联互通、真实透明，增强各方的信息分享意愿，从而有效提升金融信息的质量、减少融资多方的信息不对称；第二，业务流程上，基于区块链技术的创新信任机制实现了金融活动中各方交易流程的自动化、同步可溯及中介的简化弱化；第三，交易结构上，区块链的自组织特性使各金融参与主体及其资源之间的连接更加自主灵活、网络向松耦合结构演化，进而增强融资生态的可协同性。

区块链技术在金融业落地主要通过三种途径：一是金融机构设立区块链技术研发部门。如瑞士银行、花旗银行等机构，均成立了区块链研发实验室，围绕数字货币及其支付、结算，探索区块链技术的应用。二是投资区块链初创公司。2015年以来，部分大型金融机构以股权投资的形式投资区块链技术企业。如高盛联合其他机构注资比特币公司Circle，西班牙对外银行通过子公司参与了Coinbase的融资等。三是与金融科技初创公司合作开展业务。例如，澳大利亚联邦银行和开源软件瑞波（Ripple）合作构建了可以在其子公司间转账支付的区块链系统；普华永道与Blockstream等科技公司合作，为客户提供区块链技术咨询服务。

### （二）商业银行应用区块链技术场景描述

目前区块链技术在银行领域主要有三类应用方向。第一类应用方向是金融业务协作平台构建，主要针对传统金融业务中多方协作效率低、成本高、信息透明度低、监管不透明等问题，通过组建联盟链实现多方协作，以加密存储、智能合约等技术让多方信息授权可见、业务链上化处理，区块链金融业务协作平台聚焦以业务角度切入实际业务实现业务降本增效、效能提升。第二类应用方向是金融基础设施升级，主要指对支付及清结算体系、数据治理等金融基础设施的升级与重塑。第三类应用方向是提升银行内部控制质量，即区块链技术对银行内部控制环境，风险识别与评估，内部控制措施，信息交流反馈，监督、评价与纠正等内部控制管理过程的加强。本文将分别论述当前区块链技术在这三类应用方向中的具体案例。

首先，在商业银行金融业务协作平台构建方面，区块链技术应用的两个典型场景是供应链金融和资产证券化。就商业银行供应链金融业务而言，区块链技术的应用可以有效解决中小企业筹资困难等问题，降低供应链风险。具体地，由于区块链是一种可以被信任的技术，可以溯源和共识，并且上面的数据都存在时间戳，即便某个点的数据被改动，也不会影响全局。因此，它能提供完全可信的环境，有效降低资金风险，控制成本，使银行不再怀疑数据信息被改动。在平台上，核心企业基于其应付账款，在银行授信额度内，签发并生成凭证；供应商之间的真实贸易可用核心企业凭证进行结算；进一步地，供应商还可借助所持有的核心企业凭证，从银行获得贷款。在该模式中，借助区块链的信息透明化处理，核心企业从银行获得的信任被传递至包含末端小微企业在内的各级供应商，达到核心企业背书的效果。就商业银行资产证券化业务而言，其产品具有交易结构复杂、参与主体多、操作环节多、数据链条长、后续事项多等特征，传统的业务模式在业务流程和数据处理上存在诸多局限性：一是信息不对称与基础资产真实性问题；二是中介机构数据获取和同步的流程烦琐复杂；三是存续期监管难度较大。区块链技术能够帮助重塑资产证券化行业，主要体现在：区块链可以增强资产可信度，确保基础资产数据真实性，帮助融资方实现资产保真，增加投资者信心；区块链可以按照时间顺序创建一个不可更改的所有交易的审计记录，由此提高监管效能；借助区块链技术的去中介化和实时记录系统信息特性，可以消除证券化过程中信息传递速度较慢和支付延后的问题，将 ABS 业务流程化、电子化、标准化，提升对接效率和确定性，降低投资者门槛。

其次，在商业银行金融基础设施升级方面，区块链技术主要被应用于跨境贸易金融的支付结算。随着经济全球化的深入，世界各国经济交流日益紧密，全球贸易不断发展。与此同时，国际贸易过程中存在许多导致贸易效率降低的“痼疾”。例如，国际贸易由贸易、物流、金融、监管四大业务领域构成，各业务领域之间信任、沟通、合规成本很高；贸易过程跨地域、跨时区、多语言、环节繁杂，从而难以在利益互斥的众多贸易参与方之间建立互信关系，最终形成了贸易主体间的信息孤岛。加之传统的 SWIFT 贸易系统的结算周期平均需要 3～5 天，其中交易确认就需要 1～2 天，诸多问题共同导致跨境支付结算效率低下，这已成为当前国际贸易的痛点。区块链技术使国际贸易中各交易账本分布式记录在各节点之上，点对点的价值传输解决了安全问题，提升了跨境贸易业务的信息传递准确度，甚至可以杜绝贸易欺诈，这有助于提升跨境贸易实际业务信息传递的效率。

最后，在提升银行内部控制质量方面，区块链有助于提升商业银行风险管理水平和内控效率。一方面，区块链的使用可帮助金融机构在贷前对企业财务信息实现自动化审计，在贷后对企业经营管理行为进行监督，从而帮助金融机构进行风险管理。另一方面，区块链技术的应用将总行、分行的交易数据记录在链上，实现远程数据采集，保证内部控制的时效性，实现信息共享实时化。区块链技术的去中心化帮助各部门之间点对点联系，且所有数据信息不需层层授权传递，消除信息传递“时间差”。同时，区块链的共识机制要求链上各方共同对数据进行确认，保证了内部审计数据的完整性和高质量性，这可以提升商业银行内部控制的效率。此外，区块链在商业银行的委外催收、数字积分和可信凭证等业务过程中也有重要应用。

## 四、金融转型背景下商业银行新业态与区块链技术耦合发展路径研究

### （一）区块链技术契合商业银行业务的底层逻辑

商业银行是现代经济的核心、社会信用的基础，提升商业银行的运营效率、降低商业银行风险是新时代高质量发展的迫切要求。区块链是数字经济时代的核心技术，近年来，作为全球创新领域最热门的话题之一，区块链技术已经渗透到全球金融领域，多家商业银行已经开始积极布局区块链技术在多个业务中的实践应用。区块链技术作为一种去中心化的分布式账本技术，其基本原理包括共识机制、密码学、分布式网络等。基于上述特点，在贷款、征信、金融风控、资金清算等领域，商业银行都与区块链技术有着天然的联系。这些原理为商业银行在电子信用证、数据安全性、透明度和高效性等方面提供了重要支持。

区块链技术与商业银行的底层逻辑契合，大致可分为以下三个方面：

第一，安全性提升。区块链通过去中心化、分布式存储、密码学等技术，在交易过程中确保数据的安全性和防篡改性。

第二，透明度增强。区块链可以对交易数据进行全程追溯，实现交易信息的透明公开，提高金融交易的可信度。

第三，效率提高。区块链的智能合约技术可以自动化执行合同条款，加快交易速度，提高业务处理效率。

### （二）基于区块链技术的商业银行数字金融创新模式

传统金融产业面临的问题包括信用成本高、业务流程长、人工审批效率低、风险控制成本高、纸质单据储存不便、数据安全存在隐患等。区块链开放、透明、可追踪的特性，可以有效为以上问题提供新的解决思路。在此背景下，以分布式账本和加密技术为基础的区块链技术便成为金融界关注的焦点。目前，全球范围内已有多个国家的商业银行及金融机构开展了相关研究工作。国内银行业自 2014 年开始探索以来，区块链应用产业格局已经初步形成，并在贸易金融和供应链金融等诸多领域得到应用落地。

目前，区块链技术在商业银行的数字金融创新模式主要分为两类。

第一类数字金融创新模式是智能合约的应用，主要针对传统金融业务中贷款纸质合同条款繁复、保存不便、易丢失、效率低等问题，提升贷款合同智能化，商业银行可以利用区块链的智能合约技术，实现自动化的贷款合同操作，提高贷款申请和审核的效率。同时，实现供应链金融智能合约，商业银行可以借助区块链技术，建立供应链金融智能合约平台，改善供应链金融的核心问题，提供更加安全、高效的金融服务。

第二类数字金融创新模式是区块链技术在资产证券化中的应用，主要指数字化资产证券化和区块链技术在债券发行与交易中的应用。商业银行可以利用区块链将实物资产进行数字化，并将其证券化，提高资产流动性，降低交易成本。并且商业银行可以通过区块链技术进行债券的发行和交易，提高操作效率和交易安全性。

## （三）商业银行应用区块链技术发展新业态的案例分析

1. 案例一：广东省某权威金融机构基于区块链平台的发票联盟。

（1）发票联盟建设背景。随着我国经济转型发展，金融改革向纵深推进，各类银行机构大量出现，多家银行对一家企业提供信贷服务已十分普遍。这种“多对一”的授信服务模式在解决“一对一”模式下企业融资缺口的同时，也容易催生一系列的风险。近年来，企业重复使用增值税发票进行多头融资的情况时有发生，严重危害正常的金融秩序。

（2）发票联盟建立目标。为有效防控发票重复使用带来的金融风险，急需依托信息化技术构建起金融机构之间的数据共享和相互验证的联盟。广东省某权威金融机构牵头，基于自主可控的 RepChain 区块链平台，利用区块链不可篡改、可追溯、安全性高、隐私性强等技术特性，组建统一的银行间发票联盟平台。降低企业票据融资等信贷业务的风险，做好贷前—贷中—贷后的风险管控。

（3）发票联盟解决方案。基于区块链平台建设银行发票联盟链，各银行机构基于统一的身份管理和认证体系加入平台。并基于平台开发和制定统一的发票上链和查重接口，提供给联盟内的银行单位进行发票上链和查询发票是否有重复使用。

项目除提供发票联盟区块链平台服务外，还将提供打通国家税务总局的智能发票核验系统给金融机构选择性使用。

项目将基于区块链技术构建各银行之间的发票使用信息共享体系如图 2 所示。

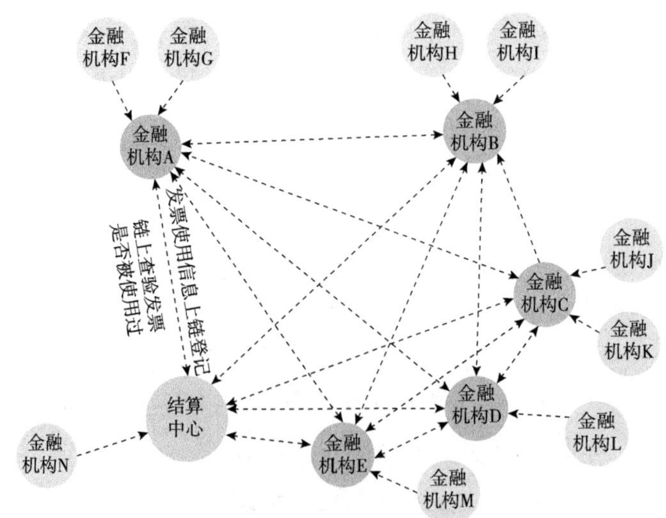


图 2　金融机构发票联盟业务逻辑

（4）系统部署结构（见图3）。

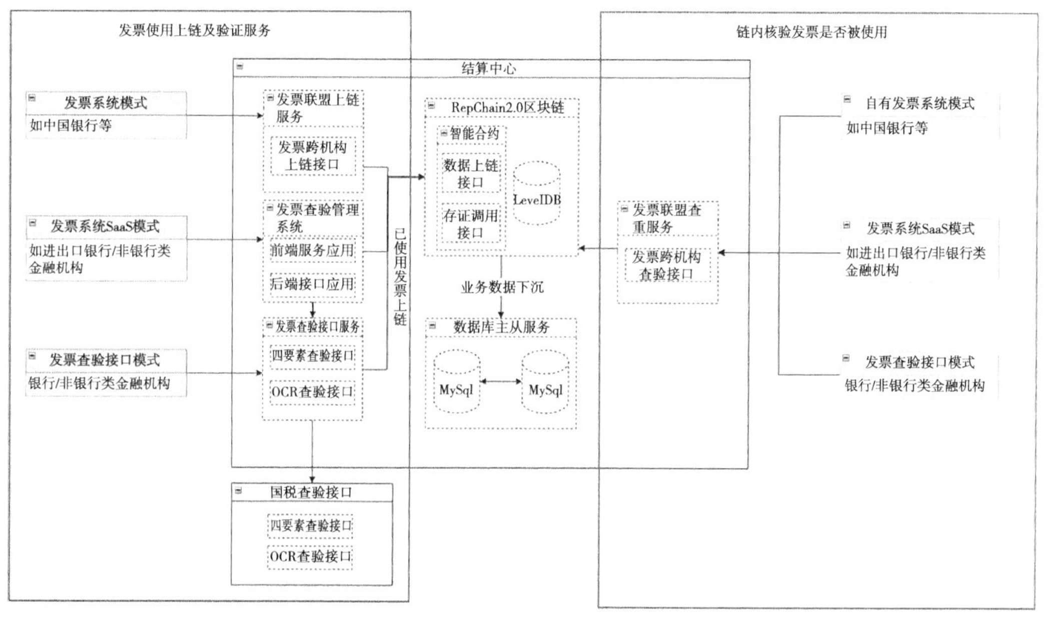


**图3 发票联盟系统部署结构**

2. 案例二：广东某银行基于区块链的赋能产业集群数字科技贷金融服务平台。

（1）项目平台简介。“基于区块链的赋能产业集群数字科技贷金融服务平台”的产品核心是依托区块链技术收集企业多维度的相关数据，通过人工智能学习算法的机器学习，基于企业数字化数据快速生成关于企业经营状况风控评估的结果，打造一个创新、快速、可信赖的企业数字化统一信息平台和信用体系，搭建企业与金融机构之间的数字化融资平台，银行可以通过本平台快速评估各企业经营风险与控制，企业可以通过本平台进行数字金融服务的贷款申请，以数字化解决广州本土传统产业集群企业融资难、融资贵的问题。

本平台通过接入广州市各政府机构及产业集群平台数据信息，可以有效加强资金放贷前后的风险管控，并助力企业链接产业供应链，实现企业数字化转型升级。

同时，本平台还可以对接互联网法院司法存证平台，针对已经发生的逾期贷款进行相关电子取证，协助互联网法院裁定借款企业是否未按时还款，对给银行造成到款本金损失的不良贷款进行仲裁，并出具仲裁书。

（2）平台业务方案。

本平台主要服务对象：广州市五大传统产业集群企业及各大金融机构。

本平台逻辑架构（见图4）：通过区块链技术，接入第三方数据平台，在企业授权之下，获取五大产业集群企业的相关数据信息，其数据来源包括：政府数据（市场监管数据、司法机关数据、人资社保数据、企业征信数据等）、生产数据（企业用电数据、工信产业平台登记的企业相关生产成本数据等）、经营数据（海关单一窗口记录的企业跨境贸易出口数据、产业集群平台登记的相关销售数据等），这些数据接入“基于区块链的赋能产业集群数字科技贷金融服务平台”后，通过平台内的人工智能学习算法进行深度数据处理，可以完成数据汇总、统计管理、真实性核验、统一分析、报表管理、风控预警、决策支持等功能并展现（见图5）。这些信息可以在企业授权同意的基础上供金融机构调用，为银行机构建立以订单为核心的企业风控评估，支持金融机构依靠信用信息数据为五大产业集群下的中小微企业融资助贷，降低对抵押担保的依赖，提升数字化融资对企业的实质性帮助。

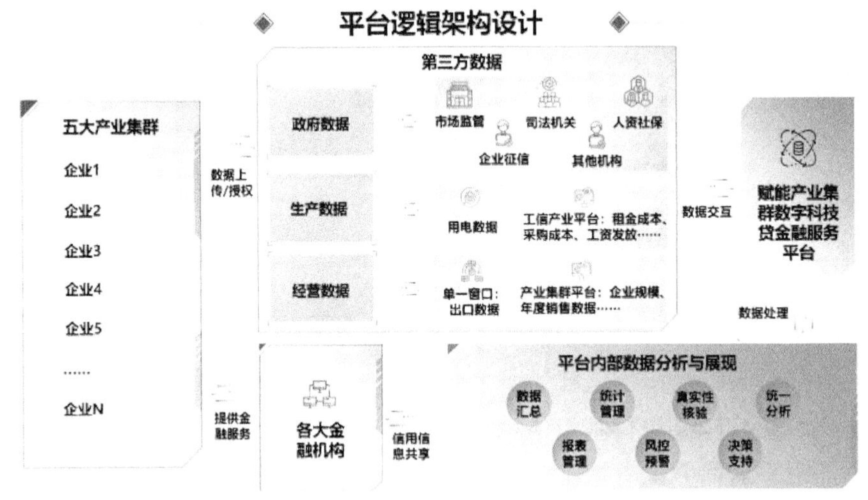


图4　平台逻辑架构设计

本平台技术方案包括数据层、平台层、应用层和用户层四大组成部分。

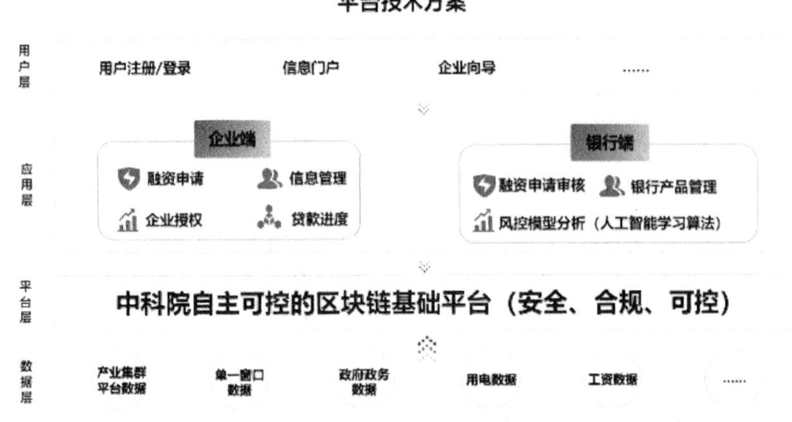


图5　平台技术方案设计

（3）平台金融创新点。第一，构建创新的数字风控产业金融模式。本平台通过区块链技术链接企业数据与金融机构，以平台融合政府数据、产业平台数据、用电数据，形成多来源、多维度的企业经营数据，并且通过各来源的数据进行对比分析，保障数据的真实性和可靠性。在此前提下，进一步设计出以企业经营数据为核心的金融风控模型，形成企业精准的数字画像，为金融机构提供可信任的风险模型参考，满足金融机构的资金风控要求，突破银行传统的风控评估模式，真实实现数字化时代下的产业金融新模式。

第二，以技术搭建产业集群企业与金融机构间的桥梁。本平台可以快速链接广州市传统特色产业集群内的大量企业，在确保数据安全合规的前提下，通过汇聚企业多维度生产经营数据，构建一体化融资信用服务平台，推动信用信息共享，运用区块链、人工智能等科技手段，为政府和金融机构提供可视化的企业综合能力评估，打通信息壁垒，为企业、金融机构与政府搭建互联互通的数字化桥梁。

第三，引导更多金融活水精准流向中小微企业。对银行来说，本平台可以为其简化审批流程，通过平台采集企业交易数据，对数据进行加工分析，建立以订单为核心的企业风控评估体系，通过大数据产业集群的经营数据分析进行企业画像，依托人工智能学习算法的准确评估，快速分析出企业经营状况，同时大幅降低评估周期，对金融决策作出迅速准确的判断，为银行降低给中小微企业提供金融服务的风险，从而形成企业经营数字上链与银行数字贷金融服务之间的良性循环。

## 五、总结与建议

### （一）研究总结

基于区块链技术的金融生态是当下金融科技领域的一个热点，商业银行作为金融业中的重要组成部分，已经在应用区块链技术服务银行业务中取得了重要进展。

区块链通过去中心化的链式结构、使用密码学和共识机制、数据透明可追溯等优势，建立了一种基于计算机程序和算法的信任体系，重塑了金融行业的传统社会信任模式，减少了金融中介的风险和不可信因素，提高了交易的安全性。金融行业作为区块链技术应用的天然适用领域，已经取得了一些初步的成果。比如，区块链可以提高跨境支付的效率和安全性，减少支付中的中介环节和时间成本。此外，区块链还可以用于证券交易、债券发行和智能合约等领域的创新。目前，已有一些金融机构推出了基于区块链的服务，如文中提及的基于区块链平台的发票联盟和基于区块链的赋能产业集群数字科技贷金融服务平台。然而，在发展中仍面临一些挑战和难题。比如技术标准不统一，数据孤岛现象严重等问题，这需要政府、企业和技术机构共同合作，打破各方利益壁垒，推动技术创新和标准化进程。

总的来说，商业银行区块链技术应用为企业在银行申请业务提供了更为可靠、透明、高效的方式，尤其在国际贸易领域的应用具有巨大的潜力；同时也为银行从业人员提供了有效防范欺诈行为的方式，有效减少了风险、提高了效率、增加了交易安全性。但目前区块链技术仍处于发展阶段，仍需各方共同努力推进技术创新和标准制定。此外，应用场景的拓展和合规监管的落实也是推进区块链技术发展的重要因素。可以预见的是，随着区块链技术和金融业的不断发展，这一领域将成为金融科技创新和产业升级的重要方向，为更多企业和银行带来更为便捷和高效的服务。

## （二）加强商业银行应用区块链技术的建议

1. 商业银行应提高区块链技术水平，主动开展合作。区块链技术的研究需要漫长的周期和较高的开发成本，对人才也有更高的需求。对于大型商业银行来说，在拥有完善的业务体系和充足的资金支持的基础上，可以主动承担技术开发和平台搭建的重任，各银行建立自己的区块链实验室，并主动与区块链技术公司合作。抓住机遇提升技术水平，掌握技术优势，不断优化区块链平台，推动其在具体业务场景中应用。对于小型银行来说，由于规模和资源限制，可以将重心放在业务上并与大型商业银行和金融科技公司展开合作。同时也应该加强人才储备和新技术的学习，以适应区块链技术的发展，并在竞争中获得优势。

2. 应用区块链技术时应注重安全性与隐私保护。区块链技术的安全性是基于密码学和共识算法的，但也不是完全无懈可击的。商业银行在应用区块链技术时，需要加强安全性措施，并确保客户的隐私和敏感数据得到充分的保护。首先，确保数据的机密性，通过加密技术和权限管理来保护客户数据；其次，要强调数据的完整性，确保数据在传输和存储过程中不会被篡改；最后，还要保证数据的可用性，确保系统的稳定性和高可靠性。商业银行可以考虑使用一些先进的安全技术和机制，如区块链安全性证明算法、加密算法、分布式身份验证等，来提高区块链的安全性。

3. 保证合规性和遵守监管规定是重点。由于区块链技术的去中心化和匿名性特点，可能涉及反洗钱（AML）和了解您的客户（KYC）等合规问题。为了遵守监管规定，商业银行需要确保区块链技术的应用符合本地法律法规，并与监管机构保持密切沟通。商业银行可以与监管机构合作，制定相关政策和流程，以确保合规性。此外，商业银行还应该参与国内外区块链规范和标准的制定，建立自己的制度框架，确保符合标准和法规的要求。同时，商业银行应积极与监管机构合作，共同推动区块链技术的发展，并确保监管政策的及时更新。

4. 促进商业银行应用区块链技术的行业标准。商业银行应该积极参与区块链技术的标准化工作，与其他金融机构建立合作关系，以共同推进和应用区块链技术。标准化有助于确保互操作性和协同效应，并降低商业银行应用区块链技术的风险。商业银行可以参与行业协会和标准化组织，参与制定相关标准和规范，促进区块链技术的发展和应用。此外，商业银行还可以与其他金融机构、科技公司和区块链初创企业建立合作关系，共同研发和推广区块链解决方案。商业银行可以积极与合作伙伴进行技术对接和技术验证，并共同应对区块链技术面临的挑战和问题。

# 运用新一代信息技术<br>做好金融风险监测防控工作

汪　俭　钟文良　李　莉　张海华

粤开证券股份有限公司①

**摘　要：**金融风险监测防控是金融稳定发展的重要保障，也是金融业务创新的必要条件。随着金融业的数智化、网络化和跨境化，金融风险的复杂性、隐蔽性和传染性不断增强，传统的金融风险监测防控方法已经难以适应新形势的要求。本文分析了新一代信息技术在金融风险监测防控中的应用价值和挑战，重点介绍了人工智能、隐私计算、区块链、联邦学习和云原生等技术的原理、特点和应用，探讨了如何利用这些技术构建一个高效、安全、可信和协同的金融风险监测防控体系，研发了一套面向金融行业应用的高效、安全、可信的人工智能决策平台，并在多家金融机构中开展了反洗钱和黑名单联查应用场景示范，验证了其应用效果和价值，不仅可以为证券类金融机构提供智能风险管理的方法和工具平台，同时也可以为金融消费者提供更好的保护和服务。

**关键词：**金融风险；新一代信息技术；人工智能；隐私计算；区块链；反洗钱；黑名单联查

## 一、绪论

### （一）背景和意义

金融风险是指金融机构从事金融活动过程中，因不确定性因素、市场环境变化、政策调整等原因，导致可能发生的损失或不利变化的可能性，是金融业的固有属性

---

① 汪俭，粤开证券股份有限公司首席信息官（CIO）、信息技术中心总经理，研究方向：证券行业信息技术管理、新一代信息技术应用研究与商业落地等。钟文良，硕士，中级数据库工程师、中级软件设计师，粤开证券股份有限公司大数据研发团队负责人，研究方向：机器学习、自然语言处理、隐私计算、联邦学习等。李莉，硕士，粤开证券股份有限公司大数据研发岗，研究方向：数据挖掘、机器学习、自然语言处理等。张海华，硕士，粤开证券股份有限公司财富运维管理岗，研究方向：DevOps与敏捷开发、精益开发、持续交付等。

和不可避免的现象。金融风险的存在和发生，会影响金融机构的经营效益和资本安全，会破坏金融市场的稳定和发展，会损害金融消费者的权益和信心，甚至会引发金融危机和社会动荡。因此，做好金融风险监测防控工作，是维护金融稳定和促进经济社会发展的重要任务。

以人工智能、云计算、大数据、物联网、区块链等为代表的一系列新一代信息技术具有颠覆性和创新性。这些技术在近年来得到了快速的发展和广泛的应用，为各行各业带来了深刻的变革和影响。在金融领域，新一代信息技术也展现了巨大的潜力和价值，为金融业务的创新、优化和升级提供了技术支持和驱动力。同时，新一代信息技术也为金融风险监测防控工作带来了新的机遇和挑战，需要我们及时地研究和掌握这些技术的特点、优势、局限和风险，探索和实践这些技术在金融风险监测防控中的应用场景、模式和方法。然而，新一代信息技术也给金融业带来了新的风险和挑战，如数据安全、隐私保护、网络攻击、金融欺诈等，使金融风险监测防控工作面临更高的要求和更大的压力。

本文旨在运用新一代信息技术做好金融风险监测防控工作，具有重要的理论意义和实践价值。从理论意义上来说，本文可以丰富和拓展金融风险监测防控理论体系，为构建适应新形势下金融风险特征和规律的监测防控框架提供理论依据和指导思想。从实践价值上来说，本文可以提供一些具有创新性和可操作性的技术方案和案例分析，为解决当前金融风险监测防控中存在的问题和挑战提供技术参考和借鉴。

### （二）目的与内容

本文的研究目的是运用新一代信息技术做好金融风险监测防控工作，探索和实践如何运用新一代信息技术，构建一个高效、安全、可信的金融风险监测防控体系与工具平台；实现对金融业务、数据、机构等各个层面的全面覆盖和动态监控，及时发现和预警金融交易风险，有效防范和化解风险；为金融机构提供风险管理的方法和工具，为金融消费者提供更好的保护和服务。

本文的研究内容主要包括以下几个方面：

第一，分析新一代信息技术在金融风险监测防控中的应用价值和挑战，从技术、业务、管理和法规等多个维度，系统地梳理和评估新一代信息技术对金融风险监测防控工作的影响和作用，以及面临的问题和困难。

第二，重点介绍人工智能、隐私计算、区块链、联邦学习和云原生等技术在金融风险监测防控中的应用原理、特点和案例，分析这些技术在金融风险数据的获取、处理、分析和传递等环节中的优势、局限和风险，以及在不同类型和层次的金融风险监测防控场景中的适用性和可行性。

第三，探索如何利用新一代信息技术构建一个高效、安全、可信和协同的金融风险监测防控体系和工具平台，提出一套基于新一代信息技术的金融风险监测防控框架和流程，设计一些具有创新性和可操作性的技术方案和方法，为金融风险监测防控工作提供技术指导和参考。

### （三）研究方法和技术路线

本文的研究方法主要采用了文献综述、比较分析、框架设计和案例分析等方法，从理论和实践两个层面，对新一代信息技术在金融风险监测防控中的应用进行了深入的研究和探索。

文献综述：通过文献综述，收集和整理国内外关于金融风险监测防控理论和新一代信息技术发展的相关文献，梳理和总结现有的研究成果和不足，明确本文的研究目的、内容和意义，确定本文的研究框架和思路。

比较分析：通过对比分析不同的新一代信息技术在金融风险监测防控工作中的应用场景、价值、优势、局限等，揭示各种技术的特点和适用性，为本文提供技术选择和组合的依据。

框架设计：通过运用系统工程的思想和方法，结合新一代信息技术的特征和需求，设计一个基于新一代信息技术的金融风险监测防控体系框架，包括数据层、技术层、应用层等，为本文提供整体架构和功能模块。

案例分析：通过选取典型的金融风险类型和案例，运用人工智能、隐私计算、区块链和云原生等核心技术，进行金融风险监测防控的案例分析，展示各种技术在金融交易风险识别、评估、度量、控制等方面的具体应用和效果，为本文提供实证支持和验证。

本文把人工智能、隐私计算、区块链和云原生技等新一代信息技术作为技术路线。

人工智能：利用人工智能技术，如机器学习、深度学习、自然语言处理、计算机视觉等，对金融风险数据进行智能化的获取、处理、分析和传递，提高金融风险监测防控的效率和精度。例如，利用机器学习和自然语言处理技术，对金融市场的新闻、公告、报告等文本数据进行情感分析，提取金融风险的信号和指标；利用深度学习和计算机视觉技术，对金融市场的图像、视频、音频等多媒体数据进行特征提取，识别金融风险的模式和趋势。

隐私计算：利用隐私计算技术，如同态加密、安全多方计算、零知识证明等，对金融风险数据进行安全的加密、共享和计算，保护金融风险数据的隐私和安全。例如，利用同态加密技术，对金融风险数据进行加密后存储和传输，保证数据在不解密的情况下可以进行正常的运算；利用安全多方计算技术，实现多家金融机构之间的金融风险数据的安全共享和联合分析，保证数据在不泄露的情况下可以进行协同的计算。

区块链：利用区块链技术，如分布式账本、智能合约、共识机制等，对金融风险数据进行可信的记录、验证和执行，提高金融风险监测防控的可信度和透明度。

例如，利用分布式账本技术，将金融风险数据以不可篡改的方式记录在区块链上，实现数据的溯源和审计；利用智能合约技术，将金融风险监测防控的规则和流程编写在区块链上，实现数据的自动验证和执行。

云原生：利用云原生技术，如容器化、微服务化、服务网格等，对金融风险监测防控系统进行灵活的部署、管理和扩展，提高金融风险监测防控系统的可靠性和可扩展性。例如，利用容器化技术，将金融风险监测防控系统封装在轻量级的容器中，实现系统的快速部署和迁移；利用微服务化技术，将金融风险监测防控系统拆分为多个独立的微服务，实现系统的高内聚和低耦合；利用服务网格技术，对金融风险监测防控系统的微服务进行统一的管理和监控，实现系统的高可用和高性能。

### （四）创新点和难点

本文的创新点首先从新一代信息技术的角度，系统地研究和探索金融风险监测防控工作的理论和实践，为构建适应新形势下金融风险特征和规律的监测防控体系提供了新的思路和方法；其次，综合运用了人工智能、隐私计算、区块链和云原生等多种技术，提出了一套高效、安全、可信和协同的金融风险监测防控框架和流程，设计了一些具有创新性和可操作性的技术方案和方法，研发了一个面向金融行业应用信息安全及风险防控人工智能决策平台，为金融风险监测防控工作提供了技术支撑和参考；最后，选择了一些具有实际意义和挑战性的金融风险监测防控问题，利用本文设计的体系、框架、方案、方法和工具，进行了应用示范测试，对测试结果进行了分析和评估，验证了本文提出的技术方案和工具的有效性、安全性、可信度和协同性。

本文也面临以下三个方面难点工作：

- 涉及多个领域的知识和技术，需要对金融风险监测防控理论和新一代信息技术发展有深入的了解和掌握，需要进行大量的文献收集和整理，以及对相关技术的原理、特点和案例进行分析和比较。
- 需要在保证金融风险数据的隐私和安全的前提下，实现金融风险数据的有效获取、处理、分析和传递，需要解决数据加密、共享、计算等方面的技术难题，需要运用隐私计算、区块链等技术进行创新性的设计和实现。
- 需要在保证金融风险监测防控系统的可靠性和可扩展性的前提下，实现金融风险监测防控系统的灵活部署、管理和扩展，需要解决系统容器化、微服务化、服务网格等方面的技术难题，需要运用云原生等技术进行优化性的设计和实现。

## 二、新一代信息技术对金融业发展和风险形势的影响

### （一）概念和特征

新一代信息技术是指以计算机技术、微电子技术和通信技术为特征，以互联网、

物联网、云计算、大数据、人工智能、区块链等为代表的新型信息技术，它集合了大量计算设备和资源，可以为用户提供共享的软件资源、计算资源、存储资源和信息资源。

新一代信息技术的主要特征包括以下五个方面：

- 技术创新性：新一代信息技术以重大技术突破为基础，具有知识技术密集的特征，是科技创新的深度应用和产业化平台。新一代信息技术还具备技术、资金密集，研发周期长、风险较大，市场需求针对性较强、产品周期较短的特征，对技术创新的要求更高。
- 产业关联性：新一代信息技术同时具备发展优势强和产业关联系数大的双重特征。新一代信息技术的带动效应尤为显著，信息技术是产业结构优化升级的核心技术之一。当前，信息技术逐渐成为引领其他领域创新不可或缺的重要动力和支撑，正在深层次上改变工业、交通、医疗、能源和金融等诸多社会经济领域。
- 持续增长性：新一代信息技术要求在经济效益和社会效益两个方面均具备长期可持续增长的能力。新一代信息技术应当通过提高产品附加值，以发展低碳经济、绿色经济为目标，实现高质量经济增长。
- 高渗透性：新一代信息技术的创新发展、更新换代的过程，也是信息技术融入其他产业，促进经济社会其他领域转型升级、创造新价值的过程。
- 创新人才投入占比高：新一代信息技术的发展离不开技术性人才的支持，能否完成对传统技术的创新和对关键技术的突破将直接影响产业整体的发展走向。创新人才的数量和质量都影响企业的技术创新能力，是创新型企业不断提升竞争优势的基础。

### （二）对金融业发展的推动作用

新一代信息技术对金融业发展的推动作用主要体现在以下三个方面：

- 新一代信息技术可以提高金融业的效率和质量，降低金融业的成本和风险，增强金融业的竞争力和创新力。例如，利用人工智能技术，可以实现金融业务的智能化、自动化和个性化，提高金融服务的速度、准确性和满意度；利用云计算技术，可以实现金融资源的集中化、共享化和弹性化，降低金融运营的开支、延迟和故障；利用区块链技术，可以实现金融交易的去中心化、可追溯化和不可篡改化，降低金融监管的难度、成本和风险。
- 新一代信息技术可以拓展金融业的覆盖面和深度，增加金融业的用户群和市场份额，促进金融业的普惠性和包容性。例如，利用大数据技术，可以实现对海量、多样、动态的金融数据的有效采集、处理、分析和应用，提高金融决策的依据、支持和价值；利用物联网技术，可以实现对各种物理设备和场景的智能感知、连接和控制，扩大金融服务的覆盖范围、渠道和形式；利用联邦学习技术，可以实现对分布式、异构、敏感的金融数据的协同学习和优化，提高金融模型的泛化能力、表达能力和适应能力。

- 新一代信息技术可以创造金融业的新产品和新模式，满足金融业的新需求和新挑战，推动金融业的转型升级和结构优化。例如，利用隐私计算技术，可以实现保护用户隐私权益的同时，充分利用用户数据的价值，创造新的数据资产和数据交易；利用智能合约技术，可以实现对基于区块链的可编程金融协议的自动执行和监督，创造新的去中介化和开放式金融平台；利用云原生技术，可以实现对基于云计算的微服务架构的灵活部署和管理，创造新的云端原生和云端智能金融系统。

### （三）对金融业风险形势的挑战和机遇

新一代信息技术为金融业提供了强大的技术支撑和创新动力，推动了金融服务的普惠化、便利化、智能化和多样化，同时也带来了新的风险挑战和机遇。

新一代信息技术对金融业风险形势的挑战主要表现在以下三个方面：

- 网络安全风险不断加剧。新一代信息技术使金融业务和数据更加依赖网络环境，也增加了网络攻击、技术故障、供应链中断等安全隐患。黑客攻击事件频发，系统稳定性和可靠性受到影响，国际关系日益严峻，信息技术供应链安全面临较大风险。
- 数据安全问题越发凸显。金融业是数据密集型产业，对数据的依赖程度较高，金融大数据的广泛应用更是促进了数据资源的爆发式增长，也引发了个人隐私保护、数据鸿沟等安全问题。部分机构存在过度采集和滥用数据的情况，侵犯用户的隐私安全和知情权。数据资源加速向寡头汇聚，导致数据壁垒、数据孤岛、数据群岛等现象，影响数据价值的充分释放。
- 技术滥用隐患不容忽视。新技术在金融领域的合理应用提升了金融服务效能，但部分机构滥用技术创新过度包装金融产品和服务，导致金融风险急剧上升。部分机构在未经充分测试和评估的情况下，盲目追求所谓颠覆性技术创新，可能造成风险隐患。还有部分机构打着技术创新的幌子从事非法集资、诈骗等违法犯罪活动，严重损害消费者的合法权益。

新一代信息技术对金融业风险形势的机遇主要表现在以下两个方面：

- 新一代信息技术为金融风险监测防控工作提供了强大的技术支持和驱动力，可以帮助金融机构和监管部门实现对金融风险的全面感知、精准识别、及时预警和有效应对，提高金融风险监测防控工作的效率和质量。例如，利用人工智能技术，可以实现对海量、多维、实时的金融风险数据的智能化分析和挖掘，提取金融风险的信号和指标，构建金融风险的模式和趋势；利用云计算技术，可以实现对分散、异构、敏感的金融风险数据的集中化存储和处理，提供金融风险的视图和报告，支持金融风险的决策和管理；利用区块链技术，可以实现对分布式、多方计算、交互的金融风险数据的可信化记录和验证，实现金融风险的溯源和审计，促进金融风险的协调和治理。

• 新一代信息技术为金融风险监测防控工作提供了新的思路和方法，可以帮助金融机构和监管部门实现对金融风险的动态适应、主动防范、创新应变和持续优化，提高金融风险监测防控工作的创新性和前瞻性。例如，利用大数据技术，可以实现对不同来源、不同类型、不同层次的金融风险数据的有效整合和利用，构建金融风险的全景图和画像，形成金融风险的全链条和全周期管理；利用物联网技术，可以实现对各种物理设备和场景的智能感知、连接和控制，拓展金融风险的覆盖范围、渠道和形式，形成金融风险的全方位和全时段监测；利用联邦学习技术，可以实现对分布式、异构、敏感的金融风险数据的协同学习和优化，提升金融风险模型的适应能力、表达能力和泛化能力，形成金融风险的全域和全维度分析。

### （四）对金融风险监测防控工作的要求和目标

新一代信息技术对金融风险监测防控工作的要求主要有以下三个方面：

• 数据要求：金融风险监测防控工作需要依赖大量的金融数据，包括金融业务数据、金融机构数据、金融市场数据等，这些数据需要具备完整性、准确性、及时性、安全性等特征，同时也需要保护数据的隐私和合规性。

• 技术要求：金融风险监测防控工作需要运用多种新一代信息技术，如人工智能、隐私计算、区块链和云原生等，这些技术需要具备高效性、安全性、可信性等特征，同时也需要兼容和集成各种技术和平台。

• 应用要求：金融风险监测防控工作需要实现对金融业务、数据、机构、市场等各个层面的全面覆盖和动态监控，及时发现和预警风险，有效防范和化解风险，同时也需要支持金融监管部门的科学决策和技术支撑，支持金融机构的风险管理和业务创新，支持金融消费者的保护和服务。

新一代信息技术目标是通过金融风险监测防控工作，实现以下三个方面的效果：

• 防范效果：能够及时发现和预警金融风险，有效防止金融风险的发生和扩散，维护金融稳定和安全。

• 应对效果：能够快速响应和处置金融风险，有效缓解金融风险的影响和损失，恢复金融秩序和信心。

• 优化效果：能够持续监测和评估金融风险，有效优化金融风险管理的策略和方法，提升金融风险管理的水平和质量。

## 三、基于新一代信息技术的金融风险监测防控体系框架

### （一）核心技术的原理和特点

人工智能技术：是指利用计算机设备模拟和扩展人类的智能，实现对数据的感

知、理解、推理和决策的技术。人工智能技术的原理主要包括机器学习、深度学习、自然语言处理、计算机视觉等，这些原理都是基于数学、统计、逻辑等理论，通过构建不同的模型和算法，对数据进行学习和优化，从而实现不同的任务和目标。人工智能技术的特点主要有以下三个方面：

- 效率特点：人工智能技术可以提高信息处理的速度和准确性，可以处理海量、复杂、高维的数据，可以解决人类难以解决或无法解决的问题。
- 智能特点：人工智能技术可以实现对数据的自动化、智能化和个性化处理，可以根据数据的特征和规律，自动调整模型和参数，可以根据用户的需求和偏好，提供定制化的服务。
- 创新特点：人工智能技术可以实现对数据的创造性和创新性的处理，可以生成新的数据和信息，可以发现新的知识和规律，可以创造新的价值和意义。

隐私计算技术：是指在保护数据隐私的同时，实现对数据的有效利用的技术。隐私计算主要包括同态加密、安全多方计算、零知识证明等技术，这些原理都是基于密码学、信息论、博弈论等理论，通过构建不同的协议和机制，对数据进行加密、共享和计算，从而实现数据在不泄露或最小化泄露的情况下，进行正常或近似正常的运算。隐私计算技术的特点主要有以下三个方面：

- 安全特点：隐私计算技术可以保护数据的安全性和完整性，可以防止数据在存储、传输和计算过程中被窃取、篡改或泄露，可以保证数据所有者的隐私权益。
- 共享特点：隐私计算技术可以实现数据的共享性和协作性，可以使多个数据所有者之间实现数据的安全共享和联合分析，可以提高数据利用率和价值。
- 计算特点：隐私计算技术可以实现数据的可计算性和可验证性，可以使加密后或分散后的数据仍然可以进行有效或近似有效的运算，可以使计算结果或过程可以被验证或证明。

区块链技术：是指利用分布式账本、共识机制、加密算法等技术，实现对数据的去中心化、可信化和不可篡改化的记录和验证的技术。区块链技术的原理主要包括分布式账本、共识机制、加密算法等，这些原理都是基于密码学、分布式系统、博弈论等理论，通过构建不同的网络结构和规则，对数据进行记录、验证和传播，从而实现数据在没有中心化权威或信任机构的情况下，达成一致性和有效性。区块链技术的特点主要有以下三个方面：

- 去中心化特点：区块链技术可以实现数据的去中心化和民主化，可以使数据的记录和验证不依赖任何中心化的组织或个体，可以使数据的所有者和使用者有更多的自主权和参与权。
- 可信化特点：区块链技术可以实现数据的可信化和透明化，可以使数据的记录和验证基于公开的算法和协议，可以使数据的状态和历史对所有参与者可见，可以使数据的真实性和合法性得到保证。

• 不可篡改化特点：区块链技术可以实现数据的不可篡改化和持久化，可以使数据的记录和验证基于密码学的加密和签名，可以使数据的修改和删除非常困难或不可能，可以使数据的存储和传播非常稳定或不中断。

云原生技术：是指利用云计算、容器化、微服务化、服务网格等技术，实现对系统的灵活部署、管理和扩展的技术。云原生技术的原理主要包括云计算、容器化、微服务化、服务网格等，这些原理都是基于软件工程、分布式系统、网络通信等理论，通过构建不同的架构和模式，对系统进行拆分、封装、组合和治理，从而实现系统在云端或跨云端的快速部署和迁移，高内聚和低耦合，统一的治理和监控。云原生技术的特点主要有以下三个方面：

• 灵活特点：云原生技术可以提高系统的灵活性和可移植性，可以使系统根据业务需求和环境变化，快速地部署和迁移，可以使系统在不同的云平台或混合云环境中运行。

• 可靠特点：云原生技术可以提高系统的可靠性和可恢复性，可以使系统在发生故障或异常时，自动地恢复或切换，可以使系统在面对攻击或压力时，保持稳定或弹性。

• 可扩展特点：云原生技术可以提高系统的可扩展性和可伸缩性，可以使系统根据业务规模和负载变化，动态地扩展或缩减，可以使系统在面对高并发或高吞吐时，保持高性能或高效率。

### （二）设计原则和构成要素

基于新一代信息技术的金融风险监测防控体系框架的设计原则包括高效、安全、可信和协同四个原则：

• 高效原则：体系框架应该能够实现对金融风险的快速感知、精准识别、及时预警和有效应对，提高金融风险监测防控的效率和质量。

• 安全原则：体系框架应该能够保护金融风险数据的安全性和完整性，防止金融风险数据在存储、传输和计算过程中被窃取、篡改或泄露，保证数据所有者的隐私权益。

• 可信原则：体系框架应该能够保证金融风险数据的可信性和透明性，使金融风险数据的记录和验证基于公开的算法和协议，使金融风险数据的状态和历史对所有参与者可见，使金融风险数据的真实性和合法性得到保证。

• 协同原则：体系框架应该能够促进金融风险数据的共享性和协作性，使多个数据所有者之间实现数据的安全共享和联合分析，使多个监测防控主体之间实现数据的协调和治理。

基于新一代信息技术的金融风险监测防控体系框架的构成要素包括数据、分析和应用三个层面：

• 数据层：数据层是体系框架的基础，负责对金融风险数据进行获取、存储、加密和共享。数据层主要利用云计算、隐私计算、区块链等技术，实现对海量、多样、动态的金融风险数据的有效管理和保护。

• 分析层：分析层是体系框架的核心，负责对金融风险数据进行处理、分析、预测和决策。分析层主要利用人工智能、联邦学习等技术，实现对复杂、高维、实时的金融风险数据的智能化挖掘和优化。

• 应用层：应用层是体系框架的表现，负责对金融风险数据进行展示、报告、预警和应对。应用层主要利用物联网、智能合约等技术，实现对各种设备和场景的智能感知、连接和控制，提供多样化、个性化的金融风险监测防控服务。

### （三）具体实现和功能模块

基于新一代信息技术的金融风险监测防控体系框架的具体实现和功能模块如下。

1. 数据层。数据层主要由四个功能模块组成：

• 数据采集模块：该模块负责从各种数据源，如金融市场、金融机构、金融监管、金融媒体等，采集海量、多样、动态的金融风险数据，包括文本、图像、视频、音频等多种格式的数据。该模块主要利用人工智能技术，如自然语言处理、计算机视觉等，对数据进行智能化的识别、提取和转换，将数据转化为结构化或半结构化的形式，便于后续的存储和分析。

• 数据存储模块：该模块负责将采集到的金融风险数据存储在云端或跨云端的分布式数据库中，实现数据的集中化、共享化和弹性化。该模块主要利用云计算技术，如云存储、云数据库等，对数据进行高效、可靠、可扩展的存储和管理，保证数据的可用性和可访问性。

• 数据加密模块：该模块负责对存储在云端或跨云端的金融风险数据进行安全的加密和解密，实现数据的安全性和完整性。该模块主要利用隐私计算技术，如同态加密、安全多方计算等，对数据进行不同级别和不同场景的加密和解密，保证数据在不解密或最小化解密的情况下，可以进行正常或近似正常的运算。

• 数据共享模块：该模块负责对加密后或分散后的金融风险数据进行安全的共享和传输，实现数据的共享性和协作性。该模块主要利用区块链技术，如分布式账本、智能合约等，对数据进行去中心化、可信化和不可篡改化的记录和验证，保证数据在没有中心化权威或信任机构的情况下，达成一致性和有效性。

2. 分析层。分析层主要由以下四个功能模块组成：

• 数据处理模块：该模块负责对采集的金融风险数据进行清洗、整合、标准化等预处理操作，提高数据的质量和价值。该模块主要利用人工智能技术，如机器学习、深度学习等，对数据进行异常检测、缺失值填充、重复值删除、特征选择等操作，将数据转化为适合分析和挖掘的形式。

• 数据分析模块：该模块负责对预处理后的金融风险数据进行统计分析、关联分析、聚类分析等基本分析操作，提取数据的基本特征和规律。该模块主要利用人工智能技术，如机器学习、深度学习等，对数据进行描述性分析、探索性分析、因果性分析等操作，生成数据的概览、报告、图表等形式。

• 数据预测模块：该模块负责对基本分析后的金融风险数据进行分类预测、回归预测、时间序列预测等高级分析操作，预测数据的未来状态和趋势。该模块主要利用人工智能技术，如机器学习、深度学习等，对数据进行监督学习、非监督学习、强化学习等操作，构建不同的模型和算法，生成数据的预测结果和评估指标等形式。

• 数据决策模块：该模块负责对预测分析后的金融风险数据进行优化决策、风险评估、风险控制等应用分析操作，生成数据的决策方案和风险指标等形式。该模块主要利用人工智能技术，如机器学习、深度学习等，对数据进行多目标优化、风险量化、风险规避等操作，提供数据的决策支持和风险管理。

3. 应用层。应用层主要由以下四个功能模块组成：

• 数据展示模块：该模块负责将分析层生成的金融风险数据以可视化的方式展示给用户，提高数据的可理解性和可交互性。该模块主要利用物联网技术，如智能终端、智能设备等，对数据进行多媒体、多维度、多场景的展示，提供数据的图形、表格、仪表盘等形式。

• 数据报告模块：该模块负责将分析层生成的金融风险数据以报告的方式汇总给用户，提高数据的可比较性和可参考性。该模块主要利用人工智能技术，如自然语言处理、自然语言生成等，对数据进行自动化、智能化和个性化的汇总，提供数据的摘要、概述、评论等形式。

• 数据预警模块：该模块负责根据分析层生成的金融风险数据以及设定的预警规则和阈值，对用户进行及时的预警和提示，提高数据的可感知性和可响应性。该模块主要利用物联网技术，如智能终端、智能设备等，对用户进行多媒体、多渠道、多级别的预警和提示，提供数据的声音、光线、震动等形式。

• 数据应对模块：该模块负责根据分析层生成的金融风险数据以及设定的应对策略和措施，对用户进行有效的引导和帮助，提高数据的可引导性和可帮助性。该模块主要利用区块链技术，如智能合约、代币等，对用户进行自动化、智能化和定制化的引导与帮助，提供数据的建议、方案、奖励等形式。

### （四）优势和局限

本文基于新一代信息技术的金融风险监测防控体系框架具有以下三大优势：

• 该体系框架可以充分利用新一代信息技术的高效性、安全性、可信性和协同性，提高金融风险监测防控的效率、质量、创新性和前瞻性，为金融业的健康发展提供技术支撑和保障。

• 该体系框架可以综合运用人工智能、隐私计算、区块链、联邦学习和云原生等多种技术，构建一个高效、安全、可信和协同的金融风险监测防控体系，设计一些具有创新性和可操作性的技术方案和方法，为金融风险监测防控工作提供技术指导和参考。

• 该体系框架可以选择一些具有实际意义和挑战性的金融风险监测防控问题，利用本文设计的体系、框架、方案和方法，进行实验模拟或实地测试，对实验结果进行分析和评估，验证本文提出的技术方案和方法的有效性、安全性、可信度和协同性。

与此同时，该体系框架也存在以下三个方面的局限：

• 该体系框架还需要进一步完善和优化，以适应金融风险监测防控工作的不同场景、不同需求和不同挑战，提高体系框架的通用性和普适性。

• 该体系框架还需要进一步测试和验证，以评估其在真实环境中的表现和效果，提高体系框架的可靠性和稳定性。

• 该体系框架还需要进一步研究和探索，以应对新一代信息技术的快速发展和变化，提高体系框架的灵活性和适应性。

## 四、基于新一代信息技术的人工智能决策平台

### （一）平台总体架构图

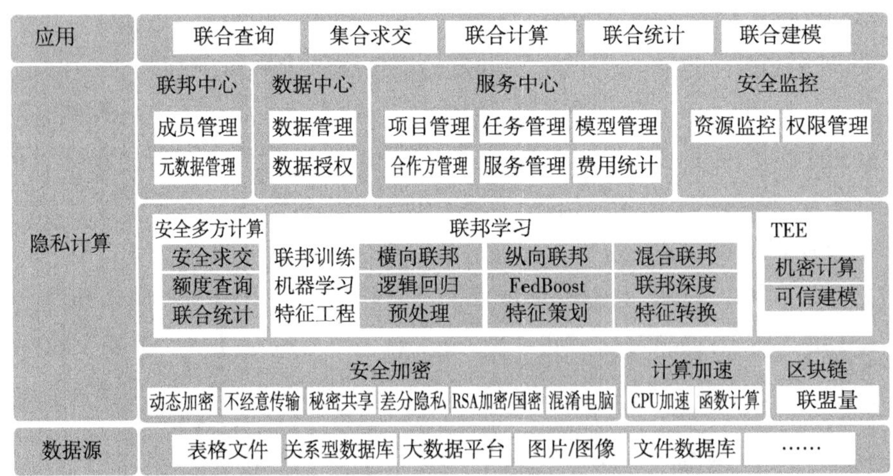


### （二）三个系统间关系

1. 智能联合建模平台（Board）与模型在线服务平台（Serving）的关系。Board系统在进行联邦建模后得到的模型，可通过“模型同步”功能，将成员自己的模型

同步至 Serving 系统，以便后续的模型预测。

2. 智能联合建模平台（Board）与统一身份认证平台（IAM）的关系。登录 IAM 后，可以在该平台上为 Board 系统创建管理员账号、普通账号以及账号对应的权限，同时可以为 Board 平台提供配置服务。

3. 模型在线服务平台（Serving）与统一身份认证平台（IAM）的关系。登录 IAM 后，可以在该平台上为 Serving 系统创建管理员账号、普通账号以及账号对应的权限，同时可以为 Serving 平台提供配置服务。

### （三）子系统介绍

智能联合建模平台（Board）：提供联邦成员之间数据共享与联合建模服务，联邦成员可上传数据，发起合作项目，与多个协作方共同联邦建模，支持模型在线评估与推理。包括数据中心、联邦中心、联合建模、平台设置。

模型在线服务平台（Serving）：提供面向业务的运营与管理服务，可视化配置产品服务接口，支持匿踪查询、联合统计、安全求交等，实现高效业务对接与费用清算服务。包括服务管理、合作者管理、订单管理、收益统计、全局设置、日志管理。

提供人工智能决策平台的所有应用管理、用户管理，实现应用之间的单点登录。包括应用管理、用户管理、权限管理、操作日志、系统管理。

## 五、基于新一代信息技术的金融风险监测防控案例分析

### （一）反洗钱

证券金融行业是洗钱犯罪的高风险领域之一，因为证券市场具有资金流动性强、交易方式多样、价格波动大、监管难度高等特点，为洗钱分子提供了便利条件。随着新一代信息技术的发展，如大数据、云计算、人工智能、区块链等，金融行业也面临着新的挑战和机遇，需要加强反洗钱监测防控能力，提高反洗钱工作的效率和效果。

以下是一个基于新一代信息技术在金融行业机构间的反洗钱监测防控案例：

某证券公司发现其客户张某在短时间内频繁买卖某上市公司的股票，并且成交价格与市场价差异较大，涉嫌操纵股价和洗钱。该证券公司通过内部反洗钱系统，对张某的交易数据进行了分析，并与其他金融机构共享了相关信息（使用隐私计算技术，保证数据不出域）。经过核实，发现张某还在其他证券公司开设了多个账户，并通过不同的账户进行相同或相反方向的交易，以制造虚假的市场需求和供给，从而影响股价走势。同时，张某还利用其在银行、支付机构等开设的账户，将非法所得进行分散转移和集中归集，以掩盖资金来源和去向。

该证券公司及时向监管部门报告了可疑交易，并协助监管部门进行进一步调查。监管部门利用大数据平台，对张某及其关联人员和企业的金融数据进行了汇总和分析，并运用人工智能技术，对张某的交易行为进行了模式识别和异常检测。同时，监管部门还利用区块链技术，对张某的资金流向进行了追踪和溯源，并与其他国家和地区的反洗钱机构进行了信息交换和合作。经过综合分析，监管部门确认张某涉嫌操纵股价和洗钱犯罪，并将其移送公安机关处理。

该案例说明了新一代信息技术在证券金融行业反洗钱监测防控中的应用价值和优势。通过新一代信息技术，可以实现对海量、异构、动态的金融数据的快速处理和深度挖掘，提高对可疑交易的识别和预警能力；可以实现对复杂、隐蔽、跨境的资金流动的全面追溯和有效阻断，提高对洗钱犯罪的打击和防范能力；可以实现对多元、分散、协同的反洗钱主体的有效整合和协作，提高反洗钱工作的协调和效率。

### （二）黑名单联查

金融行业是一个高度竞争和监管的行业，为了维护市场秩序和保护投资者利益，需要对客户进行严格的背景审查和信用评估，防止不良信用记录或违法违规行为的传播和影响，减少欺诈、洗钱和其他非法活动的风险。为此，金融行业机构间需要建立一个有效的黑名单联查监测防控机制，利用新一代信息技术，实现对黑名单数据的快速获取、安全共享、智能分析和及时处置。

以下是一个基于新一代信息技术在金融行业机构间的黑名单联查监测防控案例。

某银行和某证券公司构建了自己的黑名单数据库，其黑名单数据库主要从以下几个方面构建：

- 内部数据收集和分析：金融机构首先会收集和维护它们自己的客户信息和交易数据。这些数据包括客户身份信息、账户活动、交易历史、资产和负债等。
- 公共记录：金融机构可以访问由监管机构、执法机构提供的黑名单数据，以获取有关个人或实体的信息。
- 第三方数据供应商：金融机构可以购买数据服务，从第三方数据供应商那里获取关于可疑个人和实体的信息。这些供应商可能提供黑名单、犯罪记录、信用报告等数据。

某证券公司使用新一代的信息技术，自动比对客户信息与某银行黑名单数据库中的信息。如果有匹配，系统将触发警报。一旦触发了警报，某证券公司的相关团队会对相关账户进行深入调查。这可能包括审查客户的交易模式、联系其他金融机构以获取更多信息等。如果存在可疑活动，金融机构必须根据法规要求提交合规报告给相关的监管机构，并积极合作进行进一步的调查。

通过这种黑名单联查、监测和防控系统，金融机构之间能够更有效地减少洗钱和非法活动的风险，能够更快速地发现可疑活动，采取适当的措施，并确保合规性，以维护金融系统的稳定性和安全性。

金融机构之间的黑名单联查需要严格的合规性和隐私保护，使用新一代信息技术—隐私计算，可以确保客户数据的安全和合法使用。

## 六、结论与建议

### （一）主要结论和贡献

本文的主要结论和贡献有以下三点：

- 本文首次从新一代信息技术的角度，系统地研究和探索金融风险监测防控工作的理论和实践，为构建适应新形势下金融风险特征和规律的监测防控体系提供了新的思路和方法。
- 本文综合运用了人工智能、隐私计算、区块链、联邦学习和云原生等多种技术，提出了一套高效、安全、可信和协同的金融风险监测防控框架和流程，设计了一些具有创新性和可操作性的技术方案和方法，研发一套面向金融行业风险防控的人工智能决策平台，为金融风险监测防控工作提供了技术支撑和参考。
- 本文选择了一些具有实际意义和挑战性的金融风险监测防控问题，利用本文设计的体系、框架、方案和方法，进行了实验模拟或实地测试，对实验结果进行了分析和评估，验证了本文提出的技术方案和方法的有效性、安全性、可信度和协同性。

### （二）存在的问题和不足

本文虽然取得了一些成果，但是也存在一些问题和不足，主要有以下四个方面：

- 本文的技术方案和方法还需要进一步完善和优化，以适应金融风险监测防控工作的不同场景、不同需求和不同挑战，提高技术方案和方法的通用性与普适性。
- 本文的技术方案和方法还需要进一步测试和验证，以评估其在真实环境中的表现和效果，提高技术方案和方法的可靠性与稳定性。
- 本文的技术方案和方法还需要进一步研究和探索，以应对新一代信息技术的快速发展和变化，提高技术方案和方法的灵活性与适应性。
- 本文的技术方案和方法还需要考虑其对金融风险监测防控工作的法律、伦理、社会等方面的影响和责任，提高技术方案和方法的合规性与道德性。

### （三）改进方向和未来展望

本文有以下四个方面的改进方向和未来展望：

- 本文将继续完善和优化技术方案与方法，以适应金融风险监测防控工作的不同场景、不同需求和不同挑战，提高技术方案和方法的通用性与普适性。例如，本文将探索如何结合多模态数据、多源数据、多层次数据等，构建更全面、更细致、更深入的金融风险监测防控模型和算法，提高对金融风险的感知、理解、预测和决策能力。

- 本文将继续测试和验证技术方案与方法，以评估其在真实环境中的表现和效果，提高技术方案和方法的可靠性与稳定性。例如，本文将与相关的金融机构和监管部门进行合作，将技术方案和方法应用于实际的金融风险监测防控工作中，收集并分析实验数据和反馈信息，不断调整和改进技术方案与方法，提高其适应性和有效性。

- 本文将继续研究和探索技术方案与方法，以应对新一代信息技术的快速发展和变化，提高技术方案和方法的灵活性与适应性。例如，本文将关注新一代信息技术的最新进展和趋势，如隐私计算、联邦学习、区块链等技术的发展方向、应用场景、技术难点等，及时更新和完善技术方案与方法，提高其创新性和前瞻性。

- 本文将继续考虑技术方案和方法对金融风险监测防控工作的法律、伦理、社会等方面的影响和责任，提高技术方案和方法的合规性与道德性。例如，本文将遵守相关的法律法规和行业规范，尊重数据所有者的隐私权益和知情同意原则，保护数据的安全性和完整性，防止数据的滥用或误用；同时，本文也将关注技术方案和方法可能带来的潜在风险或负面影响，如数据偏差、算法歧视、黑箱风险等，并寻求有效的解决办法或预防措施。

## 参考文献

[1] 贲可荣，张彦铎．人工智能［M］．北京：清华大学出版社，2006.

[2] 李凤华，李晖，贾焰，等．隐私计算研究范畴及发展趋势［J］．通信学报，2016，37（4）：4.

[3] 沈鑫，裴庆祺，刘雪峰．区块链技术综述［J］．网络与信息安全学报，2016，2（11）：11－20.

[4] 高增安．基于交易的可疑洗钱行为模式与反洗钱对策研究［D］．成都：西南交通大学，2007.

[5] 徐莹．反洗钱可疑交易监测优化管理［D］．南京：南京大学，2016.

[6] 李然，朱勇，等．客户洗钱风险评级多层次量化模型设计与实践［J］．计算机与数字工程，2019，47（3）：721－727.

# 金融科技背景下商业银行数字化转型研究

袁星飞　齐贝贝　纪成金[①]

## 一、绪论

### （一）研究背景与意义

1. 研究背景。如今，信息技术的快速进步和数字化经济的崛起给传统银行业带来了巨大的冲击和变革的压力。在传统银行业中，许多业务和流程仍然依赖纸质文件、人工操作和传统的渠道，导致效率低下、成本高昂、客户体验差等。而且，在数字经济时代，互联网、移动设备、大数据、人工智能等新兴技术的广泛应用已经改变了人们的生活方式和消费习惯，客户对银行服务的期望也发生了很大的变化。各大银行正在积极打造智能化的数字金融服务体系。2022 年，6 家国有大型商业银行及 10 家全国性股份制商业银行金融科技投入总额为 1 787. 64 亿元，较上年增加 142. 04 亿元，同比增长 8. 63% 。

同时，“十四五”规划强调了数字经济的重要性，提出了加快数字化转型的目标。在金融领域，银行作为服务实体经济的重要支撑，面临来自互联网企业和科技巨头的激烈竞争。因此，数字化转型成为商业银行提高运营效率、创新产品和服务、提升客户体验的关键路径。

2. 研究意义。数字经济正在推动全球经济的发展，并且成为社会变革的关键力量。目前，各商业银行普遍选择实施数字化转型作为其战略，因此研究国内外商业银行的数字化转型已成为热门话题，本文具有重要的理论意义。

本文从理论层面分析了金融科技和商业银行数字化转型的概念，这有助于我们深

① 袁星飞，文学学士、中级系统集成项目管理师，广东省电信规划设计院有限公司软件院金融发展产品部部门经理，研究方向：金融科技、企业数字化、股权投资等。齐贝贝，工学硕士，广东省电信规划设计院有限公司软件院金融发展产品部信息化咨询工程师，研究方向：企业数字化、金融科技等。纪成金，管理学硕士，高级经济师，广东省电信规划设计院有限公司软件院金融发展产品部产品经理，研究方向：金融理论、商业模式改革、银行数字化转型等。

入理解商业银行数字化转型的重要性和必要性，以及如何通过金融科技的应用来提升银行业务的效率和客户体验。同时，通过对商业银行数字化转型的主要内容和目标以及关键驱动因素的分析，可以帮助决策者更好地把握其发展趋势和方向，为银行业的未来发展提供有益的参考和借鉴。本文分析了金融科技发展现状以及商业银行数字化转型发展历程，这有助于我们全面了解金融科技和商业银行数字化转型的现状和趋势，把握其发展机遇和挑战，这对于银行业的决策者、从业者以及相关研究者来说，都具有重要的参考价值。另外，对商业银行数字化转型面临的挑战以及改进措施进行分析，如技术风险、组织变革、法律和监管等。这有助于提供有关数字化转型过程中可能遇到的问题的深度思考和解决方案，为实施者提供指导和支持。

此外，本文将招商银行确立为案例研究对象，探讨其如何进行数字化转型，具有现实意义。研究招商银行数字化转型环境，并从优势、效果、路径以及问题等方面进行分析。这有助于促进业界之间的经验交流，推动数字化转型的快速发展，激发创新和商业模式的突破。希望本文能够为各银行提供参考，帮助其找到适合自身特色的数字化转型路径。

## （二）研究思路和方法

1. 研究思路。本文的内容安排如下：

第一部分是绪论。介绍了银行数字化转型的概念，与本文相关的大环境，在此基础上分析了研究意义。

第二部分是商业银行数字化转型的概述。对数字化转型在金融行业的意义和影响，数字化转型的主要内容和目标以及商业银行数字化转型的关键驱动因素进行分析。

第三部分是商业银行数字化转型的现状分析。从技术基础设施与应用、客户体验和服务创新以及风险管理和合规能力对商业银行数字化转型的现状进行分析。

第四部分是商业银行数字化转型面临的挑战和改进措施。分析商业银行数字化转型中存在的问题和挑战，如技术和基础设施方面、组织和文化变革、法规和合规要求以及人才和培训等方面。

第五部分是案例分析：商业银行数字化转型成功实践。通过分析成功转型的商业银行案例，总结其关键成功因素和经验教训。

第六部分是总结和展望。对商业银行数字化转型现状进行总结，探讨未来商业银行数字化转型的趋势和发展方向。

2. 研究方法。

（1）文献综述法。通过查阅相关文献，了解银行数字化转型的现状、趋势和问题，以及国内外银行数字化转型的经验和教训。

（2）问卷调查法。通过设计问卷，收集银行从业人员和客户对数字化转型的看法和体验，了解数字化转型的实施情况和效果。

（3）实地调查法。通过走访银行机构、参加行业会议等方式，深入了解银行数字化转型的实践情况和问题。

（4）案例分析法。通过对商业银行数字化转型的成功案例进行分析，总结成功经验和教训，为银行数字化转型提供参考。

（5）专家访谈法。邀请相关领域的专家就数字化转型的问题和挑战进行深入探讨，获取他们的意见和建议。

### （三）创新点与不足

在研究方法上采用多种方法相结合的方式，既能够全面了解银行数字化转型的现状和趋势，又能够深入挖掘银行数字化转型的成功经验和不足之处，为银行数字化转型提供多维度的参考和建议。结合实际案例进行分析。通过选取具有代表性的实际案例，深入剖析数字化转型的过程和效果，以及存在的问题和挑战，通过引入人工智能、大数据等新兴技术在银行业的广泛应用，探讨其在数字化转型中的应用前景和作用，为银行业提供更多的创新发展思路和更具实践性的参考意见。本文不足之处在于，对国内外商业银行缺乏足够的实地调研，因而本文在深度和广度上还有较大的提升空间。

## 二、金融科技与商业银行数字化转型概述

### （一）金融科技概念

金融科技是指利用先进的科技手段和创新的商业模式，对金融服务进行升级和改进。它涵盖了支付、投资、借贷、保险等多个领域，通过数字化、智能化和自动化等手段，提高金融服务的效率、便捷性和安全性。金融科技已经成为金融行业的重要发展方向之一，它将不断推动金融服务的创新和升级，为人们的金融生活带来更多便利和选择。

### （二）商业银行数字化转型的概念

银行数字化转型是指传统银行业机构在面对数字技术的快速发展和市场环境的变化时，通过采用数字技术和创新的商业模式，对现有业务和流程进行优化和改造，以实现业务发展、客户服务和运营效率的提升的过程。

### （三）商业银行数字化转型的主要内容和目标

1. 创新产品和服务。商业银行数字化转型的一个重要目标是通过引入创新的产品和服务来满足客户不断变化的需求。例如，推出移动支付、虚拟信用卡、智能投

资等新产品，提升客户体验和服务质量。

2. 强化客户关系管理。数字化转型使商业银行能够更好地管理和维护客户关系。通过数据分析和智能化工具，银行可以深入了解客户需求和行为，提供个性化的产品推荐和服务定制，提高客户满意度和忠诚度。

3. 优化业务流程。数字化转型帮助商业银行优化内部业务流程，提升效率和减少成本。通过自动化和数字化工具，如工作流程管理系统、电子合同等，银行可以简化办公流程、加速审批和交易处理，并提供更快速和便捷的服务。

4. 数据驱动的决策。数字化转型提供了更多数据源和分析工具，使商业银行能够进行更准确、全面的数据分析，从而支持决策的科学化和精准化。通过对客户数据、市场趋势和风险指标等的分析，银行能够作出更具战略性和实效性的决策。

5. 加强风险管理。数字化转型对商业银行的风险管理能力提出了更高的要求。通过建立先进的风险管理系统，银行能够实时监测、评估和控制风险，减少潜在的损失和不良资产。例如，基于大数据和机器学习的风险评估模型可以提高风险预测和预警的准确性。

6. 加强合规和安全性。数字化转型需要商业银行加强合规和信息安全的管理。银行需要确保客户数据和交易信息的机密性和完整性，并遵守相关法律法规和行业标准。加强合规和安全性是保护客户利益和维护银行声誉的重要任务。

7. 开拓新业务领域。数字化转型为商业银行开拓新的业务领域提供了机遇。通过与金融科技公司合作或内部创新，银行可以进一步拓展如小微企业金融、跨境支付、智能投顾等新兴领域，实现业务的多元化增长。

### （四）商业银行数字化转型的关键驱动因素

1. 客户需求的多样化和个性化。在互联网时代，客户的需求日益多样化和个性化，传统的金融服务已经无法满足客户的需求。商业银行需要通过数字化转型，提供更加便捷、高效、个性化的金融服务，以满足客户的多样化需求。数字化转型可以帮助银行更好地了解客户需求，提供更加精准的产品和服务，提高客户满意度和忠诚度。

2. 金融科技的快速发展。金融科技的快速发展为商业银行数字化转型提供了强大的技术支持。区块链、人工智能、大数据等新兴技术的应用，可以帮助银行提高运营效率，降低成本，提升风险管理能力。同时，金融科技的发展也为银行创新金融产品和服务提供了广阔的空间。

3. 监管环境的变化。在国际金融危机之后，监管部门对银行业的监管越来越严格，银行需要加强合规管理，提高风险防范能力。数字化转型可以帮助银行实现实时监控和风险预警，提高风险管理能力。此外，监管部门也在积极推动金融科技的发展，银行的数字化转型也符合监管的要求。

4. 竞争格局的变化。在互联网金融的冲击下，传统银行业面临激烈的竞争压力。许多互联网金融公司通过数字化技术创新，迅速崛起，改变了金融市场的竞争格局。商业银行需要通过数字化转型，提升自身的竞争力，以应对竞争格局的变化。

5. 成本控制和效率提升的需求。随着利率市场化进程的推进，银行业的竞争日趋激烈，降低运营成本、提高运营效率成为商业银行面临的重要挑战。数字化转型可以通过优化业务流程、提高自动化程度、降低人力成本等方式，帮助银行实现成本控制和效率提升。

6. 创新业务模式的需求。在金融市场不断发展的过程中，银行需要不断创新业务模式，以适应市场的变化。数字化转型可以帮助银行拓展新的业务领域，实现业务的多元化发展。例如，通过大数据和人工智能技术，银行可以开展智能投顾、线上贷款等新业务，满足客户的多元化需求。

## 三、商业银行数字化转型现状分析

### （一）金融科技发展现状

近年来，随着互联网、大数据、人工智能等新兴技术的快速发展，金融科技行业也呈现出蓬勃发展的态势。本文将对 2018—2023 年金融科技的发展现状进行分析。

2018 年，我国金融科技监管逐步完善。中国人民银行等七部门联合印发了《关于规范金融机构资产管理业务的指导意见》，对资管产品实行净值化管理，打破刚性兑付，引导资金投向实体经济。此外，监管部门还出台了一系列政策，加强对互联网金融、网络小贷等领域的监管，防范金融风险。同年，我国金融科技企业数量持续增长。根据中国互联网金融协会数据，截至 2018 年底，全国共有互联网金融企业 4 万余家。其中，P2P 网贷平台数量逐年下降，但整体规模仍保持在 3 万亿元以上。此外，移动支付、互联网保险、区块链等领域也取得了显著的发展成果。

2019 年，金融科技在各个领域的应用逐渐拓展。在支付领域，移动支付市场规模持续扩大，支付宝、微信支付等第三方支付巨头市场份额稳步提升。此外，随着 5G 技术的逐步落地，物联网、车联网等新兴场景下的支付需求也逐渐显现。在贷款领域，金融科技企业通过大数据、人工智能等技术手段，为中小微企业和个人提供更加精准的信贷服务。例如，蚂蚁金服旗下的芝麻信用通过大数据挖掘用户的信用行为，为用户提供个性化的信用评估和贷款方案。在投资领域，智能投顾、区块链等技术的应用逐渐成为趋势。智能投顾通过算法模型为客户提供个性化的投资建议，降低投资门槛。区块链技术则通过去中心化、不可篡改等特点，为投资者提供更加安全、透明的投资环境。

2020 年，新冠疫情对全球经济产生严重影响，金融机构面临巨大的压力。在这一背景下，金融科技发挥了重要作用。一方面，金融机构通过线上渠道为企业和个人提供金融服务，降低了疫情传播风险。另一方面，金融科技企业通过大数据、人工智能等技术手段，为疫情防控提供支持。例如，蚂蚁金服推出健康码系统，帮助政府实时掌握疫情动态；腾讯云推出远程办公解决方案，帮助企业实现线上办公。此外，疫情还催生了一批新的金融科技应用。例如，无接触支付、在线教育、远程医疗等领域的金融科技企业迎来了快速发展的机会。

2021 年，我国数字人民币试点工作正式拉开序幕。中国人民银行在深圳、苏州、成都等地开展了数字人民币试点，探索数字人民币的研发和应用。数字人民币采用区块链技术，具有法定地位，有利于提高货币发行和流通的效率，降低金融风险。此外，数字人民币还将与移动支付、跨境支付等领域深度融合，推动金融科技的发展。

2022 年，金融科技行业继续保持快速发展的态势。随着人工智能、区块链、云计算等技术的不断成熟和应用，金融科技公司不断创新推出更加智能化、便捷化的金融服务产品和解决方案。同时，金融科技在支付、贷款、投资等领域的应用也得到了进一步推广和普及。然而，金融科技的发展也面临一些挑战，如数据隐私保护、监管政策等问题。

2023 年，金融科技行业进入了一个新的发展阶段。一方面，随着技术的不断进步，金融科技公司的产品和服务越来越丰富。例如，中国的平安科技推出了一款基于人工智能的风险控制系统，可以帮助银行更加准确地评估贷款风险。另一方面，金融科技行业的监管也越来越严格。例如，欧盟已经出台了一项新的法规，要求金融科技公司在数据保护方面采取更加严格的措施。

2018—2023 年，金融科技在监管、应用场景、疫情应对等方面取得了显著进展。未来，随着 5G、人工智能、区块链等技术的不断发展，金融科技将继续为金融业带来深刻变革，推动行业创新发展。

### （二）商业银行数字化转型发展历程

商业银行数字化转型发展历程可以分为三个阶段：萌芽发展期、迅速崛起期和全面转型期。

1. 萌芽发展期（2000—2010 年）。20 世纪 90 年代末，互联网的普及使人们开始尝试将银行业务转移到线上进行。此时，一些新兴的互联网公司开始涉足金融领域，如阿里巴巴旗下的支付宝和腾讯旗下的财付通。这些公司通过提供便捷的支付服务，吸引了大量的用户，并逐渐形成了一定的市场规模。

与此同时，传统银行也开始意识到数字化转型的重要性。它们开始加大对信息技术的投资力度，引进先进的技术和设备，建立起自己的电子银行系统。然而，由于技术不成熟、安全风险较高等原因，银行的数字化进程并不顺利。因此，这一时期可以称为商业银行数字化转型的萌芽发展期。

2. 迅速崛起期（2010—2015 年）。随着移动互联网技术的成熟和智能手机的普及，越来越多的人开始使用手机进行网上购物、支付等活动。这为商业银行数字化转型提供了更广阔的空间。同时，互联网金融的快速发展也为银行带来了新的机遇和挑战。许多银行开始与互联网公司合作，共同推出移动支付、在线理财等创新产品。此外，一些银行还积极探索区块链技术的应用，以提高交易的安全性和效率。

在这一阶段，中国的银行业数字化转型取得了显著进展。例如，中国工商银行推出了“工银 e 支付”App，实现了线上线下一体化支付服务；招商银行推出了“招行一卡通”App，实现了手机刷卡支付等功能。这些成功的案例不仅提高了银行的服务质量和客户满意度，也为其带来了更多的商业机会和竞争优势。

3. 全面转型期（2016 年以来）。进入 21 世纪后，随着人工智能、大数据等技术的不断发展和应用，商业银行数字化转型进入了一个全新的阶段。越来越多的银行开始将数字化转型作为战略重点，加大了对技术创新的投入力度。同时，监管部门也加强了对金融科技公司的监管力度，推动了整个行业的规范化和健康发展。

在全面转型期中，银行的数字化转型已经从单纯的技术应用向深度融合转变。例如，中国建设银行推出了基于人工智能技术的“小微金融大脑”，可以实现对企业的风险评估和信用评级；平安银行推出了基于区块链的“智能合约”，可以实现跨境贸易融资等业务的自动化处理。这些创新产品的出现不仅提高了银行的效率和服务水平，也为客户提供了更加便捷和安全的金融服务体验。

总之，商业银行数字化转型经历了萌芽发展期、迅速崛起期和全面转型期三个阶段。在这个过程中，银行不断创新探索，积极拥抱新技术和新趋势，不断提高自身的竞争力和服务能力。未来，随着科技的不断进步和应用的不断拓展，商业银行数字化转型将继续深入发展，成为金融行业的重要趋势之一。

### （三）国内外商业银行数字化转型现状

1. 国外商业银行数字化转型现状。随着科技的不断进步和互联网的普及，越来越多的国外商业银行开始数字化转型。以下是对国外商业银行数字化转型现状的举例分析。

美国银行（Bank of America）作为美国最大的银行之一，在数字化转型方面走在了前列。它们推出了自己的移动银行应用程序 BofA Mobile，用户可以通过手机完成各种银行业务，如转账、支付账单等。此外，它们还利用人工智能技术提供个性化的金融服务，例如根据用户的消费习惯和风险偏好推荐适合的金融产品。

花旗银行（Citibank）是全球最大的投资银行之一，在数字化转型方面也取得了很大的进展。它们推出了自己的移动支付应用 Citi Pay，用户可以通过手机完成支付和转账等操作。此外，它们还利用大数据和人工智能技术为客户提供个性化的投资建议和服务。

德意志银行（Deutsche Bank）作为欧洲最大的银行之一，在数字化转型方面也作出了很多努力。它们推出了自己的移动银行应用程序 Deutsche Bank Mobile，用户可以在手机上完成各种银行业务。此外，它们还利用区块链技术提高交易的安全性和效率。

汇丰银行（HSBC）作为全球最大的银行之一，在数字化转型方面也取得了很大的进展。它们推出了自己的移动支付应用 HSBC PayMe，用户可以通过手机完成支付和转账等操作。此外，它们还利用人工智能技术为客户提供个性化的金融服务。

总的来说，国外商业银行在数字化转型方面已经取得了很大的进展。它们通过推出自己的移动应用程序、利用人工智能技术和大数据等手段提供更加便捷和个性化的金融服务。同时，它们也利用区块链技术提高交易的安全性和效率。这些举措不仅提高了客户的满意度，也为银行带来了更多的商业机会和竞争优势。

2. 国内商业银行数字化转型现状。随着互联网和移动技术的飞速发展，国内商业银行数字化转型已经成为一种趋势。本文将通过举例分析说明在金融科技背景下国内商业银行数字化转型的现状。

（1）电子银行业务快速发展。近年来，国内商业银行纷纷加大电子银行业务的投入，推出了各种便捷的电子银行产品和服务，如网上银行、手机银行、自助终端等，有效满足了客户的线上金融服务需求。以中国工商银行为例，其手机银行用户已经超过 1 亿，成为全球最大的手机银行平台之一。此外，招商银行、中国建设银行等银行的电子银行业务也发展迅速，客户可以通过手机银行进行转账汇款、查询账单、购买理财产品等操作，大大提高了服务效率和便利性。

（2）大数据应用广泛。商业银行通过大数据分析，实现了对客户信息的深度挖掘和精准营销，提高了客户服务质量和营销效果。例如，中国农业银行利用大数据分析技术，对客户的消费行为进行分析，为客户提供个性化的金融产品推荐；平安银行则利用大数据技术，对客户的风险偏好进行评估，为客户提供更加精准的风险管理服务。此外，大数据技术还广泛应用于风险管理、反欺诈等领域，提高了银行的风险管理能力。

（3）人工智能技术逐步应用。近年来，国内商业银行开始尝试将人工智能技术应用于金融服务领域，如智能客服、智能投顾等，提高了金融服务的效率和质量。例如，中国建设银行推出了基于人工智能技术的“小微金融管家”，可以为用户提供贷款申请、还款提醒等“一站式”金融服务；中国银行则推出了基于机器学习技术的智能投资顾问“中银智投”，为客户提供智能化的投资建议。这些智能服务的推出，不仅提高了客户体验，还降低了银行的运营成本。

（4）区块链技术探索。部分商业银行开始尝试将区块链技术应用于金融业务中，如跨境支付、供应链金融等，提高了业务处理效率和安全性。例如，中国工商银行与 IBM 合作推出了基于区块链技术的跨境支付平台“融链”，可以实现跨境支付的实时清算和结算；招商银行则利用区块链技术为供应链企业提供融资服务，降低了融资成本和风险。这些区块链项目的探索，为商业银行数字化转型提供了新的发展方向。

（5）金融科技公司崛起。近年来，金融科技公司在国内迅速发展，凭借创新的技术和灵活的运营模式，吸引了大量传统银行客户和资金。例如，蚂蚁金服旗下的支付宝已经成为全球最大的第三方移动支付平台之一；京东金融则通过自身电商平台积累的用户数据和技术优势，推出了一系列金融产品和服务。这些金融科技公司的崛起对传统商业银行形成了一定的竞争压力。

尽管国内商业银行在数字化转型方面取得了一定的成果，但与国际先进水平相比仍存在一定差距，特别是在核心技术研发和应用方面。此外，数据安全风险、人才短缺等问题也制约了商业银行数字化转型的进程。因此，商业银行需要加大技术研发投入、完善监管制度、培养金融科技人才等方面的工作。

## 四、商业银行数字化转型面临的挑战和改进措施

### （一）技术和基础设施面临的挑战和改进措施

随着技术的不断发展，新的技术层出不穷。银行需要不断地跟进最新的技术，以保持其竞争力。然而，由于大数据、物联网、云计算、人工智能等新技术更新换代的速度非常快，银行在技术上的投资和研发成本也相对较高。同样在数据处理、数据保密、系统稳定性上，银行还需要面对技术标准不统一等问题，这给银行的数字化转型带来了很大的困难。具体表现在以下几个方面：

一是数据安全风险增加。在数字化转型过程中，银行需要处理大量的敏感数据，如客户信息、交易记录等。如果这些数据泄露或被黑客攻击，将对银行的声誉和利益造成极大的损失。因此，银行需要加强数据安全保障措施，包括加强网络安全、加密数据传输等。

二是系统稳定性要求提高。数字化转型后，银行的业务量和交易量会大大增加，这对银行系统的稳定运行提出了更高的要求。一旦系统出现问题，将直接影响到客户的体验和银行的声誉。因此，银行需要投入更多的资源来保障系统的稳定性。

三是系统集成难度大。在数字化转型过程中，银行可能需要将不同的子领域的业务系统和技术进行集成，以实现更高效的业务处理和客户服务。然而，不同业务系统之间的兼容性和数据交换问题可能会给银行的数字化转型带来巨大的挑战。

改进措施：银行需要加大对数字化技术的投入，以提高数字化转型的效率和效果，并通过建立集中的数据管理中心，采用云计算技术来提高系统的稳定性和可靠性，统一管理和处理各种数据信息，同时降低 IT 成本和维护成本。在不断跟进最新的技术趋势区位优势下，加强数据安全保障，投入更多 IT 资源保障系统稳定性和专业金融科技 IT 人才队伍，以保持其竞争力。

### （二）法律和监管合规面临的挑战和改进措施

国家“十四五”规划纲要中明确提出，要“探索建立金融科技监管框架，完善相关法律法规和伦理审查规则”。近年来，针对金融科技的监管政策不断出台，尤其是在数据安全、反垄断等重点领域监管措施得到有效强化，而从“十四五”时期的发展趋势来看，一方面，创新监管试点将持续扩大，做好创新和风险的平衡。包括监管区域、监管领域、核心技术、参与主体将进一步扩大，全面覆盖科技赋能金融业的方方面面，让尽量多的问题在试点中暴露出来，保证金融科技的创新不改金融的本质，同时在风险可控的前提下，鼓励科技手段在金融服务中深入应用。另一方面，系统化监管框架建立是一个长期的过程。金融科技创新监管试点扩大，给系统化监管框架提供实践基础，通过各个层面的实践逐步探索建立系统化监管框架，而且这一框架也是要经历持续修订的过程。金融业现有的系统监管框架是在数十年实践中形成的，金融科技对于传统金融业在多个领域形成冲击且金融科技依然处于快速发展过程中，一些基本原则性的监管规则可以稳定下来，但对于很多量化和具体的监管指标要求也需要持续观察和修订，因此系统化的监管框架建设是一个长期过程。

改进措施：银行需要制定详细的数字化转型战略，明确转型的目标和路径。银行需要遵守相关的法规政策，包括《网络安全法》《个人信息保护法》等。银行需要建立一套完善的风险管理策略，以应对数字化转型过程中可能出现的风险和挑战。例如，建立数据备份和恢复机制，防范数据泄露和丢失等问题。

### （三）组织和文化变革面临的挑战和改进措施

虽然组织变革是一个长期过程，但随着金融科技应用的不断深化，已经逐步开始驱动金融机构组织架构进行变革转型，尤其是面对数字化转型发展的新形势，组织架构转型也成为必然方向。

一是在纵向搭建金融科技布局的扁平化架构。减少决策层级，形成专业化的敏捷组织机制，如大型银行正在打破其传统的总行—分行—支行结构，推出总行 + 专业化研发中心/子公司的金融科技布局，在金融科技应用方面能够打破原有部门架构壁垒，更加敏捷高效地实现开发应用。

二是在横向进一步打通金融机构原有前中后台功能。通过金融科技手段赋能研发、产品管理、运营支撑、风控、客服等各环节，前中后台实现充分协同，使金融机构组织功能更加强大，同时提升金融机构数字化水平。

改进措施：数字化转型是一个复杂的过程，优先需要申请领导层的支持和承诺，通过银行领导层的明确支持和承诺，营造一种鼓励创新的文化氛围，鼓励员工提出新的想法和解决方案。银行可以建立一个跨部门的沟通平台，加强沟通和协作，让各个部门之间紧密协作，促使管理层与员工共同有效推动，促进信息的共享和交流。

## 五、案例分析：商业银行数字化转型成功实践

### （一）招商银行数字化转型案例介绍

1. 招商银行概况。招商银行（China Merchants Bank，CMB）成立于1987年，是中国领先的商业银行之一。总部位于广东省深圳市，在全国范围内设有30多家分支机构和2 000多个网点。CMB是中国银行业监督管理委员会（CBIRC）批准设立的全国性商业银行，也是香港联合交易所有限公司和上海证券交易所上市公司。

CMB的主要业务包括零售银行、公司银行和资本市场业务。在零售银行领域，CMB提供个人贷款、信用卡、存款、投资理财等金融产品和服务。在公司银行领域，CMB为企业客户提供融资、结算、风险管理等全方位金融服务。在资本市场业务领域，CMB为企业和机构投资者提供股票、债券、基金等投资理财产品。

近年来，CMB积极推进数字化转型，以适应金融科技的发展和客户需求的变化。通过引入互联网、移动通信技术、大数据和人工智能等先进技术，CMB实现了业务流程的数字化、智能化和自动化，提高了服务质量和效率。例如，CMB推出了手机银行App和网上银行平台，客户可以随时随地进行转账汇款、查询账户信息、购买理财产品等操作。此外，CMB还利用大数据技术对客户数据进行分析，为客户提供个性化的金融产品和服务。

CMB注重人才培养和团队建设，通过内部培训和外部引进等方式，不断提高员工的专业素质和创新能力。CMB还积极参与社会公益事业，履行企业社会责任。例如，CMB设立了“招行公益基金会”，支持教育、环保、扶贫等领域的公益项目。

作为一家具有国际视野的银行，CMB积极拓展海外市场，与多个国家和地区的金融机构建立了合作关系。例如，CMB在中国香港设立了分支机构，为客户提供跨境金融服务；在美国、欧洲等地设立了代表处，加强与当地企业和机构的合作。

2. 招商银行数字化转型历程。2013年，CMB启动“IT蓝图”规划，明确提出要打造“世界一流零售银行”。这一规划为后续的数字化转型奠定了基础。2015年，CMB成立“金融科技办公室”，负责推动全行数字化转型工作。这是招商银行内部设立专门机构推动数字化转型的重要举措。2016年，CMB推出智能投顾服务——

“摩羯智投”，成为国内首家推出智能投顾的银行。这一事件标志着招商银行在财富管理领域的数字化创新取得了重要突破。2017 年，招商银行推出手机银行 App 5.0，全面升级客户体验。此次升级标志着招商银行在移动互联网领域的布局取得了重要突破。同年，招商银行推出“招行一账通”，实现了账户的一体化、智能化管理。这一事件表明招商银行在客户服务领域的数字化创新取得了重要进展。2018 年，招商银行与蚂蚁金服达成战略合作，共同推进金融科技的创新和应用。此次合作是招商银行在数字化转型过程中跨界合作的一个典型案例。同年，招商银行成功上线区块链技术应用项目——“招银链”，成为国内首家将区块链技术应用于实际业务场景的银行。这一事件展示了招商银行在金融科技领域的创新能力。2020 年，招商银行成立“数字化转型领导小组”，进一步加强对数字化转型工作的统筹协调。这一举措体现了招商银行对数字化转型工作的高度重视。同年，招商银行与腾讯、阿里巴巴等互联网巨头达成战略合作，共同推进金融科技创新。此次合作是招商银行在数字化转型过程中跨界合作的一个典型案例。2021 年，招商银行提出了“大财富管理、数字化运营和开放融合”的招商银行 3.0 模式，聚焦“财富管理、金融科技、风险管理”三个能力建设，在战略转型窗口期作出了关键战略决策，实现招商银行在新时代的“马利克曲线”。2022 年，招商银行“全面上云”工程基本完成，标志着“数字招行”底盘完成升级换代。与此同时，招商银行还打造了企业级的数据中台和技术中台，数据中台有效提升了数据收集、存储、确权、应用等的全流程质量、效率与安全，为释放数据要素价值夯实基础；技术中台广泛应用低代码等先进技术，降低应用开发的门槛，提升了全行员工的科技思维和能力。

3. 招商银行转型环境。

（1）竞争环境。近年来，随着金融科技的发展，招商银行面临着来自同业之间的竞争以及来自非银行金融机构的竞争。

（i）来自同业之间的竞争。互联网金融公司利用互联网技术和创新的商业模式，提供了更加便捷、高效的金融服务，吸引了大量年轻消费者和小微企业客户。这些公司的产品和服务具有低成本、高效率的特点，对传统银行造成了冲击。

第三方支付机构通过与银行合作或直接开展业务，提供便捷的支付服务。这些机构的支付方式多样化，且无须开设银行账户即可使用，对传统银行的存款和支付业务构成了一定的威胁。

（ii）来自非银行金融机构的竞争。金融科技公司通过运用人工智能、区块链等新兴技术，提供创新的金融产品和服务。这些公司的技术实力较强，创新能力突出，对传统银行构成了一定的竞争压力。

电商企业通过建立自己的金融平台，提供贷款、分期付款等金融服务。这些企业的金融服务具有场景化、个性化的特点，对传统银行的业务模式产生了一定的影响。

（2）技术环境。当前，随着前沿技术的加速研发，金融服务水平也得到了提升。根据中央网信办在第六届数字中国建设峰会开幕式上发布的《数字中国发展报告（2022 年）》，2022 年我国数字经济规模达到 50.2 万亿元。数字经济成为稳增长促转型的重要引擎。

AlphaGo，它是由谷歌旗下的 DeepMind 公司研发的围棋人工智能程序。2016 年 3 月，AlphaGo 与围棋世界冠军、职业九段棋手李世石进行围棋人机大战，以 4 比 1 的总比分获胜；2017 年 5 月，在中国乌镇围棋峰会上，它与排名世界第一的世界围棋冠军柯洁对战，以 3 比 0 的总比分获胜。AlphaGo 的胜利为人工智能带来了蓬勃发展的契机。根据世界知识产权组织（WIPO）发布的 2021 年全球创新指数，中国在人工智能领域的专利申请量占全球总量的 74.7%，位居世界第一，共申请了 389 571 件。此外，澎湃新闻报道称，过去 10 年全球人工智能专利申请量为 521 264 件，呈逐年上升趋势。人工智能是人类智慧与科技的完美融合，目前在金融行业、教育领域、医疗行业等均有广泛且多元化的应用。

根据前瞻产业研究院的报告，2019 年，我国云计算市场规模达 1 334 亿元，同比增长 38.6%。数据显示，2020 年全球云计算（IaaS + PaaS + SaaS）市场规模达到 2 245亿美元，较 2019 年增长 19.22%，2021 年有望达到 2 654 亿美元。全球云计算市场空间巨大，且长期呈现稳定增长的趋势。在中国，云计算市场从最初的十几亿元扩大至目前的千亿元规模，行业发展迅速。

大数据在我国的发展趋势也是稳步上升的。例如，2021 年中国大数据总体处于快速发展阶段，市场规模达到 3 229 亿元，较 2020 年增长 54.4%。其中公有云市场继续高歌猛进，规模增长 70.8% 至 2 181 亿元，有望成为未来几年中国云计算市场增长的主要动力；与此同时，私有云市场突破千亿元大关，同比增长 28.7% 至 1 048 亿元。我国公有云 IaaS 及 PaaS 保持高速增长，SaaS 稳步发展。

（3）客户环境。主流客户的变化是银行数字化转型过程中的一个重要因素。随着移动互联网的普及，年青一代成为银行的主要客户群体，他们更加习惯于使用手机进行各种操作，比如支付、转账、理财等。同时，这些年轻客户也更加注重个性化服务和体验，对于银行的产品和服务要求更高。因此，银行需要通过数字化转型来满足这些客户的需求，提供更加便捷、高效、安全的金融服务。

客户使用银行 App 的变化也是银行数字化转型过程中的一个重要影响。随着智能手机的普及，越来越多的客户开始使用手机银行 App 进行各种金融操作，而不是去银行柜台或者 ATM 上办理业务。这使得银行 App 成为客户最常用的金融服务渠道之一。然而，由于客户的使用习惯和需求不同，不同的银行 App 之间的竞争也越来越激烈。因此，银行需要通过数字化转型来提升其 App 的功能和用户体验，以吸引更多的客户并保持竞争优势。

客户对于数据安全和隐私保护的要求也在银行数字化转型过程中变得越来越高。

随着互联网技术的不断发展，个人信息泄露的风险也随之增加。客户越来越关注自己的隐私保护和数据安全，对于银行来说，如何保护客户的个人信息安全和隐私已经成为一项重要的任务。因此，银行需要通过数字化转型来加强其数据安全和隐私保护措施，以确保客户的信息安全和隐私得到充分保障。

随着年青一代成为主要客户群体和使用手机银行 App 的比例不断增加，以及客户对于数据安全和隐私保护的要求越来越高，银行需要通过数字化转型来满足客户的各种需求和期望，提供更加便捷、高效、安全的金融服务。只有不断地适应客户环境的变化并积极应对挑战，银行才能在数字化时代中立于不败之地。

（4）政策环境。一直以来，我国十分重视金融业发展，发布多项政策促进金融科技发展，为数字化转型注入动能。2020 年 10 月，“十四五”规划制定了一系列的数字化战略目标，具体包括加快建设数字经济、将金融机构数字化转型提速、继续推动产业数字化，高度重视其与实体经济的结合，完善普惠金融等。该规划为银行转型指明了道路：首先，各银行应提速转型，让金融服务更高效便捷。其次，应大力发展金融科技，让自身市场竞争力得到显著提升。最后，在转型的过程中，要高度关注数据安全，保护数据在规范安全的环境中流通，谨防风险。

2019 年，国务院发布了《关于推进普惠金融发展的实施意见》。该文件提出了加强金融科技应用的要求，鼓励金融机构通过技术创新提升服务能力和效率。2019 年，中国人民银行等五部门联合发布了《关于加强金融科技创新监管的通知》。该通知明确了金融科技创新的原则和要求，强调要加强风险管理和信息安全保护。中国人民银行在 2020 年 10 月发布了《金融科技发展指标》，制定了评估金融科技发展的标准，为相关政策的出台和实施提供了参考依据。

综上所述，当前多项政策都为商业银行数字化转型提供了良好的宏观环境，为银行数字化转型增强了信心与动力。

### （二）招商银行数字化转型案例分析

1. 优势分析。从科技实力方面来看，招商银行拥有一支强大的技术团队和优秀的技术人才，能够快速响应市场需求，并开发出符合客户需要的数字化产品和服务。此外，招商银行还积极引进国内外先进的金融科技，如人工智能、区块链等，并将其应用于业务中，提升了服务质量和效率。

招商银行的资金实力也是其数字化转型过程中的优势之一。根据招商银行披露的 2022 年度业绩，截至 2022 年末，招商银行总资产达 10.14 万亿元，较 2021 年末增长 9.62%。作为一家大型商业银行，招商银行拥有庞大的资金储备和丰富的金融产品资源，可以为客户提供更加全面、优质的金融服务。同时，随着数字化转型的推进，招商银行还可以通过大数据分析和风控模型等手段，更好地管理风险并提高资产质量。

品牌影响力也是其在数字化转型过程中的优势之一。作为国内知名的金融机构之一，招商银行在消费者心中享有较高的声誉和信誉度。此外，招商银行在数字化转型过程中注重品牌建设和维护，通过多种渠道提升品牌的知名度和美誉度，吸引了更多的客户选择其数字化产品和服务。

综上所述，招商银行在数字化转型过程中具有科技实力、资金实力和品牌等多方面的优势。这些优势使得招商银行能够更好地适应市场变化和客户需求，提供更加优质、高效的数字化金融服务。

2. 路径分析。招商银行在数字化转型过程中，从战略规划、组织架构调整、技术革新、生态构建等方面进行全面布局。通过实施一系列措施，招商银行成功实现了数字化转型的目标，提升了客户体验，优化了业务流程，提高了风险管理能力，降低了运营成本。

（1）战略规划。

（i）明确数字化转型目标。招商银行在数字化转型过程中，明确了四大战略目标：客户体验优化、业务模式创新、风险管理升级和运营效率提升。通过数字化转型，提升客户满意度，提高业务竞争力，降低风险，实现可持续发展。

（ii）制定数字化转型战略路径。为实现上述目标，招商银行制定了数字化转型战略路径，包括以下几个方面：

①以客户为中心，打造全渠道、无缝连接的数字化服务体验。

②深化业务模式创新，拓展数字化金融服务领域。

③强化风险管理，运用大数据、人工智能等技术提升风险识别、评估、监控和处置能力。

④优化运营体系，提高管理效率，降低成本。

（2）组织架构调整。

（i）设立数字化转型领导小组。为了推动数字化转型工作，招商银行成立了数字化转型领导小组，由行长担任组长，分管领导、业务部门负责人、信息技术部门负责人等组成，统筹协调全行数字化转型工作。

（ii）优化业务流程。招商银行对现有业务流程进行梳理和优化，简化烦琐环节，提高业务处理效率。同时，加强线上线下业务的融合，实现全渠道、无缝连接的服务体验。

（iii）设立数字化创新实验室。为了推动业务模式创新，招商银行设立了数字化创新实验室，负责研究新技术、新应用，探索新的业务模式和发展方向。

（3）技术革新。

（i）引入先进技术。招商银行积极引入大数据、云计算、人工智能等先进技术，提升数字化转型的技术支撑能力。通过技术革新，实现业务流程的自动化、智能化，提高服务质量和效率。

（ii）构建开放平台。招商银行构建了开放式金融云平台，为内外部客户提供金融科技创新服务。通过开放平台，招商银行可以与合作伙伴共享资源、共同创新，实现共赢发展。

（4）生态构建。

（i）拓展合作伙伴关系。招商银行积极拓展与互联网企业、金融科技公司等合作伙伴关系，共同探索数字化金融服务领域。通过合作，招商银行可以借助合作伙伴的技术优势和市场资源，加速自身数字化转型进程。

（ii）构建数字化人才培养体系。招商银行注重数字化人才培养，建立了完善的人才培养体系。通过内部培训、外部引进等方式，培养一批具备数字化思维和技能的人才，为数字化转型提供人才支持。

3. 效果分析。

（1）效益水平提升。

（i）营收增长：根据招商银行 2020—2022 年的年报数据，随着数字化转型的推进，招商银行的营收持续增长。2020 年，招商银行实现营收 2 715. 5 亿元，同比增长 7. 3%；2022 年，营收达到 3 118. 5 亿元，同比增长 6. 9%。这表明数字化转型为招商银行带来了稳定的收入增长。

（ii）利润水平：在数字化转型的推动下，招商银行的利润水平也得到了提升。2020 年，招商银行实现净利润 979. 3 亿元；2022 年，净利润达到 1 075. 6 亿元。这表明数字化转型有助于提高公司的盈利能力。

（iii）成本控制：数字化转型有助于招商银行降低成本。一方面，电子银行业务的推广降低了实体网点的成本；另一方面，大数据、人工智能等技术的应用提高了业务处理效率，降低了人力成本。这些因素共同提高了招商银行的成本控制水平。

（iv）风险控制：通过大数据分析，招商银行可以更加精确地评估客户的风险状况，从而优化信贷资源配置，降低信贷风险。此外，人工智能技术在风险管理领域的应用，也有助于提高风险识别和防范能力。

（2）获客能力提升。

（i）客户数量的增长：根据招商银行 2020—2022 年的年报数据，其个人客户数量逐年增长。2020 年，招商银行的个人客户数量达到 1. 34 亿户；2022 年，个人客户数量达到 1. 5 亿户，同比增长 16%。这表明招商银行通过数字化转型，成功吸引了大量新客户。

（ii）客户活跃度的提升：招商银行通过数字化转型，提高了客户的活跃度。2020 年，招商银行个人客户的月活跃度为 78. 9%；2022 年，个人客户的月活跃度达到 86. 6%，同比增长 7. 7 个百分点。这表明招商银行的客户在使用数字化金融服务时更加频繁，对银行的依赖程度逐渐加深。

（iii）客户满意度的提升：招商银行通过数字化转型，提高了客户服务质量和效率，从而提升了客户满意度。根据招商银行 2020—2022 年的年报数据，其个人客户满意度逐年提升。2020 年，招商银行个人客户满意度达到 89.1%；2022 年，个人客户满意度达到 91.3%，同比增长 1.2 个百分点。这表明招商银行的数字化转型取得了显著的成果，客户对其服务的认可度不断提高。

（3）风控能力提升。

（i）信贷风险控制：通过大数据分析，招商银行可以更加精确地评估客户的风险状况，从而优化信贷资源配置，降低信贷风险。2020 年，招商银行不良贷款率为 1.17%，较上年下降 0.05 个百分点；2022 年，不良贷款率为 1.14%，较 2021 年下降 0.03 个百分点。这表明招商银行通过数字化转型，成功降低了信贷风险。

（ii）反洗钱能力提升：招商银行利用大数据技术，对客户的交易行为进行实时监控，及时发现可疑交易，有效防范了洗钱风险。2020 年，招商银行反洗钱合规评价得分为 98 分；2022 年，反洗钱合规评价得分为 99 分，连续两年获得满分。这表明招商银行在数字化转型过程中，反洗钱能力得到了显著提升。

（iii）信息安全水平提高：随着数字化转型的推进，招商银行加大了对信息安全的投入，提高了信息系统的安全性能。2020 年，招商银行获得信息安全等级保护三级认证；2022 年，获得信息安全等级保护四级认证，表明招商银行在信息安全方面取得了显著成果。

（4）普惠金融推进。

（i）服务覆盖范围扩大：根据招商银行 2020—2022 年的年报数据，其个人客户数量逐年增长。2020 年，招商银行的个人客户数量达到 1.34 亿户；2022 年，个人客户数量达到 1.5 亿户，同比增长 16%。这表明招商银行通过数字化转型，成功吸引了大量新客户。同时，招商银行通过互联网金融的发展，使得更多的中小微企业和个人能够享受金融服务，服务覆盖范围得到了扩大。

（ii）金融产品创新：招商银行通过数字化转型，推出了一系列针对中小微企业和个人的金融产品，如小微企业贷款、个人消费贷款等。这些金融产品具有低利率、灵活还款等特点，满足了客户的多样化需求。例如，2020 年，招商银行小微企业贷款余额达到 1.3 万亿元；2022 年，小微企业贷款余额达到 1.5 万亿元，同比增长 15%。这表明招商银行在数字化转型过程中，成功推出了更多普惠金融产品。

（iii）金融科技应用：招商银行利用大数据、人工智能等金融科技手段，提高了金融服务的效率和质量。例如，招商银行推出的智能投顾系统“招财宝”，可以根据客户的投资需求和风险承受能力，为其提供个性化的投资建议。此外，招商银行还推出了智能客服系统“小招”，可以快速响应客户的问题，提高客户服务满意度。

4. 问题分析。

（1）数字化转型战略不够清晰。虽然招商银行在数字化转型方面取得了一定的成效，但其转型战略仍然不够明确。目前，招商银行的数字化转型主要集中在数字化金融产品和服务的开发与推广上，但在数字化转型的整体规划和目标设定方面还存在一定的模糊性。这使得招商银行在数字化转型过程中缺乏明确的指导方向，难以形成清晰的转型路径和实施计划。此外，招商银行在数字化转型中也缺乏对新兴技术的深入研究和应用，导致其在数字化转型方面的创新力度不够大。

（2）数据治理能力有待提升。数字化转型的核心是数据的整合和共享，而数据治理能力则是保证数据质量和安全的关键。然而，招商银行在数据治理方面还存在一些问题。首先，招商银行在数据整合方面存在困难，各个业务部门之间数据孤岛现象严重，导致数据无法实现真正的共享和流通。其次，招商银行在数据质量管理方面也存在不足，数据的准确性和一致性难以保证，给数据分析和应用带来了一定的困扰。最后，招商银行在数据安全方面也需要加强，随着数字化转型的深入，数据泄露和信息安全风险也在逐渐增加。

（3）组织架构和文化需要变革。数字化转型不仅仅是技术层面的变革，更需要组织架构和文化的支持。然而，招商银行在这方面还存在一些问题。首先，招商银行的组织架构相对僵化，部门之间的协同和合作不够紧密，导致数字化转型过程中信息传递不畅、决策效率低下。其次，招商银行的文化氛围也需要进一步变革，传统的银行文化强调稳健和保守，对于创新和变革的接受度较低。这给招商银行在数字化转型过程中推进改革和创新带来了一定的阻力。

## 六、总结和展望

### （一）对商业银行数字化转型现状进行总结

随着科技的不断进步和互联网的普及，商业银行面临数字化转型的挑战。数字化转型已经成为银行未来发展的重要方向，旨在提高客户体验、降低成本、提高效率和增强竞争力。

商业银行在数字化转型方面取得了一定的进展。许多银行已经开始利用数字化技术改进其业务流程和服务方式，例如推出手机银行应用程序、提供在线支付服务等。这些创新举措使得客户可以更方便地使用银行服务，提高了客户满意度。

数字化转型也带来了一些挑战。一方面，银行需要投入大量资源来开发和维护数字化平台，这可能增加银行的运营成本。另一方面，数字化转型也需要银行员工具备新的技能和知识，以适应新的工作方式和技术要求。此外，网络安全问题也是数字化转型过程中需要重视的问题之一。

数字化转型对传统银行业产生了深远的影响。传统的实体网点数量逐渐减少，而虚拟网点的数量则不断增加。这使得银行能够更加灵活地满足客户需求，并降低了运营成本。同时，数字化转型也为银行提供了更多的机会来拓展新业务领域，如金融科技、数字货币等。

综上所述，商业银行数字化转型的现状是取得了一些进展，但也面临一些挑战。未来，银行需要继续加大投入，加强技术创新和人才培养，以应对不断变化的市场环境和客户需求。同时，银行还需要加强网络安全保护，确保客户的资金和个人信息安全。只有这样，商业银行才能在数字化转型中保持竞争优势，实现可持续发展。

### （二）商业银行数字化转型的趋势和未来发展方向

1. 趋势分析。

（1）移动化和智能化：随着智能手机和移动互联网的普及，客户对银行服务的需求也发生了变化。他们希望能够随时随地进行银行业务操作，并能够通过智能设备获取个性化的服务。因此，商业银行需要加强移动化和智能化建设，提供便捷高效的移动银行服务。

（2）数据驱动和智能化决策：商业银行拥有大量的客户数据和交易数据，这些数据可以用于数据分析和挖掘，帮助银行作出更准确的业务决策。通过建立大数据平台和技术架构，商业银行可以实现数据驱动的智能化决策，提高风险管理能力和客户服务水平。

（3）开放合作与创新：数字化转型需要银行与各类合作伙伴进行开放合作，共同推动金融科技的发展。银行可以通过与科技公司、金融机构、创业公司等合作，引入新的技术和创新模式，提升自身的竞争力。同时，银行还需要积极培养创新文化，鼓励员工提出新的想法和解决方案。

（4）强化信息安全和风险管控：在数字化转型的过程中，银行需要加强对信息安全和风险管控的重视。随着数字化程度的提高，银行面临更多的网络安全威胁和数据泄露风险。因此，银行需要建立健全安全管理体系，加强技术防护和人员培训，确保客户的资金和个人信息安全。

2. 未来发展方向。

（1）深化互联网金融领域布局：互联网金融是商业银行数字化转型的重要组成部分。未来，银行应继续加大对互联网金融领域的投入，拓展线上支付、P2P 借贷、众筹等业务，满足客户多样化的金融需求。同时，银行还应加强与互联网公司的合作，共同推动互联网金融的发展。

（2）推进智能化客服和营销：商业银行可以利用人工智能技术实现智能化客服和营销。通过自然语言处理、机器学习等技术，银行可以提供更快速、准确、个性化的客户服务。此外，银行还可以利用大数据分析客户行为和偏好，制定精准的营销策略，提高客户转化率和忠诚度。

（3）推动区块链和数字货币应用：区块链技术具有去中心化、安全性高等特点，可以应用于银行的清算结算、供应链金融等领域。未来，银行可以积极探索区块链技术的应用，提升业务的透明度和效率。此外，数字货币也是未来金融科技发展的重要方向之一。银行可以积极参与数字货币的研发和应用，为客户提供更安全、便捷的支付方式。

（4）加强人才培养和管理：数字化转型需要具备信息技术和金融专业知识的人才支持。银行应加强人才培养和管理，注重员工的综合素质提升。通过建立完善的培训体系和技术交流机制，银行可以提高员工的技术水平和服务意识，为数字化转型提供有力支持。

综上所述，商业银行数字化转型的趋势主要包括移动化和智能化、数据驱动和智能化决策、开放合作与创新以及强化信息安全和风险管控。未来发展方向包括深化互联网金融领域布局、推进智能化客服和营销、推动区块链和数字货币应用以及加强人才培养和管理。只有不断创新和适应变化，商业银行才能在数字化转型中保持竞争优势，实现可持续发展。

# 基于区块链技术的产业链金融服务助力乡村振兴

莫小锋　钟　毅　朴晓光　兰家隆

浙商银行股份有限公司广州分行[①]

**摘　要**：为贯彻落实中央及广东省相关文件精神和要求，浙商银行广州分行明确了持续提升金融服务乡村振兴和涉农客群的能力和水平的发展目标要求，基于区块链 BaaS 平台等技术，无须核心企业提供担保，依托农牧行业链主企业与经销商历史交易数据、结算周期、结算方式等数据信用，为经销商及农户办理定向用于链主企业采购货物融资的金融服务，解决农牧中小企业及农户的融资难、融资贵问题。案例入围第二届“点数成金”数字金融乡村振兴示范专项案例。

**关键词**：乡村振兴；区块链；产业链金融；数据信用

## 一、引言

为贯彻落实中央一号文件精神，持续提升金融服务乡村振兴能力和水平，根据国家金融管理部门《关于做好 2022 年金融支持全面推进乡村振兴重点工作的意见》和《中共广东省委　广东省人民政府关于做好 2022 年全面推进乡村振兴重点工作的实施意见》（粤发〔2022〕7 号）、《广东省人民政府办公厅关于金融支持全面推进乡村振兴的实施意见》（省府办〔2021〕46 号）等有关文件精神和要求，浙商银行广州分行明确了涉农贷款余额持续增长、普惠型涉农贷款增速高于各项贷款平均增速及精准扶贫贷款余额持续增长的发展目标要求，发挥区块链技术优势，提升涉农金融数字化服务能力。

浙商银行广州分行以农牧行业实体企业在产业链上下游的应收、应付账款为切入点，应用区块链技术，充分发挥区块链技术信息共享可信、不可篡改、不可抵赖、可追溯的技术特征，首创应收款链平台，并结合不同应用场景陆续研发推出区块链订单通、仓单通、分期通、“H + M”专项授信模式等和行业解决方案，在帮助农牧行业实体小微企业及农户盘活资产和资源、减少外部融资、降低财务成本等方面取

---

① 莫小锋，浙商银行广州分行党委书记、行长，研究方向：供应链金融。钟毅，浙商银行广州分行党委委员、副行长，研究方向：数字化金融。朴晓光，浙商银行广州分行运营科技部副总经理，研究方向：场景化金融。兰家隆，浙商银行广州分行运营科技部项目经理，研究方向：项目管理。

得了显著成效，极大地提升了服务实体经济质效。

围绕农牧行业企业全流程的生产经营活动，基于应收款链、平台设计定制化的产品和服务方案，满足客户在采购、仓储、销售、分期还款、存量资产盘活等不同应用场景的个性化需求。

相比传统产业链融资方式，通过区块链技术的应用，应收款链平台系列创新模式在确权、线上化、效率、风控等方面更具优势，农牧行业中小企业更易获得金融服务支持。例如，广东HD集团股份有限公司是国内大型高科技农牧龙头企业，主营饲料产品的研发、生产、销售，通过浙商银行广州分行供应链金融服务平台，成功帮助其分散在全国各地的下游小微企业及农户获得了融资，得到了小企业主及农户的高度称赞。

## 二、解决方案

### （一）浙商银行区块链BaaS平台

1. BaaS平台架构。BaaS：Blockchain as a Service（区块链即服务），为客户提供一站式服务。BaaS平台帮助客户创建、管理和维护企业级区块链网络及应用的服务平台，为客户实现区块链网络的快速部署和维护、业务场景的快速落地，为客户提供便捷的区块链生态配套服务（见图1）。

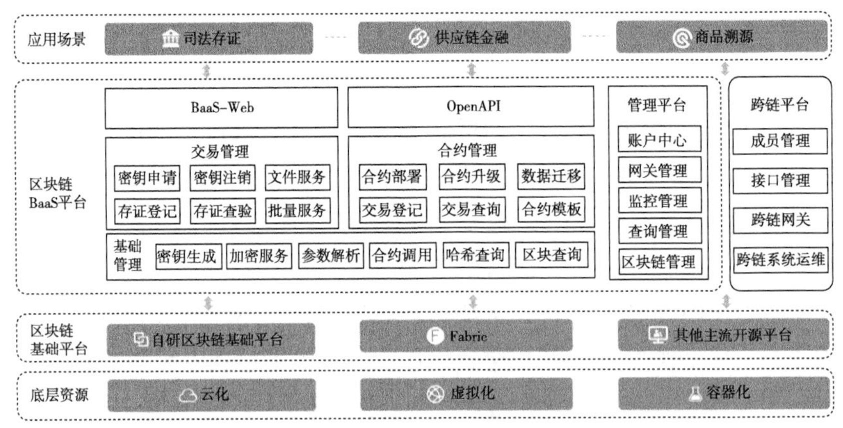


**图1 BaaS平台架构**

2. BaaS平台服务模式。BaaS平台统一封装了区块链中间件，进一步降低BaaS平台的接入难度、提高可用性、降低成本，满足不同应用需求，提供两种联盟链模式（见图2）。

3. BaaS平台服务核心功能——交易存证（见图3）。

（1）客户通过SDK对业务数据进行签名后发送至OpenAPI网关。

（2）调用区块链中间件，由平台提供的通用智能合约登记至区块链平台。

（3）与物联网、人工智能、大数据等技术融合，构建多元化技术生态。

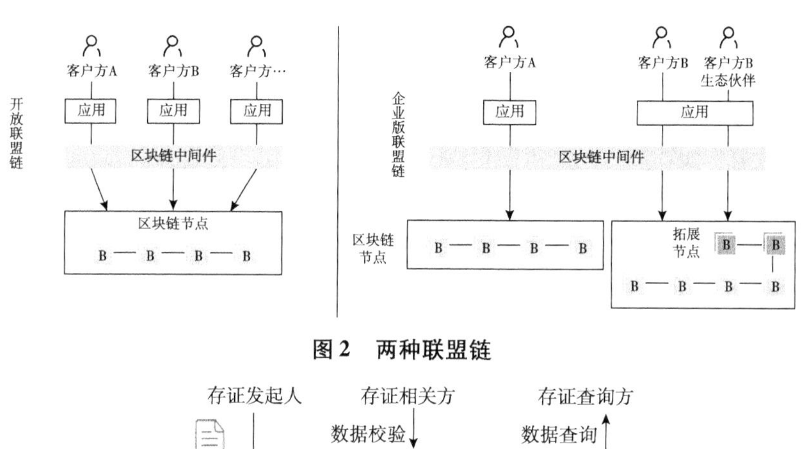


**图 2　两种联盟链**

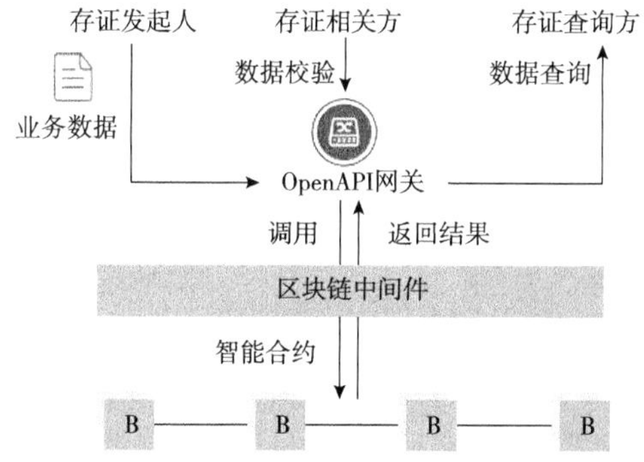


**图 3　区块链 BaaS 平台**

（4）结合金融、司法、政务、医疗、公益等应用领域场景打造“区块链 +”生态。

4. BaaS 平台服务核心功能——交易查证（见图 4）。

客户可以通过 OpenAPI、门户等多个渠道直接使用存证查验服务，支持第三方平台间接使用存证查验服务。

任意客户可以使用客户方保存登记 BaaS 平台时返回的交易哈希进行区块链交易查证。

客户方可以通过登记区块链时在 BaaS 平台中保存的交易请求、业务主键、交易哈希的关联关系，使用业务主键进行区块链交易信息的查证。

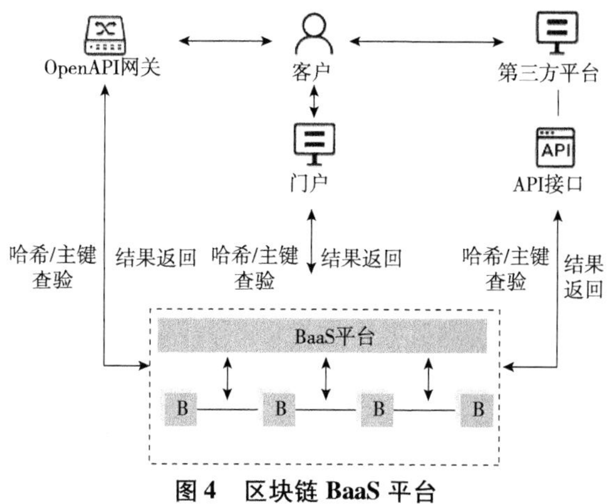


**图 4　区块链 BaaS 平台**

### （二）区块链产业链金融助农解决方案

1. 区块链产业链金融蓝图。传统产业链金融受制于信息不对称、信用多层难以穿透、线下操作烦琐等问题。利用区块链的去中心化、防篡改、防抵赖特性，借助这一技术保障的刚性信任能力，使得农牧行业核心企业资信能够可靠、可信地随着应收款在区块链上同步流转，实现应收款在产业链上下游的流通，有效盘活企业的应收账款，解决传统模式下农牧行业中小企业融资难、融资贵的问题。在此基础上，进一步利用供应链金融服务平台等创新金融产品，围绕饲料买卖等农牧行业特定生产经营场景提供场景化解决方案，构成产业链金融服务产品的完整拼图。充分发挥区块链在促进数据共享、优化业务流程、降低运营成本、提升协同效率、建设可信体系等方面的作用（见图5）。

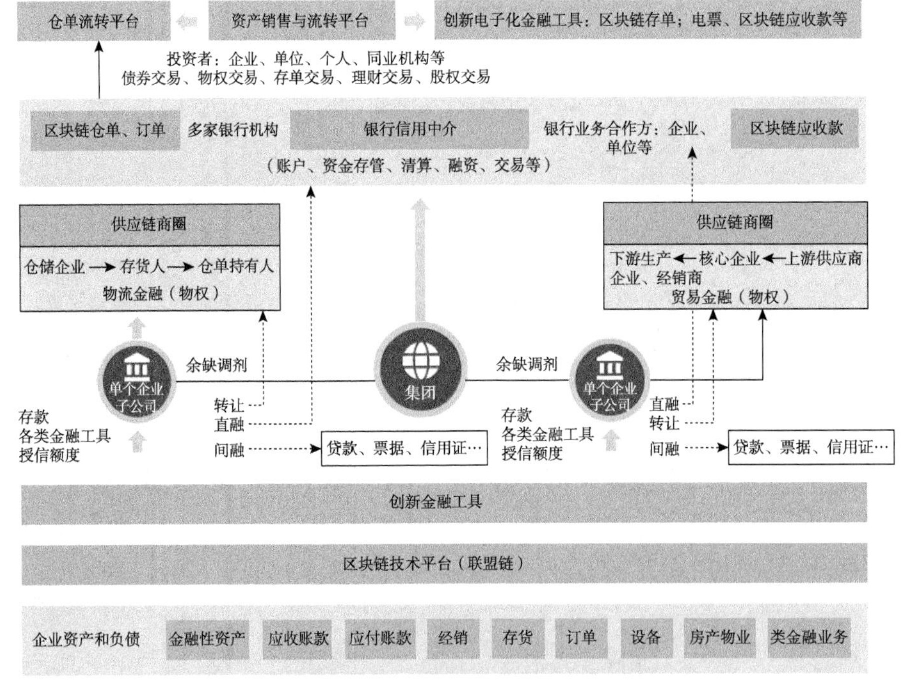


图5 产业链金融服务产品流程

2. 应收账款。农牧行业原料采购的应收账款规模较大，客户数量众多，对企业现金流有较大影响。利用区块链技术不可篡改、去中心化、天然清算等特征，实现应收账款全生命周期管理，可有效解决应收账款目前存在的真伪难辨、确权难办等痛点，同时达到为应收款增信的目的，提升参与机构的清算效率。

浙商银行广州分行推出应收款链平台，平台采用“区块链＋产业链金融”的模式，可办理应收款的签发、承兑、保兑、支付、转让、质押、兑付等业务，将应收账款转化为电子支付结算和融资工具，盘活了原本流动性较差的应收款资产，为农牧行业产业链核心企业及其成员单位、上下游企业拓展了创新型融资渠道，构建了产业链金融生态。

3. 订单。区块链技术除了可解决农牧行业产业链业务中普遍存在的应收应付账款问题外，还可用于企业全流程的生产经营过程，包括采购、仓储、销售、还款等应用场景（见图6）。

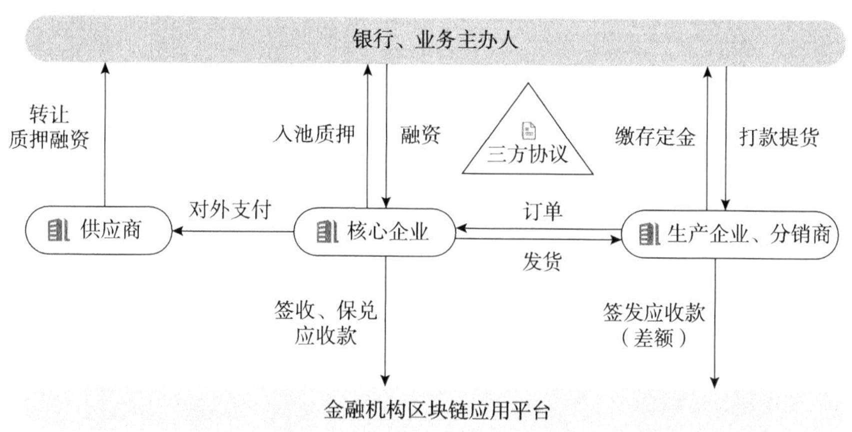


图6　金融机构区块链应用平台

浙商银行广州分行基于应收款链平台实现区块链订单通模式，与农牧行业核心企业合作为下游经销商提供订货融资服务，下游经销商只需要缴存一定比例的保证金，即可基于订单在订单通平台上签发区块链应收款，支付给核心企业，锁定未来货权，后续分批打款提货，缓解一次性付款压力；核心企业收到区块链应收款后，可对外支付或融资变现，提前盘活未来应收账款，扩大销售规模。浙商银行广州分行在此过程中提供资金监管、打款提货通知、融资等服务。

4. 分期采购。区块链用于农牧行业产业链核心企业下游销售中租赁交易场景，满足中小微企业和农户分期支付、降低融资成本等金融需求，协助核心企业扩大销售盘活应收款（见图7）。

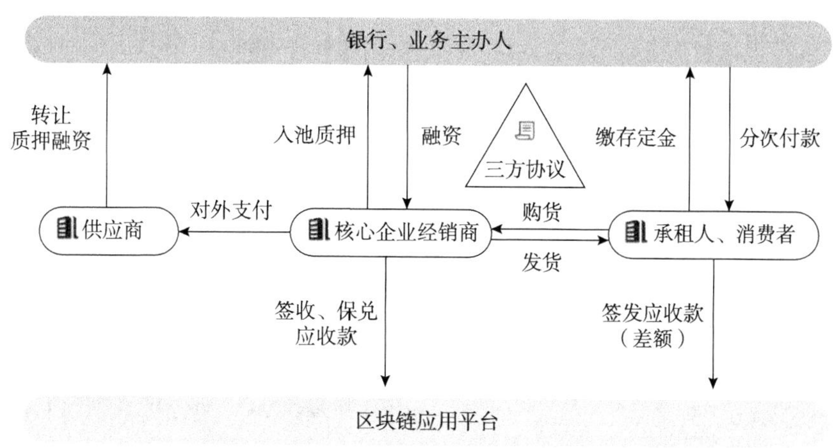


图7　区块链应用平台

浙商银行广州分行基于应收款链平台实现区块链分期通模式，农牧行业核心企业和浙商银行广州分行合作，满足下游企业或农户分期采购需求。下游企业或农户可根据实际需要签发分期通应收款支付给核心企业，分期付款，缓解一次性付款压力；核心企业收到分期通应收款后可提前确认销售回款，扩大销售。分期通应用场景高度契合汽车、大型装备制造企业、租赁公司等产业链客户。

## 三、案例创新点

### （一）技术创新

实践中，浙商银行广州分行围绕金融行业特性，不仅对应用模式进行创新，也对区块链技术本身的发展和改进作出探索和贡献。浙商银行在符合监管的前提下，创设了多个基于区块链技术的金融行业应用场景，并在金融行业应用总结、设计、建设了区块链新特性，形成符合金融行业特性且具有自主产权的区块链技术产品，并在同业中率先获得了区块链领域专利授权，形成了构建同业、区域联盟链的自主可控技术能力，以及整体对外输出和服务的能力。

1. 支持国密算法。区块链技术起源于国外，所有的加密算法均为国外相关算法，不支持国密算法。考虑到在金融行业应用的安全性，浙商银行在 2016 年探索实施区块链技术应用项目时充分考虑了这一因素，对区块链底层平台进行了改造，实现了对国密算法 SM2、SM3 的支持。

2. 确保数据隔离。区块链的特点是各节点均可获得全部数据，为了确保参与方只能访问有权访问的数据，以及监管方能够访问所有数据，在应用层，通过智能合约进行约束，查询时根据客户、银行、监管机构等角色对应的公钥，控制相应查询权限，确保数据仅能被有权角色查询；在数据存储层，对持久化的数据以特定编码方式进行加密存储，未经授权无法获得明文。

3. 隐私交易。通过对交易粒度的隐私保护，发送交易时指定该笔交易的相关方，交易明细只在相关方存储，而仅有隐私交易的哈希（Hash）会在共识后进行全网存储，既保证了隐私数据的有效隔离，又可验证该隐私交易的真实性。

4. 多级签名。通过叠加客户在交易平台的数字签名、服务器数字签名、区块链底层平台数字签名，构建从交易指令到区块链记账的全过程数字签名证据链，形成端到端的验证体系，确保行业应用客户通过应用平台访问区块链系统过程中的可追溯性。

5. 高频交易模式改造。金融交易具有并发量大、响应时间要求较高、交易执行稳定等特点，需要对区块链进行适合高频交易的改造。根据各个业务的不同特点，对业务品种、交易类型进行分类，制定了可配置交易打包、准实时交易、并发机制、批量登记等多种配套机制，匹配找到最适用的区块链交易模式，大幅提升业务处理效率。

6. 数据归档。随着区块链的不断运行，数据量随之增长，或将导致性能下降以及存储空间的增长。每个节点根据管理及运维需要，在数据生命周期结束后，按区块编号进行历史数据的归档，归档数据从原区块链中进行物理删除，并可独立部署于单独节点进行查询，既提升了区块链生产运行的效率及稳定性，也完整地保留了所有的历史交易记录。

7. 敏感词过滤。根据监管的要求以及区块链信息存储的特性，防控涉政、涉恐、涉黄等不良信息上链至关重要。通过在区块链中实现基于确定有穷自动机（Deterministic Finite Automaton）算法的敏感数据过滤服务，可识别、控制敏感词上链的行为，提升应急处置效率，保障区块链业务的安全运行。

8. 构建平台化服务模式。浙商银行广州分行区块链平台实现了多种合作方接入模式，合作方可根据自身业务情况、应用模式、技术能力等选择相应的合作方式，可通过 SaaS 模式快速开展业务，可通过联盟链模式共建区块链生态圈，并进一步为合作方提供区块链 BaaS 模式，提供高性能、稳定可靠、隐私安全的区块链存证能力，降低合作方开发成本，助力各行业区块链应用场景落地。

### （二）业务创新

1. 无须核心企业提供担保。针对下游，围绕链主企业下游经销商的数字化产业链金融服务方案。在供应链金融服务平台的基础上推出分销通（不控货类经销商融资），即依托链主企业与经销商历史交易数据、结算周期、结算方式等数据信用，为经销商办理定向用于向链主企业采购货物融资后，经销商可先行提取货物并以货物销售现金流入偿还本行融资的非控货类融资，重点解决经销商扩大采购带来的资金压力。推出订单通（控货类经销商融资），即为经销商办理定向用于向链主企业采购货物融资后，由链主企业或第三方仓储监管机构利用物联网等技术为本行管控货物，并通过 ERP 等系统对接，在经销商还款后进行提货的控货类经销商融资，重点解决经销商预付款大额采购资金压力。

针对上游，围绕链主企业上游供应商的数字化产业链金融服务方案。推出供货通（订单融资模式），基于链主企业采购订单数据（可通过与链主企业采购系统对接）为供应商提供的融资模式。此类模式适用于供应商需要垫资生产的融资需求；推出应收通（应收账款融资），与链主企业基于数据交互为其上游供应商办理的应收账款转让或质押类融资业务，包括为供应商办理的区块链应收款保兑或转入等，重点解决上游供应商向链主企业交付货物后因赊销产生的提前盘活应收账款需求。

2. 下游经销商可通过小程序操作。通过“供应链金融”小程序，下游经销商、农户可上传证件、人脸识别，并绑定各家银行卡开户。基于农牧核心企业维护的订单，农户可以在线申请借款，销售回款时，可在线还款，贷款按天计息。

从提交资料到放款完成，由之前至少需要一周时间，到现在只需 1 小时，真正实现了 1 分钟审批、1 秒钟放款大幅提升链上中小微企业融资质效（见图 8）。

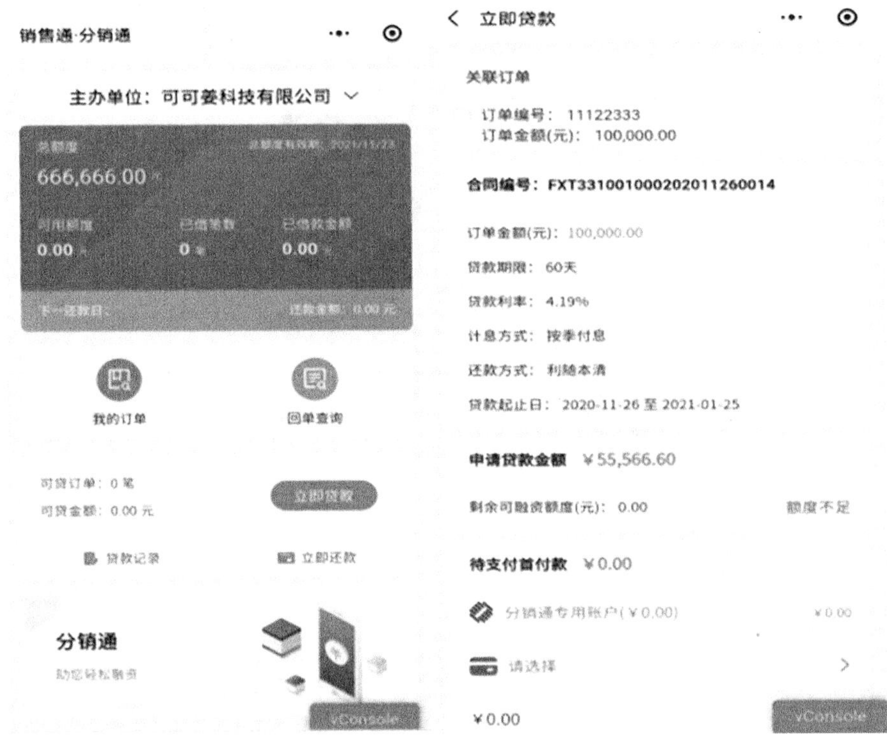


图 8　“供应链金融”小程序

3. 培育和打造农业产业园金融服务。广州、佛山、东莞、惠州等大湾区核心区域园区经济发展迅速且潜力巨大，浙商银行广州分行积极发挥“公司＋小企业/个体户＋零售”联动优势，依托“开发贷＋按揭贷/租金贷＋代发工资/银行理财”等产品，不断探索成片开发、“公小私”全链条联动赋能服务，为支持农业产业园建设积累宝贵经验。

4. 落实助企纾困措施，全力惠企助农。围绕国家和各级政府关于金融支持受疫情影响企业纾困和经济稳增长的部署要求，浙商银行广州分行提出“助粤惠企 31 条”，针对受疫情持续影响的小微企业客户，落实小微企业贷款延期还本付息政策，根据客户实际需求申请，为其办理延长贷款到期期限、调整付息周期、插入宽限期、变更还款计划等，解决客户临时性还本付息困难。

## 四、经验总结

浙商银行广州分行产业链金融业务通过帮助农牧行业核心企业上游供应商和下游经销商解决资金缺口，形成了“一点授信、链式流转、多处受益”的产业链金融新模式，有效降低了产业链交易成本，提升产业链运行效率，帮助企业真正实现“降杠杆、降成本”。

一是降低融资成本。以饲料行业龙头企业HD集团为例，其下游有上万家经销商，随着企业规模扩张，经销商备货存在较大资金缺口。浙商银行广州分行创新应用产业链金融服务模式，根据该集团推送的经销商历史交易数据和大数据风控平台，线上核定经销商的专项授信额度，定向用于向经销商发放信用贷款采购货物。

二是让数据多跑路，让用户少跑腿。浙商银行广州分行把数字化改革作为有力抓手，全面推进数字产业链金融业务流程优化、制度重塑、系统重构。以客户一键式融资为目标，打造极简客户端，实现开户、融资申请、提款还款的线上化一键式办理。目前浙商银行广州分行电子渠道交易基本实现"新客户最多跑一次、老客户一次不用跑"，大幅提升对客户的服务质效。以饲料行业龙头企业HD集团为例，下游经销商和农户分布在全国各地，浙商银行广州分行通过线上化方式提供上游供应商订单融资服务，从提交资料到放款完成只需1小时，真正实现了1分钟审批、1秒钟放款，大幅提升链上中小微企业融资质效。

## 五、未来展望

浙商银行广州分行将持续构建服务乡村振兴生态圈，持续探索有区域特色的金融产品，加大金融服务支持力度。

一是深化区块链技术跨域融合，创新乡村农牧产业链应用场景。创新区块链技术发展手段，一方面，加快探索跨链、联邦计算、多方安全计算可信硬件等关键区块链扩展技术及其与区块链技术的结合应用，挖掘区块链技术发展潜力；另一方面，深化区块链技术与云计算、大数据、物联网、人工智能、5G等新兴技术的融合交叉创新发展，以区块链为信任与协同的核心，以云计算、物联网、5G等技术为基础设施支撑，以大数据、人工智能等技术为判断决策大脑，通过各类新兴技术的集成创新与融合应用，激发技术创新的活力，为农牧产业链与"区块链+"技术的结合应用发展提供了广阔的空间与无限的可能性，进一步推动农牧产业链数字化改革进程。

二是加快推动特色产品落地。浙商银行广州分行聚焦地理标志产品，拟拓展一批具有地域特色、可实现批量开发的"合作贷"新场景业务，如江门"陈皮贷""青蟹贷"、增城"荔枝贷"、佛山"家电贷"和"盆景贷"、中山"红木家具贷"、清远"家禽贷"等，丰富小企业信贷产品库，争取早日突破落地见效。

三是拓展农业龙头企业，下好"链式金融"一盘棋。积极与农业龙头企业、涉农产业链核心企业合作，探讨应用数字产业链项下各类融资产品，支持小微企业应收账款质押等，扩大对产业链上下游的服务能力，助力产业复产增产。

四是聚焦客户和社会公众关切，树立高效服务、践行公益形象。提高政治站位，围绕"助粤惠企31条"加强持续性宣传，加强党建引领业务持续开展好结对帮扶、"公益赠饮"、消费扶贫等公益项目，创新金融服务形式，加大对农户、农产品生产加工企业的产品销售支持。

# 基于大数据云服务的数字化客群运营生态建设

中国工商银行广州分行课题组[①]

**摘　要**：在银行数字化转型时代背景下，提升金融业发展水平的关键在于推动金融与数字的融合创新。工商银行基于大数据、人工智能、机器学习等前沿技术，搭建了"用数赋智"云服务，在大数据平台的基础上，以业务为指导，优化企业级数据布局，按照"贴源层—聚合层—萃取层"架构开展体系化建设，从业务的角度出发，建设业务通俗易懂的主题聚合，实现数据的共享复用。在强有力的数据技术支撑下，工商银行广州分行基于"中国工商银行客户服务"微信公众号，实现行内数据与行外客群互通，走上开放银行的道路，研发集账户体系、数据分析、营销工具、客群维系、风险控制、后台管理等功能为一体的微信分级运营平台，整合行内客户画像标签，接入智慧大脑服务，构建数字化客群运营生态体系。

**关键词**：开放银行；大数据云服务；生态运营；人工智能；机器学习

## 一、项目背景

在当前互联网发展的浪潮下，银行面临着数字化转型，以顺应时代的发展趋势。在加快数字化转型的过程中，需要业务与科技很好地融合，达到降本增效、提质创新的作用。

广州作为粤港澳大湾区中心城市之一，数字科技已经迅速超越了传统资源、能源和劳动力等生产元素，上升为最活跃的生产力因素，成为金融业态高质量发展动力。而工行作为金融数字化、智能化转型的领头羊，建设了以用数赋智大数据云服务为基础，构建的数字化客群运营生态，实现从智慧共享的数据服务体系搭建，到开放场景对接的全流程数字化服务，构建数据驱动业务发展模式。

---

① 课题组组长：刘文辉，中国工商银行广州分行副行长，研究方向：金融理论、金融改革、数字化转型。课题组成员：李燕，中国工商银行广州分行运行管理部总经理，研究方向：数字化转型、运行管理。邓玉峰，中国工商银行广州分行金融科技部副总经理，研究方向：数字化转型、数据要素、数据治理。王维峰，中国工商银行广州分行金融科技部经理，研究方向：数字运营。黄舒琦，中国工商银行广州分行金融科技部技术经理，研究方向：数字运营。

在实践中，工行立足新时代发展的新阶段，响应国家数字经济和数字金融的建设要求，多维度布局数字化转型，推进国家“十四五”数字经济发展规划战略，加快数字化变革的进程，具体落实到银行日常业务当中，让数字经济的建设成果更好地惠及大众。通过与第三方之间的数据共享，将客户的日常生活与金融服务紧密结合，突破传统银行的经营模式，探索一条具有工行智慧的开放银行转型道路。

## 二、业务方案

### （一）构建集团数据中台

近年来，新一轮科技革命和产业革命加速演进，党中央提出了数据要素改革政策，将数据作为一种新型的核心生产要素，国家层面数据要素的战略地位日益提升。工行深入“数字工行”战略，在业内率先完成了大数据资源和平台的集中整合及全面国产化转型，建设了集团数据中台，由原先的数据集市、数据仓库向大数据云服务演进，按照贴源层—聚合层—萃取层架构体系化开展建设，提升专业应用处理成效，解决难以承载非结构化数据的痛点（见图 1）。

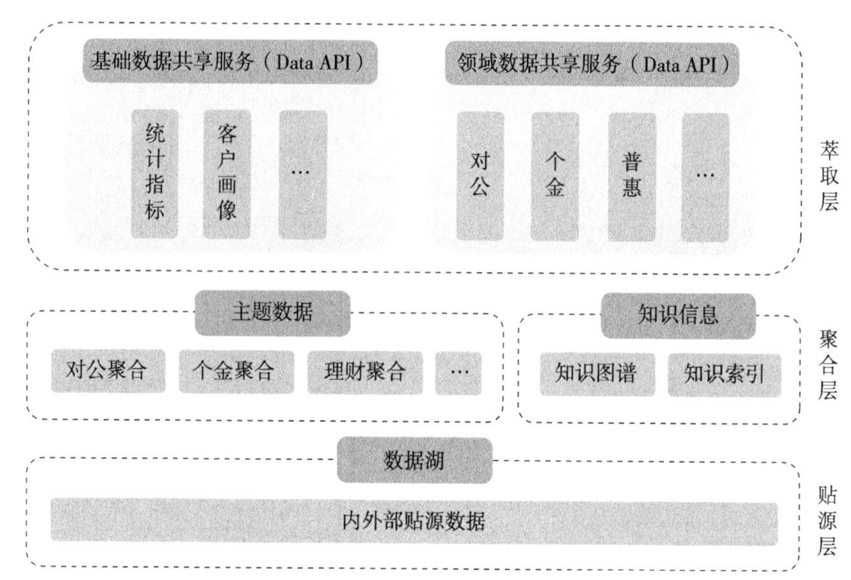


**图 1　集团数据中台架构**

1. 贴源层数据。工行数据湖按照贴源方式集中存储了含业务价值的结构化和非结构化数据，囊括银行内部、集团子公司、物联网、行业云和外部数据，覆盖全集团、境内外、行内外来源的 220 多个应用，累计约 2.7 万张表，基于 1 万多条数据确保准确性，为云上 167 家总行应用和 40 多家分行提供数据共享服务，通过数据实时、准实时、逻辑入湖等多种数据采集方式，支撑全行监管报送、客户营销、反欺诈、境外监管、绩效考核、风险监控等场景需要。

2. 聚合层数据。数据仓库和集团信息库共同构成工行聚合共享数据。数据仓库囊括协议、渠道、地域、机构、客户、产品等十大概念主题，并按主题聚合。集团信息库则结合了智能搜索和知识图谱两部分内容。

（1）技术支撑。数据仓库按照业务建模方法论的指导，抽象出了对公、零售、信贷、投行等16个主题域。在主题域内，剔除源表的技术元素，将2 700多个源表加工成业务可理解的425张主题聚合表，支撑了个金、普惠、金融市场等多个业务部门的数据分析、图表制作和数据建模。

智能搜索面向全集团提供金融业务智能信息服务，促进全行信息的共享互通，截至2023年2月末，智能搜索作为新一代金融搜索引擎，已汇聚金融产品信息、金融专业知识、金融新闻资讯等信息超27亿，支持单场景5亿的索引，超6 000 TPS的并发访问量，为工行手机银行、融e购、网讯、知识库等近45个业务系统提供精准、高效的搜索服务，日均服务量超450万。

知识图谱采用的是JanusGraph图数据库，综合运用图分析算法、图嵌入算法、深度学习算法和NLP算法，融合知识解析、图查询、图分析、知识推理、OCR和NLP技术服务，构成一站式知识图谱构建与挖掘能力（见图2）。在图谱元数据、服务资产方面已实现全行统一、规范化登记管理。经过与同业的比较，工行与建行图谱建设已初具规模，处于同业领先水平。

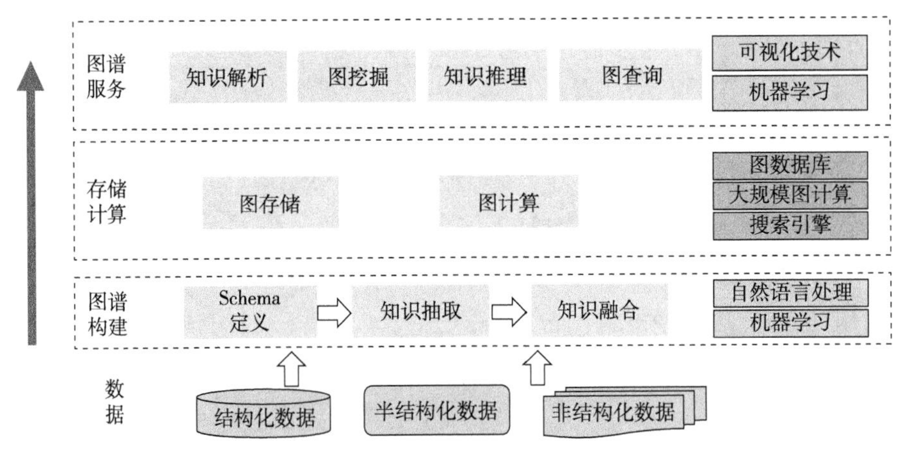


**图2 知识图谱技术体系**

（2）服务输出。聚合共享数据支持从中萃取指标形成领域数据，赋能数据分析及智能模型建设。

运用知识图谱技术构建以客户为中心的关系网络，深度挖掘数据实体间的内在关系。图谱技术能力同业领先，自研搭建十亿规模图数据库与图计算引擎：具备十亿级实体关系的存储、查询和计算能力。加载和查询性能较开源提升10～20倍，自主创新和研发能力达到同业领先。图谱数据资产及服务积累迅速，沉淀了380亿+实体、520

亿+关系。其中以当事人、账户、事件、地理位置四大主题为基础的通用知识图谱，总数据规模达50亿+实体、240亿+关系。沉淀77种知识图谱服务，日均请求访问量达59万次。图谱应用场景丰富，价值凸显，赋能GBC客户资金闭环、普惠贷后资金流向分析、远程银行中心智能应答等50多个场景，并取得了不错的业务效果。

3. 萃取层数据。通过数据资产沉淀、数据服务化和数据资产运营，萃取主题聚合数据，形成客户画像、共享指标、风险识别、绩效考核、损益等领域数据，建设智能模型数据服务，打造大数据资产管控和运营体系，输出即时BI平台、智慧大脑、智能坐席助手、知客、慧营等系列数据产品。

（1）技术支撑。通过建立数据资产运营指标体系，强化对数据质量、场景价值、数据成本、安全等方面的评估、展示和运营。资产管理贯彻“一个体系”“两类资产”“三类用户”“六大能力”理念，“一个体系”是指数据中台管理体系，“两类资产”包括数据资产和数据服务资产，“三类用户”是指业务人员、数据分析师和科技人员，而“六大能力”囊括数据资产盘点、数据资产分析、数据资产治理、数据资产安全、数据资产运营和数据资产应用。

基于大数据、人工智能等新技术打造金融业首个自主可控，基于分布式架构的人工智能系统——工银智慧大脑，不仅具有丰富的数据、强大的算法，同时也具有“看、听、说、想、做”全栈智能。工银智慧大脑依托智能云平台搭建原创性地采用“Master-Slave”的架构，实现了国内外十多种人工智能学习框架的可插拔融合，从而快速地融合业界主流人工智能学习框架，突破了业界单一计算框架的算力和算法约束，适应了企业智能应用的多样化需求。创新自研了模型部署、任务发起、版本注册、版本订阅、模型上线和模型下线的全流程闭环管理框架。同时创造性地融合了HDFS、HBase、ES三项技术，实现技术统一、成本可控、便捷易用、安全稳定、低延时高并发（10万笔/秒）的海量数据存储服务。而跨集群跨数据库的海量数据统一访问服务实现对于跨集群、跨数据库数据的无感访问，解决了长期以来在数据整合领域的困扰，大幅降低了数据整合的难度和投入，提高了效率（见图3）。

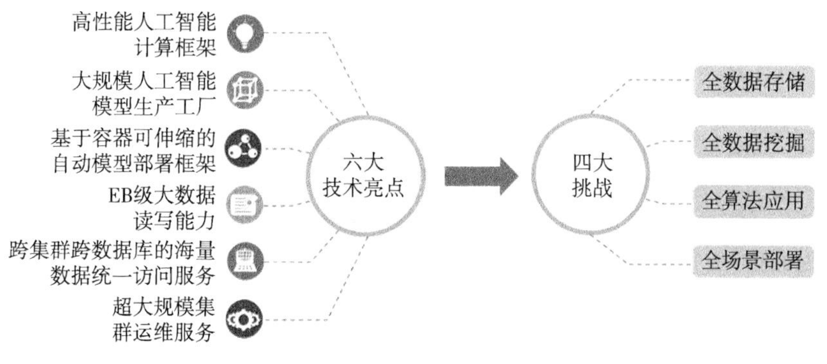


图3　工银智慧大脑智能云平台

（2）服务输出。工行目前沉淀了23 000多个全行通用的常用统计类指标和绩效考核类指标，通过接口方式推出94个指标数据服务，为28个业务系统指标查询、机构下钻等76个场景提供服务。

即时BI工具面向数据分析师和业务人员。结合了数据可视化及数据分析，打造了具备数据和数据加工的BI工具。只需要通过鼠标拖动，即可制作各种数据报表、看板，可快速满足工行数据分析师、业务人员等实时分析、智能交互、灵活决策的需求，降低数据使用的门槛。

智慧大脑智能服务层面向金融全场景提供便捷服务和生态支持，实现跨产品、跨场景、跨业务领域的共享使用。在智能生态方面，通过“输出智能、赋能行业”的方式建立起工行金融生态云的优势竞争力，为民生服务、公共事业、医疗教育等各行各业注入AI原动力，推动智能驱动下的全新生态圈建立。对内打造集约化、精细化、自动化的智慧经营管理体系，与专业化、智慧化、体验化的智能客户服务体系，支持银行内部全面实现智能化转型。对外嵌入政务、医疗、出行、物业等金融生态云产品，为各行各业注入AI原动力。

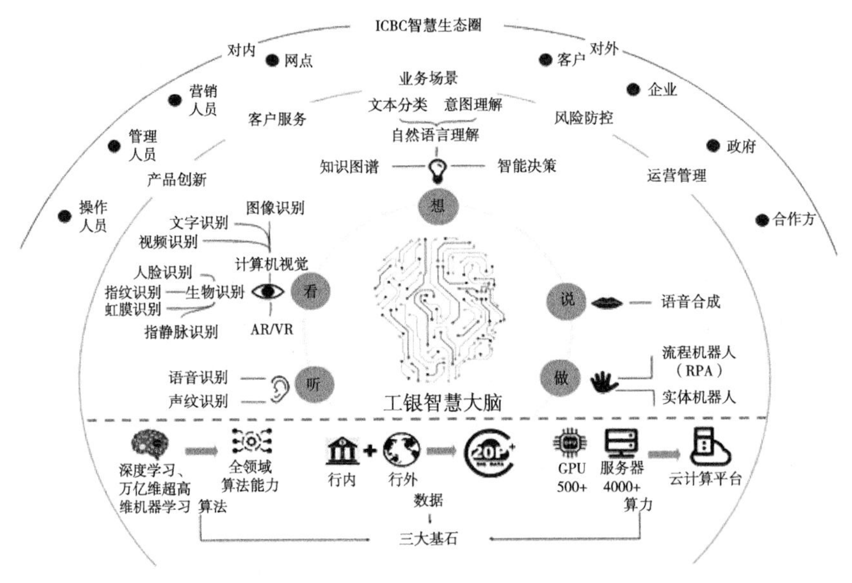


**图4 工银智慧大脑生态圈**

## （二）数字驱动客群智慧化运营

1. 数据中台赋能客群运营。

（1）客户运营维护困境。目前网点、外拓营销与高净值客户维护等方式是线下客户营销的主流，其客户维护模式的本质仍是一对一的客户营销。工行广州分行面对超过千万级别的个人客户，全量客户战略的实施难以单纯依靠传统线下渠道进行。伴随着近年来客户离店趋势愈加明显、疫情风险导致的外拓机会减少，客户线上化维护的焦点聚集在行内 App 与微信平台。而行内 App 重安全和重功能服务的考虑，在当前用户使用习惯下，其入口活跃度相对较低，批量引流获客成效不明显。行外渠道虽然具有轻入口的特点，但难以打通行内数据与服务，难以将客户身份强认证、线上营销渠道、线上服务相承接，实现线上服务流程闭环。

工行广州分行超千万个人客户中，资产小于 5 万元的客户占比高达 90% 以上。这批长尾客户具有存款少、对工行服务认识度不高的特点。传统银行坚守的头部战略思维对今天的业绩影响固然重要，但是维护和挖掘好长尾客户对银行明天的发展能产生更大的影响。针对长尾客户进行挖潜提质，相当于开拓一个潜力巨大的市场。

（2）探索客户运营创新之路。基于以上痛点，需要将行外渠道与行内数据和服务打通，构建一套线上客户集聚“入口 + 服务”营销的运营平台。一是为客户提供更加便捷的业务办理渠道和服务享受方式，增强服务黏性；二是搭建与客户沟通交流的平台，提供客户经理维护客户的载体，同时避免客户经理微信私聊营销中的风险管理缺失；三是打通行内外数据标签，构造相对全面的客户画像，为精准的客群运营分析提供数据支撑；四是组成目标客群，采用“根据客群推产品”和“根据产品找客群”的思路进行目标客群和产品的匹配，为客群营销提供抓手；五是推广产品运营，根据运营活动推送的反馈进行标签的再强化，从而不断完善标签库。为此工行积极探索解决线上客户运营维护的新方式，并基于数据中台服务框架和“中国工商银行客户服务”公众号，设计研发了“微信分级运营平台”。

腾讯 2022 年第三季度财报显示，目前微信月活用户已突破 13 亿，具有天然的社交属性优势和流量优势，微信分级运营平台作为一个打通行内行外数据服务的渠道，是集账户体系、客户维护、数据分析、精准营销、风险控制等功能为一体的平台，通过构建以数字驱动的客群运营生态体系，实现对本地区粉丝的个性化管理和运营（见图 5）。

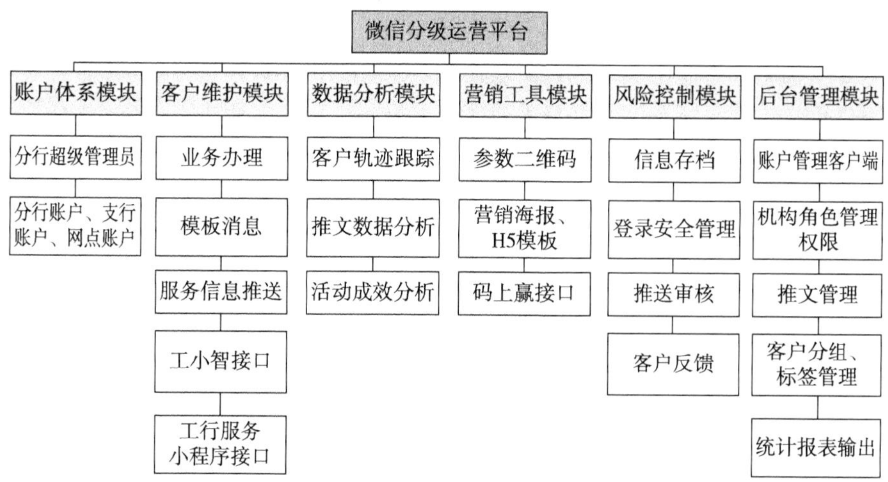


**图 5　微信分级运营平台架构**

2. 实现客户身份的精准识别。数据中台大数据云服务充分利用行内业务数据，引入行外信息，沉淀14大类6 000多个客户特征，打造了企业及客户画像体系。用户在微信分级运营平台绑定本人名下任意工行卡即可完成客户认证，基于绑卡行为将行内客户特征与行外客户身份进行强认证关联，同时整合行内客户画像标签与客群运营过程中形成的客户行为特征，构建微信运营平台客户识别体系，实现认证即识别，助力客群数字化、个性化运营（见图6）。

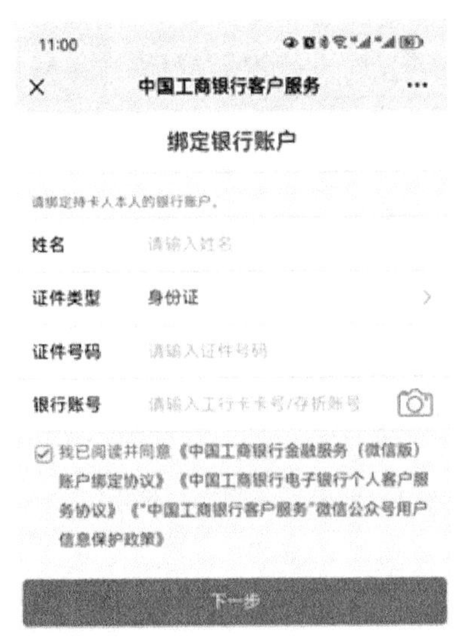


图6 绑卡认证页面

一方面，微信分级运营平台接入行内客户画像服务体系，将客户信息、统计指标、业务特征、关联关系等基础通用共享数据资产构成客户丰富的行内标签，通过平台间的互联互通，在客户绑卡后将行内CIS编号与微信OpenID间建立认证关联，立刻识别客户身份标识、客户偏好、目标客群标签等信息，即时定位目标客户，并且避免客户敏感信息泄露的风险。另一方面，在平台对客群持续运营的过程中，将客户在微信平台的浏览偏好、办理业务种类、活动参与情况、营销结果、复购记录等行为轨迹进行记录、分析和加工，摘取其中有较高价值的部分形成新的客户特征信息，进一步丰富画像刻画维度，为客群个性化运营提供更加高效的决策支持（见图7）。

3. 实现客群分级管理运营。基于客户身份的精准识别，微信分级运营平台构建起自有客户管理与营销体系，为各层级客群运营人员提供与客户沟通维护的载体，实现分地区、分机构、分客户经理的客户运营。各层级客群运营人员及客户经理可通过平台向特定客群或单个客户发送个性化营销信息，在通过微信快捷触达客户的同时有效避免了以往客户经理通过微信私聊客户进行营销中的风险管理缺失，实现营销环节的可记录、可追踪、可回溯，强化客户维护全流程的风险管理（见图8）。

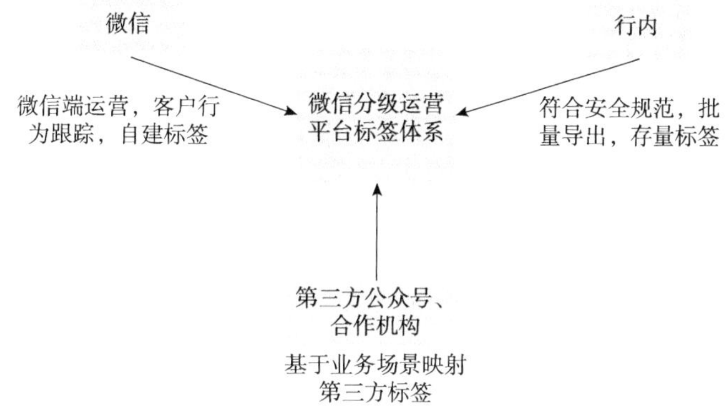


图 7　微信分级运营平台标签体系

微信管理　系统管理　用户大数据

添加机构

账号管理
机构管理
部门管理
第三方账号

名称　状态　搜索　清除

| 机构名称 | 描述 | 机构编号 | 地址 | 状态 | 创建时间 | 操作 |
| --- | --- | --- | --- | --- | --- | --- |
| 广州分行[illegible] | [illegible]行银行卡中[illegible] | 36[illegible]03 | [illegible]区大沙[illegible] | 启用 | 2024-03-06 16:46:01 | 编辑 删除 |
| 广州分行[illegible] | [illegible]行个人金融[illegible] | 36[illegible]02 | [illegible]市越秀[illegible]29号 | 启用 | 2023-12-14 09:56:43 | 编辑 删除 |
| 远程银行中[illegible] | [illegible]心管理员 | 36[illegible]04 | [illegible]庄市桥[illegible]路258[illegible] | 启用 | 2021-12-23 18:26:56 | 编辑 删除 |
| 远程银行中[illegible] | [illegible]管理员 | 36[illegible]03 | [illegible]市武侯[illegible]中段1[illegible] | 启用 | 2021-12-14 15:26:18 | 编辑 删除 |
| 远程银行中[illegible] | [illegible]管理员 | 36[illegible]02 | [illegible]市滨湖[illegible]2449[illegible] | 启用 | 2021-10-29 16:11:21 | 编辑 删除 |
| 远程银行中[illegible] | [illegible]管理员 | 36[illegible]00 | [illegible]区三元[illegible] | 启用 | 2021-09-02 16:43:00 | 编辑 删除 |

图 8　微信分级运营平台分级管理

4. 实现客群个性化运营。

（1）构建客群数字化运营体系。微信分级运营平台接入智慧大脑的客户画像及大数据分析服务，结合客群运营中形成的自有客户特征信息，为专业分析师挖掘目标客户群体、营销信息精准推送、金融服务个性化适配提供了强有力的数据支撑。通过积累种子标签、细化平台标签、组成目标客群、推广产品运营的流程，以及定期多样性的活动实现客群个性化运营。

首先，积累种子标签。采用线上线下双轨运营模型进行推广。以“微信分级运营”推广引出小程序取号业务，以小程序取号业务助力推广公众号。将“云网点”在线取号功能内嵌于“中国工商银行客户服务”微信公众号中，为各网点生成专属二维码，并制作海报、台牌等物料置于网点显眼位置，制作 ATM 广告页面，突出公众号功能，吸引客户扫码关注。同时，将“在线取号”作为公众号突出功能，邀约到店客户扫码关注公众号后体验“在线取号”功能，体验线上金融。通过线上线下双模式获取客户，进行种子客户标签标注。公众号绑卡结合客户到网点二维码扫码业务预约功能，客户绑卡意愿更高，绑卡业务转化效果较好。以 2022 年 8 月 1 日至 8 月 7 日为例，客户扫码超过 3.6 万次，新标签归属超过 2.5 万个，新关注用户超过 1.8 万个，绑卡客户超过 7 000 个，扫码绑卡转化率达 19.49%，远高于一般活动效果（见图 9）。

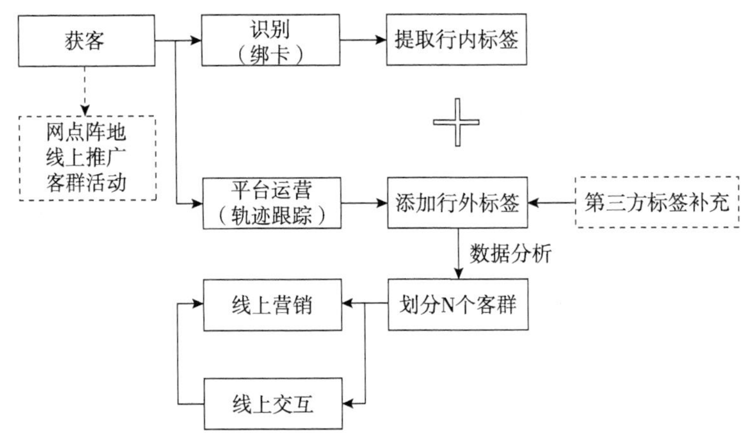


**图 9　线上线下客户标签获取模式**

其次，细化平台标签。采用自上而下的标签细分方法进行标签类型的挖掘，如一级标签维度的基本资料、金融交易、持有产品、线上行为，以及二级标签维度的交易活跃度、消费场景、产品类型偏好等，每一层的标签细分都会衍生出更加精细的考量标准。标签挖掘就是全面对客群进行多维度剖析，为每一位客户打上相应的标签。在打标签过程中遵循的原则是特征细分化、非结构特征数据化、相近特征统一化、频次数据归一化，从而构建全客户标签库。其中，统一化主要体现在行为标签的处理上，将相近的数据归成同类标签，例如出行偏好方面，筛选出同类型消费场所的客户作为统一标签分类（见图 10）。

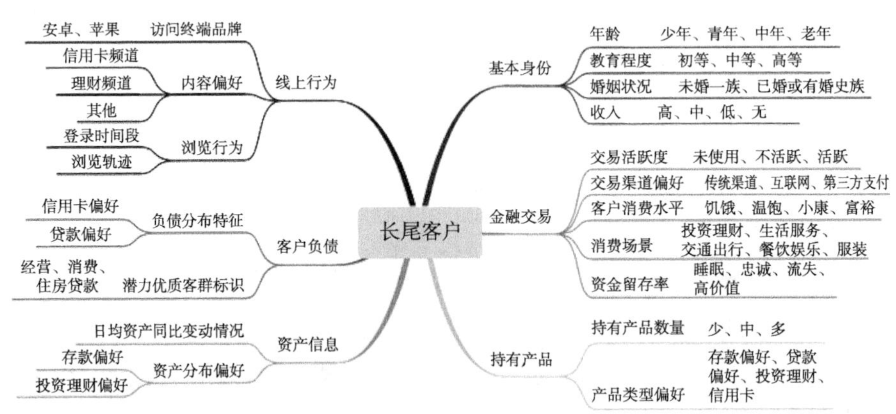


**图 10　长尾客户标签细化挖掘思路**

再次，组成目标客群。标签体系和模型的建立在于挖掘客群的整体特性，并从不同的维度进行客群划分，从而挖掘目标客群。无论是“根据客群推产品”还是“根据产品找客群”，都建立在目标达成的愿景上。因此，从正向的“根据产品找客群”能够圈出客群的产品属性，快速掌握客群特征，再进行客群聚类；而从反向的“根据客群推产品”是寻找目标客群的整体特征，再根据客群特征选择对应的产品进行营销。在标签库的基础上，使用独立标签分析查找客群整体特征，并通过计分制聚类推荐方式实现“无感情化”地筛选出目标客户进行“有情化”地推荐。

最后，推广产品运营。有了客群之外，根据需要实现产品和客群的双向匹配。客群挖掘和产品运营之间是一个持续迭代和跟踪的过程，因此标签池也在产品运营的过程中动态变化。在产品推广过程中，平台可以锁定推广客群，实时分析客群活动参与情况，为客户打上新的标签。另外，支持针对锁定客群进行动态特征客群细化，通过后续系列化运营推动客户养成，强化标签运营体系能力。

（2）精准营销赋能业务发展。综观 2022 年专区活动建设，微信分级运营累计开展活动 230 多个，主要分为旺季营销、达标有礼、便利生活、爱购广州、新客有礼、数币专区等热门专栏。

旺季营销专区的活动多为无门槛任务达标式活动，主要由网点业务部门引导客户达成任务。通过业务考核方式推动活动开展，因此在活动推广过程中存在一定的保障。其中，1 月结合春节主题推出热门款红包推送活动，通过无门槛、轻任务模式大幅度引流增粉，为专区 2022 年打响开门红。达标有礼和新客有礼专区活动结合行内业务指标对新老客户进行任务奖励，通过线下业务线上办理的方式，进一步实现服务数字化转型。便利生活和爱购广州专区是为存量客户打造的，涵盖衣、食、住、行各方面的活动，是维系客户的纽带。数币专区是新服务试点入口，集合工行多个数币场景服务，积极响应国家号召，推动新技术发展（见图 11）。

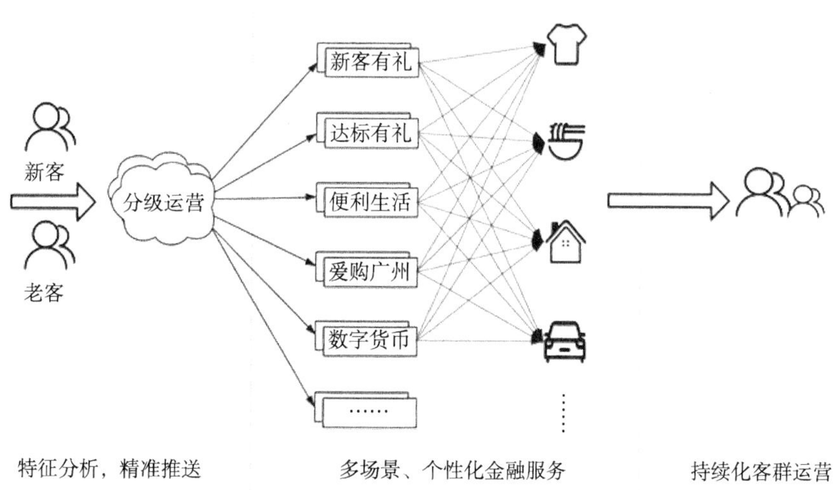


**图 11　场景化精准营销**

(3) 多渠道触达客群。为扩大旺季营销推广范围，工行在设计活动时力求打通线上运营全渠道，实现公众号、小程序、手机银行以及线下网点等渠道相互连通，相辅相成。

本次活动充分利用“中国工商银行客户服务”服务号、“工行广州”订阅号庞大的客户粉丝群体，借助推文推送的功能快速高效全面触达客户。在推文推送后，活动的客户访问量达到顶峰。借助“云网点”小程序、“手机银行”弹屏以及线下网点“电子屏”等官媒资源，营造旺季营销气氛，增加活动推广渠道；充分利用网点到店客户“在线取号”功能，带出旺季营销活动微信消息提醒；“短信 + 公众号关键词回复”提醒客户进行活动宣传以及客户达标领奖，完善客户触达、客户参与、达标领奖的全流程通知提醒（见图 12）。

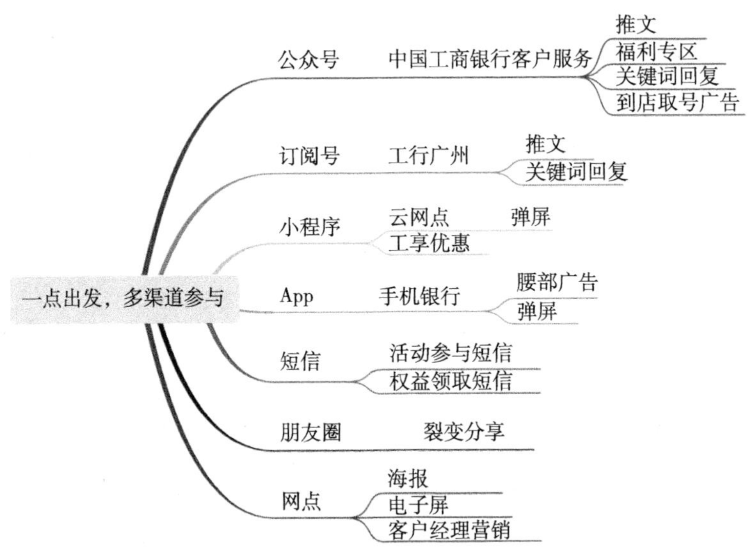


**图 12　一点出发，多渠道参与模式**

## 三、创新亮点

### （一）实现多技术融合应用

工行广州分行数字化客群运营生态基于集团数据中台体系建设，将原先的数据集市、数据仓库向大数据云服务演进，强调综合数据资产的易用性、共享性和协作性，集成大数据计算、人工智能、机器学习等多技术融合应用，构建集技术、数据、服务于一体的大数据服务云生态圈，以 EB 级全数据和多样的数据服务能力智能驱动业务流程变革、产品创新。

### （二）实现多能力全面开放

以大数据服务云生态圈为中心，工行通过数据资产沉淀、数据服务化和数据资产运营，建设即时 BI 平台、智慧大脑、智能坐席助手、知客、慧营等系列数据产品服务，破除业务系统之间的信息和服务壁垒，实现应用服务的即时调用和互联互通，从数据和技术层面构建信息、技术、平台、服务和业务之间的桥梁，将业务开放拓展为业务、数据和技术生态的全面开放。

### （三）实现多平台融合生态

在平台生态方面，构建从单一平台到多平台融合的生态体系，更加强调客户、产品、运营之间的关联。以微信公众号为核心，融合了客户识别认证、客群维护与运营、营销工具与产品服务、风险控制与内部管理功能，打通了从数据分析、到决策、到营销、到最终评价反馈的客户运营流程，集合了分散在各个业务平台的产品与服务，通过轻量化的服务渠道，为客户提供使用工行服务的便利入口，为营销人员提供精细化分群运营客户的有效工具，实现了多平台融合的数字化运营生态，完成了从单纯的平台建设到建设与运营并重的模式转变。

## 四、案例成效

### （一）经济效益

1. 客群维护效率提升突飞猛进。微信分级运营平台上线以来，实现各项指标快速增长。截至 2023 年 4 月末，工行广州分行“云网点”访问量 170 万 + 人次，排名城市行第一，一级分行第三；访问客户数 40 万 + 人，排名城市行第一，一级分行第二。“中国工商银行客户服务”微信公众号广州分组触达客户数 340 万 + 人，比年初增加 20 万 + 人；绑卡客户数 200 万 + 人，比年初增加 25 万 + 人；网点新标签客户 300 万 + 人，比年初增加 30 万 + 人。第一季度开展 12 场线上客户运营活动，活动参与人数 20 万 + 人，访问量达 180 万 + 人次，线上渠道触客效能显著提高。

春节活动分为达标抽奖、红包封面和裂变红包三部分，兼顾引流、获客、品牌宣传等任务，其中，工迎“穗”月有“礼”同行春节重点节日活动共计进行 21 天，页面浏览量累计 140 万次，38 万位用户点击访问，去重访问客户超过 10 万位。奖品核销率为 86.9%。

活动专区上线各部门活动 230 + 个，涵盖个人金融、银行卡、结算与现金管理等业务条线。整合各业务部门活动资源，统一在微信分级运营平台管理，丰富福利专区内容。“双十一购物‘折’学”活动共计进行 15 天，页面浏览量累积达到 9.8 万次，有约3.9万位用户点击访问，其中累积去重访问用户约3.1万位，活动参与人数约3.1万人，消耗奖品率达68.6%。“双旦”活动客户访问次数超过30万次，活动参与人数约9.6万人，其中中奖数约为2.5万人，消耗奖品率达81.3%。“个人养老金开户有礼”活动上线至今服务超过11.9万人，成功开户人数超过8.5万人，缴存人数超过1.6万人，累计发放立减金超过14.7万份，总金额超过480万元，推动分行个人养老金业务开展。平台持续协助天平架支行上线促活获新活动，实现成功报名超过2 000人，百万级资产提升达标客户50+人。

少儿财商是基于“总行赛搏云+分行微信运营”搭建的少儿财商基地平台，累计引入“广发证券”“云从科技”“粤旺农场”“广东省科学院广州地理研究所”等34个财商基地，为“小小银行家”们提供系统化的服务和培训。未来，工行广州分行预计与上百家优质机构合作挂牌少儿财商基地，整合机构资源和平台资源，为宝贝和宝爸宝妈提供更加多元化的财商活动，跟踪培养少儿家庭客群。

如图13所示，微信分级运营平台上线以来，客群维护效率突飞猛进，活动的成效有了显著提升。活动访问人数、访问量逐步增长，其中春节活动访问量更是达到了147.8万人次，访问人数达到了16.6万人次，是之前国庆活动访问人数的8倍。与此同时，活动的获客成本逐渐降低，获客成本从3.28元/人降低到了1.23元/人，由此可见，平台起到了降本增效的作用。

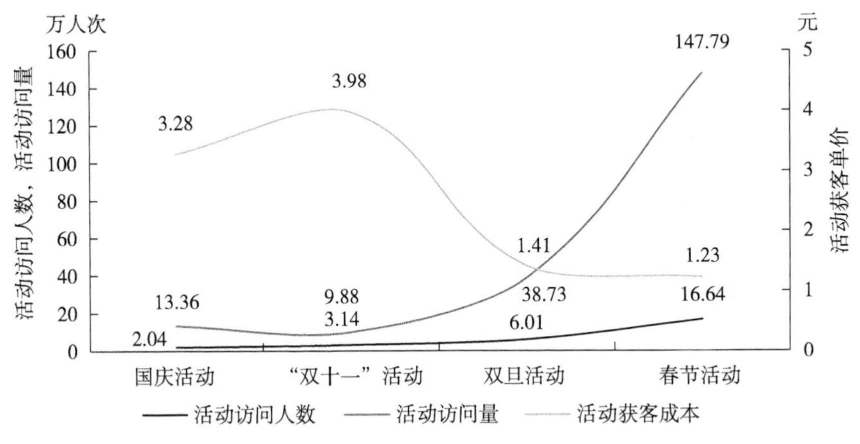


**图13 各活动数据一览**

2. 强化客户维护中的风险管理。微信分级运营平台将客户细分，对全量客户分层级、分机构的管户运营，客户经理通过运营平台接触和维护客户，最大限度避免了与客户通过微信私聊的方式进行营销与产品推介，实现营销环节的可记录、可追踪、可回溯，强化客户维护全流程的风险管理。

## （二）社会效益

工行数字化客群运营生态以数据和技术为驱动，深化金融科技与业务场景融合，一方面推动银行机构数字化转型，另一方面在降低金融成本、防控金融风险和支持实体经济等方面也具有重大意义。

近些年，工行依托用数赋智大数据云服务积极开展各项创新实践的努力与成果获得了权威机构以及业内的广泛认可，先后于2004年、2016年获得人民银行科技发展奖特等奖，是唯一两次获得人民银行科技发展奖特等奖的商业银行，2016—2019年连续四年蝉联《银行家》最佳金融创新奖。“金融生态建设”最佳数字化转型项目获得《亚洲银行家》2019年度金融科技创新奖。

## 五、未来计划

在当今客群精准化、个性化运营要求不断提升的背景下，工行广州分行以金融业态与数字科技融合为导向，构建以大数据服务云生态圈为中心，以微信分级运营平台为服务综合体的数字化客群运营生态体系，利用数据资产及大数据计算技术实现客群运营中客户画像精准识别、营销方案智能推荐以及客户运营全流程的跟踪、记录、反馈、分析和优化。通过微信轻量化的服务渠道，将以往通过独立的平台、独立的渠道维护客户的方式转变为多平台融合、多服务融合的方式，充分加强了客户、产品、运营之间的关联，实现平台间优势互补、开放合作，建设开放银行的生态体系。

未来，数字化银行的模式将产生“蝶变”，需要银行业加速变革，适应外部金融环境和经济周期的深刻变化，寻求业务增长和价值成长的可持续战略。目前，工行已通过强有力的金融科技投入以及全生态的金融布局打开了数字银行的大门，数字银行的战略推进将成为整个银行业和金融服务的根本方向。

工行数字化客群运营生态将继续践行“金融”+“科技”+“生态”战略，在坚守法律合规底线的基础上，以大数据云服务为抓手，不断探索新技术，通过跨领域联邦学习打通数据边界，与各应用行业深度合作，共建智能生态，将其打造为工行客群运营的核心竞争力，为客户提供更加便捷、高效的综合金融服务，走出一条具有工行智慧的智能转型新模式，为数字化银行时代贡献工行智慧。

# 金融篇

## 服务贸易数字化与数字金融

熊　凌[①]

**摘　要**：服务贸易是国际贸易的重要组成部分，金融又是服务贸易的重要组成部分。当前全球服务贸易数字化、智能化、绿色化进程不断加快。2023 年 9 月 2 日至 6 日，以“开放引领发展　合作共赢未来”为主题的 2023 年中国国际服务贸易交易会在北京举办，广州金融首次组团亮相服贸会。随着数字经济加快发展，服务贸易在数字产业化和产业数字化两个方面都呈现出新特征，从而对金融服务提出新的需求。广东是服务贸易大省，也是金融大省，在粤港澳大湾区建设加快推进的背景下，在服务贸易数字化的重点领域开展了一系列的探索和实践，旨在推动数字商务、数字政务与数字金融深度融合，为金融支持服务贸易不断打开新的空间。

**关键词**：服务贸易；数字化；数字贸易；数字金融

服务贸易是国际贸易的重要组成部分，金融又是服务贸易的重要组成部分。当前全球服务贸易和服务业合作深入发展，数字化、智能化、绿色化进程不断加快，为推动经济全球化、恢复全球经济活力、增强世界经济发展韧性注入了强大动力。2023 年 9 月 2 日至 6 日，以“开放引领发展　合作共赢未来”为主题的 2023 年中国国际服务贸易交易会在北京举办，广州金融首次组团亮相服贸会，并举办了专场发布会。在数字经济加快发展的背景下，服务贸易在数字产业化和产业数字化方面都呈现出新特征，从而对金融服务提出新的需求。

① 熊凌，博士，广州银行跨境金融部总经理、岭南金融研究院兼职研究员，研究方向：跨境金融、财资管理、贸易融资。

# 一、从服贸会看服务贸易的发展

2023 年中国国际服务贸易交易会（服贸会）于 9 月 2 日至 6 日在北京举行。本届服贸会吸引了 80 多个国家和国际组织设展办会，2 400 余家企业线下参展。“服贸会”与“广交会”（中国进出口商品交易会）和“进博会”（中国国际进口博览会）一道，构成了中国对外开放的三大展会平台。

## （一）什么是服务贸易

服务贸易，全称国际服务贸易（International Trade in Services），是指一国的法人或自然人在其境内或进入他国境内向外国的法人或自然人提供服务的贸易行为。通俗地讲，就是“服务”这种特殊类型商品的进出口。由于服务贸易的跨境交易对象是无形的服务，而非有形的货物，因此，在数据统计方面也与货物贸易有明显区别。货物贸易来源于海关的货物进出口统计数据，但目前对服务贸易进出口的统计主要依托国际收支统计（Balance of Payment Statistics）。

服务贸易虽然与我们的生活息息相关，但由于服务贸易的交易对象是无形的，按照人们的生活常识往往不易判断服务贸易的进出口方向，因此，可以参照跨境资金流动的视角做个大致划分——凡是引起资金跨境流入的就是服务贸易出口，比如境外客户使用中国境内运营商提供的计算机网络服务，向中国的运营商付费；凡是引起资金流出的就是服务贸易进口，比如中国人到境外旅游，在当地的消费。

根据 1994 年 WTO 签署的《服务贸易总协定》，将服务贸易提供方式分为四类，即跨境提供或跨境交付（Cross - border Supply）、境外消费（Consumption Abroad）、商业存在（Commercial Presence）、自然人流动（Movement of Personnel）。从行业看，世界贸易组织界定了服务贸易的十二大领域，包括商业服务、通信服务、建筑及相关工程服务、金融服务、旅游及旅行相关服务、娱乐文化与体育服务、运输服务、健康与社会服务、教育服务、分销服务、环境服务及其他服务。

按照服务对象，服务贸易又可以分为生产性服务贸易和生活性服务贸易。生产性服务贸易包括为生产活动提供的服务，如研发设计、货物运输、信息和金融服务；生活性服务贸易是以满足居民最终消费需求为服务对象，如健康服务、养老服务、旅游和体育服务等。

服务贸易的产业基础是服务业，各国服务贸易的竞争，实质上是各国服务业之间的竞争，服务业的发展对服务贸易竞争力的形成具有根本性的决定作用。服务贸易和服务业的主要区别在于，服务贸易是服务的国际性交易活动，而服务业是居民和居民之间在境内发生的服务交易。

在我国，服务贸易的主管部门是商务部。但服务贸易涉及的业态广泛，业态之间差异大，行业归口管理部门多，且涉及金融等关键领域，因此，从2015年起，国务院就批复建立国务院服务贸易发展部际联席会议制度，参与部门包括中国人民银行和国家外汇管理局，在服务贸易的跨行业沟通协调方面发挥着关键作用。

### （二）服务贸易的发展状况

1. 我国服务贸易的发展情况。据世界银行统计，服务业创造了近2/3的经济产出，提供了超过50%的就业岗位。但服务贸易在国际贸易中的占比仍比较低。据世界贸易组织（WTO）统计，2022年全球服务出口71 270.6亿美元，占全球货物和服务贸易出口总额的22.3%，占比较上年提高0.5个百分点。2022年，全球服务进出口前五大国家分别为美国、中国、德国、英国、爱尔兰，前十大国家服务进出口合计75 697.1亿美元，占全球服务进出口的55.1%，占比较上年下降1.4个百分点。其中，美国服务进出口总额达到16 252.4亿美元，同比增长19.5%，服务贸易顺差达2 318亿美元。[①]

我国服务贸易发展迅速，对外贸的贡献不断提升。根据商务部服贸司发布的数据，“十三五”期间，我国服务贸易累计进出口量达到3.6万亿美元，比“十二五”时期增长了29.7%。2022年，中国服务进出口8 891.1亿美元，同比增长8.3%，连续九年稳居世界第二，其中服务出口居全球第三。服务进出口占货物和服务进出口总额的12.4%，比上年提高0.4个百分点，对进出口总额增长的贡献率为20.3%。服务贸易逆差409.9亿美元。2023年上半年，中国服务贸易继续保持增长态势，服务进出口总额31 358.4亿元人民币，同比增长8.5%。

以金融保险、商业服务、电信、计算机和信息服务、知识产权使用费等为主的知识密集型服务贸易，在我国服务贸易发展中长期发挥着“稳定器”作用。数据显示，2012年至2021年，我国知识密集型服务进出口年均增速达到9.3%，占比提高了10.3个百分点。2023年上半年知识密集型服务进出口13 639.2亿元，同比增长12.3%，占服务进出口总额的比重达43.5%，同比提升1.5个百分点。[②] 在国际机构的统计中，也采用可数字化服务的概念，涵盖的行业范围与知识密集型服务贸易大体一致。

2. 广东服务贸易发展情况。作为外贸第一大省，广东正向“货物+服务”贸易大省转变。2016年2月，国务院批准在广州、深圳开展服务贸易创新发展试点工作，以此为契机，广东服务贸易规模在2017年首次突破1万亿元大关。在商务部等部委向全国复制推广的29项服务贸易创新发展试点经验中，源自广东省的试点经验就有16项。2020年8月，国务院批准广州、深圳开展全面深化服务贸易创新试点，服务贸易进一步成为广东外贸转型升级和培育经济发展新动能的重要抓手。

---

① 数据来源：商务部，《中国服务贸易发展报告2022》。

② 数据来源：商务部网站；中国服务贸易指南网。

2022 年 1 月，广东省人民政府印发了《广东省推动服务贸易高质量发展行动计划（2021—2025 年）》。总量目标方面，2021—2025 年，全省服务贸易总额不低于 45 000亿元，保持位列全国前三。结构方面，方案提出要优化服务贸易结构，要使传统优势领域保持一定的规模增长，推动传统服务贸易转型升级，促进服务贸易均衡发展，服务外包额年均增长 5% 以上。同时，要促进新兴服务贸易发展，力争新兴服务贸易、数字贸易额年均增长不低于 15% 。服务贸易的发展必定伴随着规则的开放，因此，方案提出要逐步构建与国际通行规则相衔接的服务业开放体系的目标。这也与粤港澳大湾区建设提出的制度型开放、规则衔接任务高度契合。

身处对外开放前沿、毗邻港澳的广州，既得政策之利，又得市场之机，在生产性服务业、生活性服务业方面都形成了一些传统优势领域。政策方面，广州是国家对广东服务贸易创新试点任务的主要承担者，也是支持政策的直接受惠者。2016 年，广州首批纳入全国服务贸易创新试点城市，服务贸易进出口总额从 2015 年到 2019 年的年均增幅达到 16% ，达到 526 亿美元（约合 3 420 亿元），2020 年 8 月，广州成为国务院批准的全国 28 个全面深化服务贸易创新发展试点地区之一。2022 年 12 月 20 日，广州市获国务院批准开展国家服务业扩大开放综合试点。同时，广州地方政府对于服务贸易的重点领域，连续多年从财政投入、专项奖补等方面给予大力度的支持，形成了一批传统优势产业。主要是与外向型制造业和货物进出口相关的服务，如运输、物流和口岸服务，服务外包和金融保险，以及与自然人流动相关的服务。

尤其值得一提的是广州的服务外包，形成了一枝独秀的优势产业，从而带动了服务贸易的顺差。广州的服务外包规模大、龙头企业多。2023 年 3 月，在第十二届中国国际服务外包交易博览会上发布的“2022 年中国数字服务暨服务外包领军企业”名单中，广州共有 25 家企业成功入选，成为入选企业数量最多的城市，充分展示出广州数字服务和服务外贸企业的强劲实力。①

同时，作为千年商都的广州，活跃着与外贸相关的一大批中小服务企业，如报关行、货运代理、仓储运输，以及内河航运企业，在畅通外贸循环中发挥着毛细血管的作用。在传统优势领域稳步发展的同时，随着近年广州在跨境电商新业态方面的快速发展，数字经济带动的服务贸易也迅速成为广州服务贸易的新支撑。得益于传统和新兴两大领域的同步发展，广州服务贸易呈现速度提升、结构优化的好势头。

## 二、数字经济背景下服务贸易的新特征

### （一）数字经济与服务贸易

数字经济包含数字产业化和产业数字化两个主要方面。数字产业化是数字经济

① 数据来源：广州市商务局官网。

发展的先导产业，主要包括电子信息制造业、电信业、软件和信息技术服务业等行业；而产业数字化指传统产业应用数字技术所带来的生产数量和效率提升，其新增产出构成数字经济的重要组成部分。

在我国数字经济加快发展的背景下，服务贸易数字化也在数字产业化和产业数字化两个方向上取得长足进展。数字产业化方面，信息技术、通信、软件等服务本身是以数据为关键生产要素，数字服务为核心，数字订购与交付为主要特征，构成了服务贸易（知识密集型服务贸易）的重要组成部分。从中国近年来的数据看，信息通信、计算机等领域出口增速持续快于进口，反映出中国服务贸易的结构不断优化。

产业数字化可以按产业类型，又可以分为制造业的数字化（如工业互联网），以及服务业的数字化。产业数字化激发了对服务型制造、工业互联网的蓬勃需求，在国际贸易上体现为与货物贸易相关的服务贸易的创新不断涌现，贡献不断提升。随着工业互联网产业规模突破万亿元，工业互联网驱动的国际服务贸易也有着广阔的发展空间。

根据中国信息通信研究院发布的《中国数字经济发展研究报告（2023）》，目前我国服务业数字经济渗透率达 44.7%。服务业的数字化，有两个发展迅速的重点领域。一是外贸新业态，就是将传统的货物进出口贸易，通过数字化、智能化，改变和创新商业模式，从而使服务贸易促进货物贸易，典型代表就是跨境电商。二是传统服务贸易的升级，通过数字化赋能，巩固既有优势，创造新的优势，使传统型的服务贸易升级为知识密集型、高附加值的服务贸易，并使货物贸易、服务贸易相互促进。例如，在粤港澳大湾区国际航运枢纽建设中的相关领域。

### （二）数字贸易与服务贸易数字化

数字贸易通常认为包含贸易对象的数字化和贸易方式的数字化。这与我们前面所述的数字经济的两个趋势有一致的地方，但又有差异。从服务贸易的角度看，数字贸易里的贸易对象数字化，本身就是服务贸易。而贸易方式的数字化，则是服务贸易赋能货物贸易。这方面的概念有必要区分一下，尤其是分清楚统计数据中哪些是货物的价值，哪些是服务的价值。

2023 年 8 月，世界贸易组织（WTO）、经济合作与发展组织（OECD）、国际货币基金组织（IMF）和联合国贸发会议（UNCTAD）共同发布了新版《数字贸易测度手册》。相比于 2019 年发布的第一版，新版手册旨在全面总结数字贸易统计中涉及的各方面问题，为如何衡量数字贸易提供了框架和实用指南。

在实际工作中，我们可以回到统计源头，货物贸易的统计来源于海关，而服务贸易的数据来源于国际收支，就是跨境资金流动。例如，跨境电商平台完成的货物进出口，是货物贸易，电商平台以及服务商收取的服务费（如运输、技术服务、报关、仓储物流等），属于服务贸易。除了跨境电商，数字贸易新业态新模式也不断涌现，围绕软件、云服务、游戏、动漫、音乐、广告营销等，依托特色服务出口基地等载体，涌现出一批“数字+服务”的新模式新业态。

### （三）服务贸易数字化的广东实践

我们可以通过广东的两个具体案例，看看在服务贸易发展的过程中，数字化发挥了什么作用，以及对金融的新需求。

先看传统贸易的数字化改造，即外贸新业态的案例。作为跨境电商试点区域的南沙，近年来在推动跨境电商与服务贸易融合发展方面涌现出一些典型案例，南沙的全球优品分拨中心（DSTP）就是其中之一。这个项目不仅入选广州市金融局指导的第二届“点数成金”数字金融创新示范案例，而且，在《南沙方案》发布一周年之际，南沙区商务局报送的“打造全球优品分拨中心破解‘夜包裹’处理时效低难题”作为监管便利化类优秀实践案例，被编入商务部评选出的全国30个最具有代表性、普适性的“外贸新业态优秀实践案例”。

关于该案例，南沙商务局公众号的发布首先介绍了平台情况。全球优品分拨中心数字服务贸易平台，不是一个面向消费者的电商平台，平台上聚集的不是卖货的商户，而是为跨境电商提供全流程服务的服务商，并连接了相关的政务平台，从而嵌入跨境电商业务流程。目前该平台聚合了分销、物流、通关、金融、保险、咨询等各类外贸服务商400多家，为100多个国内外品牌集聚南沙开展业务提供数字赋能，服务货值共计980多亿元，服务贸易外汇结算超过7亿元。可以看到，这就是数字化平台赋能服务贸易，服务贸易又赋能货物贸易的实践，最终效果体现在跨境电商零售进口规模的持续增长。值得注意的是，金融机构也是平台的重点合作方，旨在为跨境电商的各环节参与者提供基于数据的融资支持。

这次南沙商务局向商务部报送的案例，是一个解决具体痛点的场景方案。案例涉及的场景是，晚上8点至12点是网购下单的高峰，但晚上8点30分以后保税仓就停止接单，产生的“夜包裹”往往都会延迟到次日开始处理。为解决这个痛点，提升跨境电商消费体验，南沙推动打造全球优品分拨中心，通过优化监管措施和升级数字关务系统，所有保税仓的包裹都能够通过数字关务系统在线统一申报，在分拨中心内完成集包分拨，每天可节省4小时调拨时间，使进口“夜包裹”发货提前一天。

南沙这个案例入选商务部具有代表性、普适性的“外贸新业态优秀实践案例”，我们可以得到两点启示：一是要将政务数据、商务数据和金融风控数据有机结合，相互验证，才能形成数据链、优化业务流；二是要从小切口入手，解决一个个具体的难点，才能从个案变成普适，由点到面逐步推动行业效率的提升。

再看服务贸易自身的数字化、智能化的案例。广东是外贸第一大省，与进出口相关的国际货物运输，对于广东的产业、就业和经济增长都非常重要。因此，粤港澳大湾区规划纲要、南沙方案等都明确提出，要协同港澳，增强国际航运枢纽功能。在此过程中，数字化尤其重要。举例来说，广州港务局下属单位广州航运交易所，推出了广州航运交易平台，这是粤港澳大湾区内最大的航运交易综合服务平台，平台功能涵盖了船舶交易、运输交易、船舶评估、船舶经纪、船舶进出口代理、航运供应链金融等。平台在为货主、船东以及各类服务商提供专业服务的同时，也累积了相应的行业数据（包括政务数据和商务数据），尤其是作为航运主管部门所掌握的船舶登记、交易、估值、航线位置等数据，有可能成为金融机构做数据风控、开发融资产品的抓手，从而助力中小航运企业缓解融资难题。

## 三、金融与服务贸易的关系

### （一）金融是服务贸易的组成部分

金融与服务贸易的关系是非常密切的。一方面，金融服务本身就是服务贸易的重要组成部分；另一方面，服务贸易引起的跨境资金流动是国际收支经常项目的重要组成部分，因而也对跨境金融和国际收支产生直接影响。而且，服务贸易的统计，就来源于国际收支数据。这也体现出联席会议机制的重要性（其中参与单位包含了人民银行和外汇局）。

纳入国际服务贸易的金融服务，主要体现在跨境投融资涉及的经常项目收支。从金融机构的实践看，只有跨境提供的金融服务才纳入国际服务贸易的统计。比如，商业银行传统意义上的国际业务，是为本国客户提供的基于国际贸易的结算和融资，由于该金融服务的对象（交易对手）是本国居民，这样的服务就不在服务贸易统计范围内。只有服务对象是非居民，且发生了跨境的国际收付，引起了国际收支变化的，才纳入统计。与货物贸易密切相关的保险（如海运保险、出口信用保险），以及与自然人流动相伴随的医疗保险等，也是发展迅速的领域。2022 年，我国金融和保险服务进出口 341.8 亿美元，同比增长 8.3%，占可数字化服务进出口的 9.2%。其中，出口 95.4 亿美元，占可数字化服务出口的 4.5%；进口 246.3 亿美元，占可数字化服务进口的 15.2%。[①]

### （二）服务贸易的金融需求和难点

从事服务贸易的商事主体存在的金融需求主要体现在跨境结算和融资两个主要方面。

1. 跨境结算。这是完成服务贸易跨境资金收付的必经步骤。服务贸易在国际收

---

① 数据来源：商务部《中国服务贸易发展报告 2022》。

支统计中属于经常项目，随着近年来中国外汇管理便利化程度的不断提高，已实现可自由兑换。从业务实践看，服务贸易的跨境结算都由银行直接办理，银行在真实性前提下，服务贸易跨境结算的效率不断提升。但由于服务贸易交易对象是无形的服务，缺乏像报关单这类有明确标准的官方文件作为进出口的依据，且涉及领域广泛，细分业态多，新的服务方式和交易模式不断出现，因此，服务贸易领域的跨境结算，与商品贸易相比，有更多复杂性，经办银行需要遵循“展业三原则”，充分了解客户、了解客户的业务，做好尽职调查和真实性审核。服务贸易的结算效率和便利化程度，是服务贸易企业尤其是中小企业的普遍关注点。

2. 融资支持。服务贸易的参与者，包含了数量众多的中小微企业。除了个别龙头企业外，大部分服务贸易企业都存在资产规模小、轻资本运作的特征，无形资产多，不动产少，难以提供传统银行授信认可的风控手段。同时，国际航运是强经济周期的产业，运价、运力等要素的周期性、全球性波动明显，给航运物流企业尤其是中小企业的生产经营带来更大的不确定性，增加了银行进入该领域的难度和顾虑。一边是迅速发展、丰富多样的市场需求，另一边是银行小心翼翼的探索尝试，中间存在明显的市场真空。由于服务贸易涉及众多行业（十二大领域），在金融数据的统计中，难以将服务贸易企业作为一个大类进行准确识别，且很多企业的业务行为同时涉及货物贸易和服务贸易，既有国内服务又有跨境服务，因此，服务贸易企业到底获得了多少融资支持，或者金融资源有多少投入和服务贸易领域，难以准确统计。

## 四、数字金融赋能服务贸易的方向和建议

### （一）发挥合力，深化政银企数据合作

金融本身就是对科技依赖度比较高的行业，而数字金融的发展又为支持服务贸易提供了新的理念和抓手。数字商务、数字政务与数字金融的结合，是破解数字经济时代金融服务难题的重要路径，关键是如何在遵守数据使用法定规则的前提下，将政务数据的权威性，与商务数据的系统性、完整性，以及金融数据的有效性深度融合。同时，要找准切入点，着力解决具体业务场景中的一个又一个细致而微的业务痛点，逐步推动从量变到质变的过程。

可喜的是，在数字政务、数字商务与数字金融的深度融合方面，我们已经看到了在依法合规前提下，多主体、多维度的努力和积极的进展，尤其是政务数据的依法共享，已经成为数字金融发展的重要助力。

中国国际贸易单一窗口的快速发展，国家版和地方特色版功能的不断丰富，充分体现了中国推动贸易便利化的决心和力度。在跨境资金流动方面，国家外汇管理局的

数据服务范围和影响力也不断提升。外汇局构建的跨境金融服务平台，在总对总获取行业数据、整合银行跨境结算与融资数据方面发挥着越来越重要的作用。2023 年，外汇局又在该平台上线了银企融资对接功能，广东是首批试点地区之一。通过该功能，外贸企业可在线向银行提交融资申请，并授权该银行登录平台查询其近几年的进出口资金收付情况。这个功能既遵守了数据使用的法定要求，尊重企业的自主权，又能把银行最需要了解核实的企业跨境资金收付情况（而不仅仅是货物进出口数据）精准提供给有业务意向的融资银行，在保证数据真实性、权威性的同时，契合了业务场景的需要。

### （二）科技赋能，提升金融机构的数字化水平

1. 推广单证电子化，提高跨境结算效率。数字政务的推广应用，给跨境结算便利化提供了抓手。商业银行要从信息共享入手，推动单证电子化应用，提升跨境结算效率，扩大便利化政策的受惠面。

以服务贸易对外支付税务备案电子化为例。对外支付税务备案，是指境内机构和个人向境外单笔支付等值 5 万美元（不含）以上的服务贸易等项目外汇资金时，应向所在地主管税务机关进行税务备案。银行对于 5 万美元以上的服务贸易项下付汇，要审核包括税务备案表在内的交易真实性证明材料。2019 年 10 月 25 日，在粤港澳大湾区、上海和浙江试点的基础上，国家外汇管理局发布《关于进一步促进跨境贸易投资便利化的通知》（汇发〔2019〕28 号），推出了 12 项跨境贸易投资便利化措施，将原先的货物贸易便利化试点拓展至服务贸易，其中一项重要工作就是推进服务贸易付汇税务备案电子化工作，以信息共享方式实现银行电子化审核。根据该通知，从 2020 年 1 月 1 日起，在全国范围内，备案人可通过电子税务局填写合同项目等备案信息，提交完成后获得税务备案编号，而无须再到主管税务机关办税大厅打印纸质的税务备案表。银行通过在线核验的方式，即可确认税务备案表的真实性。这个政策的实质是数据共享，让政务数据通过电子化方式，成为银行可以直接验证和使用的业务数据。尤其值得一提的是，该项政策首先在粤港澳大湾区内地 9 个城市试点，效果良好，迅速推向全国的一项跨境贸易便利化措施。

在跨境结算中推广应用电子单证，是近年来我国外汇管理经常项目便利化的重要内容。关键是要落实数据来源合法有效、数据传输安全便捷、数据存储和查证合规有效。银行需在满足安全性、合规性要求的前提下，建立相应的科技系统和规章制度，既遵守现行货物贸易外汇管理规定和落实“展业三原则”，又能为符合条件的企业通过审核电子单证方式办理货物贸易外汇收支，切实提高业务效率。广州航运交易所在港澳驳船的跨境结算这个细分领域已经开展了一系列的调研活动，取得积极进展。

2. 更新风控理念，打造数字信贷能力。面对数字化的服务贸易，商业银行需深

入理解业态，从传统的看报表、看抵押物，转向看数据、看交易。以跨境电商为例，融资的需求主体包括电商运营商、电商平台上的商户、供应商以及购买商品的消费者。像全球优品分拨中心 DSTP 这样的商务主导型的数字化服务平台，积淀了大量的交易数据，不仅可以证明交易真实性，还可以从交易数据与财务数据的历史验证、交互验证等维度，助力金融机构向平台商户、供应商提供供应链融资。当然，从实践效果看，虽然金融机构是 DSTP 的一大合作类型，但已经成功落地的业务还不算多。关键点是金融机构如何构建数字化的风控，如何突破传统路径，实现数据驱动的信贷支持。

以保税进口模式下的跨境电商为例，随着中国消费者海淘的兴起，在京东国际、天猫国际等平台上活跃着一大批进口方向的跨境电商商户，通过保税仓模式开展进口和销售。这些商户的共性特征是，注册地在境外（大部分在香港），管理和运营团队在大陆（如上海、深圳、广州），商品从境外运到境内，采用保税仓模式进行仓储、分拨，从而快速响应中国消费者的购物需求。由于注册地在境外，而经营地在境内，这类企业如果向境内银行申请融资，就会遇到尽职调查难、报表分析难、贷款用途监控难、抵押物管理难等一系列问题，只能望而却步。如果银行能够转变风控理念，通过跨境电商服务平台，以数据风控的思维，将商户的采购、报关、仓储物流、销售、回款等数据，以及货物在保税仓内的进出、价值变化等情况，进行综合获取、分析和比对，就能实现主体信息、交易信息、财务信息、监管信息的交叉验证，从而判断商户的业务能力和偿债能力。

值得注意的是，涉及境外主体融资的外汇管理政策也在不断优化。2022 年 1 月 29 日，人民银行和外汇局联合发布《关于银行业金融机构境外贷款业务有关事宜的通知》（银发〔2022〕27 号），自 2022 年 3 月 1 日起实施。境内银行向境外注册的企业提供境外贷款，所涉及的外汇管理政策，已在人民银行和外汇局联合发文的支持下，得到了进一步的明确和规范，为跨境电商的融资提供了清晰的路径。

再说说航运金融。珠三角活跃着一大批内河航运企业，连通着广大的制造业企业与通往世界各地的国际港口，是广东外贸的毛细血管。这些企业最重要的资产就是船舶，融资的主要用途也是船舶，但以船舶作为抵押的融资，对于银行来说存在诸多难点。广州航运交易平台这样的行业主导型数字化平台，不仅可以准确反映船舶的登记、买卖、估值等信息，而且可以将行业管理的数据（如企业主体信息、船舶登记信息）、企业生产运营的数据（如运输合同签订和执行、企业经营收入、船舶航行路径）、政务服务的数据（如企业纳税情况），与金融机构的风控要求有机结合，既可以帮助融资银行管好抵押物（移动中的船舶），又能以数据为基础，判断企业的整体经营状况，从而形成数字化的金融解决路径。

3. 优化普惠金融，精准支持小微服贸企业。近年来，监管部门和金融机构对普惠金融的重视程度不断加大，中小微企业的融资状况有所改善。但大部分银行的普惠业务是基于个人征信或抵押物，对于轻资产的、行业特征明显的服务贸易客群，还缺乏有针对性的金融产品。在服务贸易数字化加快发展的形势下，商业银行需要深入理解服务贸易细分客群的运作模式和生存方式，将对自然人的风控抓手（个人征信）、对企业的贷后管理（经营情况监测）与产业园区、产业集群和产业链结合，例如，服务外包产业园、跨境电商产业园，从而优化对细分客群的金融服务，提升普惠金融的包容性、有效性。

## （三）规则对接，深化制度型开放的大湾区实践

服务贸易的竞争，是科技实力和规则实力的竞争。此次服贸会有一个令人鼓舞的成果，就是《北京船舶司法出售公约》（以下简称《北京公约》）。2022 年 12 月，联合国第 77 届大会正式通过《联合国船舶司法出售国际效力公约》，授权于 2023 年在北京举行公约签署仪式，并建议将公约称为《北京公约》。这是第一个以中国内地城市命名的国际海事公约，也是海商领域首个以中国城市命名的联合国公约。中国是船东大国，中国积极主导推动该公约的签署，不仅填补了国际海事立法在这一领域长期存在的空白，也是我国深度参与服务贸易国际规则的体现。

无论是 2019 年发布的《粤港澳大湾区规划纲要》，还是 2022 年出台的《广州南沙深化面向世界的粤港澳全面合作总体方案》（南沙方案），都提出了要将大湾区打造成规则衔接机制对接高地。粤港澳三地在数字金融方面正在开展积极的探讨，首先从跨境征信、数据共享、跨境支付等方面，解决三地融合交往中的具体场景需求，并逐步形成可以复制推广的制度型开放的经验。

跨境支付和数字货币应用方面，最重要的进展是多边央行数字货币桥项目（mCBDC Bridge，mBridge），这是多边央行数字货币（CBDC）在规则和技术方面推动跨境合作的积极探索。该项目最早由泰国央行和中国香港金管局的数字货币合作开始，2021 年 2 月，随着中国人民银行以及阿联酋央行的加入，该项目进入第三阶段，并更名为多边央行数字货币桥项目（mBridge）。该项目秉持不伤害、合规和互操作性三大原则，以“针对高成本、低速度和复杂的操作性等痛点问题，设计和迭代新一代高效跨境支付基础设施”为总体目标，旨在为全球央行提供开源的公共品服务（见《M－Bridge 数字货币项目案例》，中国人民大学金融科技研究所）。这是科技合作与规则对接的重要实践，而粤港澳大湾区就是数字货币跨境支付最大的市场和创新阵地。

粤港澳大湾区聚集了香港、深圳、广州三大国际港口城市，国际航运是资金密集型行业，也是高度依赖规则体系的行业。作为既是运输工具又兼具资本品特征的船舶，其在国际市场上有成熟的融资模式，专业性很高，涉及的法律和规则复杂。香港是世界十大船舶注册地之一，也是船舶融资银团贷款牵头行、国际海运保险巨头的聚集地。因此，面向港澳、对接规则，是把大湾区的制造业优势、口岸优势与

国际金融服务优势结合的重要路径。目前已经在推动的广州航运交易平台与香港联合交易所合作，逐步将南沙船舶资产交易服务平台的交易模式与香港交易平台对接，就是规则衔接、增强大湾区国际航运功能的有益探索。

以广州金融组团参展 2023 服贸会为契机，推动服务贸易数字化与数字金融的深度融合，这是大湾区商业银行的发展机遇和责任。只有深耕本土，扎根产业，并强化科技投入，用数字化的视角看懂正在发生的业态变化，才能在支持服务贸易的同时，逐步提升金融服务的数字化水平，为银行的差异化竞争和长远发展打开新的空间。

## 参考文献

[1] 罗夏信律师事务所．航运金融（第三版）[M]．北京：中国金融出版社，2016.

[2] 袁持平，陈静，等．粤港澳大湾区海洋经济发展制度创新研究 [M]．北京：中国社会科学出版社，2022.

[3] 朱宏任，陈立辉，王勇．服务型制造蓝皮书：中国服务型制造发展报告（2022）[M]．北京：社会科学文献出版社，2023.

[4] 涂成林，田丰，李罗力．中国粤港澳大湾区改革创新报告（2022）[M]．北京：社会科学文献出版社，2022.

# 我国城商行数字化转型现状及分析

## ——以广东省城商行为例

郑　鸿　曾　翔

广东南方金融创新研究院①

**摘　要**："无科技、不银行"，银行的发展伴随着科技的发展。数字化转型已成为银行机构转型发展的必然趋势，城商行作为我国银行机构的重要成员，其数字化转型无疑对整个银行业数字化的转型举足轻重。目前，我国共有125家城商行，其中广东省有5家，它们数字化转型的实践也是我国城商行数字化转型实践的代表，对城商行数字化转型具有一定的参考借鉴作用。本文聚焦于城商行数字化转型的意义、数字化转型面临的机遇和挑战，并以广东省城商行为例，重点从组织架构、资源投入、数字化平台、场景应用、渠道营销、智能风控等角度分析它们数字化转型发展现状，深入剖析了它们在企业战略、人才发展、技术研发、数据安全、风险管理、行业生态等方面面临的问题，并提出明确清晰的数字化转型战略、融入广东省产业生态、建立健全科学评价体系、积极运用金融"监管沙盒"的经验等针对性对策建议。

**关键词**：城商行；数字化转型；数据安全；金融生态；监管沙盒

截至2023年6月末，我国银行业总资产406.25万亿元，商业银行总资产337.12万亿元，占银行业总资产的84.9%；其中，城商行共125家，总资产53.33万亿元，占银行业总资产的13.1%，占商业银行总资产的15.82%。广东省共有城商行5家，分别为广州银行、东莞银行、华兴银行、华润银行、南粤银行，其中只有华兴银行为民营控股，其他均为国有控股；截至2022年末，资产规模分别为7 939.32亿元、5 384.19亿元、4 104.4亿元、3 100亿元和2 278.63亿元。根据银保监会的界定，资产超过5 000亿元为中型银行机构，只有广州银行和东莞银行为中型银行机构，其他均为小型银行机构。

近年来，随着宏观经济不确定性增加、行业竞争加剧等，金融的展业逻辑已发

---

① 郑鸿，管理学博士、经济学博士后，广东粤财投资控股有限公司高级经理，研究方向：金融科技与风险管理、城商行改革发展等。曾翔，高级经济师，原广东粤财投资控股有限公司博士后工作站和战略发展部负责人，现任广东南方金融创新研究院副院长，研究方向：金融机构发展战略、区域金融改革发展规划和政策等。

生深刻变化，客户重叠、业务同质化不断加剧行业竞争格局。国有大行持续下沉客户重心，中小银行在优质客群获取与留存的压力与日俱增，发展空间进一步受到挤压，对银行资产负债管理水平提出了更高的要求。各城商行纷纷加大科技投入，以应对复杂多变的内外部形势，以期运用信息科技手段更好地应对客户多样化需求和加强风险管控。

## 一、我国城商行数字化转型的重要意义

### （一）落实国务院、省政府工作部署，促进数字经济和实体经济深度融合

城商行作为我国银行系统不可或缺的一部分，在服务实体经济发展中占据重要地位并发挥着重要作用。国家对城商行的定位是“服务地方经济、服务中小企业、服务城乡居民”，从宏观经济方面看，市场主体资产负债表修复和预期的改善存在不确定性，经济面临内需回升基础不牢固、产业链供应链存在断点堵点卡点、全球经济下行导致外需萎缩等复杂多变的形势，制约社会对银行信贷资金的有效需求，加大银行存量业务和增量业务的风险。随着全球经济增长、信息技术发展和金融产业改革，城商行数字化转型不断推进，正在成为经济发展的重要支柱。城商行实施金融创新，以金融科技和大数据技术为支撑，不断提升金融产品及服务的创新性、高效性和可获得性，服务地方经济和中小微企业发展，以期获得竞争优势。

2020 年以来，宽信用及贷款利率持续下行，不断增加信贷供给，支持实体经济发展。如 2023 年上半年，人民银行降准 0. 25 个百分点，释放流动性，以增强信贷总量增长的稳定性，支持实体经济。2023 年上半年，广东省 GDP 达 6. 3 万亿元，同比增长 5%，总量继续保持领先地位，发挥经济主力军作用。广东社会融资规模增量 2. 2 万亿元，占全国的 10. 4%，本外币贷款余额 26. 6 万亿元，同比增长 10. 6%，本外币存款余额 34. 9 万亿元，同比增长 11. 6%；截至 6 月末，广东省金融机构累计为清单内基础设施重点项目提供 1. 16 万亿元授信支持，全省基础设施行业贷款余额 3. 2 万亿元，同比增长 15. 8%。人民银行广东省分行提出，要坚持精准有力落实好稳健货币政策，保持信贷增长的稳定性，切实满足实体经济有效信贷需求。

根据中国信息通信研究院发布的《中国数字经济产业发展报告（2023）》，我国 2022 年数字经济规模超过了 50 万亿元，占整个 GDP 比重为 41. 5%，已超过四成，数字经济对经济的贡献逐年增大。作为数字经济大省，广东把数字经济作为引领经济高质量发展的新动能和新引擎，《广东省数字经济促进条例》于 2021 年 9 月施行，全面推进数字经济强省建设。据中国信息通信研究院测算，2022 年广东省数字经济规模为 6. 41 万亿元，增长 8. 6%；占地区生产总值的比重较上一年度提升 2. 2 个百分点，由 2021 年的 47. 5% 扩大到 2022 年的 49. 7%，总体规模连续 6 年居全国第一，

占全国1/10的网络能力，承载了全国1/9的电信用户，创造了全国1/8多的电信业务收入。城商行是服务经济发展的主力军，推动城商行数字化转型能更好地促进实体经济和数字经济的融合发展。如城商行通过数字化转型，持续深化金融产业链整合，建立多地一体化金融服务网，构建全方位多层次的金融生态，为企业提供有效信贷服务和有效管控风险。

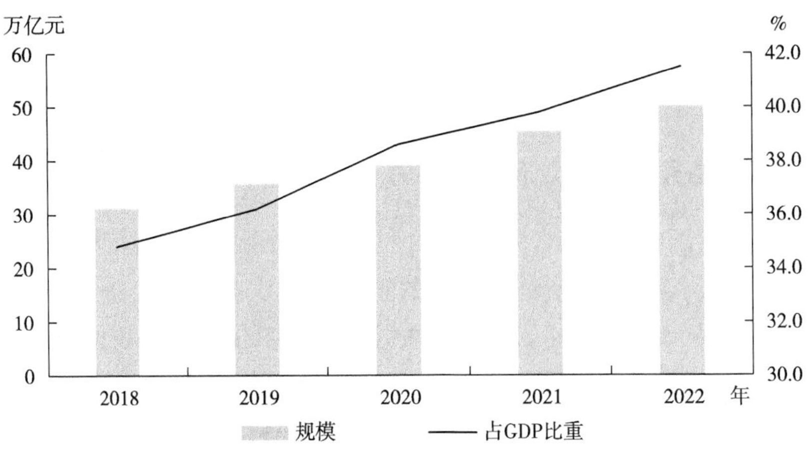


**图1　我国数字经济规模及占GDP比重**

## （二）强化银行客户经营与服务能力，改善客户体验

银行物理网点搭建成本高昂，在欠发达地区数量有限，覆盖率不高，如需拓展则需要大量前期投入，经济效益难以保证；物理网点区域性强，业务承载量有限，难以精准覆盖服务客群，无法接触大量长尾客户，且各网点服务同质化严重，经营特色不足，服务水平分布不均。然而，银行可通过数字化转型推动银行优化内部组织架构，加强组织和协同机制，以数据为核心联结整个银行的运营机制，最终有效提高银行内外部的运行效率。2020年初，新冠疫情更是加速了银行的数字化转型，各银行纷纷通过数字化科技手段克服空间上服务客户的限制。数字化转型增强了客户在时间和空间上对产品的可获得性，可成为银行传统业务转型的助推器和新业务创新的发力点。一方面，通过夯实数据基建，以科技赋能金融产品，将数字化与银行业务结合提高经营效率；另一方面，以客户为中心，挖掘新的客户需求，创新金融产品，提供个性化多元服务。

## （三）提升银行操作效率，优化运营能力、降低成本

银行数字化转型的核心价值需要聚焦于“提质创新”“降本增效”。首先是提升经营质量与服务质量，数字化转型驱动城商行向客户长尾化、产品场景化、渠道全时化、风控智能化、数据资产化、平台开放化等新型模式转变，并以场景化创新获客模式，以模型化创新风控模式，以移动化创新服务模式。其次是降低运营成本，

提升服务质效，借助虚拟数字人、智能作业机器人、模型监测等智能化手段降低网点人力投入成本、风险管理成本、营销获客成本，以客户为中心借助流程监测模型识别流程冗余，有序推动流程再造，借助标签画像提高风险管控能力与市场营销的精准度等，全面提高服务效率。例如，中国邮政储蓄银行在2022年完成了全行系统数据的整合，累计上线18类1 600余个零售客户标签，部署分析模型和策略规则8 000多个，极大地提升了客户识别、集约运营、风险防控等领域的效能，使得其消费信贷客群的响应转化率提高了10倍，人工营销成本降低了50%；平安银行在信贷方面，推出“新一贷”数字化智能技术，大大缩短了贷款流程所需时间，节省人力成本约420万元/年，并将AI客服和人工服务结合，节省运营成本约30人/年。

### （四）提升银行风控水平，确保资金与数据安全性

伴随国家政策大力支持，以及着力解决核心技术“卡脖子”等问题的努力，从IT底层基础软硬件到应用层全产业链的安全与可控得到重视。2019年发布《关于促进网络安全产业发展的指导意见（征求意见稿）》、2020年颁布《网络安全审查办法》、2021年颁布《中华人民共和国数据安全法》《关键信息基础设施安全保护条例》等促进基础电信网络、数据安全的监督管理机制与行业标准体系更加健全。

银保监会于2021年9月22日印发《商业银行监管评级办法》，评级要素包括资本充足（15%）、资产质量（15%）、公司治理与管理质量（20%）、盈利状况（5%）、流动性风险（15%）、市场风险（10%）、数据治理（5%）、信息科技风险（10%）、机构差异化要素（5%）。这9项要素中有两项是涉及数字化方面的内容，即数据治理和信息科技风险，两个项目权重占比为15%，可以看出监管部门对银行数字化转型和信息安全的重视。

## 二、我国城商行数字化转型面临的机遇与挑战

### （一）机遇

1. 银行数字化转型顶层设计已明确，数字化转型进一步向纵深发展。国家层面。2021年12月，人民银行印发《金融科技发展规划（2022—2025年）》，提出要推动金融科技从“立柱架梁”全面迈入“积厚成势”新阶段，力争到2025年实现整体水平与核心竞争力跨越式提升。2022年1月，银保监会发布《关于银行业保险业数字化转型的指导意见》（以下简称《意见》），指出到2025年，银行业保险业数字化转型要取得明显成效。这两份文件是未来几年银行数字化转型的纲领，明确了银行数字化转型的重点。《意见》重点提出积极发展产业数字金融、大力推进个人金融服务数字化转型、提升金融市场交易业务数字化水平、建设数字化运营服务体系、构建安全高效合作共

赢的金融服务生态以及加强数字化风控能力建设6个数字化转型方向。从战略规划与组织流程建设、业务经营管理数字化、数据能力建设、科技能力建设、风险防范、组织保障和监督管理6个方面提出27条具体措施，进一步引导银行业保险业数字化转型，推动银行业保险业高质量发展，构建适应现代经济发展的数字金融新格局。

广东省层面。广东出台多项政策规划，推动数字经济创新发展。例如，印发实施《广东省数字经济发展规划（2018—2025年）》《广东省5G基站和数据中心总体布局规划（2021—2025年）》《广东省加快5G产业发展行动计划》《广东省新一代人工智能发展规划》等政策文件，着力优化数字经济、5G基站、数据中心等规划布局，加大要素供给和投资力度，制定专项扶持措施，加快推进新型基础设施规模化建设。截至2023年3月底，全国5G基站累计达到超过264万个，而广东的5G基站数就超过27.9万个，和5G用户数、物联网终端用户数等指标均居全国第一，成为通信大省、网络大省①。

2. 主流数字化技术成熟，可提供丰富数字化转型方案。随着我国金融科技应用场景的极大丰富、投资持续升温等，以人工智能、区块链等为底层技术的金融科技发展逐渐成熟，金融科技在银行、证券、保险等金融机构的应用普及率极大提升。在金融科技迈入4.0时代，金融科技助推数字化时代金融行业创新和可持续发展，已全面覆盖从营销、获客延伸至产品设计、风控、合规等全产业链条。金融科技催生了移动支付、数字信贷、网络保险、数字理财等一系列新型金融业务流程，给金融产业链、供应链和价值链带来了深刻影响。各大型商业银行、金融科技公司等已形成较为成熟的银行数字化转型方案，并已对外输出技术和方案，这些可为城商行的数字化转型提供丰富的经验借鉴。据不完全统计，截至2023年4月，已有21家商业银行成立了金融科技子公司，总注册资本达78.85亿元，其中建信金科注册资本高达17.3亿元；它们分别来自5家大型国有商业银行、9家全国性股份制银行、4家城商行、1家农商银行、2家省联社。这些金融科技子公司主要是对内服务母行（服务对象主要为母行客户），其次才是对外输出科技能力（与金融服务紧密相关）。

**表1　　银行系金融科技子公司概况**

| 母公司名称 | 金融科技子公司名称 | 成立时间 | 注册资本（亿元） |
|---|---|---|---|
| 建设银行 | 建信金科 | 2018-04-12 | 17.3 |
| 平安银行 | 金融壹账通 | 2015-12-29 | 12 |
| 浦发银行 | 浦银金科 | 2021-05-28 | 10 |
| 工商银行 | 工银科技 | 2019-03-25 | 6 |
| 交通银行 | 交银金科 | 2020-08-25 | 6 |
| 农业银行 | 农银金科 | 2020-07-28 | 6 |
| 中国银行 | 中银金科 | 2019-06-11 | 6 |

① 5G基站数全国第一！广东如何乘势抢数字先机、夯实新基建底座［N］. 南方都市报，2023-08-14.

续表

| 母公司名称 | 金融科技子公司名称 | 成立时间 | 注册资本（亿元） |
|---|---|---|---|
| 光大银行 | 光大科技 | 2016－12－20 | 4 |
| 兴业银行 | 兴业数金 | 2015－11－10 | 3.5 |
| 招商银行 | 招银云创 | 2016－02－23 | 2.49 |
| 民生银行 | 民生科技 | 2018－04－26 | 2 |
| 中信银行 | 中信金科 | 2018－05－31 | 1.1 |
| 浙江农信社 | 浙江农商数科 | 2020－12－10 | 1 |
| 北京银行 | 北银金科 | 2019－05－16 | 0.5 |
| 华夏银行 | 龙盈智达 | 2018－05－23 | 0.21 |
| 深圳农商行 | 前海金信 | 2016－05－04 | 0.21 |
| 浙商银行 | 易企银 | 2020－02－27 | 0.2 |
| 广西农信社 | 桂盛金科 | 2020－12－16 | 0.12 |
| 厦门国际银行 | 集友科技 | 2020－09－21 | 0.1 |
| 盛京银行 | 盛银数科 | 2021－07－14 | 0.1 |
| 廊坊银行 | 易达科技 | 2020－11－18 | 0.02 |

3. 我国数字化转型需求量大，场景丰富。根据国家金融监督管理总局公布的数据，截至2023年6月底，全国共有4 561家银行业金融机构；其中，银行机构3 483家、信托公司67家、金融资产管理公司5家、金融资产投资公司5家、财务公司248家、货币经纪公司5家、银行理财子公司31家、消费金融公司31家、金融租赁公司71家。此外，保险公司237家、证券公司141家、公募基金管理公司144家、期货公司150家。数量庞大的金融机构，且类型丰富，数字化转型需求大、场景丰富。根据国企网的数据，截至2019年，我国国有企业共有46万家。2020年8月21日，国务院国资委印发《关于加快推进国有企业数字化转型工作的通知》，各类型国企正按照国家的要求加快推进数字化转型，尤其是大型央企，数字化转型已取得积极成效。根据国务院国资委干部教育培训中心课题（项目编号：22GZW0303）阶段性成果《中央企业数字化转型进展和实践经验》显示，课题组对98家央企截至2022年底的相关信息作了统计、研究和分析，目前中央企业已建成数字化协同研发平台306个、工业企业关键工序数控化率已经达到68.9%（高于全国其他工业企业13个百分点）、近2/3实现了经营管理数字化的全面覆盖等。此外，更是有数量庞大的各类型民企，大部分也有数字化转型需求。

**表2　银行机构类型概况**

| 银行机构类型 | 数量（家） |
|---|---|
| 开发性银行 | 1 |
| 国有大型商业银行 | 6 |
| 股份制银行 | 12 |

续表

| 银行机构类型 | 数量（家） |
| --- | --- |
| 城商行 | 125 |
| 农商行 | 1 609 |
| 村镇银行 | 1 642 |
| 民营银行 | 19 |
| 外资银行 | 41 |
| 储蓄银行（中德住房储蓄银行） | 1 |
| 农村合作银行 | 23 |
| 直销银行 | 2 |
| 农村信用社 | 545 |
| 农村资金互助社 | 36 |

## （二）挑战

1. 金融科技企业利用技术和数据等优势抢夺银行客户，挤占银行盈利空间。阿里巴巴、腾讯、百度和京东等旗下的金融科技企业纷纷依托集团资金、客户、支付渠道等优势开展银行信贷业务，如京东、美团等会利用自己平台拥有庞大客群的优势，与各大银行合作为客户办理联名信用卡，分走银行部分市场收益。央行数据显示，截至 2023 年 6 月底，全国共有支付机构牌照持有人数达 337 家，其中包括银行类支付机构、非银行类支付机构、第三方支付机构等多种类型。拥有支付牌照意味着可以脱离银行的系统和渠道直接收付款，对银行支付而产生的收益市场空间进行挤占。虽然大部分第三方支付机构的体量无法与银行相提并论，但它们的增速很快，且在金融服务业务的盈利空间较大的领域吸引了大量的客户。

根据央行发布的《2023 年第二季度支付体系运行总体情况》数据，2023 年第二季度银行机构处理的电子业务同比增长 8.5%，而非银行支付机构处理的网络支付业务同比增长 18.38%，非银行支付机构的增速比银行机构的增速高近 10%。根据 2022 年电子支付数据，银行因企业端的支付偏好在交易总额上高于第三方支付，但在交易量上由 2015 年第三方支付笔数的 1.28 倍缩减至仅占第三方支付的 27.2%，银行在支付结算领域的地位被削弱，收益在下降。

**表 3　支付牌照类型情况**

| 支付牌照类型 | 数量（家） | 占比（%） |
| --- | --- | --- |
| 银行类 | 54 | 16 |
| 非银行类 | 31 | 9 |
| 第三方支付机构 | 252 | 75 |
| 合计 | 337 | 100 |

2. 资源受限，面临激烈竞争。自身转型、增强竞争力必不可少，银行纷纷利用数字化重塑银行业务体系。相比基础雄厚的全国性银行，城商行在金融科技方面投入的资金和人力资源较为有限，且在新形势下，其市场竞争面临前有大型银行下沉，后有互联网巨头科技企业追击，客户需求又更加多元和个性化的挑战。如何走出差异化发展道路，已成为各家城商行需要面对的关键命题。

国有大行、股份制银行等大型银行加速自主技术研发速度，推动核心系统转型布局数字金融；城商行、农商行等中小银行则通过与大型科技公司或大型银行合作，根据自身优势进行差异化数字转型。无论是大型银行还是中小银行，都在增加银行数字化资金投入。国有大行及部分股份制银行在金融科技方面的投入占营业收入的平均比例提升至3%，大部分区域性银行数字化资金投入占营业收入比重不足3%①。

近年来，六大国有银行和12家股份制银行的金融科技投入呈上升态势。2022年，除未披露科技投入的浙商银行外，两类银行科技投入总计达到1 826.27亿元，同比增长8.36%；两类银行金融科技投入平均占营业收入的比重为3.37%，比2021年提升0.25个百分点。但城商行因受展业区域和展业范围的限制，科技方面的投入资源往往不如国有大行和全国性股份制银行，且稳定性不足，大多数银行投入处于10亿元以下的水平。如2022年，工行金融科技投入262.24亿元，同比增长0.91%，基本维持稳定，占营收的2.86%，同比增长0.1个百分点，总量连续3年保持全国第一；2022年，招商银行金融科技投入141.68亿元，占营收的4.51%，同比增长6.6%；科技人才达1.08万人，较上年末增长8%，多年连续保持快速增长态势。但即使北京银行和上海银行作为城商行数字化改革的佼佼者，其2022年的科技投入规模也仅为24.52亿元和21.32亿元，分别占其营收的3.7%和4.18%。

3. 对数字化转型思想不统一，文化阻力大。思想和意识是行动的指南，一个组织的文化就是组织里的人长期思想和意识的沉淀。Legal&General America保险部门IT和转型高级副总裁Raju Seetharaman认为，数字化转型通常会遇到来自架构和技术解决方案上的挑战，但是其中企业文化变革是最大的挑战。“2020中国数字金融生态论坛”期间，广东南粤银行开发中心副总经理林伟就指出，思想不一致以及人才的稀缺是中小银行数字化转型过程中最大的障碍。从数字化思想上，虽然当前很多城商行员工已意识到数字化的重要性，但是思维和行动的惯性使他们更多时候仍按原来的行动惯性工作，尤其是高层管理者，他们的传统思维是阻碍数字化转型的一个重要因素。从数字化行动上，多数城商行是国有控股，国有企业领导任期往往时间较短，“一把手”任期一般多为5~6年，但数字化转型是一个长期工程，且需要大量资源的投入，任期绩效考核与长期资源投入之间的矛盾，高管层之间难以形成

① 《2021中国数字金融调查报告》，中国金融认证中心，2021年11月，https://www.cebnet.com.cn/20211125/102781761.html。

统一的数字化发展共识，推动数字化转型行动上极易出现左右摇摆和“进三步退两步”的现象，甚至直接失败或放弃。

4. 数据与安全要求趋严，数字化转型成本增加。近年来，银行保险机构在推进数字化转型的过程中，对信息科技外包服务的依赖度不断加大，部分银行保险机构对信息科技外包风险管控不力，因而导致的业务中断、敏感信息泄露等事件时有发生。根据2022年国家信息安全漏洞库（CNNVD）发布的漏洞数据，我国网络2022年度新增漏洞近2.5万个，达到历史新高，保持连年增长态势，网络安全整体形势更加复杂严峻。根据威胁猎人发布的《2022年数据资产泄露分析报告》，2022年威胁猎人累计捕获到超过1 100起金融机构相关的数据泄露事件，涉及的企业超过300家，覆盖银行、证券、保险、借贷等多个细分领域。如2022年7月，中国建设银行上海市分行因在2018年4月至10月，存在信息安全和员工行为管理严重违反审慎经营规则，被责令改正，并被罚款50万元；2022年9月，国内一“黑客”利用木马病毒非法控制逾2 000台计算机，入侵40多家国内金融机构的内网交易数据库，非法获取交易指令和多条内幕信息；11月，平安人寿六盘水中心支公司内部人员利用职务之便泄露客户信息4万余条被处罚，多名涉事人员判处有期徒刑；2022年11月，辽宁盘锦银行因存在监管要求落实严重不到位、敏感数据信息存在泄露风险、外包管理职责存在缺失、瞒报信息系统突发事件等违法违规行为，被罚140万元；等等。这些案例都说明监管对数据与安全的要求逐步提高，监管趋严，金融机构要保障数据的安全与合规，成本会大幅增加。

此外，部分领域外包服务供应商高度集中，行业集中度风险较高。2021年12月，银保监会印发《银行保险机构信息科技外包风险监管办法》（以下简称《办法》），《办法》按照风险导向原则，从治理层面、管理层面和监督层面，对银行保险机构信息科技外包体系进行了规范，包括治理架构与职责、外包策略、外包全生命周期管理流程（准入、监控、评价等）、外包风险管控和监管机构监督管理等方面。同时，对重要外包的范围进行了明确，要求银行保险机构按照分级管控原则建议采取差异化的管理措施。对于外包活动中涉及的个人信息保护和网络安全、关联外包与同业外包、业务连续性等重点问题，《办法》也作出了更为明确的要求。这些要求进一步促使银行保险机构要强化自身金融科技能力，核心系统、数据、安全等要掌握在自己手上，同时能更好地管理金融科技的外包。

5. 合规性及风险控制日益重要，数字化转型风险与收益并存。根据国家金融监管总局数据，2022年处罚银行保险机构4 620家，处罚责任人员7 561人次，罚没28.99亿元；其中，银行机构共收到7 543张罚单，合计处罚金额达21.21亿元，占全部罚没金额的73.16%。被处罚的原因主要是数据治理、数据报送、金融消费者权益保护、反洗钱、投资业务、理财业务违规等方面的合规问题，浙江、北京和广东是被处罚最多的前三个地区。如1家国有大行海南省分行就因信用卡申请人资信调查流于形式、信用卡审批不审慎、信用卡异常交易监测不到位、信用卡发卡操作不规范等6项违规事由被罚195万元；另一家国有大行泉州分行因信用卡购车分期业务内部控制不健全，风险管理不到位被处以80万元罚款。这些处罚案例也说明了，银行机构在数字化转型过程中，对合规及风险管控的要求不断提高，个性化的数字化转型方案增加了转型成本，但若转型成功，则极有可能成为其独特的核心竞争力，极大地驱动业务发展。

2022年1月，人民银行发布《金融机构客户尽职调查和客户身份资料及交易记录保存管理办法》，要求银行业金融机构提高预防、遏制洗钱和恐怖融资活动的能力，维护国家安全和金融秩序；同年2月，人民银行、公安部等11个部门联合印发《打击治理洗钱违法犯罪三年行动计划（2022—2024年）》，在全国范围内推动开展打击治理洗钱违法犯罪三年行动。这些均强化了对金融违法犯罪的打击，同时对金融合规及风险控制提出了更高要求。

## 三、我国城商行数字化转型发展现状与存在的问题

### （一）广东省城商行金融数字化转型主要模式

1. 内部优化型。南粤银行是广东法人城商行数字化转型步伐较慢的1家银行，它截至2023年9月尚未通过与外部大型科技企业合作，主要通过自身内部优化推动数字化转型。2021年，南粤银行董事长蒋丹在“第十五届亚洲金融年会之中小机构主题论坛”的演讲中表示：南粤银行以金融科技为引擎，聚焦服务实体经济，通过向内发力，开源节流，全面推动战略转型；通过科技手段，为金融赋能，把金融科技的力量发挥出来，让金融更加智慧、便捷，更好地服务实体经济，全面推动数字化转型。2021年底，粤财控股战略重组南粤银行后，正积极引入外部技术推动数字化转型，并将南粤银行的数字化转型纳入粤财控股整个公司的数字化转型工作统一推进；目前，南粤银行正联合麦肯锡制定接下来几年的数字化转型战略规划，其数字化转型模式将逐步由内部优化型转向合作创新型。

2. 合作创新型。广东省城商行资产规模小，在数字化转型方面投入资源较少，且人才队伍不足。在初期的数字化转型过程中，往往通过与外部金融科技大型企业合作，引入外部技术、数据等开展合作创新，以加快推动自身数字化转型。2020年4月17日，广州银行与阿里云达成战略合作，通过引入阿里云的云计算、大数据、数据智能、金融科技等技术创新能力，全面推进数字化转型战略①。广州银行和阿里云双方将在金融云平台架构、金融业务交易、金融安全风险、金融数据智能、产业

① 广州银行与阿里云签署战略合作　数字新基建加速金融数字化转型［N］．西盟科技资讯，2020-04-17.

金融服务、移动智能终端等多个领域开展深度合作；双方还将成立金融科技联合实验室，孵化和促进双方在创新业务及金融科技领域的合作与项目落地。广州银行充分利用阿里集团在人工智能、大数据、云计算等最新数字化方面雄厚的技术资源，引入外部数据平台、数据管控平台、数据仓库等实现外部数据和内部数据的整合，开展“双轨创新”，提升业务部门对数据使用和价值应用的意识，从营销获客、客户画像、大数据风控等方面持续加强数据驱动。①

2018 年，东莞银行与长亮科技②达成合作，通过与长亮科技的技术团队深度合作，引入“微服务 + 单元化”架构分布式核心系统；经过两年多的开发，2020 年 6 月 8 日，全国首例采用“微服务 + 单元化”架构的新一代银行核心系统落地东莞银行。2021 年，东莞银行与深圳索信达数据技术有限公司③签约合作，引入索信达“灵犀”智能营销平台，并成功上线；该平台搭建了银行业领先的数据驱动智能营销体系，基于人工智能和大数据技术，为营销人员提供端到端标准化、自动化和闭环化的数字化营销服务能力。

类似地，广东华兴银行率先选择与百度、阿里、腾讯和京东等大型头部平台进行合作，借助金融科技公司的技术、客户和数据方面的优势，重点针对小微商户，利用平台“大数据”进行分析，通过平台客户交易了解借款企业真实数据，并通过云计算汇总出上万项指标，创建风控模型，在确保风险可控的前提下高效、快速地开展业务，有效提升了小微企业的审贷效率，在享受高质量的科技服务的同时吸收外部公司的先进技术及管理经验，加强了与互联网、大数据、人工智能的深度融合。

3. 网络推动型。2021 年，华润银行行长在“中央企业数字化转型峰会数字金融分论坛”上作的“珠海华润银行数字化转型实践”演讲中指出，华润银行定位为创新型互联网特色商业银行，以“场景 + 科技”的创新型互联网银行模式，打造企业级智能化能力平台、建设智能化金融产品工厂、打造营销及数字化风控能力、探索金融科技能力输出。早在“十三五”期间，华润银行就明确了“小银行，大网络”战略，2013 年 4 月在电子银行部下设“网络银行部”“虚拟与远程银行部”两个二级部门，倾力研发手机银行、微信银行和直销银行，并新建 1 个数据中心和 215 个信息系统，积极融入华润集团数字化转型，通过互联网技术把华润集团体系所有的单位联系起来，创设了两个线上化产品——“金销贷”和“润钱包”，一个服务中小企业，另外一个连接华润集团的生态。

① 谈新艾．坚持科技赋能，广州银行数字化转型实践探索［J］．金融科技时代，2020（1）．

② 长亮科技是中国老牌的金融科技服务商，在银行核心系统领域尤其见长，拥有很多经验丰富的老师傅，形象地说就像施工队，他们熟悉各种金融领域的软件和架构的特性，负责把各种金融系统完整地部署、交付给银行。

③ 索信达控股有限公司是一家金融 AI 大数据解决方案商，专注于金融行业的数据智能和营销科技，为金融机构提供大数据、人工智能和智能营销解决方案及专业咨询服务。

## （二）广东省城商行金融数字化转型的发展现状

1. 大部分城商行的组织架构能为适应数字化转型作出应有调整。IDC 的《2023 FutureScape：2023 年全球 CIO 议程预测》报告指出，“在这个新世界里，IT 不是一个组织，而是企业的结构。随着数字技术的触角越来越深入到企业及其生态系统中，CIO 们必须寻找新的 IT 管理方式。”

积极应对数字化转型，改变组织架构适应数字化转型需要。广州银行是广东省资产规模最大的城商行，2022 年末其资产规模已近 8 000 亿元。广州银行制定了《广州银行 2022—2025 年数字化转型规划》，明确了数字化转型的目标、重点任务等。广州银行在总行高级管理层下设了信息科技管理委员会，统筹全行信息科技方面的工作；在总行层面按条线设有运维中心、金融科技部和数字金融与产品创新部，具体负责与信息科技有关的条块工作；还专门设立了新核心系统建设项目办公室，负责推进新科技系统的建设；设有首席信息官，主要负责信息保护、运用等。类似地，华兴银行在董事会下设信息科技委员会，给董事会提供关于信息科技方面的专业建议；按条线在计划财务部下设了数据管理部、在风险管理部下设了数据资产部，设有信息科技部、数字银行总部（下设有系统运营部）等 5 个与信息科技有关的部门，对科技条线进行专业化、精细化管理。东莞银行在组织架构层面高级管理层下设了信息管理委员会，下面还有 1 个资讯科技部；设有首席信息官，统筹负责全行具体的信息科技建设工作。

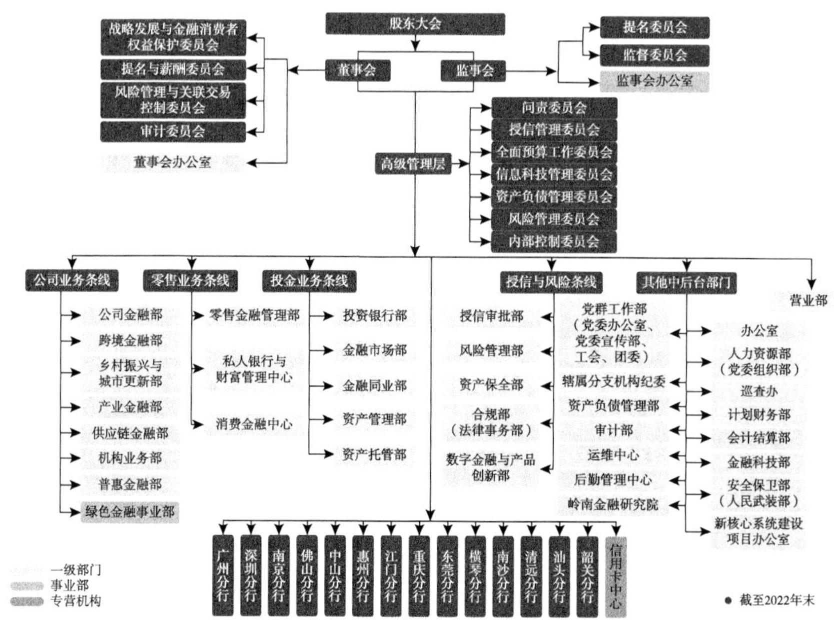


**图 2　广州银行组织架构图**

（资料来源：广州银行 2022 年年报）

已意识到数字化转型的重要意义，但尚未上升到组织高度去推动。华润银行结合国家产业发展导向，明确了“中央企业特色数字化产业银行”的战略定位，自“十三五”开始启动信息化银行战略，持续推动平台化能力建设；“十四五”时期重点推动内部管理云、数据中台、人工智能平台等10多个数字化平台的建设，初步构建了银行级数字化能力。目前在高级管理层下设了智能科技部、设有首席信息官，而没有设置更高层级的相关委员会去推动数字化转型。类似地，南粤银行与信息科技相关的有两个部门，分别是信息科技部和数字银行部，并未设置相关委员会；设置有首席信息官。

2. 资源投入持续加强，但不稳定。由表4可知，在投入资金方面，东莞银行投入数字化转型的资金最多，2021年投入7.05亿元，占当年营收的7.45%，远高于当年广州银行的2.98%，且其占比一直是5家城商行中最高的；东莞银行投入资金较为稳定，2019—2022年投入的资金占其营收的5.11%~7.45%。其他4家城商行投入资金占营收的比例相对不够稳定，如南粤银行最低为2019年的1.79%、最高为2021年的5.36%。广州银行作为广东省资产规模最大的法人城商行，其投入数字化转型的资金则较低，2019—2021年3年投入的资金占营收比例均在3%以下，最高的2022年也才3.44%。在投入的人员方面：广州银行则是最高的，其科技员工数量占员工总数的6.52%~7.35%；最低的则是南粤银行，其科技员工数量占员工总数的2.61%~4.11%。

表4　　广东城商行近四年数字化转型投入概况

| 指标 | 广州银行 | 东莞银行 | 华润银行 | 华兴银行 | 南粤银行 |
|---|---|---|---|---|---|
| 2022年信息科技投入（亿元） | 5.9 | 6.15 | 3.17 | 3.48 | 1.09 |
| 2022年信息科技投入占营收比（%） | 3.44 | 5.98 | 4.86 | 3.91 | 4.00 |
| 2022年科技员工数量（人） | 484 | 348 | 250 | 162 | 125 |
| 2022年科技员工数量占员工总数比（%） | 7.04 | 6.40 | 7.99 | — | 4 |
| 2021年信息科技投入（亿元） | 4.93 | 7.05 | 3.11 | 3.5 | 1.45 |
| 2021年信息科技投入占营收比（%） | 2.98 | 7.45 | 4.15 | 3.84 | 5.36 |
| 2021年科技员工数量（人） | 461 | 311 | 226 | 149 | 131 |
| 2021年科技员工数量占员工总数比（%） | 7.20 | 5.92 | 7.40 | 6.50 | 4.11 |
| 2020年信息科技投入（亿元） | 3.95 | 6.57 | 3.25 | 2.07 | 1.25 |
| 2020年信息科技投入占营收比（%） | 2.65 | 7.17 | 4.89 | 2.81 | 2.53 |
| 2020年科技员工数量（人） | 437 | 280 | 221 | 133 | — |
| 2020年科技员工数量占员工总数比（%） | 7.35 | 5.60 | 7.49 | 5.80 | — |
| 2019年信息科技投入（亿元） | 3.62 | 4.64 | 3.7 | 2.1 | 1.01 |
| 2019年信息科技投入占营收比（%） | 2.71 | 5.11 | 6.54 | 3.58 | 1.79 |
| 2019年科技员工数量（人） | 432 | 205 | 200 | — | 90 |
| 2019年科技员工数量占员工总数比（%） | 6.52 | 4.50 | 7.27 | — | 2.61 |

数据来源：各行年报。

3. 抓基础、重平台，以科技基础平台建设推动数字化转型。银行数字化转型数据和平台是关键基础，华润银行明确了金融基础设施创新平台的构建策略，按照金融基础服务、金融生态服务两个方向进行建设（如图3所示），重点是打造创新型底座的技术中台、业务中台、数据中台；在“十四五”时期重点推动内部管理云、数据中台、人工智能平台等10多个数字化平台的建设，截至2022年末，在业务数字化平台方面，建成了互联网渠道中台、润钱包平台、数据贷平台、客户经理移动支持平台等一系列业务数字化平台。

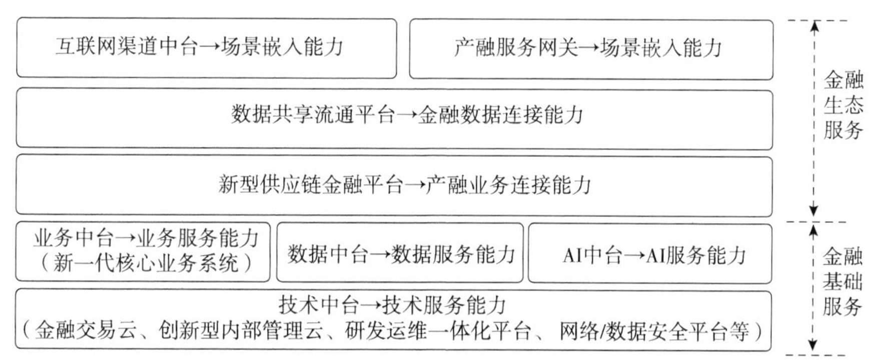


**图3 华润银行金融基础设施创新平台建设示例①**

业务平台是银行展业的基础平台，东莞银行针对东莞市村组两级集体经济组织多、集体资产总量大的特点，与东莞市农资办、市社保基金中心共同设计、建设东莞市农村一体化金融服务平台，该平台以东莞市农村集体资产监管平台和交易平台、“东莞村财”App为载体，整合了电子社保卡、在线代缴社保、在线分红、银农直连、资金监管、生活缴费、租金跨行代扣等功能，满足了农村集体、农村居民、社会商户的金融服务需求，畅通了社保惠民惠农通道，推动了社保服务窗口向农村社区延伸，是全国首创的社保惠民惠农服务应用，为农村集体经济组织、农村居民和社会商户提供业务办理便利和金融支持，实现“互联网+数字乡村+金融服务”相融合；该平台惠及东莞市32个镇街及2 900多个一、二级集体经济组织，120万股东，以及全市10万社会商户，社会效益、经济效益贡献巨大。②

4. 积极运用信息科技技术拓宽数字银行应用场景。华兴银行于2021年成立“场景金融专项小组”，促进普惠金融与绿色、科创、供应链等深度融合，推动该行信贷与科技创新、绿色发展、制造业、“新市民”等各类场景的有效对接，围绕重点企业和重大项目产业链全生命周期管理，加强场景聚合、生态对接能力，搭建数字化产业金融服务平台，实现“一站式”综合金融服务模式。先后落地包括车险分期、饲料养殖、大宗塑化、油品互联网采购、货车ETC缴费、工业互联网、涂料经销7个

① 张昕．构建金融基础设施创新平台，打造华润数字化产业银行发展新引擎［J］．中国金融电脑，2022（11）．

② 乡村振兴案例展示之东莞银行：东莞市农村一体化金融服务平台［N］．金融界，2023－07－10．

产业金融场景，累计深度研究推动17个行业场景，服务数字化客户近千户，数字化业务融资投放超过60亿元。华兴银行于2021年底启动“基于数字化、场景化设计的智能网点转型项目”，旨在整合柜面系统业务功能，以业务场景为中心，从实用性和易用性角度出发设定业务场景联动交易，并支持业务内容及顺序的参数化调整，从柜员体验细节出发，提供丰富的系统信息和智能化操作提示，保证交易操作精准性、流畅性和高效性，实现交易整合、交易联动、交易推荐等多种方式的场景化业务办理。①

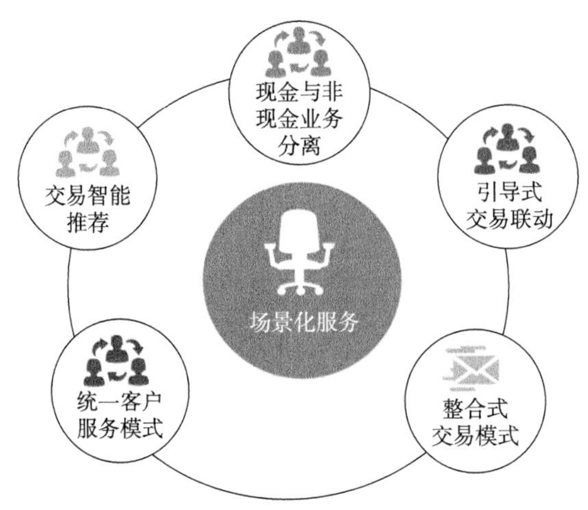


**图4　华兴银行场景金融服务模式示例**

（资料来源：华兴银行“基于数字化、场景化设计的智能网点转型项目”场景化服务示意图）

华润银行则依托华润集团多业务场景，积极谋划场景金融。例如，华润银行通过联手腾讯云与中电金信，以新型供应链金融平台为依托，围绕华润集团、粤港澳大湾区的丰富产业生态，围绕这些产业建设新型供应链金融平台，塑造“核心企业模式、行业平台模式、政府产业平台模式”三类产业金融模式，将金融服务快速嵌入产业金融场景，从华润场景逐步向央企场景、湾区社会产业场景复制和延展，打造央企特色产融生态圈。如机器人流程自动化（RPA）建设及应用方面，已上线54个业务场景，较2021年增加47个，累计年度节约工时超过2.7万小时。② 同时，联动华润集团内部业务和科技单位联合开展数据要素开发应用课题研究，促进数据价值流通，助力产融业务发展。2022年已完成数据中台一期建设，初步构建数据资产管理体系，输出数据可视化分析、可视化建模等多种形式的数据服务，数据研发效率提升30%。

5. 数字化电子渠道建设取得积极成效。华兴银行建立“兴金融”数字化电子渠

① 广东华兴银行，2023年度城市金融服务优秀安全评选，2023-09-05。

② 数据来源：华润银行2022年年报。

道，聚焦场景金融，为产品创新与业务营销提供强有力的渠道支撑。目前，“兴金融”数字化电子渠道承接恒兴粤海“饲料 e 贷”、车险分期“保费 e 贷”等多个经营融资产品，依托大数据模型、智能风控技术，为客户提供一站式、全流程线上化的融资服务，进一步拓宽客户线上融资渠道；同时，针对汽车融资租赁收缴租金的场景，聚焦缴费管理难、手续费支出高、业务效率低等难点问题，为客户提供全流程线上化、自动化缴费服务，积极拓展零售客户获客渠道，持续完善华兴银行“车生态”场景服务；截至2023 年3 月末，“兴金融”电子渠道累计获客近2 000 户，累计交易金额超过8 亿元。南粤银行打造“基于大数据的客户营销管理系统”，一方面通过建设场景“拓客拉新”，另一方面通过私域流量“盘活存量”；通过大数据分析，对不同的客户群体进行定向营销，实现精准挖掘的客户分层分级管理，提升了客户精细化管理水平；通过以“App + 网点”为抓手，举办以“线上展业为主、线下服务协同”相结合的专项营销活动，形成线上线下的联动运营体系，实现“留存拉新”的目标，提升了数字化营销的效果。

6. 风控是数字化转型的重点。2022 年，广州银行“广银芯”核心系统正式上线运行（该系统荣获 2021 年度“金融科技发展奖二等奖”），构建起更为标准化的数据治理体系，为业务发展提供系统、技术、数据、服务等体系化支撑，大幅提升风控和运营水平。广州银行信用卡中心是全国城商行中仅有的两家信用卡专营机构之一，拥有从金融产品研发至销售及后期风险控制、客户服务完整业务链条，但面对数字化转型仍遇到缺少核心自主风控技术、研发工具不统一、培训体系无法满足安全意识培训等问题。针对这些问题，广州银行信用卡中心联合开源网安实施 SDL，通过 SDLC 平台对接各系统的研发管理工具，把控各类质检活动，并进一步强化安全意识培训，提升项目团队安全能力，帮助其快捷交付安全、可靠的软件；同时，通过根据新场景和客群的特征，不断优化风控模型，把握业务增长节奏和结构，有效平衡信用卡业务的收益与风险。

东莞银行持续推进数字化转型，完善直销银行业务的风险管控技术和机制。坚持以风险驱动业务的理念，秉持审慎的风险偏好、稳健的风险策略，通过大数据建模、机器学习、智能决策等新技术获得对客户和风险全面客观的认知，推进数字技术在直销银行全流程风险管理的应用，将风险管理要求内嵌至贷前、贷中、贷后各个环节，动态调整和部署风险管控策略，同时加快不良资产处置，构建敏捷、高效的风险管理机制，努力保持业务资产质量的稳定，2022 年末直销银行贷款余额达778. 3 亿元。

## （三）广东省城商行金融数字化转型存在的问题

1. 缺少清晰的数字化转型发展战略，数字化转型步伐慢。如前所述，《金融科技发展规划（2022—2025 年）》《关于银行业保险业数字化转型的指导意见》等银行数字化转型纲领性政策文件明确了银行数字化转型的战略目标和重点任务等。但截至2023年9月，根据公开信息显示，广东省5家城商行仅广州银行根据国家最新要求，制定出台了《广州银行2022—2025年数字化转型规划》，华润银行则是在“十三五”期间明确了信息化银行战略，但未根据国家要求进行深化更新；南粤银行目前正聘请麦肯锡制定接下来3年的数字化转型规划，但尚未正式出台实施。总体来看，数字化转型缺乏清晰的战略目标、路径等。广东省城商行资产规模与北京、上海、江苏等地的城商行相比，要小得多，营收、利润等也少，如北京银行、上海银行、江苏银行3家城商行资产规模均超过3万亿元、2022年营收也超过500亿元，北京银行2022年的科技投入达24.52亿元，这已接近南粤银行2022年的27.04亿元营收规模。这很大程度上也阻碍了数字化转型资源的投入，拖慢数字化转型步伐。

2. 数字化转型人才队伍不强，难以匹配发展需要。如前所述，虽然广东省5家城商行科技员工占员工总数不算低，但部分仍未达到行业平均超过3%的水平，如南粤银行2019年科技员工数量仅占员工总数的2.61%；且多数在3%的水平。远低于头部城商行水平，如北京银行2022年底信息科技员工783人（其中总行信息科技条线591人、分行科技条线192人），约占该行员工数量的4.74%。此外，根据调研情况可知，广东省城商行的科技人员多以日常维护员工为主，缺乏对银行数字化转型前沿技术熟悉的员工，更是缺乏既懂技术又懂业务的复合型人才。广东省虽然邻近港澳，可以充分利用港澳的金融人才；但港澳的金融机构监管和组织架构等与内地差异较大，其金融科技人才对广东的补充并不乐观，远不如北京、上海等地，北京和上海是国家金融监管中心，聚集较多金融科技人才。因此，广东省城商行既缺少科技资源投入又缺少专业的数字化人才，其技术研发肯定要比头部城商行要差得多。

3. 数据安全和风险管理精细化管理不足，合规成本大。2023年9月13日，广州银行违反金融统计业务管理、支付结算管理、货币金银业务管理、国库业务管理、征信业务管理、反洗钱业务管理和金融消费者权益保护业务管理7项规定而收到罚单，罚款人民币896.9万元，另有多人被行政处罚。违反的这7项规定中大部分与数据安全和风险管理方面的缺陷有关，如统计业务、支付结算、征信业务等，说明广州银行在这方面精细化管理不足。2023年10月10日，华兴银行惠州分行因未严格审核银行承兑汇票贸易背景真实性、超项目进度发放房地产贷款被处罚款合计65万元，其实是因风险管理漏洞而被处罚。2023年8月4日，东莞银行深圳分行因存在“数据治理不到位”等2项主要违法违规行为，被深圳监管局罚款90万元，并被没收违法所得87 773.73元。华润银行和南粤银行也因信贷资金被挪用、贷款三查不尽职等而被处罚。虽然银行被处罚是常有的事，但从上述的处罚信息可知，广东省城商行在数据安全和风险管理方面的精细化管理仍有较大的提升空间。

4. 未形成创新发展的行业生态，数字化转型后劲不足。一是城商行与实体经济发展对接不足，创新发展与实体企业不匹配。广东5家城商行，除广州银行的政府金融发展相对有一定体量外，其他4家资产总量与当地GDP、财政收入、政府专项债发行规模等严重不匹配。同时，广东省市场主体突破1 600万户，占全国总量的10%以上，连续多年排在全国第一①；中小企业数量680多万户，规模以上工业企业突破6.7万家，居全国第一②，但城商行小微客户、公司金融业务的体量与上述数据严重不匹配。二是城商行信贷服务区域内部不平衡性突出。这主要体现为金融数字化渠道渗透率差异大（珠三角城市群目前领先于粤东西北地区），金融科技、人才、开展经验等落后于北京、上海等地。广州银行、东莞银行、华润银行、华兴银行4家城商行的重点展业区域在珠三角地区，南粤银行则在湛江，华润银行总部在珠海，湛江和珠海的金融数字化渠道渗透率、人才等方面要逊色于珠三角，更逊色于北京、上海。

## 四、我国城商行数字化转型的改进思路与对策

广东省法人城商行是我国城商行的重要组成部分，前述广东城商行数字化转型过程中面临的挑战一定程度上也代表了大多数城商行面临的问题，以下针对前面的问题提出几点改进思路与对策。

### （一）要有明确清晰的数字化转型战略，以战略驱动数字化转型

根据监管对城商行的定位、宏观经济发展情况、金融业发展形势等，结合自身的战略目标、定位等，制定清晰的数字化转型战略。除《金融科技发展规划（2022—2025年）》《关于银行业保险业数字化转型的指导意见》等政策外，2023年3月，广东银保监局印发通知，选取华兴银行和东莞农商行作为数字化转型试点机构，围绕完善顶层设计、防控新型风险、探索试点转型等5个方面建立数字化转型评估指标体系，评估纳入年度信息科技监管评级评价，以点带面推动中小法人机构拓展新的核心竞争力。目前，正在加快推进过程中。其他城商行要及时保持与监管的沟通，获取华兴银行试点经验；同时，积极联合外部大型金融科技企业，开展“联合双轨创新”，充分利用外部技术，激发内部活力，强化全员对数字化转型的认知，达成共识，全员参与数字化转型与建设。

### （二）融入广东省产业生态，推动科技与业务的融合

国家对城商行的定位为“服务区域经济、服务中小企业、服务城市居民”，对标北京银行、南京银行、江苏银行等头部城商行数字化转型的经验，均是立足当地产

① 数据来源：广东省市场监管局。
② 数据来源：广东省工信厅。

业特色，深入研究当地产业政策、特征、客群等，积极对接不断开放的公共数据和政务数据，引入分析工具、机器学习、知识图谱、标签管理等技术对产业进行画像。同时，组建数据分析师团队，用好产业数据资产，打造产业客户画像，推进数据产业化应用，赋能产业客户营销和融资风控。广东 GDP、财政收入、政府专项债发行规模、市场主体和中小企业数量等排名全国第一，制造业具备较高产值、外贸经济庞大，广东本土法人城商行应重点围绕这些实体经济和产业特征，避开与六大国有商业银行、12 家全国性股份制银行的正面竞争，差异化构建自己的数字化转型推动业务发展相对竞争优势。

## （三）加大科技投入，建立健全科学评价体系

毕马威 2021 年的一项国内调研显示，未来三年银行预期在数字化转型相关领域的直接投入占其营收的比例约为 3%，并且每年增长超过 20%。城商行股东、高管层等要充分认识数字化转型的重要性和必要性，给予他们必要的资金支持，在资产收益率、科技投入长期性等方面给予必要的理解与支持。如积极与国有控股股东沟通，争取在国有资产收益率上充分考虑数字化转型的长期投入；争取数字化投入考核期适当延长。积极利用外脑，引入第三方评价，建立健全科学的数字化转型评价体系和机制。如引入外部技术或项目投产运营后，联合外部第三方专业机构对新技术或新项目运营成效进行评价，以动态监测和优化数字化转型方案及评价体系。

## （四）急用先行，实施数字化转型精细化管理

数字化转型涉及业务、风控、管理等各方面，要分清缓重，以业务为优先，急用先行。从科技赋能业务方面而言：秉持科技服务业务和改革创新的理念，以客户为中心，大力运用人工智能、大数据、云计算等数字化的工具，持续进行流程再造与体验重塑，打通产品、服务、渠道、营销等各个方面，基于客户视角梳理需求与痛点，建立与客户的交互反馈机制，形成客户端的体验闭环，持续迭代优化。强化国家战略、监管政策、宏观经济、市场产业等研究，提升决策的科学性、准确性和时效性；同时，深刻理解政府、对公、零售、金融市场等不同客户的多样化需求，强化产品创新，提供针对性的解决方案和产品服务，提升效益。

从科技赋能风险管控方面而言：一是完善风险治理架构。根据监管要求、业务发展需求和信息技术最新发展进展等，完善银行信息科技风险管理治理架构，明确信息科技风险管理的责任主体及工作职责。如建立由总行金融科技部、运维中心、风险管理部、审计部组成的信息科技风险"三道防线"管理架构。制定《信息科技风险管理办法》，明确信息科技风险监测计量的职责划分、内容要点和工作思路，为开展信息科技风险监测与计量提供指引，设立信息科技风险监测关键风险点指标，定期对关键风险指标阈值进行评估和调整。制定覆盖信息科技治理、信息科技规划、

信息安全、信息科技运行、信息系统开发、业务连续性、信息科技外包、信息科技合规等领域科技风险管理策略，完善信息科技风险识别、分析、处置、监测等方面的工作机制。二是强化数据支撑。对外，在合法合规前提下，深入对接外部各类数据，积累数据。如对接公共数据和政务数据等。对内，加强数据治理，统一数据标准，提升数据质量，强化数据安全管控，推动数据共享互通。三是建立健全信息保护制度机制。重视消费者个人信息保护，通过完善信息保护内部制度、夯实信息保护技术手段、优化信息保护格式文本、开展信息保护专项检查、强化信息保护全员宣教等举措，切实保障金融消费者信息安全。四是制定风险应急处置预案。定期或不定期进行压力测试、应急演练等，依据评估结果，制订业务连续性计划、编制专项应急预案，覆盖所有重要业务、重要信息系统、重大基础设施等。建立健全信息系统灾备体系，重要信息系统要建立同城灾备、异地灾备。五是强化风险绩效考核。制定科学的风险管理考核指标体系，动态调整指标权重。加强风控与业务部门的协同，通过跨部门敏捷组织、共担 KPI 指标等措施，强化端到端风险经营。

### （五）积极运用金融“监管沙盒”的经验，减少试错成本

“监管沙盒”由英国于 2015 年最先提出，“监管沙盒”旨在为金融科技创新提供一个时间和范围有限的“安全空间”。在此空间内，相关金融机构或科技公司获得部分监管豁免，直接在现实或虚拟环境中测试金融产品、服务、商业模式或营销渠道的创新解决方案。待相关技术和产品等在“安全空间”试验成熟、风险可控后，再推向市场。2020 年，广州、深圳就已成为“监管沙盒”试点地区，截至 2023 年 4 月已有一批试点成功出盒。如 2023 年 4 月 19 日，人民银行广东省分行发布公告称，辖内已有“基于知识图谱的安全金融服务”“基于大数据和物联网的普惠金融服务”等 4 个金融科技创新应用完成测试。城商行可积极与监管部门、试点项目机构等联系沟通，获取最新数字化转型产品服务方案，最大限度地减少试验成本和试错成本。

### （六）内外联合，加强金融科技方面的人才培养

目前，金融科技方面的专业人才匮乏。《粤港澳大湾区企业数字化转型报告 2022》指出，大湾区企业内部的数字化团队以小型规模为主，企业开展数字化转型的障碍中，缺乏数字化转型人才首当其冲。广州目前已成为全国高校数量最多的城市之一，覆盖 985、211、双一流等各计划和各培养层级的高校，且有专门的金融院校——广东金融学院；目前也正在大力引入国际性的高校、研究机构等，同时加大力度引入北京、上海等地的知名院校、研究机构等。如 2021 年中山大学联合招联消费金融公司成立“中山大学—招联数字金融联合研究中心”，围绕人工智能、大数据、区块链、机器学习和反欺诈等数字金融科技领域关键技术，开展科学研究及产学研合作；2023 年中山大学已开设数字经济专业，开始专门培养数字经济专业硕士

（MDE）；广东金融学院与古巴哈瓦那大学共建国家金融学与金融科技联合研究中心，利用双方研究资源开展金融科技方面的研究。这些都是金融科技人才的培养和供给主体，金融机构和金融监管部门可加大与这些机构的沟通，充分发挥彼此的优势，联合进行人才培养。同时，可引入北京、上海、港澳等地的金融科技方面的人才，甚至通过港澳引入海外高层次金融科技方面的人才。

## 参考文献

［1］李卓．中小银行数字化转型发展路径研究［J］．北方金融，2019（1）：51－54.

［2］胡滨．金融科技，监管沙盒与体制创新：不完全契约视角［J］．经济研究，2022（6）：137－153.

［3］赵泽栋．浅析中小银行数字化转型突围之路［J］．中国金融电脑，2022（9）.

［4］罗志恒，原野．粤港澳大湾区金融业发展的现状、问题及对策［R］．粤开证券宏观研究报告，2022.

［5］赵大伟，徐瑞慧．中小银行金融科技发展：趋势、挑战和建议［J］．金融理论与实践，2022（11）：72－79.

［6］张昕．构建金融基础设施创新平台，打造华润数字化产业银行发展新引擎［J］．中国金融电脑，2022（11）.

［7］5G 基站数全国第一！广东如何乘势抢数字先机、夯实新基建底座？［N］．南方都市报，2023－08－14.

# 利用LSTM模型分析宏观因素对广州期货交易所碳酸锂和工业硅品种期货价格的影响

上海杉达学院智能金融创新研究中心课题组[①]

**摘　要**：目的：本研究旨在应用LSTM神经网络模型，分析宏观经济因素对广州期货交易所碳酸锂和工业硅期货价格的影响规律。为相关市场参与者提供定价和风险管理决策支持。方法：应用LSTM神经网络模型，分析宏观经济因素对广州期货交易所碳酸锂和工业硅期货价格的影响规律，为相关市场参与者提供定价和风险管理决策支持。结果：LSTM模型对碳酸锂和工业硅期货价格序列具有较好的预测能力。预测指标相关的直接商品价格增速是影响两种期货价格的重要正向因素，预测指标相关的金融指数是重要的负向因素。金属硅的现货价格对工业硅价格影响较大，电池级碳酸锂平均价对碳酸锂价格影响较大。结论：该研究验证了LSTM网络在模拟期货价格方面的优势。宏观经济运行状况是影响碳酸锂和工业硅期货价格的关键因素。相关市场参与者应关注BPI，相关行业指数以及金融指数等宏观指标，并应用LSTM模型持续优化价格预测和风险管理。

**关键词**：LSTM神经网络；碳酸锂期货；工业硅期货；宏观经济因素

## 一、引言

### （一）研究背景与意义

随着全球经济的不断发展和变化，宏观经济因素对各类市场的影响日益显著。碳酸锂和工业硅等品种在能源和新材料领域的重要性不断上升，其期货价格受到宏

① 课题组组长：陈瑛，博士，教授，上海杉达学院副校长、信息科学与技术学院院长，研究方向：数据挖掘、数字图像处理。课题组成员：吴梦，高级分析师，讲师，上海杉达学院智能金融创新研究中心负责人，研究方向：金融大数据、人工智能应用。李泽钰，上海杉达学院智能金融创新研究中心研究员，研究方向：深度学习算法、图像处理。李天鑫，上海杉达学院智能金融创新研究中心研究员，研究方向：城市数据科学与分析、遥感图像处理等。朱紫薇，上海杉达学院智能金融创新研究中心助理研究员，研究方向：大数据技术、金融建模。

观因素的影响程度备受关注。因此，有必要深入研究宏观因素对广州期货交易所碳酸锂和工业硅期货价格的影响，以揭示市场波动背后的驱动因素，为市场参与者和决策者提供科学的指导和决策依据。本课题的主要目的是利用 LSTM 模型等深度学习方法，对广州期货交易所碳酸锂和工业硅期货价格与宏观因素之间的关系进行建模和分析。通过挖掘历史数据中的规律，识别影响期货价格的主要宏观因素，提供更准确的价格预测和风险管理策略。这不仅有助于优化投资决策，还可以为政府制定政策、产业发展规划等提供参考。

### （二）研究步骤和内容概述

首先，总结和评述相关文献，介绍 LSTM 在时序数据建模中的应用以及宏观经济变量对商品期货价格的影响。其次，收集碳酸锂和工业硅期货价格时间序列数据以及相关期货及宏观经济变量数据，对数据进行预处理。然后建立 LSTM 模型，设置输入层、隐藏层和输出层，选择合适的网络结构，确定模型参数，随后使用期货价格时间序列数据和宏观经济变量数据训练 LSTM 模型，从而获得模型参数。接下来，利用测试集数据测试模型的预测能力和拟合效果。最后，进行模型分析和结果总结，通过特征重要性分析等方法，分析不同宏观经济变量对模型输出的影响，得到宏观因素对期货价格的影响情况，从而总结实证结果，分析宏观因素对碳酸锂和工业硅期货价格影响的机理，提出政策建议。

## 二、文献综述

### （一）LSTM 算法

近年来，LSTM（Long Short - Term Memory）模型在时间序列分析方面展现出了强大的建模能力，越来越多的研究开始运用 LSTM 模型来进行分析。Yin 等提出了一个特殊的 LSTM 模型，用于预测每月蔬菜价格，这是一种结合了 STL 方法和基于注意力的 LSTM 网络。Silva 等探究了使用机器学习模型（如支持向量机、AdaBoost、LSTM 和集成模型）来预测巴西玉米和糖的价格趋势，证明了机器学习模型可以优于传统计量经济模型来预测农产品价格。Paidipati 等比较了 ARIMA 和 LSTM 神经网络模型，该研究证明了与 ARIMA 模型相比，LSTM 神经网络可以为农业时间序列开发更准确的预测模型，因为 LSTM 模型提供了更准确的预测和更低的误差。Murugesan 等采用了五种 LSTM 深度学习模型——基本 LSTM、双向 LSTM、堆叠 LSTM、CNN LSTM 和卷积 LSTM，以此来预测农产品大宗商品的价格，结果表明，深度学习 LSTM 模型即使在有限数据下也能产生准确的价格预测。Jiang 等将深度学习 LSTM 模型应用于预测大宗商品农产品产量的应用，显示了相比于传统方法，新方法更有助于解决大宗商品市场中的信息不对称问题。Jesus 等应用 LSTM 神经网络和技术分析指标来预测商品期货价格，其结果表明，大宗商品价格在经济上非常重要，能够进行的预测将有利于生产者、消费者和投资者的各类决策，同时 LSTM 模型非常适合时间序列预测，因为它能学习长期依赖关系。Gu 等提出了一种称为 DIA – LSTM 的模型，用于利用气象和市场数据预测农产品大宗商品价格，这种算法为农产品价格预测提供了一种新方法，如果有更多的数据和宏观经济因素则可以进一步提高预测准确性。Ghosh 等提出了一个使用 LSTM 神经网络来预测股票价格和分析印度股票市场中上市公司未来增长的框架，其结论显示，与短期预测相比，在更长的 3 年时间内进行预测时误差更小，这表明 LSTM 模型在这组数据的长期预测中表现更好。

### （二）其他经济因素分析

宏观经济变量对大宗商品期货价格的影响一直是重要的研究主题。Sreenu 等进行的研究调查了宏观经济变量对大宗商品期货（包括石油期货、农产品期货和金属期货）波动性的影响，该研究采用了 GARCH – MIDAS 模型来研究低频宏观经济变量与日价格波动之间的关系。Włodarczyk 等的一项研究考察了选定的宏观经济和金融因素对大宗商品市场价格指数的影响，这项研究发现相对较少数量的大宗商品价格仅与股票市场因素有关，然而大宗商品指数与代表宏观经济和金融领域的变量都存在相关性。Yi 等的论文研究了宏观经济不确定性因素能否解释和预测中国 INE 原油期货市场波动，他们使用 GARCH – MIDAS 模型研究了宏观经济不确定性因素的预测。Ahmed 等的研究认为，商品期货价格反映了市场和经济走向，认为市场是有效的，同时，宏观经济因素的变化会影响商品期货价格。这些研究均表明，宏观经济变量在影响大宗商品期货价格方面发挥着重要作用，了解这些关系对市场参与者至关重要。

## 三、LSTM 模型理论基础

长短时记忆网络（LSTM）是循环神经网络（RNN）的一种特殊变体，专门用于处理具有时间序列结构的数据，因此在金融时序预测中具有重要的应用价值。与基本的 RNN 模型相比，LSTM 通过利用三个核心门：遗忘门、输入门和输出门，以及一个记忆单元来更有效地解决长期依赖性问题，防止梯度消失，并能更准确地进行模型训练。这些门控单元能够协同决定网络的信息流动、信息保留和输出，同时记忆单元负责存储并输出长期依赖关系的信息。每个门都含有特定的权重矩阵和偏置向量，通过特定的激活函数（例如 sigmoid 和 tanh）来控制信息的流动。

LSTM 模型适用的训练方法包括前向传播和反向传播，模型参数的更新通常通过随机梯度下降（SGD）或其他优化算法进行。训练过程中应注意采用适当的正则化技术以防止过拟合现象，例如 dropout、L1 和 L2 正则化。训练集的大小和批次大小的选择也至关重要，以保证模型的有效训练。

LSTM 由于其强大的处理长序列数据的能力，在多个领域如语言建模、机器翻译和图像描述生成中都得到了广泛应用。其自适应的学习能力使得 LSTM 能够自动选择需要记忆和忘记的信息，解决了传统 RNN 在长序列上的梯度消失问题。在金融领域，LSTM 模型主要用于预测金融时间序列数据，例如股价和外汇率，利用其出色的记忆能力和处理长期依赖的特性，LSTM 能够更为准确和有效地模拟金融市场的动态变化。

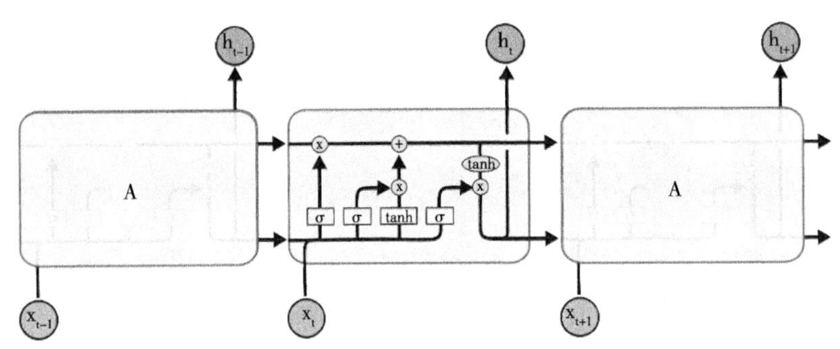


**图 1　LSTM 模型的基础模块结构**

如图 1 所示，LSTM 模型的基本结构包括三个关键的门：遗忘门、输入门和输出门，以及一个记忆单元。

记忆单元：是 LSTM 模型的核心组件，它负责记忆和更新历史信息，能够存储并输出长期依赖关系的信息。记忆单元由一个带有 tanh 激活函数的神经元组成，其值范围在 -1 到 1 之间。

遗忘门：决定哪些信息需要从当前记忆单元中删除。它的输入是当前时刻的输入 $x_t$ 和前一时刻的隐藏状态 $h_{t-1}$，经过一个 sigmoid 激活函数，输出一个 0 到 1 之间的值 $f_t$，表示需要删除的信息的比例。其数学公式为式（1）：

$$f_t = \sigma(W_f \cdot [h_{t-1}, x_t] + b_f) \tag{1}$$

其中，$W_f$ 是遗忘门的权重矩阵，$b_f$ 是偏置向量，$[h_{t-1}, x_t]$ 表示前一时刻的隐藏状态和当前时刻的输入按照列方向拼接而成的向量。

输入门：决定哪些新信息需要添加到记忆单元中。它的输入是当前时刻的输入 $x_t$ 和前一时刻的隐藏状态 $h_{t-1}$，经过一个 sigmoid 激活函数，输出一个 0 到 1 之间的值 $i_t$，表示需要添加的信息的比例；同时，经过一个 tanh 激活函数，输出一个 -1 到 1 之间的值 $\tilde{C}_t$，表示新的候选信息。其数学公式为式（2）、式（3）：

$$i_t = \sigma(W_i \cdot [h_{t-1}, x_t] + b_i) \tag{2}$$

$$\tilde{C}_t = tanh(W_c \cdot [h_{t-1}, x_t] + b_c) \tag{3}$$

其中，$W_i$ 和 $W_c$ 分别是输入门的权重矩阵，$b_i$ 和 $b_c$ 分别是偏置向量。

输出门：决定从当前记忆单元中输出哪些信息。它的输入是当前时刻的输入 $x_t$ 和前一时刻的隐藏状态$h_{t-1}$，以及当前时刻的记忆单元状态$C_t$，经过一个 sigmoid 激活函数，输出一个 0 到 1 之间的值$o_t$，表示从记忆单元中输出信息的比例；同时，经过一个 tanh 激活函数，将记忆单元状态$C_t$映射到 -1 到 1 之间的值$h_t$，作为当前时刻的隐藏状态。其数学公式为式（4）、式（5）：

$$o_t = \sigma(W_o \cdot [h_{t-1}, x_t] + b_0) \quad (4)$$

$$h_t = o_t \cdot tanh(C_t) \quad (5)$$

其中，$W_o$ 是输出门的权重矩阵，$b_0$ 是偏置向量。

隐藏状态：表示 LSTM 模型在每个时刻的状态，也是模型的输出。隐藏状态由遗忘门、输入门和输出门共同决定，用于计算下一时刻的输出和更新记忆单元。LSTM 模型的隐藏状态$h_t$由当前时刻的输入$x_t$、前一时刻的隐藏状态$h_{t-1}$和当前时刻的记忆单元状态$C_t$共同决定，其数学公式为式（6）：

$$h_t = o_t \cdot tanh(C_t) \quad (6)$$

其中，$o_t$是输出门的输出，$tanh(C_t)$ 是记忆单元状态经过 tanh 激活函数处理后的输出。由于输出门的输出 $o_t$ 和记忆单元状态 $C_t$ 的计算分别受到遗忘门、输入门和输出门的控制，因此隐藏状态 $h_t$ 可以充分利用这些门控单元的信息，从而更好地适应不同的序列数据。

LSTM 模型的具体框架如图 2 所示。

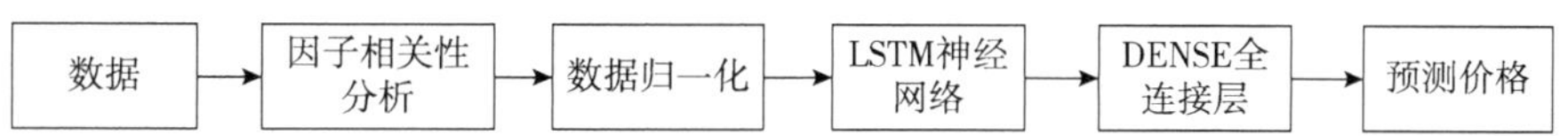


**图 2　LSTM 模型具体框架**

LSTM 模型的优点是它可以自适应地学习如何选择要记忆和忘记的信息，从而有效地解决了传统 RNN 模型在长序列上出现的梯度消失问题。由于其在处理序列数据时的强大性能，LSTM 模型已广泛应用于语言建模、机器翻译、图像描述生成等领域。

# 四、研究过程

## （一）研究分析与流程

本课题的研究方向与数据收集工作，完全基于广州期货交易所上市的碳酸锂与工业硅的两种期货展开。考虑到两种期货的上市时间较短，为提升最终预测结果的准确性，本次课题研究使用的所有数据至少保证为日度数据，同时在前期的数据预处理过程中，针对数据归一化进行了逻辑与实验上的严格把控。其中涉及的 LSTM 预测模型实验将遵循以下流程进行展开，如图 3所示。

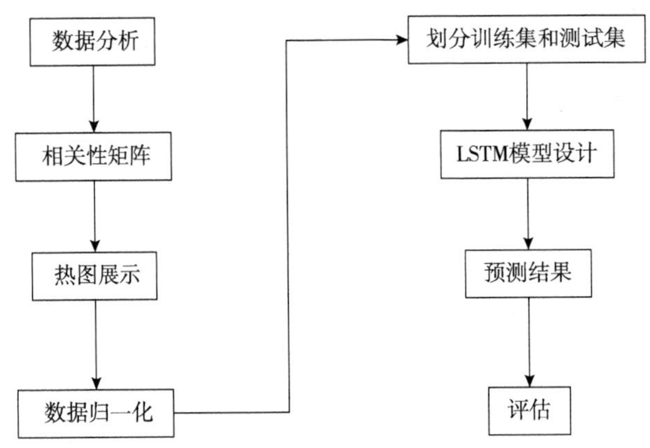


**图 3　LSTM 预测模型实验流程**

## （二）数据收集与预处理

1. 碳酸锂。本研究所使用的碳酸锂期货价格数据均来源于广州期货交易所碳酸锂期货实际价格走势数据，数据摘取时间范围统一为 2023 年 7 月 21 日（广州期货交易所碳酸锂期货上市时间）至 2023 年 9 月 22 日期间的所有正常开盘日。

同时针对数据量的考量，进行数据频率上的分组备份。第一组数据整理为“碳酸锂日度数据 - priceli”，来源于同花顺 ifind 金融数据终端平台的“期货收盘价（连续）：碳酸锂”指标数据，每日度数据 1 条，总计 46 条；第二组数据整理为“碳酸锂升频数据 - pricelik”，来源于同花顺 ifind 金融数据终端平台的“碳酸锂指数 -5 分钟 K 线”，每日度不同时刻的数据 45 条，总计 2 070 条。

2. 工业硅。本研究所使用的工业硅期货价格数据来源于广州期货交易所工业硅期货实际价格走势数据，数据摘取时间范围统一为 2022 年 12 月 22 日（广州期货交易所工业硅期货上市时间）至 2023 年 9 月 22 日期间的所有正常开盘日。

同时针对数据量的考量，进行数据频率上的分组备份。第一组数据整理为“工业硅日度数据 - pricesi”，来源于同花顺 ifind 金融数据终端平台的“期货收盘价（连续）：工业硅”指标数据，每日度数据 1 条，总计 185 条；第二组数据整理为“碳酸锂升频数据 - pricesik”，来源于同花顺 ifind 金融数据终端平台的“碳酸锂指数 -15 分钟 K 线”，每日度不同时刻的数据 15 条，总计 2 775 条。

3. 宏观经济因素数据获取与整合。

（1）碳酸锂相关的宏观因素。碳酸锂是一种重要的化工原料，主要用于制造锂离子电池、玻璃和陶瓷等产品。与碳酸锂相关的宏观因素可以影响碳酸锂市场的供需关系和价格，本课题的研究也将基于此而展开数据调选工作。以下是一些与碳酸锂相关的宏观因素：

（i）锂离子电池市场：碳酸锂的主要用途之一是制造锂离子电池，因此锂离子电池市场的需求对碳酸锂的价格和供应产生重大影响。随着电动汽车和可再生能源的兴起，锂离子电池市场需求正在迅速增长。

（ii）矿产资源：碳酸锂的主要原料之一是锂矿石，包括硬岩锂矿和软岩锂矿。供应碳酸锂的能力受到全球锂矿产资源的可获取性和开采成本的影响。

（iii）技术发展：碳酸锂的生产技术和提取方法的发展可以影响碳酸锂的供应和成本。更高效的生产方法可以增加供应并降低价格。

（iv）环保法规：环保法规对采矿和生产碳酸锂的过程有一定影响。更严格的环保法规可能会增加生产成本，同时也可能限制一些资源的开采。

（v）新兴市场需求：除了电池市场，碳酸锂还用于制造玻璃、陶瓷和涂料等产品。新兴市场对这些产品的需求增长也会影响碳酸锂的供需关系。

（vi）政治和地缘政治因素：政治稳定和国际关系也可能对碳酸锂市场产生影响。贸易纷争、政治不稳定和地缘政治紧张局势都可能干扰供应链和价格。

基于以上所列数据考量方向，初步筛选出同花顺 ifind 金融数据终端平台中碳酸锂相关的宏观因素指标数据 44 种，如表 1 所示（相关指标完整信息列表见附录 1.1）。

**表 1　　碳酸锂相关的宏观因素指标数据——部分展示**

| 序号 | 指标名称 |
|---|---|
| 1 | 中信行业指数：陶瓷 |
| 2 | 申万行业指数：涂料油漆制造 |
| 3 | 申万行业指数：三级行业：涂料油墨 |
| 4 | 平均价：氢氧化锂（电池级粗颗粒，国产）：上海有色 |
| 5 | 申万行业指数：三级行业：锂电池 |
| …… | …… |
| 40 | 现货价：玻璃 |
| 41 | 平均价：锂精矿（$Li_2O$：5% ~5.5%）：进口 |
| 42 | 现货价：黄金 |
| 43 | 黄金价格：人民币 |
| 44 | 综合指数：大宗商品价格 BPI |

以上 44 条指标是经过初步的数据量核验而筛选出的可用数据，将参与进一步的指标相关性判别与筛选。

（2）工业硅相关的宏观因素。工业硅是一种重要的原材料，广泛用于半导体制造、太阳能电池板制造、玻璃制造、铸造等领域。与工业硅相关的宏观因素可以影响工业硅市场的供需关系和价格，本课题的研究也将基于此而展开数据调选工作。以下是一些与工业硅相关的宏观因素：

（i）全球经济状况：全球经济的增长和衰退对工业硅市场有重要影响。在经济繁荣时期，半导体和太阳能行业等需求旺盛，从而提高了工业硅的需求。相反，在经济不景气时，需求可能下降。

（ii）半导体行业需求：半导体是工业硅的主要用途之一，因此半导体行业的需求对工业硅市场非常敏感。随着新技术的发展，如5G、人工智能和物联网的兴起，半导体需求不断增加。

（iii）太阳能产业：太阳能电池板制造是另一个工业硅的主要用途。政府政策、能源需求和环保意识的改变都会影响太阳能产业的发展，从而影响工业硅的需求。

（iv）全球贸易政策：国际贸易政策和贸易摩擦可能会影响工业硅的供应链。关税、贸易限制和出口管制等政策变化都可能导致工业硅价格波动。

（v）环境法规：环境法规对工业硅的生产和使用有影响。严格的环保法规可能导致生产成本上升，从而影响价格和供应。

（vi）新技术和创新：新的生产技术和创新可以提高工业硅的生产效率和质量，从而影响市场竞争力。

（vii）货币汇率：汇率波动可以影响工业硅的国际贸易。货币贬值可能会提高出口竞争力，但也可能导致进口成本上升。

（viii）地缘政治因素：地缘政治紧张局势、地区冲突和国际关系紧张可能会干扰工业硅的供应链和贸易。

基于以上所列数据考量方向，初步筛选出同花顺 ifind 金融数据终端平台中工业硅相关的宏观因素指标数据47种，如表2所示（相关指标完整信息列表见附录1.2）。

**表2　工业硅相关的宏观因素指标数据**

| 序号 | 指标名称 |
|---|---|
| 1 | 现货价：金属硅 |
| 2 | 现货价：石油焦 |
| 3 | 中信行业指数：市净率：印染 |
| 4 | 申万行业指数：三级行业：耐火材料 |
| 5 | 中国台湾电子指数：半导体 |
| …… | …… |
| 43 | 综合指数：大宗商品价格 BPI |
| 44 | 期货收盘价（连续）：焦炭 |
| 45 | 原油指数（CONC） |
| 46 | 中信行业指数：石油化工 |
| 47 | 中信行业指数：市盈率：电力设备及新能源 |

以上47条指标是经过初步的数据量核验而筛选出的可用数据，将参与进一步的指标相关性判别与筛选。

4. 数据预处理过程。基于碳酸锂与工业硅日度数据与升频数据的不同数据量级比较，以数据的具体日期为序，进行相关指标的升频处理（见图 4）。

碳酸锂的相关宏观因素指标数据摘取时间范围统一为 2023 年 7 月 21 日（广州期货交易所碳酸锂期货上市时间）至 2023 年 9 月 22 日期间的所有正常开盘日。其中，日度数据的缺失值用前值填充的方式进行空值处理，再以日度数据平行重复 45 次来进行数据升频。

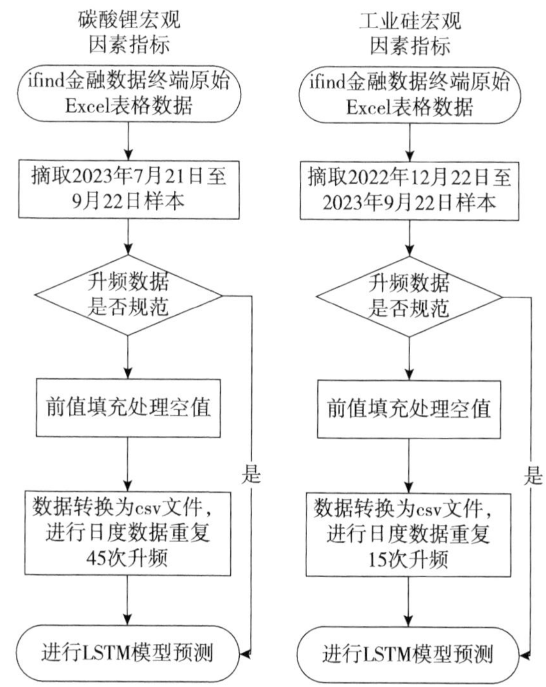


**图 4　碳酸锂与工业硅相关宏观因素指标数据预处理流程**

工业硅的相关宏观因素指标数据摘取时间范围统一为 2022 年 12 月 22 日（广州期货交易所工业硅期货上市时间）至 2023 年 9 月 22 日期间的所有正常开盘日。其中，日度数据的缺失值用前值填充的方式进行空值处理，再以日度数据平行重复 15 次进行数据升频。

### （三）数据集划分与训练策略

本课题旨在探究如何使用多变量 LSTM 模型进行时间序列预测。将使用一个包含多个特征值和工业硅期货价格的数据集，通过数据预处理、模型构建和训练，最终进行价格预测，并评估预测性能。

步骤 1：准备与预处理数据。

首先，导入 pandas、sklearn 等所需库。以对工业硅升频数据的处理预测为例，读取其期货价格数据‘pricesik. csv’的数据集。

读取数据之后，将所有的数据都统一成“float32”格式。然后将这些数据进行归一化处理，并放射到（0，1）的区间上。这里采用了 MinMaxSacler 函数和 fit_transform 函数对其进行归一化处理。

MinMaxSacler 函数：min - max 归一化方法，是将每一条数据的值减去所有数据的最小值，再除以所有数据的最大值和最小值的差。这种方法可以将所有数据的值缩放［0，1］这个区间。具体计算公式如式（7）所示：

$$x^* = \frac{x - \min(x)}{\max(x) - \min(x)} \tag{7}$$

同时，计算特征之间的相关性矩阵并绘制了热力图以可视化这些关系（见图5）。

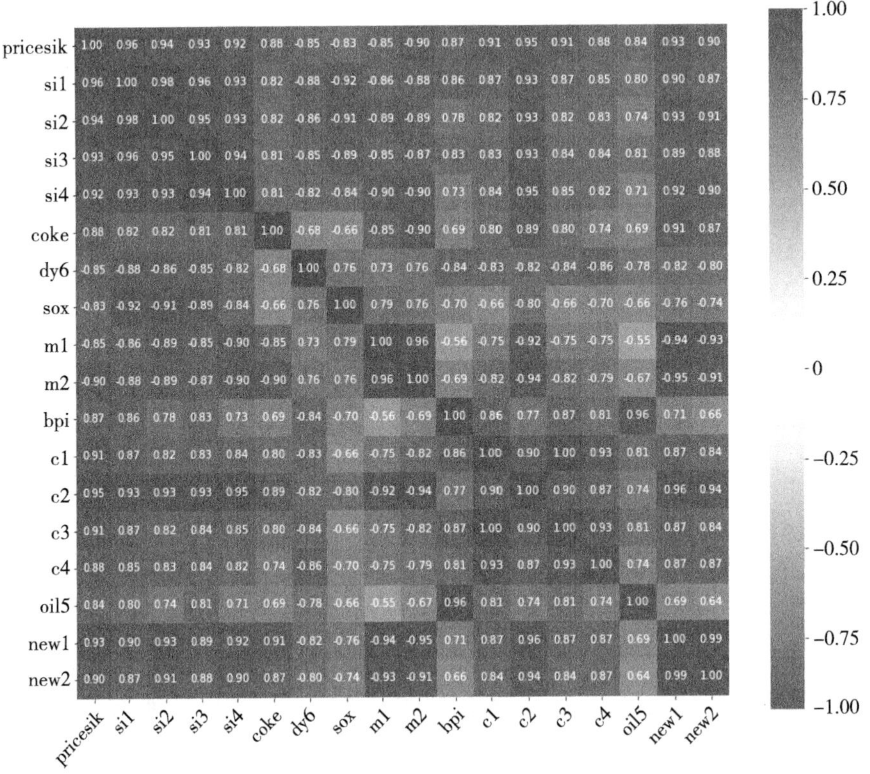


**图5　工业硅期货价格与其高强相关宏观因素热力图**

步骤2：创建时间窗口数据。

为了构建 LSTM 模型，需要创建时间窗口数据。将序列数据分割成多个时间窗口，每个窗口包含一段历史数据作为输入和下一个时间步的目标值作为输出。在本实验中，我们选择了窗口大小为10个时间步。

步骤3：构建多变量 LSTM 模型。

构建一个多变量 LSTM 模型，该模型包括一个 LSTM 层和一个全连接层。LSTM 层的激活函数为 ReLU，输入形状为（窗口大小，特征数量）。使用均方误差（MSE）

作为损失函数，并使用 Adam 优化器进行模型编译。

MAE（平均绝对误差）的计算公式如式（8）所示：

$$MAE = \frac{1}{m}\sum_{i}^{m} | y_i - \hat{y}_i | \tag{8}$$

Adam 算法：Adam 是一种流行的优化算法，用于机器学习和深度学习。它代表自适应矩估计，是一种随机梯度下降（SGD）优化算法，广泛用于训练神经网络。Adam 结合了动量和自适应学习率的概念，以实现更快的收敛和更好的优化性能。它在训练期间跟踪梯度的一阶矩（均值）和二阶矩（方差），并使用它们自适应地调整模型中每个参数的学习率。

在此步骤的最后，训练模型并绘制训练曲线，以监视损失值的变化。

步骤 4：进行价格预测。

在模型训练完成后，使用测试集的数据进行价格预测。首先，对预测结果进行反归一化，以获得真实价格的估计值。其次，绘制了实际价格与预测价格的对比图，并计算了均方根误差（RMSE），以评估模型的性能（见图 6）。

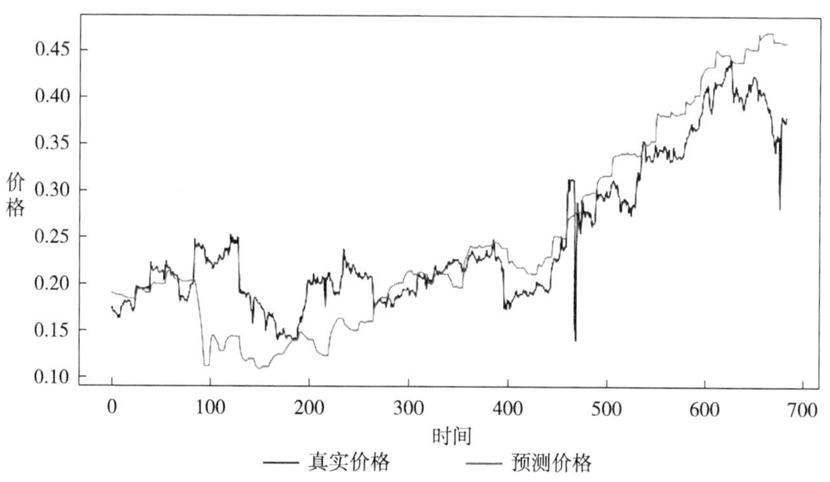


**图 6　基于 LSTM 工业硅期货价格预测图**

通过这些步骤，可以使用多变量 LSTM 模型进行时间序列预测，并评估其预测性能。在实际应用中，可以根据需要调整模型的超参数以获得更好的预测结果。

## 五、模型验证与预测

### （一）指标关联度分析

我们对选择的所有指标都进行了升频处理，并计算了升频处理前后指标的相关性经过详细分析，我们观察到，对于原本相关性就高于 0.8 的数据，在经过升频处理后，其相关性变化极小；反之，原本相关性较低的数据，在经过升频处理后，其相关性出现较大波动。基于以上发现，我们选择了相关性均值在 0.8 以上的日度数据和经升频处理后的数据作为模型的输入特征。工业硅与碳酸锂及其他相关的选择指标与其升频处理前后的关联度值如表 3 与表 4 所示。

我们将这些高相关性的指标进一步归类为五个主要类别：（1）商品价格，包括各类商品的现货价格；（2）金融指数，涉及与金融市场相关的各类指数；（3）行业指数，包含特定行业相关的市盈率、市净率等经济指标；（4）期货价格，包含各类商品的期货收盘价和期货结算价；（5）其他相关影响因素指标。

**表 3　工业硅与其相关经济指标的关联度分析**

| 指标名称 | 英文代称 | 关联度 | 升频关联度 | 升频类别 |
| --- | --- | --- | --- | --- |
| 费城半导体指数（SOX） | sox | -0.838127527 | -0.831053209 | 金融指数 |
| 综合指数：大宗商品价格 BPI | bpi | 0.85597108 | 0.867742328 | 金融指数 |
| 期货收盘价（活跃：成交量）：焦炭 | c1 | 0.908297497 | 0.911349213 | 期货价格 |
| 期货结算价（活跃：成交量）：焦炭 | c3 | 0.907398787 | 0.911757194 | 期货价格 |
| 期货收盘价（连续）：焦炭 | c4 | 0.877947271 | 0.877940599 | 期货价格 |
| 黄金价格：人民币 | m2 | -0.907102922 | -0.903584046 | 其他 |
| 现货价：金属硅 | si1 | 0.965263025 | 0.963834078 | 商品价格 |
| 现货价：硅铁 | si2 | 0.945109822 | 0.939243119 | 商品价格 |
| 现货价：锰硅 | si3 | 0.936245236 | 0.934248687 | 商品价格 |
| 现货价：有机硅 DMC | si4 | 0.924957169 | 0.917227635 | 商品价格 |
| 现货价：石油焦 | coke | 0.878908612 | 0.879135276 | 商品价格 |
| 现货价：黄金 | m1 | -0.863784637 | -0.853906068 | 商品价格 |
| 现货价：液化石油气 | oil5 | 0.828998734 | 0.839050886 | 商品价格 |
| 中信行业指数：市盈率：纺织服装 | dy6 | -0.847139798 | -0.845533991 | 行业指数 |
| 中信行业指数：市盈率：煤炭 | c2 | 0.948728101 | 0.94518767 | 行业指数 |
| 中信行业指数：市盈率：电力设备及新能源 | new1 | 0.938833236 | 0.932690154 | 行业指数 |
| 中信行业指数：市净率：电力设备及新能源 | new2 | 0.909821829 | 0.901081525 | 行业指数 |

**表 4　碳酸锂与其相关经济指标的关联度分析**

| 指标名称 | 英文代称 | 关联度 | 升频关联度 | 升频类别 |
| --- | --- | --- | --- | --- |
| 综合指数：大宗商品价格 BPI | bpi | -0.935368012 | -0.934685136 | 金融指数 |
| 中国化工产品价格指数：CCPI | ccpi | -0.889892331 | -0.888304748 | 金融指数 |
| 原油价格指数 | oil1 | -0.834510781 | -0.840723821 | 金融指数 |
| 期货收盘价（连续）：原油 | oil2 | -0.898087047 | -0.89046141 | 期货价格 |
| 收盘价：原油指数 | oil3 | -0.873563004 | -0.872422149 | 其他 |
| 平均价：氢氧化锂（电池级粗颗粒，国产）：上海有色 | li1 | 0.943112307 | 0.939784621 | 商品价格 |

续表

| 指标名称 | 英文代称 | 关联度 | 升频关联度 | 升频类别 |
| --- | --- | --- | --- | --- |
| 平均价：电池级碳酸锂（$Li_2CO_3 \geq 99.5\%$）：中国 | li3 | 0.951967875 | 0.950178291 | 商品价格 |
| 现货价：碳酸锂 | li4 | 0.951269827 | 0.949112675 | 商品价格 |
| 平均价：锂精矿（$Li_2O$：5%~5.5%）：进口 | ore1 | 0.946298122 | 0.946922688 | 商品价格 |
| 平均价：锂精矿（$Li_2O$：5.5%~6%）：进口 | ore2 | 0.946704687 | 0.947509939 | 商品价格 |
| 平均价：锂精矿（$Li_2O$：6%~6.5%）：进口 | ore3 | 0.94738882 | 0.948165808 | 商品价格 |
| 平均价：锂精矿（技术级 $Li_2O$：7%~7.2%）：进口 | ore4 | 0.946890559 | 0.947769113 | 商品价格 |
| 平均价：锂精矿（化工级 $Li_2O$：5%~5.5%）：中国 | ore5 | 0.922748426 | 0.916297928 | 商品价格 |
| 平均价：锂精矿（化工级 $Li_2O$：5.5%~6%）：中国 | ore6 | 0.922748426 | 0.916297928 | 商品价格 |
| 平均价：锂精矿（化工级 $Li_2O$：6%~6.5%）：中国 | ore7 | 0.922748426 | 0.916297928 | 商品价格 |
| 平均价：锂精矿（技术级 $Li_2O$：7%~7.2%）：中国 | ore8 | 0.922748426 | 0.916297928 | 商品价格 |
| 现货价：黄金 | m1 | -0.84234694 | -0.852280281 | 商品价格 |
| 申万行业指数：三级行业：锂电池 | li2 | 0.820413627 | 0.825907143 | 行业指数 |
| 化工商品指数：碳酸锂 | li5 | 0.951268913 | 0.949111414 | 行业指数 |
| 现货价：液化石油气 | oil5 | -0.865223863 | -0.857352649 | 行业指数 |
| 中信行业指数：市盈率：电力设备及新能源 | new1 | 0.927356149 | 0.927596784 | 行业指数 |
| 中信行业指数：市净率：电力设备及新能源 | new2 | 0.926914032 | 0.92766994 | 行业指数 |

## （二）数据升频实验

为了进一步比较日度数据与升频数据对 LSTM 模型预测性能的影响，我们分别使用工业硅和碳酸锂以及相关指标的日度数据和升频数据进行了对比实验，我们以75%数据进行模型训练，余下25%的数据进行预测验证，具体实验结果如图 7 所示。

图 7 展示了升频数据前后 LSTM 模型 Loss 变化对比。我们可以明显发现对于碳酸锂及其相关指标数据的预测来说，升频前后数据 Loss 值收敛的数量级有显著差异，升频前的数据如图 7（a）所示 Loss 值最后收敛在 0.175 左右，而升频后的数据 RMSE 值如图 7（b）所示最后收敛在 0.007 左右，这证明了在原始数据不够多的情况下升频操作可以帮助模型进行更有效的收敛与拟合。与此同时，从 Loss 收敛曲线的下降趋势来看，升频前的数据更容易产生过拟合的情况，而升频后的数据 Loss 值

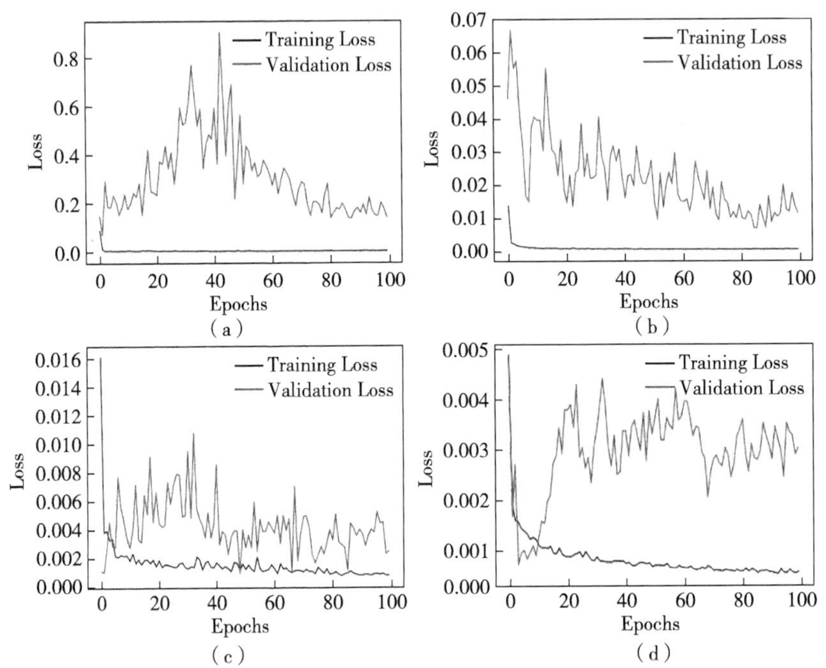


**图7　升频数据前后LSTM模型Loss变化对比**

注：（a）和（b）分别为碳酸锂及相关指标数据升频前后Loss曲线变化的对比图，（c）和（d）分别为工业硅及相关指标升频前后Loss曲线变化的对比图。

呈现稳步下降趋势。

然而，在数据量充足的情况下，例如工业硅及其相关指标，原始数据已可支持模型的有效收敛与拟合，如图7（c）所示，整体趋势呈现较好的下降趋势；而图7（d）中工业硅升频数据的Loss曲线有明显的过拟合趋势。

图8进一步对比了升频数据前后模型的预测效果。相较图8（a）中使用日度数据进行预测的效果，图8（b）的预测效果更贴合真实碳酸锂的预测效果；虽然在碳酸锂的升频数据中相同日度值重复率高，导致预测图在日度变化时呈现逐阶式增长和跌落，但整体趋势与真实日度走势较为贴合。图8（c）使用日度数据对工业硅相关的预测结果已达到较好的效果，且变化符合日度数据变化，但图8（d）中会出现因原始数据突然在某一时间变化，而模型并未学习到此特征的情况，从而还产生了某些变化趋势与原始数据变化趋势相反的情况。

因此，当预测数据量较小的指标时如碳酸锂及相关指标的数据，我们应采用升频操作帮助模型进行拟合预测，当数据量足够时如工业硅及相关指标的数据，使用原始的日度数据即可达到较好的拟合预测效果。

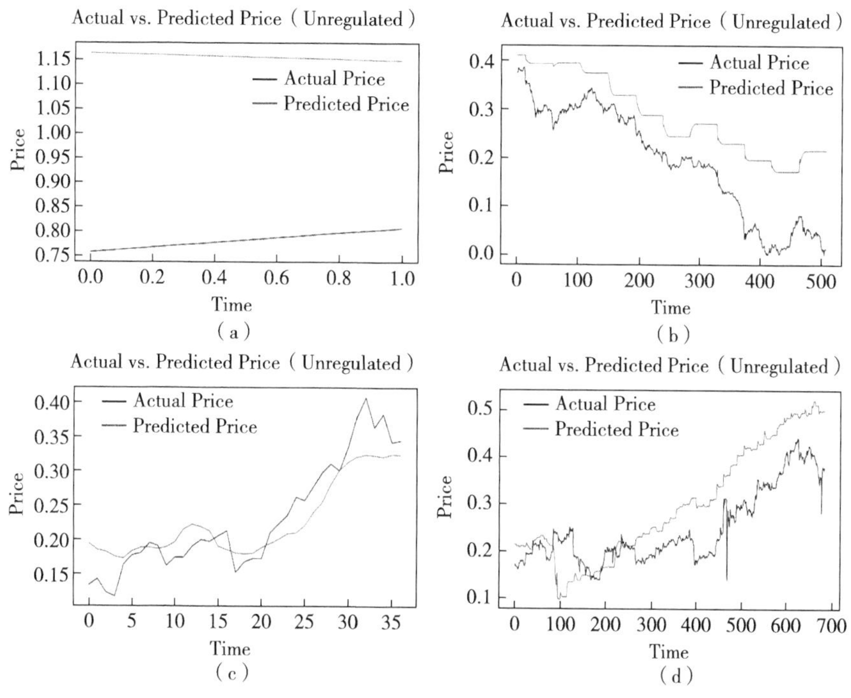


**图 8　升频数据前后模型预测效果对比**

注：（a）和（b）分别为碳酸锂及相关指标数据升频前后预测结果的对比图，（c）和（d）分别为工业硅及相关指标升频前后预测结果的对比图。

## （三）不同时间步长下预测效果评估

基于数据升频实验的结果，我们选择使用碳酸锂及相关指标升频后的数据以及工业硅的日度数据进行不同时间步长下的预测效果评估。由于已有数据量两个品种目前已有数据量均不多，因此选择在较短时间范围内进行对比实验。图 9 与图 10展示了在较优参数下，使用碳酸锂升频数据以及工业硅日度数据在不同时间跨度上的预测效果。由于已有碳酸锂数据实在较少，因此，我们将碳酸锂的最长预测步长控制在 20 天之内，工业硅则为三个月共计 90 天。

在图 9 展示的碳酸锂及其相关升频数据的不同步长下的预测结果中，我们观察到，在较短的时间范围内，如图 9（a）和（b）所示的 5 天和 10 天，碳酸锂的预测趋势与实际趋势较为匹配，模型能够有效捕捉到数据变化的趋势并作出相应的预测。然而，在更长的 15 天和 20 天的预测中，效果并不尽如人意。如图 9（c）所示，15 天的预测呈现了与实际趋势相反的情况。在图 9（d）的 20 天预测中，尽管整体趋势仍表现出下降的趋势，但模型未能捕捉到更细致的数据变化趋势，如第 4 天至第 8 天的上升趋势和第 8 天至第 10 天的大幅下降趋势均未得到准确的预测。产生这些问题的原因之一可能与预测数据占原始数据的比例过大有关，即便升频操作为模型提

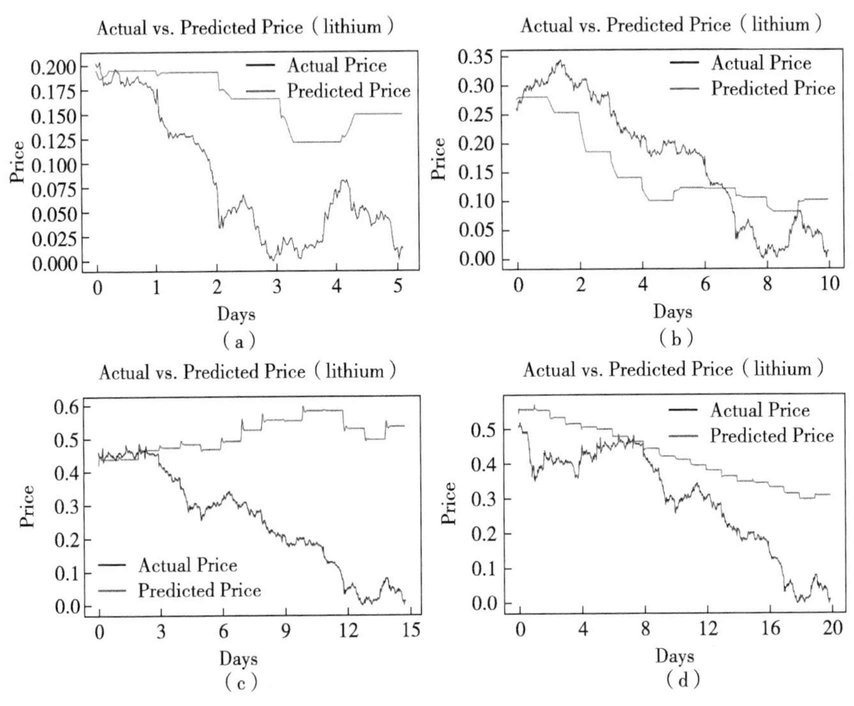


**图 9　碳酸锂及相关指标升频数据不同步长下的预测结果**

注：（a）为 5 天，（b）为 10 天，（c）为 15 天，（d）为 20 天。

供了更多的学习数据，但在日度预测中，由于预测仍以天为单位，预测数据占总数据的近 40%，因此影响了预测的准确性。然而，在数据较少的短时预测中，升频数据的表现仍优于未升频数据。

而在图 10 展示的工业硅的预测效果中，如图 10（b）中所示，30 天即 1 个月的维度上表现最为优秀。而 15 天即图 10（a）所展示的预测结果来看模型未能捕捉到第 8 天至第 11 天的显著上升趋势，但当时间维度扩展至 30 天时，我们可以观察到预测曲线在此区间有上升的变化。模型也捕捉到了从第 15 天至第 30 天的稳定上升趋势。从 60 天，即如图 10（c）所示的 2 个月的预测角度来看，模型未能准确预测出前 30 天的正确趋势，而在 90 天，即如图 10（d）所示的 3 个月的预测中，我们也可以观察到前 20 天的预测数据存在一定的量级问题，以及第 20 天左右的大幅上升趋势未得到明显的捕捉与反应，但整体的先降后升的趋势预测仍较为准确。

综上所述，图 9 和图 10 的预测结果展示了模型在不同时间维度下的表现。在较短的时间范围内，模型能够较为准确地捕捉到碳酸锂和工业硅的趋势变化。然而，随着时间维度的扩展，模型的预测准确性表现出明显的下降，特别是在更细致的数据变化趋势和大幅度的趋势变化上。这些问题可能与预测数据占原始数据比例过大以及模型在长时序下的学习与适应性有关。虽然存在这些问题，但在一些特定的应用场景和时间维度下，通过优化和升频数据处理，我们仍可以实现较为准确的预测。

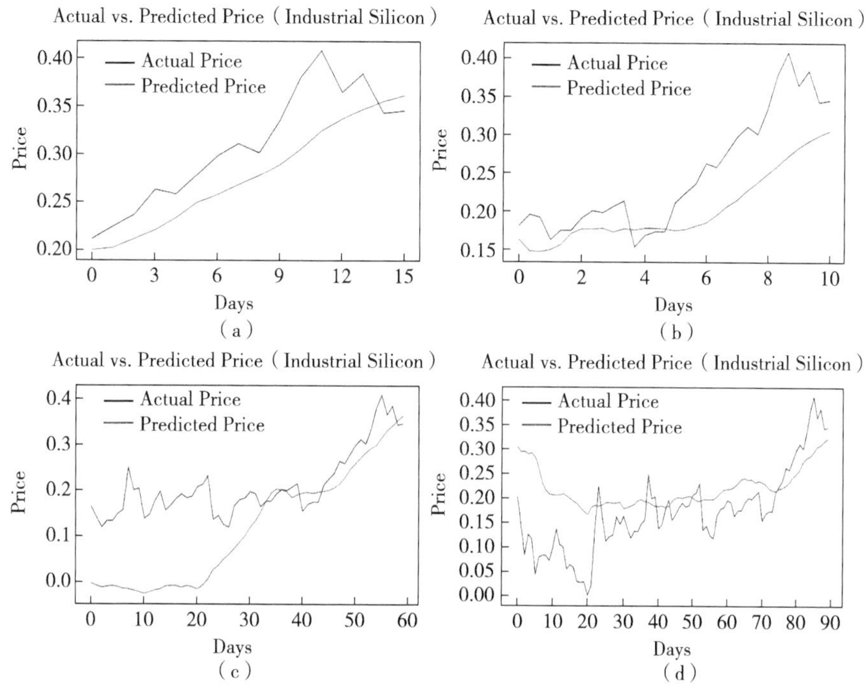


**图 10　工业硅及相关指标数据不同步长下的预测结果**

注：(a) 为15天，(b) 为30天，(c) 为60天，(d) 为90天。

# 六、结果分析与讨论

## (一) 宏观因素对碳酸锂期货价格影响分析

碳酸锂是一种重要的化工原料，主要用于制造锂离子电池、玻璃和陶瓷等产品。与碳酸锂相关的宏观因素可以影响碳酸锂市场的供需关系和价格。以下是一些与碳酸锂相关的宏观因素：

(1) 锂离子电池市场：碳酸锂的主要用途之一是制造锂离子电池，因此锂离子电池市场的需求对碳酸锂的价格和供应产生重大影响。随着电动汽车和可再生能源的兴起，锂离子电池市场需求正在迅速增长。

(2) 矿产资源：碳酸锂的主要原料之一是锂矿石，包括硬岩锂矿和软岩锂矿。供应碳酸锂的能力受到全球锂矿产资源的可获取性和开采成本的影响。

(3) 技术发展：碳酸锂的生产技术和提取方法的发展可以影响碳酸锂的供应和成本。更高效的生产方法可以增加供应并降低价格。

(4) 环保法规：环保法规对采矿和生产碳酸锂的过程有一定影响。更严格的环保法规可能会增加生产成本，同时也可能限制一些资源的开采。

（5）新兴市场需求：除了电池市场，碳酸锂还用于制造玻璃、陶瓷和涂料等产品。新兴市场对这些产品的需求增长也会影响碳酸锂的供需关系。

（6）地缘政治因素：政治稳定和国际关系也可能对碳酸锂市场产生影响。贸易纷争、政治不稳定和地缘政治紧张局势都可能干扰供应链和价格。

## （二）宏观因素对工业硅期货价格影响分析

工业硅是一种重要的原材料，被广泛用于半导体制造、太阳能电池板制造、玻璃制造、铸造等领域。与工业硅相关的宏观因素包括以下几个方面：

（1）全球经济状况：全球经济的增长和衰退对工业硅市场有重要影响。在经济繁荣时期，半导体和太阳能行业等需求旺盛，从而提高了工业硅的需求。相反，在经济不景气时，需求可能下降。

（2）半导体行业需求：半导体是工业硅的主要用途之一，因此半导体行业的需求对工业硅市场非常敏感。随着新技术的发展，如5G、人工智能和物联网的兴起，半导体需求不断增加。

（3）太阳能产业：太阳能电池板制造是另一个工业硅的主要用途。政府政策、能源需求和环保意识的改变都会影响太阳能产业的发展，从而影响工业硅的需求。

（4）全球贸易政策：国际贸易政策和贸易摩擦可能会影响工业硅的供应链。关税、贸易限制和出口管制等政策变化都可能导致工业硅价格波动。

（5）环境法规：环境法规对工业硅的生产和使用有影响。严格的环保法规可能导致生产成本上升，从而影响价格和供应。

（6）新技术和创新：新的生产技术和创新可以提高工业硅的生产效率和质量，从而影响市场竞争力。

（7）货币汇率：汇率波动可以影响工业硅的国际贸易。货币贬值可能会提高出口竞争力，但也可能导致进口成本上升。

（8）地缘政治因素：地缘政治紧张局势、地区冲突和国际关系紧张可能会干扰工业硅的供应链和贸易。

## （三）模型解释与市场动态分析

在本研究课题中，我们针对碳酸锂和工业硅的市场动态，采用了基于LSTM的深度学习模型进行预测分析。通过细致的数据处理与指标关联度分析，我们选取了与目标变量高度相关的经济指标作为模型输入特征，并进行了数据升频处理以优化模型的学习与预测能力。

我们观察到，对于原始相关性高的数据，升频处理对其影响较小，而对于相关性原本较低的数据，升频处理能够明显改善其相关性。基于这一发现，我们分别对碳酸锂和工业硅进行了日度数据与升频数据的对比实验，发现升频数据能够提升模型在数据稀疏情况下的拟合与预测精度，但在数据量充足时，使用原始日度数据已足够实现较为准确的预测。

同时，我们进一步探讨了模型在不同时间步长下的预测效果。实验证明，LSTM 模型在预测碳酸锂和工业硅的市场动态方面具有一定的可行性和准确性，特别是在较短的时间维度如 5 天至 10 天对碳酸锂，以及 30 天对工业硅时，模型表现出较高的准确度和可靠性。在短时间维度下，模型能较为准确地捕捉市场变动趋势；但当时间维度拓展，模型的准确性会出现明显下降，尤其在捕捉细致的数据变动和大幅度趋势变化方面。尽管如此，通过适当的优化与数据升频处理，在特定应用场景和时间维度下，我们仍可达到满意的预测效果。

通过以上对碳酸锂和工业硅的市场动态及数据进行深入的分析与模型预测，我们为这两种材料在商品市场上的价格变动提供了有力的理论支持，并为未来的研究与实践提供了有价值的参考。

## 七、研究局限性与展望

### （一）研究局限性

（1）将数据转换为 float32 可能会导致数据的一些精度损失，但对于大多数机器学习和深度学习任务来说，这种损失通常是可以接受的，并且可以通过适当的特征工程和模型调整来弥补。因此，根据任务的性质和计算资源的限制，选择合适的数据类型是重要的。

（2）RMSE 的限制。RMSE 对异常值敏感，如果数据集中存在离群值，它可能会受到异常值的影响，导致不准确的评估。RMSE 只提供了误差的平均度量，无法提供误差分布的详细信息。有时候，其他指标如平均绝对误差（MAE）可能更适合一些特定场景。

（3）两种期货上市时间短，数据量小，尤其是碳酸锂的预测模型需要后期加大数量之后进一步提升预测准确度。

（4）模型丰富度不足。目前只采用了 LSTM 模型进行预测分析。LSTM 虽然在序列预测任务中表现优异，但在某些情况下可能无法充分捕获数据中的复杂模式或关系。未来，我们计划探索和实验其他更先进和多样化的模型，例如，Transformer 模型和注意力机制模型。这些模型可能更有助于揭示碳酸锂与工业硅价格之间的复杂动态关系。

### （二）未来研究展望

本研究课题目前还受限于研究目标的实际数据数量，要使用至少为日度数据才有效。

但在未来的研究展望中，随着时间的推进与数据的累积，当后期数据量达到以月度数据为预测量级时，本研究课题的数据丰富度和预测精度将会得到更好的提升。例如，太阳能电池相关各类指标、新能源汽车销量、国内生产总值（GDP）、消费者物价指数（CPI）、通货膨胀（如 CPI、PPI 等）、采购经理指数（如 PMI）、地缘政治风险指数（GPR）等数据月度或年度数据届时也可加入预测模型备选范围内，以实现更好的碳酸锂与工业硅期货价格的预测。

## 参考文献


[1] 闫智慧. 基于 EEMD – LSTM 组合模型的鸡蛋价格短期预测 [D]. 南京：南京农业大学，2018.

[2] YIN H, JIN D, GU Y H, et al. STL – ATTLSTM: Vegetable Price Forecasting Using STL and Attention Mechanism – Based LSTM [J/OL]. Agriculture, 2020, 10 (12): 612 [2024 – 04 – 20]. DOI: 10.3390/agriculture10120612.

[3] SILVA R F, BARREIRA B L, CUGNASCA C E. Prediction of Corn and Sugar Prices Using Machine Learning, Econometrics, and Ensemble Models [J/OL]. Engineering Proceedings, 2021, 9 (1): 31 [2024 – 04 – 20]. DOI: 10.3390/engproc2021009031.

[4] PAIDIPATI K, BANIK A. Forecasting of Rice Cultivation in India – A Comparative Analysis with ARIMA and LSTM – NN Models [J]. ICST Transactions on Scalable Information Systems, 2018 (7): 161409.

[5] MURUGESAN R, MISHRA E, KRISHNAN A H. Forecasting agricultural commodities prices using deep learning – based models: basic LSTM, bi – LSTM, stacked LSTM, CNN LSTM, and convolutional LSTM [J]. International Journal of Sustainable Agricultural Management and Informatics, 2022, 8 (3): 242 – 277.

[6] JIANG Z, LIU C, HENDRICKS N P, et al. Predicting County Level Corn Yields Using Deep Long Short Term Memory Models [Z]. arXiv. 2018. https://doi.org/10.48550/arXiv.1805.12044.

[7] JESUS G S D, HOPPE A F, SARTORI A, et al. LSTM Applied for Commodity Futures Price Forecast [Z]. Preprints. Preprints. 2022. https://doi.org/10.20944/preprints202211.0278.v1.

[8] GU Y H, JIN D, YIN H, et al. Forecasting Agricultural Commodity Prices Using Dual Input Attention LSTM [J/OL]. Agriculture, 2022, 12 (2): 256 [2024 – 04 – 20]. DOI: 10.3390/agriculture12020256.

[9] GHOSH A K, BOSE S, MAJI G, et al. Stock Price Prediction Using LSTM on Indian Share Market [C]. Easychair, 2019.

[10] SREENU N, RAO K S C, KISHAN D. The macroeconomic variables impact on commodity futures volatility: A study on Indian markets [J]. Cogent Business & Management, 2021, 8: 1939929.

[11] WŁODARCZYK B, SZTURO M. Impact of Macroeconomic and Financial Factors on the Commodity Price Indexes in the Context of Financialization [C]. Cham: Springer International Publishing, 2019.

[12] YI A, MENGLONG Y, LI Y. Macroeconomic Uncertainty and Crude Oil Futures Volatility – Evidence from China Crude Oil Futures Market [J]. Frontiers in Environmental Science, 2021 (9): 636903.

[13] AHMED K, ZAIN M, NOOR A, et al. The Impact of Macroeconomic Variables on Commodity Futures Prices: An Evidence from Malaysian Crude Palm Oil Futures [J]. European Journal of Molecular & Clinical Medicine 2020, 7 (6): 2515 – 8260.

[14] ANSHUL S. Long short term memory (LSTM): Digging a bit deeper [EB/OL]. (2022-05-16) [2024-04-20].

[15] WU J, ZHANG J, GE Z, et al. Impact of climate change on maize yield in China from 1979 to 2016 [J]. Journal of Integrative Agriculture, 2021, 20 (1): 289-299.

# 附录

## 1 课题相关指标完整信息列表

### 1.1 碳酸锂相关的宏观因素指标完整信息列表

| 序号 | 指标名称 | 英文代称 | 日度数据 | 升频数据 |
|---|---|---|---|---|
| 1 | 中信行业指数：陶瓷 | cer1 | 0.685089099 | 0.668556901 |
| 2 | 中信行业指数：市盈率：陶瓷 | cer2 | -0.68313733 | -0.667031131 |
| 3 | 中信行业指数：市净率：陶瓷 | cer3 | 0.686412237 | 0.670666407 |
| 4 | 申万行业指数：涂料油漆制造 | p1 | 0.349513197 | 0.331937399 |
| 5 | 申万行业指数：三级行业：涂料油墨 | p2 | 0.349513197 | 0.331937399 |
| 6 | 平均价：氢氧化锂（电池级粗颗粒，国产）：上海有色 | li1 | 0.943112307 | 0.939784621 |
| 7 | 申万行业指数：三级行业：锂电池 | li2 | 0.820413627 | 0.825907143 |
| 8 | 平均价：电池级碳酸锂（$Li_2CO_3 \geq 99.5\%$）：中国 | li3 | 0.951967875 | 0.950178291 |
| 9 | 现货价：碳酸锂 | li4 | 0.951269827 | 0.949112675 |
| 10 | 化工商品指数：碳酸锂 | li5 | 0.951268913 | 0.949111414 |
| 11 | 现货价：玻璃 | glass1 | -0.789425158 | -0.776823363 |
| 12 | 收盘价：玻璃指数 | glass2 | -0.399791516 | -0.407948316 |
| 13 | 平均价：锂精矿（$Li_2O$：5%～5.5%）：进口 | ore1 | 0.946298122 | 0.946922688 |
| 14 | 平均价：锂精矿（$Li_2O$：5.5%～6%）：进口 | ore2 | 0.946704687 | 0.947509939 |
| 15 | 平均价：锂精矿（$Li_2O$：6%～6.5%）：进口 | ore3 | 0.94738882 | 0.948165808 |
| 16 | 平均价：锂精矿（技术级 $Li_2O$：7%～7.2%）：进口 | ore4 | 0.946890559 | 0.947769113 |
| 17 | 平均价：锂精矿（化工级 $Li_2O$：5%～5.5%）：中国 | ore5 | 0.922748426 | 0.916297928 |
| 18 | 平均价：锂精矿（化工级 $Li_2O$：5.5%～6%）：中国 | ore6 | 0.922748426 | 0.916297928 |
| 19 | 平均价：锂精矿（化工级 $Li_2O$：6%～6.5%）：中国 | ore7 | 0.922748426 | 0.916297928 |
| 20 | 平均价：锂精矿（技术级 $Li_2O$：7%～7.2%）：中国 | ore8 | 0.922748426 | 0.916297928 |
| 21 | 现货价：黄金 | m1 | -0.84234694 | -0.852280281 |
| 22 | 黄金价格：人民币 | m2 | -0.304230807 | -0.301679984 |
| 23 | 综合指数：大宗商品价格 BPI | bpi | -0.935368012 | -0.934685136 |
| 24 | 中国化工产品价格指数：CCPI | ccpi | -0.889892331 | -0.888304748 |
| 25 | 期货收盘价（活跃：成交量）：焦炭 | c1 | -0.527171627 | -0.537442946 |
| 26 | 中信行业指数：市盈率：煤炭 | c2 | -0.705010738 | -0.711689001 |

续表

| 序号 | 指标名称 | 英文代称 | 日度数据 | 升频数据 |
|---|---|---|---|---|
| 27 | 期货结算价（活跃：成交量）：焦炭 | c3 | -0.522039688 | -0.529215268 |
| 28 | 期货收盘价（连续）：焦炭 | c4 | 0.107278176 | 0.105941888 |
| 29 | 原油价格指数 | oil1 | -0.834510781 | -0.840723821 |
| 30 | 期货收盘价（连续）：原油 | oil2 | -0.898087047 | -0.89046141 |
| 31 | 收盘价：原油指数 | oil3 | -0.873563004 | -0.872422149 |
| 32 | 原油指数（CONC） | oil4 | -0.740539654 | -0.747382151 |
| 33 | 现货价：液化石油气 | oil5 | -0.865223863 | -0.857352649 |
| 34 | 现货价：石油沥青 | oil6 | -0.178330295 | -0.195056236 |
| 35 | 中信行业指数：石油石化 | oil7 | -0.303637967 | -0.307482737 |
| 36 | 现货价：石脑油 | oil8 | -0.663508575 | -0.670336835 |
| 37 | 中信行业指数：石油化工 | oil9 | 0.191193782 | 0.19210659 |
| 38 | 中信行业指数：市盈率：电力设备及新能源 | new1 | 0.927356149 | 0.927596784 |
| 39 | 中信行业指数：市净率：电力设备及新能源 | new2 | 0.926914032 | 0.92766994 |
| 40 | 比亚迪（002594）：收盘价（后复权） | car1 | 0.689458227 | 0.680961917 |
| 41 | 比亚迪（002594）：市盈率（PE，TTM） | car2 | 0.694901137 | 0.68632909 |
| 42 | 比亚迪（002594）：市销率（PS，TTM） | car3 | 0.692751712 | 0.684633468 |
| 43 | 比亚迪（002594）：市净率（PB，最新） | car4 | 0.670547944 | 0.662306861 |
| 44 | 申万行业指数：一级行业：汽车 | car5 | 0.614019573 | 0.597376809 |

## 1.2 工业硅相关的宏观因素指标完整信息列表

| 序号 | 指标名称 | 英文代称 | 数据关联度 | 升频数据关联度 |
|---|---|---|---|---|
| 1 | 现货价：金属硅 | si1 | 0.965263025 | 0.963834078 |
| 2 | 现货价：硅铁 | si2 | 0.945109822 | 0.939243119 |
| 3 | 现货价：锰硅 | si3 | 0.936245236 | 0.934248687 |
| 4 | 现货价：有机硅 DMC | si4 | 0.924957169 | 0.917227635 |
| 5 | 现货价：多晶硅 | si5 | 0.79074711 | 0.781340583 |
| 6 | 现货价：石油焦 | coke | 0.878908612 | 0.879135276 |
| 7 | 中信行业指数：市净率：印染 | dy1 | 0.602007779 | 0.604780039 |
| 8 | 中信行业指数：印染 | dy2 | 0.169557512 | 0.176804415 |
| 9 | CRB 现货指数：纺织 | dy3 | 0.158037983 | 0.15176224 |
| 10 | 中信行业指数：纺织服装 | dy4 | 0.146425004 | 0.160027512 |
| 11 | 纺织服装 | dy5 | 0.05268519 | 0.051598239 |
| 12 | 中信行业指数：市盈率：纺织服装 | dy6 | -0.847139798 | -0.845533991 |
| 13 | 市净率：纺织业 | dy7 | 0.724808387 | 0.729963827 |
| 14 | 申万行业指数：三级行业：耐火材料 | fire1 | 0.751083197 | 0.742906438 |
| 15 | 申万行业指数：三级行业：市盈率：耐火材料 | fire2 | 0.719453395 | 0.716623055 |

续表

| 序号 | 指标名称 | 英文代称 | 数据关联度 | 升频数据关联度 |
|---|---|---|---|---|
| 16 | 申万行业市值：三级行业：耐火材料 | fire3 | 0.774222859 | 0.764027563 |
| 17 | 中国台湾电子指数：半导体 | sem1 | −0.706206714 | −0.70713933 |
| 18 | 行业滚动市盈率（TTM）：沪深两市：半导体 | sem2 | −0.752262353 | −0.746889379 |
| 19 | 中信行业指数：半导体设备 | sem3 | −0.588908154 | −0.604712783 |
| 20 | 中信行业指数：半导体材料 | sem4 | −0.204984361 | −0.223427695 |
| 21 | 费城半导体指数（SOX） | sox | −0.838127527 | −0.831053209 |
| 22 | 现货价：玻璃 | glass3 | −0.744136711 | −0.736574307 |
| 23 | 收盘价：玻璃指数 | glass4 | 0.154223103 | 0.165785711 |
| 24 | 现货价：黄金 | m1 | −0.863784637 | −0.853906068 |
| 25 | 黄金价格：人民币 | m2 | −0.907102922 | −0.903584046 |
| 26 | 综合指数：大宗商品价格 BPI | bpi | 0.85597108 | 0.867742328 |
| 27 | 中国化工产品价格指数：CCPI | ccpi | 0.709464508 | 0.727129555 |
| 28 | 期货收盘价（活跃：成交量）：焦炭 | c1 | 0.908297497 | 0.911349213 |
| 29 | 中信行业指数：市盈率：煤炭 | c2 | 0.948728101 | 0.94518767 |
| 30 | 期货结算价（活跃：成交量）：焦炭 | c3 | 0.907398787 | 0.911757194 |
| 31 | 期货收盘价（连续）：焦炭 | c4 | 0.877947271 | 0.877940599 |
| 32 | 原油价格指数 | oil1 | −0.054967979 | −0.032837313 |
| 33 | 期货收盘价（连续）：原油 | oil2 | −0.236854381 | −0.214102427 |
| 34 | 收盘价：原油指数 | oil3 | −0.229119014 | −0.206627987 |
| 35 | 原油指数（CONC） | oil4 | 0.086811467 | 0.106569979 |
| 36 | 现货价：液化石油气 | oil5 | 0.828998734 | 0.839050886 |
| 37 | 现货价：石油沥青 | oil6 | 0.346626853 | 0.348701146 |
| 38 | 中信行业指数：石油石化 | oil7 | −0.5312043 | −0.522095344 |
| 39 | 现货价：石脑油 | oil8 | −0.096870229 | −0.085975611 |
| 40 | 中信行业指数：石油化工 | oil9 | −0.082943342 | −0.079254319 |
| 41 | 中信行业指数：市盈率：电力设备及新能源 | new1 | 0.938833236 | 0.932690154 |
| 42 | 中信行业指数：市净率：电力设备及新能源 | new2 | 0.909821829 | 0.901081525 |
| 43 | 比亚迪（002594）：收盘价（后复权） | car1 | 0.320027472 | 0.313323822 |
| 44 | 比亚迪（002594）：市盈率（PE，TTM） | car2 | 0.732615974 | 0.724246291 |
| 45 | 比亚迪（002594）：市销率（PS，TTM） | car3 | 0.791332433 | 0.780709558 |
| 46 | 比亚迪（002594）：市净率（PB，最新） | car4 | 0.6633284 | 0.654708202 |
| 47 | 申万行业指数：一级行业：汽车 | car5 | 0.283888625 | 0.290946752 |

## 2 课题实验完整代码

### 2.1 数据预处理部分（以升频 15 次为例）

```
import pandas as pd

# 读取 Excel 文件
```

```
file_path = 'car5.xlsx'
df = pd.read_excel(file_path)
print(df)

# 将日期列转换为 datetime 类型
df['date'] = pd.to_datetime(df['date'], format='%Y-%m-%d')

# 将日期列格式更改为"20230908"
df['date'] = df['date'].dt.strftime('%Y%m%d')

# 保存修改后的数据到新的 Excel 文件
output_file_path = 'df2.xlsx'  # 替换成您想要保存的文件路径
df.to_excel(output_file_path, index=False)
df2 = pd.read_excel(output_file_path)

# 新建一个空的 DataFrame 来存储处理后的数据
new_df = pd.DataFrame(columns=['date', 'car5'])

# 遍历原始 DataFrame 的每一行
for index, row in df.iterrows():
    column1 = row['date']
    column2 = row['car5']

    # 复制第二列数据 15 次
    for i in range(15):
        new_row = {'date': f"{column1}{i+1:02d}", 'car5': column2}
        new_df = new_df.append(new_row, ignore_index=True)

# 保存处理后的数据到新的 Excel 文件
output_file_path = 'df3.xlsx'  # 保存的文件路径
new_df.to_excel(output_file_path, index=False)

df3 = pd.read_excel(output_file_path)
df3.head(20)

# 读取第一个 Excel 文件,工业硅 price
file1 = 'pricesik.xlsx'  # 替换为第一个 Excel 文件的路径
df4 = pd.read_excel(file1, dtype={'date': str})
df4.head(20)
```

```
## 删除 date1 和 time 列
# df4 = df4. drop( [ 'date1 ', 'time' ], axis = 1)

# 显示删除后的 DataFrame
print( df4)

# 读取第二个 Excel 文件,升频后的重复值日度数据
file2 = 'df3. xlsx'  # 替换为第二个 Excel 文件的路径
df5 = pd. read_excel( file2,dtype = { 'date': str} )
df5. head(20)

# 假设有两个 DataFrame df1 和 df2,它们都有一个共同的列 'date' 用于合并
# 使用 pd. concat 合并两个 DataFrame
# merged_df = pd. concat( [ df4, df5], ignore_index = True)
merged_df = df4. merge( df5, on = 'date')

# 显示合并后的 DataFrame
print( merged_df)

# 将合并后的数据写入新的 CSV 文件
merged_df. to_csv( 'car5. csv', index = False)

# 读取 CSV 文件
df6 = pd. read_csv( 'car5. csv')
print( df6)
```

## 2.2 数据导入与相关性测算部分

```
# prepare data for lstm
from pandas import read_csv
from pandas import DataFrame
from pandas import concat
from sklearn. preprocessing import LabelEncoder
from sklearn. preprocessing import MinMaxScaler
import keras
from keras. models import Sequential
from keras. layers import Dense
from keras. layers import LSTM
from matplotlib import pyplot
from numpy import concatenate
from math import sqrt
from sklearn. metrics import mean_squared_error
```

```
import matplotlib. pyplot as plt
import seaborn as sns
import pandas as pd

# 读取 CSV 文件
data = pd. read_csv( 'pricesik. csv' )

# # 将第一列数据转换为时间序列
# data[ 'date' ] = pd. to_datetime( data[ 'date' ], format = '% Y% m% d% H' )
# 将第一列数据转换为时间序列
data[ 'date' ] = pd. to_datetime( data[ 'date' ], format = '% Y% m% d% H% M' )
data. head(50)

# 将除了日期列以外的所有数据转换为 float32 格式
data. iloc[ :, 1: ] = data. iloc[ :, 1: ]. astype( 'float32' )

data. head(50)

matrix = data. corr( )
cmap = sns. diverging_palette(250, 15, s =75, l =40, n =9, center = "light", as_cmap = True)

plt. figure( figsize = (12, 8))
sns. heatmap( matrix,    center =0, annot = True,
                fmt = '. 2f', square = True, cmap = cmap)
plt. show( )
```

## 2.3 LSTM 预测模型部分

```
# 步骤 1：导入必要的库
import numpy as np
import pandas as pd
import matplotlib. pyplot as plt
from sklearn. preprocessing import MinMaxScaler
from tensorflow. keras. models import Sequential
from tensorflow. keras. layers import LSTM, Dense
from sklearn. metrics import mean_squared_error

# 步骤 2：准备数据
# 假设你有一个包含多个特征值和工业硅期货价格的数据集，可以使用 Pandas 读取 CSV 文件或者其他数据源
# 假设数据集的列为 'feature1', 'feature2', 'feature3', 'price'
```

```
## 读取数据集
# data = pd.read_csv('si.csv')

# 选择要预测的特征和目标列
# features = ['si1', 'si2', 'si3', 'si4', 'si5', 'si6', 'oil', 'hot', 'car', 'ccpi', 'f1', 'f2',
'f3', 'f4', 'f5', 'f6', 'f7']
features = ['si1', 'si2', 'si3', 'si4','coke','dy6','sox', 'm1', 'm2', 'bpi','c1', 'c2',
'c3', 'c4','oil5', 'new1', 'new2']
target = 'pricesik'

# 数据归一化
scaler = MinMaxScaler(feature_range = (0, 1))
data[features] = scaler.fit_transform(data[features])
data[target] = scaler.fit_transform(data[[target]])
## normalize features
# scaler = MinMaxScaler(feature_range = (0, 1))
# scaled = scaler.fit_transform(values)

# 创建训练集和测试集
train_size = int(len(data) * 0.75)
train_data = data.iloc[:train_size]
test_data = data.iloc[train_size:]

# 创建时间窗口数据
def create_sequences(data, window_size):
    X, y = [], []
    for i in range(len(data) - window_size):
        X.append(data[i:i + window_size][features].values)
        y.append(data[i + window_size:i + window_size + 1][target].values)
    return np.array(X), np.array(y)

window_size = 10
X_train, y_train = create_sequences(train_data, window_size)
X_test, y_test = create_sequences(test_data, window_size)

# 步骤 3: 构建多变量 LSTM 模型
model = Sequential()
model.add(LSTM(100, activation = 'relu', input_shape = (window_size, len(features))))
model.add(Dense(1))
model.compile(optimizer = 'adam', loss = 'mse')
```

```
# 步骤 4：训练模型并绘制训练曲线
history = model.fit(X_train, y_train, epochs = 100, batch_size = 5, validation_data = (X_test, y_test))

# 打印每个训练周期的损失值
for epoch, loss in enumerate(history.history['loss'], 1):
    print(f'Epoch {epoch}/{len(history.history["loss"])} - Loss: {loss:.4f}')

# 绘制训练曲线
plt.plot(history.history['loss'], label = 'Training Loss')
plt.plot(history.history['val_loss'], label = 'Validation Loss')
plt.legend()
plt.xlabel('Epochs')
plt.ylabel('Loss')
plt.show()

#结果 1
# 步骤 5：进行价格预测
y_pred = model.predict(X_test)
y_pred = scaler.inverse_transform(y_pred)
y_true = scaler.inverse_transform(y_test)

# 绘制价格预测与实际价格的对比图
plt.figure(figsize = (12, 6))
plt.plot(y_true, label = 'Actual Price', color = 'blue')
plt.plot(y_pred, label = 'Predicted Price', color = 'red')
plt.title('Actual vs. Predicted Price (Upfrequency)')
plt.xlabel('Time')
plt.ylabel('Price')
plt.legend()
plt.show()

# 计算均方根误差(RMSE)
rmse = np.sqrt(mean_squared_error(y_true, y_pred))
print(f'RMSE: {rmse}')
```

# 推动数据资产金融化，强化数据资产计量

徐　燕　苏柏杨①

**摘　要**：作为与土地、劳动力、资本和技术并列的五大生产要素之一，数据资产如何成为独立、可销售并具有金融属性的资产，是业界推动数据资产金融化的难题。本文从数据资产的界定，会计确认、计量、按照合理公允评估、入表列示披露等几个方面，为数据资产的金融化提供参考路径。

**关键词**：数据资产；金融化；计量；评估

## 一、引言

数据资产是一种基于数据技术的经济资产，具有资产的计量属性，同时，因其作为资产，具有流动性和利益增值性，逐渐被引入市场交易环节，其金融属性日益显现。如何从会计角度对数据资源进行确认、计量和报告，从而形成具有独立、可剥离的数据资产，进入交易平台实现金融化，是我们探索和推动的方向。

为推动数据资产金融化建设，业界首先应当做好数据资产的确认、计量和入表列示披露，其次做好数据资产的确权、市场估值和评估工作，同时通过政府的引导，搭建公开流通交易的数据资产交易平台，并制定相关的操作指引及交易规则，实现数据资产更透明、更公允、更公开的流通。本文根据现行相关规定及业界探索的相关文献，整理出数据资产金融化的理论路径。

习近平总书记强调，发挥数据的基础资源作用和创新引擎作用，加快形成以创新为主要引领和支撑的数字经济。党的二十大报告提出，加快建设数字中国，加快发展数字经济。中共中央、国务院2020年发布的《关于构建更加完善的要素市场化配置体制机制的意见》，将数据与土地、劳动力、资本、技术并称为五大生产要素，进一步彰显了数据在价值创造中的重要性。资产无形化、数据价值化、数据金融化

---

① 徐燕，高级会计师，高级审计师，广东广播电视台财务部首席业务指导，著有《财务数字化建设　助力企业价值提升》一书，研究方向：财务数字化建设、数据资产理论及实践等。苏柏杨，中山大学岭南学院金融硕士生，研究方向：国际金融、金融科技等。

将是推动未来世界发展的又一大动力。

随着市场对数据资产金融化的积极推动，如何规范计量数据资产，客观真实地反映其金融价值，是当今资本市场研究的重要内容，对数据资产入资产负债表问题日益关注。据财政部2023年8月21日消息，为规范企业数据资源相关会计处理，强化相关会计信息披露，财政部印发了《企业数据资源相关会计处理暂行规定》（以下简称《暂行规定》），规范企业数据资源相关会计处理，强化相关会计信息披露，发挥数据要素价值，服务数据经济发展和数据中国建设。“数据资源作为国民经济社会发展的要素资源，具有重要的商用价值。数据资源已经作为新增要素列入市场建设体系中，加快培育数据要素市场是建设高标准市场体系的关键基础。”北京国家会计学院教授崔志娟对《证券日报》记者表示，与此相适应的基础性制度需要加大供给，以破除阻碍要素自由流动的体制机制障碍。制定《暂行规定》是贯彻落实党中央、国务院关于发展数字经济的决策部署的具体举措，也是以专门规定规范企业数据资源相关会计处理、发挥会计基础作用的重要一步。

## 二、调研企业数据资产情况

我们通过实地调研和公开资料，研究了部分数据企业，分析了大型数据分析提供商的产品和服务，对其可能形成的数据资产，按种类和具体形态、应用场景进行了分析，意图了解并探明实践中的数据资产情况（见表1）。

**表1　　数据资产类型及应用场景**

| 序号 | 企业名称 | 数据资产种类 | 数据资产具体形态 | 应用场景 |
| --- | --- | --- | --- | --- |
| 1 | 阿里云 | 综合数据 | 数据采集、数据存储、数据分析、数据可视化以及数据安全等全方位领域，搭建数据的流通、收集和分享的底层架构 | 支持移动商业生态系统参与者的大数据服务 |
| 2 | 华为云服务 | 综合数据 | 整合高性能的计算和存储能力，为大数据的挖掘和分析提供专业稳定的IT基础设施平台 | 为用户提供“一站式”云计算基础设施服务及解决方案供应商 |
| 3 | 百度 | 综合数据 | 综合用户行为数据、自然语言处理能力和深度学习领域，发布大数据引擎 | 在政府、医疗、金融、零售、教育等传统领域率先开展合作 |
| 4 | 浪潮 | 综合数据 | 服务器制造商和服务器解决方案提供商，涵盖大型行业应用软件、ERP与通信运营系统解决方案领域 | 支持各行业、政府、金融等领域需求 |
| 5 | 腾讯云 | 综合数据 | 拥有用户关系数据和基于此产生的社交数据，涵盖QZONE、微信、电商等产品的后端数据 | 广泛支持云平台、云服务器、云数据库、云存储、云计算，以及提供各种数据产品 |
| 6 | 探码科技 | 行业数据 | 自主研发的DYSON系统，以做美国最大的律师平台、医生平台和酒店、机票预订平台的数据采集、分析、处理为主 | 面向政务、企业的创新型大数据研究项目与合作，为各大企业提供高端信息技术咨询服务 |

续表

| 序号 | 企业名称 | 数据资产种类 | 数据资产具体形态 | 应用场景 |
| --- | --- | --- | --- | --- |
| 7 | 中兴通讯 | 基础数据 | 综合通信解决方案提供商，包括新能源、无线通信等系统技术设计、开发，研发 GoldenDB 金融级分布式数据库 | 提升运营商 ICT 融合服务能力，为各大银行、证券机构承担核心业务数据库建设 |
| 8 | 神州融 | 行业数据 | 整合国内权威的第三方征信机构和电商平台等信贷应用场景的征信大数据，通过覆盖信贷全生命周期管理的顶尖风控技术 | 为微金融机构提供大数据驱动的信贷风控决策服务 |
| 9 | 中科曙光 | 基础数据 | 提供高性能计算机、通用服务器、存储、安全到数据中心等 ICT 基础设施产品，实现大数据一体机任务自动分解，并在多数据模块上并行执行，全面提高了复杂查询条件下的效率 | 布局“城市云”等计算中心 |
| 10 | 华胜天成 | 基础数据 | 自主研发的大数据产品“I 维数据”，涵盖 Linux on Power 市场、智慧城市、存储业务、管理服务、咨询与应用管理服务 | 在电信、邮政、政府等各行业提供 IT 综合服务 |
| 11 | 神州数码 | 基础数据 | 推出市民融合服务平台、自助终端服务平台等产品 | “智慧城市”战略布局 |
| 12 | 用友 | 行业数据 | 推出用友 BQ、用友 AE 等产品 | 广泛支持各企业财务领域和业务拓展分析 |
| 13 | 东软 | 行业数据 | 搭建了东软熙康这一智慧医疗平台，构建东软统一过程 NUP（通用的过程框架和方法库），形成可复用资产，以此建立核心业务平台 | 以医疗行业、社保方面为主 |
| 14 | 金蝶 | 行业数据 | 金蝶 KBI 与金蝶 ERP 无缝集成，实现 BI 数据采集—集成—分析决策支持的一体化应用 | 为各企业、政府提供财务服务 |
| 15 | 宝德 | 基础数据 | 提供 Intel IA 架构的 Power Leader 服务器和解决方案，开发针对大数据进行的云备份方案，支持实体机及虚拟机备份，而且具有无限扩充的可能，实现完全自动 | 国内的电信、金融、教育、政府等行业拥有广泛的用户 |
| 16 | 启明星辰 | 基础数据 | 以入侵检测系列化产品为核心的网络安全产品研发和生产，提供了终端审计、终端数据防泄露、日志审计，通过综合审计平台来帮助用户解决 IP 治理需求等解决方案 | 为政府、金融、电信、能源、医疗等行业提供完善的网络安全解决方案 |
| 17 | 拓尔思 | 基础数据 | 研发 TRS 海贝大数据管理系统，满足大数据的机器数据存储、管理、检索、分析、可视化等应用需求，推出日志挖掘和用户行为分析。TRS 社会媒体分析云服务平台实现在线信息监测、统计分析、关系挖掘、传播效果评估等服务 | 面向物联网、电子商务、医疗、电信、金融等领域的大数据处理 |
| 18 | 荣之联 | 综合数据 | 个性化定制数据中心解决方案，提供从咨询、设计、系统部署等全套方案和服务 | 服务目标行业为零售、证券、生物、政府等的大数据分析及库存解决提供方案 |

续表

| 序号 | 企业名称 | 数据资产种类 | 数据资产具体形态 | 应用场景 |
| --- | --- | --- | --- | --- |
| 19 | 中科金财 | 行业数据 | 服务于金融业的大数据，以AIGC、Web3.0、数字人民币、数据要素核心技术研发为主 | 以金融业为主，深入推进人工智能等领域 |
| 20 | 美亚柏科 | 行业数据 | 业务包括电子数据取证、电子数据鉴定、网络舆情分析、数字维权、公证云、搜索云以及取证云服务 | 专注于公安市场 |
| 21 | 汇纳科技 | 行业数据 | 商业数据库包括商业环境、商圈概况、商场基础信息、商场品牌库、互联网数据等多维度数据，提供门店网络规划、选址评估、运营状态监测、未来表现预测以及市场变化趋势分析等数据服务产品 | 服务于零售业，如Apple、Adidas、Under Armour等多个国际一线品牌 |

我们在调研过程中，发现不少非数据公司在业务运营过程中也会沉淀大量数据，以小鹏汽车等新能源汽车为例，用户在使用汽车时会记录上传各种数据，企业通过对其清洗、归纳、提纯，形成独特的数据资产。这些数据资产可提供相同赛道的企业研发支持和技术迭代强有力的参考，其经济价值及收益也随之凸显。

从表1可以看到，数据资产的形成，除了外购外，更多地来源于团队自采、业务合作、数据采购与AI建模客流投射等自主研发和用户上传获得的各维度数据，不管是数据产品还是基础数据库，市场需求均出于应用场景的适配性和服务性，数据资产收益更依赖于研发支持、技术迭代。

## 三、数据资源成为数据资产的界定

随着数据时代的到来，数据资源成为经济活动中的重要商品形态，企业通过业务运营活动中抓取产生和积累沉淀的多科技领域、多层次的数据信息，并不全是数据资产。业界普遍认为，数据资产是指由企业拥有或者控制的，能进行货币计量的，能够为企业未来带来直接或间接经济利益的，以物理或电子的方式记录的数据资源，如文件资料、电子数据等。

数据资源变成数据资产的界定，主要依赖数据的以下三个特性：

可控制性：数据资源必须由企业合法拥有或控制，这是数据资产化的前提。只有在企业或组织对数据资源拥有明晰的产权或控制权，才能通过数据资产化来发挥数据的价值。

可获益性：数据资源必须具有使用价值，即能够带来未来价值。只有数据资源具备了这一特性，才有可能将其视为数据资产。

可计量性：数据的价值可以合理计量。即使数据资源满足上述两个条件，如果其价值无法合理计量，那么也不能被认定为数据资产。

当数据资源满足了这三个条件，即可被视为数据资产。数据资产化是数据进入市场流通的前提，也是数据要素市场建设的前提。

数据资产根据应用领域的不同，可分为交通数据、医疗数据、金融数据、科研数据、社交数据、产业数据等。按销售类别，可分为综合数据、基础数据、行业数据等。各分类按不同需求有不同的经济价值。

## 四、数据资产的计量体系

虽然数据已经成为数字经济时代的重要生产要素之一，是数字经济企业的重要核心竞争力和价值体现，但由于现行会计准则对自创的无形资产核算过于谨慎，采取比外购无形资产和有形资产更为严格的确认、计量和报告标准，导致自创无形资产未能在财务报表上得到反映，不利于如实反映企业的财务状况、经营业绩和现金流量。我们在调研中发现，众多数据公司均未对数据资产进行确认和入表列示，无法规范数据资产的核算模式，导致企业在数据资产的交易过程中存在盲目和不对称性。

财政部于2023年8月印发了《暂行规定》，为规范企业数据资源相关会计处理，强化相关会计信息披露提供了政策依据。《暂行规定》适用于企业确认为无形资产或存货等资产类别的数据资源，以及企业合法拥有或控制的、预期会给企业带来经济利益的，但由于不满足准则条件而未确认为资产的数据资源的相关会计处理。

### （一）数据资产的确认和计量

在《暂行规定》中，最核心的内容包括以下几个部分：明确符合条件的数据资源，可以确认为“无形资产”或“存货”等资产，列示入资产负债表。简单来说，企业自用的、支持日常生产运营、产生经济价值的数据资产纳入无形资产，生产用于出售的，纳入存货。

1. 符合《企业会计准则第6号——无形资产》（财会〔2006〕3号，以下简称无形资产准则）规定的定义和确认条件的，确定为“无形资产”。

确认为“无形资产”的数据资源，可以涵盖以下支出：第一种情况是，企业通过外购方式取得的数据资源，符合取得确认为无形资产的成本包括购买价款、相关税费，直接归属于使该项无形资产达到预定用途所发生的数据脱敏、清洗、标注、整合、分析、可视化等加工过程所发生的有关支出，以及数据权属鉴证、质量评估、登记结算、安全管理等费用。企业通过外购方式取得数据采集、脱敏、清洗、标注、整合、分析、可视化等服务所发生的有关支出。第二种情况是，企业内部数据资源研究开发项目的支出，属于开发阶段的支出，满足无形资产准则第九条规定的有关条件的，确认为无形资产。

由此可以看出，出于会计的谨慎性原则，“无形资产”在会计确认上依然以历史成本法为主，并没有体现其市场价值和可能的溢价。

2. 企业生产或经营过程中形成的，最终目的用于出售的数据资源，符合《企业会计准则第 1 号——存货》（财会〔2006〕3 号，以下简称存货准则）规定的定义和确认条件的，应当确认为存货。

确认为“存货”的数据资源，可以包括以下支出：外购取得的，包括购买价款、税费、保险费等直接或间接支出；自行加工的，包括采购支出、加工支出和其他支出。

由此可以看出，一直困惑业界的关于数据资源的资产属性，得到了初步的解决，既可以认为是一种无形资产或知识产权，也可以是待销售的产品，这对于推进数据资产的市场交易有着至关重要的作用。

特别注意的是，《暂行规定》对数据资产没有提出有关确认和计量的新条件和方法，不允许企业采用公允价值计量模式，也就是说，即使是符合入表条件的数据资产，计量基础仍应基于历史成本法，对确认为无形资产的数据资源进行初始计量、后续计量、处置和报废等相关会计处理。对确认为存货的数据资源进行初始计量、后续计量等相关会计处理。因此，数据资源的整体市场价值在短期内并不会完全体现在企业的资产负债表中。

企业在积累或生成数据资产的过程中，不同渠道不同形式，往往会涉及初始购建支出和改良升级支出。如何界定和分摊期间成本和间接费用，是计量的最大难点。实现数据资产或者价值的可靠计量，依赖企业建立合理有效的数据治理体系、成本归集和分摊机制、内部控制体系和信息系统支持。

我们了解到，《暂行规定》在专家研讨、专题调研、公开征求意见等过程中，均存在对数据资源入表、如何入表有疑虑，计量尺度的小心谨慎，导致实际操作中存在不确定性。通过会计报表附注披露是短期内务实的解决路径，将有助于为有关监管部门完善数字经济治理体系、加强宏观管理提供会计信息支撑，也为投资者等报表使用者了解企业数据资源价值、提升决策效率提供有用信息。

### （二）数据资产的入表及披露

数据资产的入表列示和披露，意味着数据资产可以有“正式身份”合法合规地出现在财务报告中，为其独立进入金融市场打下了坚实的基础。数据资产的入表，将帮助企业实现数据价值管理的新纪元。根据《暂行规定》，企业可以在会计报表附注中对数据资源相关会计信息进行披露，这给市场主体提供了有效的规则指引，有利于引导企业加快梳理其数据资源构成，并对数据资源相关交易和事项进行会计确认、计量和报告。

《暂行规定》突出了两个信息：一是重要性原则进行披露。根据重要性原则并结合实际情况，企业对于尚未作为无形资产或存货确认的数据资产，可以在会计报表附注中通过披露应用场景或业务模式、原始数据类型来源、加工维护和安全保护情况、涉及的重大交易事项、相关权利失效和受限、对企业创造价值的影响方式等相关信息，呈现给报告使用者。这就给数据资源提供了成为数据资产的未来通道，投资者通过对数据披露的评估，可以判断企业具有的未来收益预期，从而形成更高的溢价。

二是可披露经评估未入表数据资产。《暂行规定》明确，企业对自愿披露的数据资源，可以按评估结果来报告。对企业有重大影响的数据资产，应当同时披露其“评估依据的信息来源，评估结论成立的假设前提和限制条件，评估方法的选择，各重要参数的来源、分析、比较与测算过程等信息”。由此可见，在会计报表报告中，已允许企业通过估值方法反映数据资产，虽未能直接增加企业会计报表的资产权重，但企业的金融价值已实现公开披露，体现了会计业对数据资产的包容和开放。

## 五、数据资产价值评估

数据资产的合理价值评估，是数据资产通往金融化的前置和必由之路。在作者开展调研的过程中，企业间数据资产交易更多的是按供需关系协商定价。这就给市场带来了不透明、不对等的风险，数据资产价值评估推广的迫切性日益显现。

为了推动数据资产化的进程，中国资产评估协会制定了《数据资产评估指导意见》（以下简称《指导意见》）自 2023 年 10 月 1 日执行。其中明确对数据资产开展评估工作，需要重点考虑影响数据资产价值的成本、运用场景、市场和质量等相关因素。

### （一）评估四因素

成本因素包括数据资产的购建成本，主要是依据企业日常投入并通过会计报表记录的成本信息。

场景因素是指数据资产的使用范围、商业模式、契合行业、市场前景及应用风险等，评估其可能的前景和收益。

市场因素是指数据资产的交易市场的活跃度、市场供需是否旺盛、交易市场的平台支持力度等。

质量因素是指数据的质量，是否准确、规范、时效，是否具有当前市场热点需求性。

### （二）评估三方法

数据资产的评估方法，业界较倾向于收益法、成本法和市场法。各种方法没有优劣，主要看适用条件。为了更准确地估计数据资产的价值区间，一般评估机构采用至少两种评估方法，由于市场的局限性和交易条件暂时不满足，采用较多的是成本法和收益法。

1. 收益法是通过测算数据资产的未来收益并折算为现值，用于评估数据资产的价值。这种方法主要用于需求量相对较大、有可参考的销售业绩或同类产品，具有较高的可预测性。采用收益法，应当结合数据资产的应用场景、收益模式和收益风险综合评价。

2. 成本法是通过数据资产购建时产生的投入成本，以及重置需要发生的成本来评价。主要着重其真实投入或合理投入、为保证质量应持续追加的成本等。

3. 市场法是指在具备公开活跃的市场平台下，有可供参考或匹配的同类产品，通过修正个性化、细分差异化等因素，得到合理估值。相信在不久的将来，数据资产交易平台的不断增加和完善，市场法将更多地运用在评估工作中。

根据《数据资产管理实践白皮书（5.0 版）》总结，数据资产价值评估体系建设成果主要如表 2 所示。

表 2　国内外关于数据资产价值评估研究总结

| 研究单位 | 单位性质 | 时间 | 主要贡献 | 评价及参考价值 |
| --- | --- | --- | --- | --- |
| 国家标准化管理委员会 | 中国标准化组织 | 2020 年 | 发布国家标准《GB/T 36344—2018 信息技术　数据质量评价指标》；国家标准《电子商务数据资产评估指标体系》（GB/T 37550—2019） | 提出数据资产应用效果的分析，考虑数据资产的使用对象、使用次数和使用效果评价，在评估数据资产的运营效果时有参考价值 |
| 中国资产评估协会 | 中国财政部下属行业组织 | 2020 年 | 提出数据资产的资产评估专家指引，参考无形资产评估为数据资产评估提出改良成本法、改良收益法以及改良市场法三种评估方法 | 作为资产评估专业机构，其提出的三种评估方式在数据资产的经济价值衡量中具有权威性以及可落地性 |
| Gartner | 全球技术咨询服务公司 | 2020 年 | 提出市场价值、经济价值、内在价值、业务价值、绩效价值、成本价值、废弃价值、风险价值共八大维度的信息资产价值评估模型 | Gartner 的评价框架从多角度评估数据资产的多方面价值，分析维度较完整，具有很强参考价值。具体价值评估指标设计含义模糊、数据来源及计算方式笼统，不具有落地性 |
| Forrester | 全球技术咨询服务公司 | 2020 年 | 提出报表、BI 类应用的经济价值评估方式 | 采用了多步式方法评估 BI 应用对组织的影响，其测算出的经济价值相关参数具有一定参考价值 |
| 阿里研究院 | 中国技术咨询服务公司 | 2019 年 | 发布《数据资产化之路：数据资产的估值与行业实践》，分析数据资产价值影响因素以及 5 种评估方式，包括市场价值法、多期超额利润法、前后对照法、权利金节省法、成本法 | 将数据资产与无形资产进行对比，探索无形资产评估方法在数据资产中运用的可行性。以方法论的形式提出评估方法，未考虑估值方法的可落地性 |

现阶段，国家已建立数据质量相关评价标准体系，评估机构可以参照相关内容，根据数据自身的特点与应用场景，赋予不同权重，得出数据质量的评价总分。以南方电网为例，近年来南方电网在数据资产定价上进行了一定的尝试。根据2021年发布的《南方电网数据资产管理体系白皮书（2021）》，南方电网通过研究数据全生命周期，分析数据资产的采集核验、存储管理、分析挖掘、转移交换等各阶段的成本组成，结合市场价格确定数据资产的最终价格区间，公开的案例中显示电力大数据征信产品的单条数据价格区间为0.99～1.47元/条。

## 六、数据资产的金融化

数据资产金融化被认为是经济发展的核心引擎，是未来金融设立的新的资本聚焦点和着力点。申万宏源的研究报告称“数据财政”有望接替“土地财政”。东吴证券分析师王紫敬表示，数据资产市场潜在总规模达数十万亿元。在财政部发布《暂行规定》后，金融业欢呼雀跃，认为是激励金融界的一大利好。

数据资产金融化，除了做好资产估值和入表列示外，产权企业要负责数据的合理合法合规性。目前，流通交易并有金融价值的数据资产可包括数据资源、算力资源、算法模型、数据产品及服务。同时明确，涉及危害国家安全与公共利益、侵犯他人合法权益的数据资产、未经合法授权的资产，以及法律法规明令禁止的资产不允许金融化。

数据的确权，是数据资产金融化，进入融资市场的前置要素。2022年12月，中共中央、国务院印发了《关于构建数据基础制度更好发挥数据要素作用的意见》，明确提出了数据资源确权问题，明确数据资源持有权、数据加工使用权和数据产品经营权是数据产品的产权制度框架体系。

现阶段，学术界对于数据权属，一般认为有四种权属分配模式，即用户所有、平台所有、用户与平台共有、国家所有。对于共享的权属模式，虽然用户享有初始数据产权，有一定的否决权，但在很多情况下，企业会采取征得用户同意的方式，取得用户的授权并开展下一步开发利用，这样，企业使用数据的自由度得到大大提升，为数据的流通交易打下良好的法理基础。从数据安全角度来看，这种操作相应地增加了个人隐私数据泄露的风险。如何保护用户等弱势群体，是政府及交易平台需要关注和研究的问题。

现阶段常见的数据资产金融方案主要有以下几种：

1. 数据资产抵押，企业将确权的数据资产在进行估值登记后，作为抵押物取得贷款。

2. 数据资产作为股权，入股新实体企业或项目，取得溢价收入或分红收入。

3. 出售数据资产的经营权，获得现金回报或股权。购买者可在约定范围内对数据资产进行二次开发、迭代及销售。

实践中不少交易中心开始探索数据资产的金融创新业务。据报道，目前北部湾大数据交易中心提供的数据资产登记信息及相关凭证，可作为企业数据资源入表、数据资产评估、数据资产交易等活动的依据。交易中心为每个数据资产提供唯一的区块链编号，并与上海、广州、浙江、重庆、天津、山东等地的数据交易场所建立互联互通机制，支持数据资产登记凭证互认，帮助企业享受“一地登记，多地认证”的服务便利，为数据资产的金融化和流通交易提供了便利与保障。

北京市率先建成支持“可用不可见”交易模式的国际大数据交易所，开展数据资产登记评估入表试点，多家中小企业由此进行了数据资产的确权并获得了贷款，取得了很好的效果。

未来数据资产通过合理确权和估值，将以合法身份进入金融市场，可以参与作价入股企业、进行股权债权融资、数据信托、金融交易等活动，将在可控金融风险的前提下，参与金融机构面向个人或企业的数据资产金融活动。

## 七、数据资产金融化的政府引导和作用

各级政府可设立数据交易平台，引导数据资产在公共资源交易中流通。2023 年 1 月 1 日，在北京设立了全国首个国家级合规数字资产二级交易平台——中国数字资产交易平台，其依托中国技术交易所的国家级交易所属性，发挥交易所的交易职能，为数字资产交易业务制定完善的交易制度、规范的交易体系、科学的交易流程、安全的结算机制，夯实数字资产交易业态的底层基础设施建设，为交易全流程服务保驾护航。据了解，该平台交易标的物现阶段以数字藏品、数字版权为主，具体的交易商品和交易规则还在研究讨论。

数据交易平台应当采取开放、共享、交换、交易等方式流通数据，推进数据采集和接口标准化，制定数据资产交易标准体系，制定公共数据资源目录编制规范性要求等相关配套制度。并且，交易中心有责任承担起对公共数据资源的归集管理，对于不涉及国家秘密、个人隐私、商业机密等的数据产品和服务，鼓励纳入平台进行公开、透明的交易。

各级政府应当加大力度投入数据资产流通交易的生态培育。鼓励各级职能机关及部门在金融创新、财税支持、人才培育等方面探索新的模式，鼓励各行业及实体企业，培育行业性、产业化的数据资产提供商，支持数据集成、数据中介、数据评估、数据审查、数据公证等行业的有序发展和专业水平的提升。

数据交易平台应当做好登记、交易、结算三大核心职能，发挥好交易参与者，即数据供给方、数据需求方、服务提供商及交易监管方四方的作用，形成合理的利益分配体系及价值链条。

## 八、结语

数据资产属于新型商业业态，其确权、计量、评估和交易，目前仍处于摸索和研究阶段，有很多实际操作问题需要根据实践来完善，在行业监管和合规方面，也需要法律法规和监管政策的逐步完善，因而存在一定的不确定性，金融化存在一定的风险。随着各项管理日益健全，数据资产金融化将成为新格局下高质量发展的动力引擎，成为撬动金融与经济快速发展的有力杠杆。

## 参考文献

［1］邹贵林，陈雯，吴良峥，等．电网数据资产定价方法研究——基于两阶段修正成本法的分析［J］．价格理论与实践，2022（3）．

［2］CCSA TC601 大数据技术标准推进委员会，中国信息通信研究院云计算与大数据研究院．数据资产管理实践白皮书（5.0 版）［R/OL］．2021.

［3］黄世忠，叶丰滢，陈朝琳．数据资产的确认、计量和报告——基于商业模式视角［J］．财会月刊，2023，44（8）：3－7．DOI：10.19641/j.cnki.42－1290/f.2023.08.001.

［4］北京证监局．企业数据资源会计入表核算五大提示要点及“五步法”入表路径解析［R］．会计及评估监管工作通讯，2023，54（5）．

# 数智技术在投研领域的应用

## ——以广发证券智慧数系统为例

广发证券智慧数课题组①

**摘　要：** 随着我国资本市场的蓬勃发展，投资研究客户体现出专业性、风格差异化等特点，对深度研究需求越来越大。同时，由于研究员的数据具有来源广泛、形式多样、时效性要求高、变动频繁的特点，这导致数据标准化与治理难度大。因此，传统投研系统需要打破僵局，结合互联网、大数据及人工智能等新兴科技手段提升投资研究的效率，高速获取和整合投研数据，提升客户服务的体验，形成一套智能投研系统。

本文介绍了投研市场的现状和需求，并设计开发了一套适合券商研究业务的投研智库系统。本文根据业务所提出的业务需求构建业务架构，并根据业务架构搭建系统，通过技术架构、数据架构、安全架构多个方面搭建一套安全、可靠、高效的智能投研系统。针对传统投研的对客方式、数据治理、研究成果可视化等痛点提供了解决思路，该系统具有投研数据标准化、使用图数据库构建产业链关系、数据资产化等创新点。最后介绍系统落地的成效、过程经验以及对未来的展望。

**关键词：** 智库系统；投研数据标准；知识图谱；开放 API

## 一、背景介绍

近年来，在我国资本市场蓬勃发展、扩大直接融资规模、全面推行注册制的背景下，上市公司的数量也呈快速增长的趋势，研究机构需要花费越来越多的成本去覆盖所有的研究标的。从需求端来看，客户体现出专业性、风格差异化等特点，在券商卖方研究市场竞争激烈、同质化严重的情况下，如何以客户的需求为中心，提供定制化、差异化、兼顾深度与广度研究服务是当前研究机构面临的最大挑战。

数据是投资研究的底座，研究员的数据来源广泛、形式多样、时效性要求高、

① 课题组组长：辛治运，广发证券副总经理兼首席信息官，研究方向：公司项目领导与统筹。课题组成员：张汉林，广发证券信息技术部副总经理，研究方向：机构交易与服务。肖诗泉，广发证券信息技术部总监，研究方向：投资交易与研究。黄敏良，广发证券信息技术部资深工程师，研究方向：投研系统领域。袁均良，广发证券信息技术部开发工程师，研究方向：智能研究方向、个股盈利拆分智能化。

变动频繁，导致数据标准化与治理难度大；逻辑是投资研究的灵魂，研究员的逻辑框架纷繁复杂、行业差异大，使得深度结构化存在困难。而使用互联网、大数据及人工智能等科技手段提升研究的效率，加速获取和整合数据、沉淀研究逻辑、提升客户服务的体验已经被越来越多的投资机构所认可。因此，构建一套智能化、平台化的投资研究系统是当前乃至未来券商研究机构的核心竞争力之一。

随着外部服务需求的不断增加、行业领域竞争加剧以及集团数字化转型步伐不断加快，券商研究所基于自身的业务定位，积极探索运用科技手段赋能研究业务的方法，以不断提升服务效率，解决内部数据工作耗时长、标准化不足等问题。通过广泛的同业深度调研，部分机构通过公司整体自上而下推动项目开展，从而在较短时间内取得了一定先发优势。广发证券发展研究中心的研究实力得到市场广泛认可，下文以广发证券智能研究平台为例，介绍数智技术在投研领域的应用研究。

## 二、系统架构

### （一）系统业务需求

广发证券智能研究平台（以下简称智慧数）是公司实施研究驱动经营模式战略的核心数字化支撑平台。平台主要服务于卖方研究员、产业研究员与买方投资客户在总量经济、产业链、行业、个股等场景的研究。

为解决研究数据线下存储、研究信息来源零碎、投资逻辑本地化分散等痛点，本案例针对高复杂、难继承的研究过程建立一套平台化、标准化的生产流程。采用“HI + AI”的模式，不断推动研究内容线上化、资产化，探索区别于传统路演、电话会议以外的新型的服务模式。

业务要求平台完成数据底座的搭建，依赖专业的数据采集处理技术，解决不同场景下的数据源自动采集与更新。实现标准化数据存储与输出，形成一套具有行业标杆意义的投研数据标准。快速沉淀行业精品数据库和公司数据库，与头部公募机构实现研究成果接口对接，跑通“研究资产沉淀—研究服务升级—研究价值转化”的全闭环。平台构建一套成熟的数据线上化流程，快速地进行行业数据标准化。

业务要求平台专注投研应用侧，从产业链中心的搭建作为切入点，将视角从传统二级市场延伸到实体经济产业研究领域。下钻行业框架和公司研究，打通产业、中观、微观的研究体系。通过精选产业主题的搭建，构建上下游产业的逻辑关系，跟踪产业政策和引导方向，梳理行业龙头和“专精特新”潜力企业，监控行业核心指标。同时，依托前沿的大数据和AI技术的力量，实现产业核心指标实时监控、个股模型自动跟踪和预警、行业潜力企业的智能筛选和推荐。

平台依赖大模型、知识图谱等技术迭代驱动行业数据、产业链图谱、行业框架等既有模块不断优化升级。

### （二）系统技术方案

针对系统业务所提出的业务需求，我们制订了一系列的技术方案进行解决，其中包括系统的前后端部署使用的技术架构，获取并管理投研数据的数据架构、数据输出的安全架构。

1. 系统技术架构。智慧数遵循前后端分离、B/S 架构，以云架构方式部署，支持异地多活。其中，前端包括系统的管理端、对客端的页面，主要的技术栈包括 Vue 和 ElementUI。为实现定制化可视化需求，数据采用 ECharts 以及 Antv 的 L7 等数据可视化技术，深度定制化后实现可视化数据地图与底层数据模型无缝衔接，便于业务自动生成高质量图表，同时通过 Canvas 画布技术高效绘制产业链图谱。为提升对客端前端的性能，系统支持静态资源 CDN 化，并采用懒加载模式，通过合并请求、浏览器缓存等机制降低前端资源加载时长，提升系统用户体验。前端所有请求都将经过 Nginx 进行流量分发，这里的 Nginx 主要起到流量负载均衡、缓存静态文件、检测服务是否存活等作用。

智慧数后端遵循微服务架构，支持异构服务协同。后端分为管理端和数据融合子系统，管理端后端主要采用 Java 语言和 Python 语言进行开发，使用的开发框架分别为 Springboot 和 Django，主要负责前端请求处理和数据库数据的拼接与加载工作。为满足服务间的通信需求，Java 服务间使用 Feign 进行微服务之间的调用，使用 Kafka 消息队列来实现数据的订阅与交换。数据融合子系统后端使用 Spark 引擎搭建数据融合工作流，并且提供定时功能以实现按时更新；对于实时性要求较高的场景，使用 Flink 引擎以流式方式进行实时数据融合，日终保证数据最终的一致性。对于一些非结构化的数据，如年报中的相关指标数据，会采用大模型的技术进行数据提取。

由于系统设计的指标域标准化模型大多数都为竖表结构，如一个数据点对应一条记录，同时金融指标数据量庞大（亿级别的数量），并且每日还会更新大量数据，传统的关系型数据库，如 MySQL，不能很好地支持这种场景。根据调研和多次实验后，最终项目决定采用国产分布式关系型数据库 TiDB 存储业务管理数据以及金融指标数据。分布式数据库 TiDB 具备水平扩容或者缩容、金融级高可用特性，较好地满足了场景需求。数据融合子系统将加工后的数据直接写入分布式数据库 TiDB 中，管理端、对客端后台服务可方便从中读取相关金融数据。系统针对投研领域的多种行业研究流程图的存储采用了特定的图数据库 Nebula 进行存储，图数据库相比起关系型数据库具有更高效的对图关系的查询效率以及更便捷的图存储接口，这使得系统可以更快捷地给客户提供产业链中的产品关系的查询服务，提高研究成果的输出效率。系统还采用 Elasticsearch 搜索引擎对大量指标的搜索场景进行加速，经过其加速过的指标搜索，可以实现指标及实体元数据毫秒级查询，大幅提升查询指标数据的效率。为支持文件的高可用及容灾，文件存储数据库采用的是分布式文件存储 S3。

为加快系统访问速度，系统应用层大量使用缓存，基于集群模式的 Redis 数据库进行分布式存储，集群模式能够很好地保证 Redis 内数据的高可用性以及查询速度。

系统采用双周迭代的方式进行敏捷开发，将需求实现分成开发周与测试周的形式进行实现，可以满足需求快速的上线；代码使用 Gitlab 进行日常的开发代码管理，通过分支管理的功能控制迭代上线节奏，掌控代码质量，快速定位代码问题；使用 Sonar 代码质量管理平台对代码进行自动扫描，保证代码的规范性；使用 Docker 应用容器引擎对服务进行镜像打包，进行容器化处理，实现微服务的架构，保证服务与服务之间环境的隔离，可移植性强；使用 Jenkins 进行自动化打包与部署，实现流水线式作业，支持敏捷迭代开发。系统以异地多实例多集群的方式部署到公司统一的国产容器云管理平台 CCE 上，保证系统的容灾性与可靠性，并且容器云管理平台接入内部部署的日志系统，方便开发人员快速筛选与定位生产问题，运维快速导出日志情况并定时进行分析处理。智慧数系统技术架构见图 1。

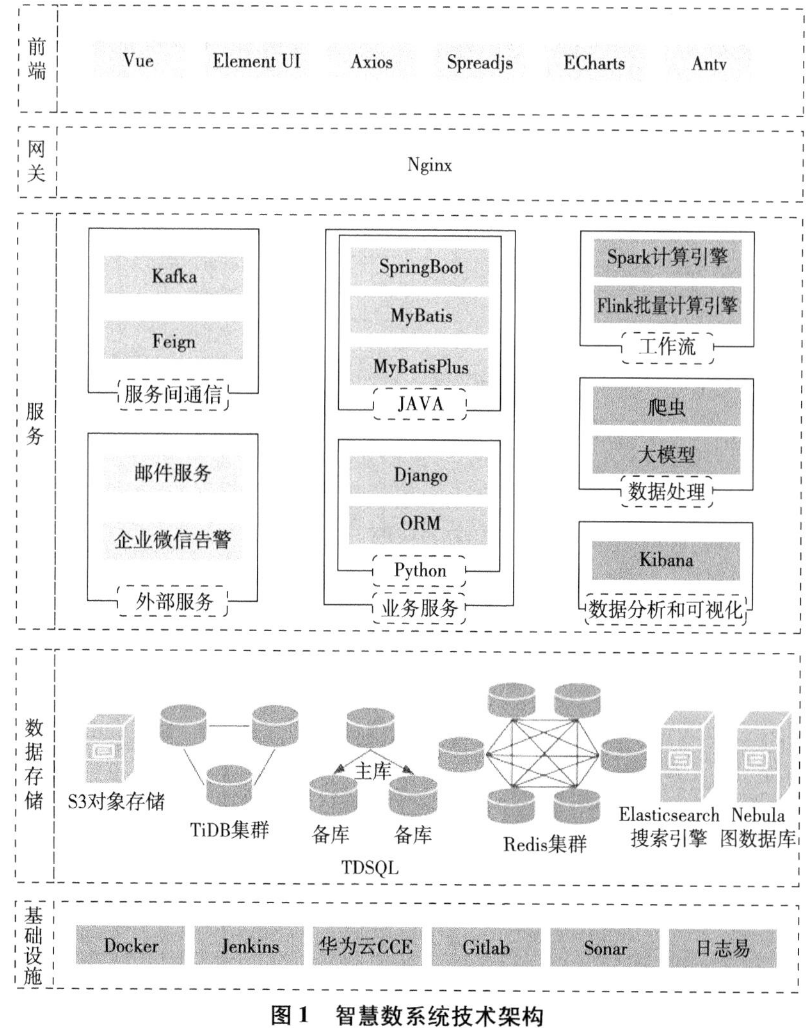


**图 1　智慧数系统技术架构**

2. 系统数据架构。智慧数遵循统一主模型、统一编码、统一字典、统一存储的基本原则。其数据来源广泛，主要可以分成结构化数据和非结构化数据两大类：结构化数据主要是研究员导入的本地研究数据、通过数据供应商获取的数据或者一些公开网站的数据等；非结构化数据主要包括一些在网页或者年报中公开的文本等数据，这些数据需要使用专用工具解析并从中提取投研指标。

初步采集后的数据根据类型会进行半人工或自动确认，然后提交到工作流统一清洗处理，通过定期或者手动执行的数据会融合到工作流进行清洗、融合。针对不同种类的数据，系统设计不同的工作流，即使是同一个行业内，不同数据逻辑的工作流也不一样。数据清洗完成后，数据融合子系统会根据场景分别通过 Spark 或 Flink 批量计算引擎进行数据融合，计算多种衍生指标。

最终这些数据按照投研数据标准化模型落地到放在分布式 TiDB 数据库及大数据平台中，分别用于应用输出以及数据质检等工作。这些数据既可以通过后端接口供前端进行可视化展示，也可以通过对客输出接口直接输出，数据开发人员还可以对这些数据进行基础分析、数据挖掘等操作。研究员可通过系统前端的对应的数据、图谱研究模块可视化使用宏中微观数据，从而快速构建投资研究体系（见图 2）。

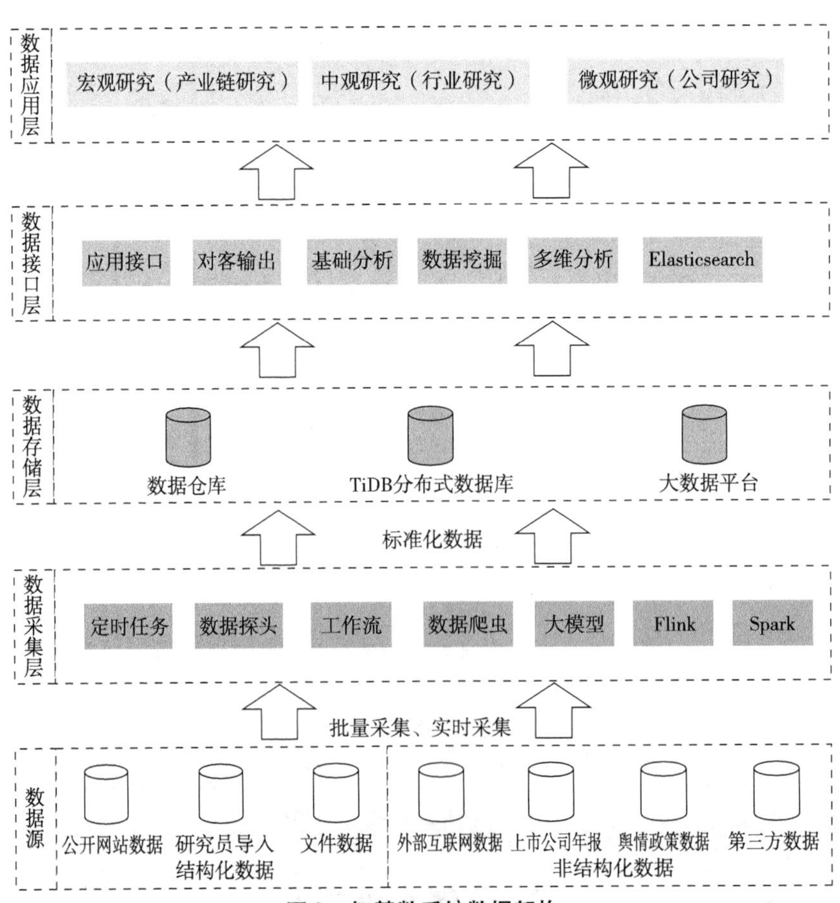


**图 2　智慧数系统数据架构**

3. 系统安全架构。对客服务的管理，外部的流量需要先经过对外的投研系统统一认证，只有认证为客户或者研究员才能使用我们的智慧数系统对客服务。然后智慧数对客户进行了白名单处理，白名单包括应用层面的白名单，例如提供给用户一个用户 ID 进行调用，不在白名单 ID 中的用户会被拦截，还包括 IP 地址的白名单处理，需要经过允许后的 IP 地址或地址端才能调用智慧数的对客接口。这样能够很好地保证接口安全，避免 DDoS 攻击。同时在鉴权方面，接口鉴权采用更为安全的 HMAC 加密方法进行加密，保证智慧数的数据资产不会泄露到攻击者的手上。智慧数向外部接入方发放 appid 以及 appkey，并通过签名算法保障接入方的识别，且实现了 API、JSSDK、内嵌 WED 等多种接入形态统一的认证签名方式，简化了外部接入工作，基本实现安全地一键接入。在数据获取方面，还对用户和接口设置了熔断机制，避免某个用户某时间点过于频繁调用某个接口导致接口或服务的崩溃从而导致影响到其他用户的服务使用。

对于管理端应用层面的处理，首先研究只能通过内网进行登录，系统通过对登录状态的控制、设置用户角色、控制用户权限、控制服务权限等一系列的权限控制，保证权限到人，权限到服务，避免了权限的泄露，导致数据的误删或者误改，从技术层面保证数据的安全。

数据库存储使用的是多地多集群的方式进行部署，避免某个集群或者机房发生问题导致数据的丢失。对于 TiDB 来说，其本身属于分布式数据库，具备多副本多节点的形式，一旦某节点失效，其他节点仍可以提供正常的服务。除了异常情况的处理外，数据库还保存一个小时内的 binlog，可以对短时间内的误操作进行快速回滚，每日还会对全库进行冷备份，对每日的数据都可以进行溯源。对于数据库权限的开放也是按需开放，生产数据大多只开放只读权限，可以很好地保证数据的安全性。多种数据兜底方式很好地保证了数据的安全性，可以让数据开发人员放心地去开发数据。对于 Redis 数据库也是采用集群的模式进行使用，分布式集群的部署方式可以很好地保证数据不会轻易丢失（见图 3）。

## 三、特色亮点

智慧数在投研指标数据标准化、使用图数据库构建产业链关系、数据资产化方面具备特色。

在投研指标数据标准化方面，智慧数结合了同业提出的一些数据标准模型和上证所信息网络公司提出的《上市公司信息披露文件编码规范》标准，并对其进行了针对性的改造，形成了投研指标数据标准化的体系以及数据表结构，将投研指标拆分成指标模板、维度、实体三个部分，并加上指标时间形成指标值的描述。这套规范不仅可以将行业内常见的指标进行拆分与标准化处理，将指标模板、实体以及除

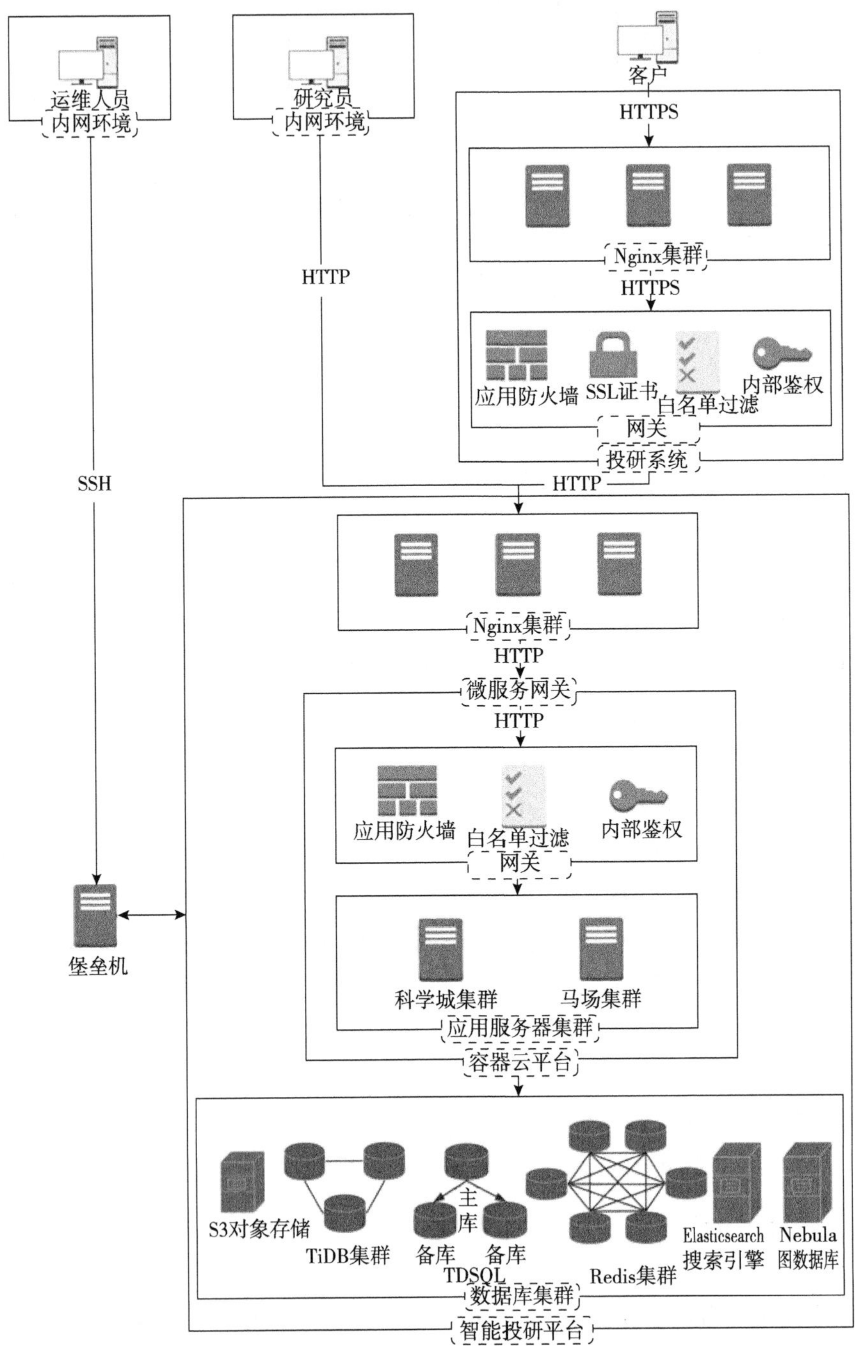


**图3　智慧数系统安全架构**

实体外的维度关联起来，还可以让研究员找到同一实体或者同一维度指标的数量关系，对指标进行深度研究分析。

在构建产业链关系方面，智慧数采用了实体关系域数据模型，与图数据库 Nebula 无缝结合，实现实体关系快速加载并构建图谱，摒弃通过 SQL 递归获取产业链上下游的传统方式，大幅增加深链查询效率，还可以对产业链实体关系进行图计算，探索产业链中更深层次的关系。

智慧数还对标准化的指标以及图谱的图结构数据进行对外输出，实现数据资产化。向行业输出投研数据标准化体系，为行业数据存储标准构建出一份力，将研究成果在行业中流动起来，搭建行业内数据流通的生态，提升投研研究成果的利用价值。

## 四、案例成效

该系统提升了公司知识留存能力和研究数据质量，覆盖 10 余个行业精品数据库，包含 14 万余个行业核心指标和 71 万余个非核心指标，并整合产业链、供应链、价值链等上下游，实现部门核心数据资产沉淀。系统采用产品化的方式，展现产业链上下游之间的钩稽关系，辅助投资决策并驱动分析师补齐研究断点，提升研究质量。提升分析师和销售经理的工作效率，基于智能研究、估值模型等功能模块，系统能够有效减少研究和销售工作中的重复劳动，提升研究产能与客户服务效率。基于资讯模块，系统能够实现对国家政策、产业资讯和公司舆情的实时跟踪与动态分析，可以有效降低信息收集成本及甄别成本，提升分析师的工作效率；将研究服务嵌入平台化、互联网化的产品中，高效服务长尾客户，拓展客户服务的边界。系统已对接多家客户，实现数据派点价值转化。

系统根据自研开发的投研数据标准化方法和个股盈利拆分的实现方法公开了两项专利，分别名为“行业数据处理方法、装置、电子设备及存储介质”和“时序指标数据处理方法、装置、计算机设备以及存储介质”，一项软件著作权“广发证券智慧数研究系统 V1.0”。

## 五、项目经验

在案例建设方面，有关金融指标数据标准化这一概念，市场已经存在同业提出的一些数据标准模型和上证所信息网络公司提出的《上市公司信息披露文件编码规范》，智慧数将同业提出的数据模型和上证所信息网络公司提出的编码规范融会贯通，然后根据研究员常使用的指标进行定制化改造，打造符合研究员需求的投研指标数据标准化的体系。同时，结合图数据库特性，形成与图计算相匹配的实体关系域标准模型，可与图数据库快速联动。

在实施落地方面，数据侧从易于项目组成员理解且数据形态较为复杂的行业开始试行（如汽车、非银金融行业），在搭建的过程中逐渐完善底层数据模型架构和生产工作流，再推广到各个热门行业。应用侧在调研同行、供应商的产品方案的同时，与研究员深度探索现有线下工作模式（如研报撰写、课题定制等），抽象出具有共性的需求特征，再予以定制化开发。

在运营推广方面，短期以打磨自有产品作为主要目标：选择 1 ~ 2 家试点机构，快速输出标准化的研究内容（API 接口、产品 JSSDK）获得验证和反馈；中期以持续丰富产品、提升品牌影响力为主要目标，通过自有对客平台，针对白名单客户推出部分产品功能和内容，并通过公众号、视频号等渠道向客户定期推送最新进展；长期来看，锁定头部客户共同探索产品升级方案和变现方案，并推广复用到更多长尾客户。

## 参考文献

［1］杨东．监管科技：金融科技的监管挑战与维度建构［J］．中国社会科学，2018（5）：69 - 91，205 - 206.

［2］俞枫，黄韦，苑博，等．金融科技在智能投研领域的应用研究［C］//中国证券业协会．中国证券业高质量发展论文集（2022）．北京：中国财政经济出版社，2022：9.

［3］陈照星．以高质量发展为内核　开创证券行业转型升级新篇章［A］．中国证券业高质量发展论文集（2022），2022.

［4］葛小波．践行金融科技战略，打造特色化精品券商［A］．中国证券业高质量发展论文集（2022），2022.

［5］何如．充分发挥金融科技价值，打造证券业高质量发展核心动力［A］．创新与发展：中国证券业 2019 年论文集，2020.

# 基于批流一体架构的标签平台在消费金融领域的应用

朱　威　唐镇坤　李浩民　王　珏[①]

**摘　要**：面对震荡多变的市场形势，消费金融行业面临诸多冲击与挑战，数据驱动和科技赋能成为行业转型方向，转型重点是发挥数据价值，通过数据运用打造竞争优势，数据标签化成为业务持续发展的原动力。中邮消费金融有限公司基于批流一体架构打造用户生命周期的标签平台（又称标签图书馆），构建了包括客户基础信息、第三方数据、风险行为、进件行为以及营销行为等多维度的用户标签，形成精细化客群标签体系，为贷前、贷中、贷后的智能营销策略与风险管控提供有力的数据支撑，大幅提高精准识别高价值客户的比例，提高客群转化率。

**关键词**：用户标签　客户画像　个性化推荐　精准营销　风险评估　大数据分析

## 一、引言

近年来，消费金融企业面临复杂多变的内外部环境，一方面，疫情影响不确定性风险增加，风险防控从过去"粗放式防控"向"精细化防控"转变，由通用化策略转变为场景化策略；另一方面，随着用户增速放缓，获客成本不断提高，用户运营从过去粗放式的广撒网，向精细化运营、精准营销转变。对于消费金融企业来说，打造企业级的客户标签体系和基于用户生命周期的标签平台是企业数字化转型的一个重要举措，将数据全面标签化，一方面让数据智能有效地管理与应用，另一方面标签在数据应用上不断衍生、深挖和创新，在一定程度上推动业务创新。

建立标签图书馆和精细化客群标签体系，深入挖掘客户各个生命周期的转化价值，实现用户精细化运营、精准营销和智能风控，最大化挖掘用户价值，显著提升了公司的经济效益，案例入围第二届"点数成金"数字金融创新十佳案例。

---

① 朱威，工学硕士，中邮消费金融有限公司科技发展部副总经理，研究方向：金融科技应用与实践。唐镇坤，工学学士，中邮消费金融有限公司科技发展部高级主管，研究方向：大数据领域应用与实践。李浩民，工学学士，中邮消费金融有限公司科技管理专家，研究方向：大数据领域应用与实践。王珏，工学硕士，中邮消费金融有限公司科技发展部项目技术经理，研究方向：大数据领域应用与实践。

## 二、案例内容

### （一）业务方案

构建基于批流一体架构的标签图书馆以及全生命周期用户标签，将标签应用到营销活动、风险策略、催收策略等场景，从而提升用户参与度、提升用户生命周期中每个阶段的转化率。

1. 提供标签管理能力。标签图书馆提供标签管理能力，支持新建、删除、规则更新、停用、启用以及查看标签操作，支持按业务使用习惯自定义分类（比如风险类、营销类、催收类）形成标签分层目录，能定义标签数据类型、更新方式以及来源。提供标签计算规则可视化配置的功能，业务自助式配置标签计算逻辑，能即时发布上线（见图1）。

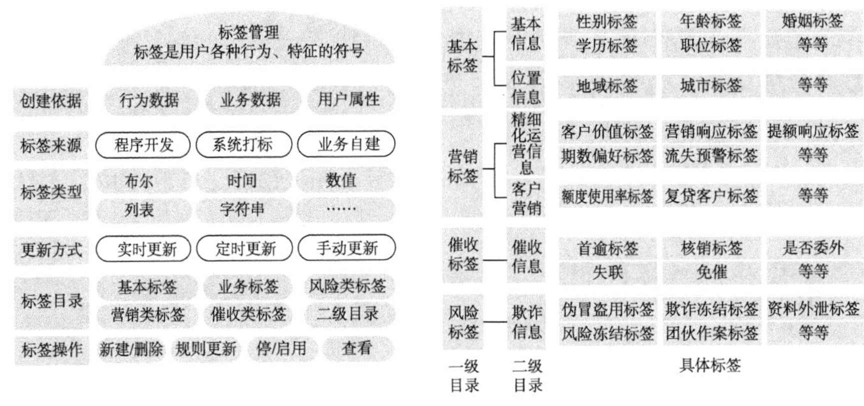


**图1 标签管理**

2. 标签计算能力与服务。标签图书馆支持标签实时计算与离线计算的能力，同一个标签既可以发布成实时也能发布成离线，同时保证实时与离线逻辑和结果的一致性。标签发布后能提供人群圈选推送服务、标签查询服务、标签订阅服务三种服务方式。

3. 构建全生命周期用户标签。以新手阶段、成长阶段、成熟阶段、沉默阶段、流失阶段的全生命周期为主线，打造标签图书馆，形成精细化客群标签体系，应用于用户的不同阶段和营销拉新、促活复贷、风险防控、贷后催收等业务场景（见图2）。

将下载App、注册等行为划分为新手阶段，用户实名认证、申请进件划分为成长阶段，自动审批、提现、放款等关键行为则划分为成熟阶段，用户逾期、流失、挽回则划分为沉默阶段或流失阶段。

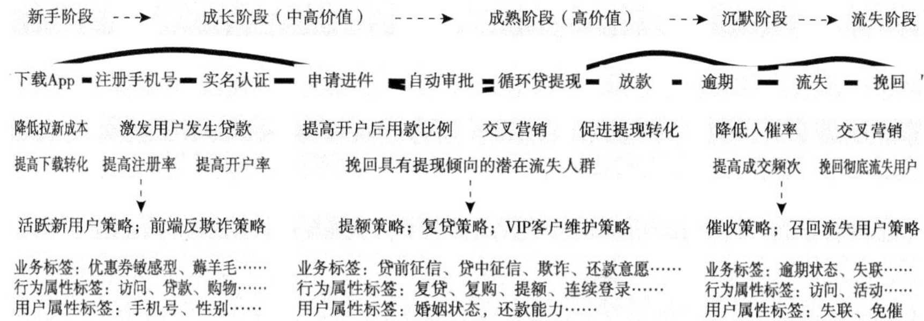


图 2 全生命周期用户标签

标签图书馆能够根据不同的用户阶段和业务场景，提供相应的业务标签、行为属性标签和用户属性标签。在用户新手阶段，标签图书馆提供访问、贷款、购物等行为属性标签，以及用户手机号、性别等用户属性标签，通过多种标签制定活跃新用户策略，降低拉新成本、提高下载转化、提高注册率、提高开户率等。在用户成长阶段和成熟阶段，标签图书馆提供征信、欺诈、还款意愿等业务标签，复贷、提额等行为属性标签，以及婚姻状态、还款能力等用户属性标签，提高开户后用款比例、促进提现转化、精准信用评估和定价。在用户沉默阶段和流失阶段，标签图书馆提供用户逾期状态、失联、免催等标签，根据标签制定催收策略和召回流失用户策略，降低入催率、挽回彻底流失用户。

### （二）技术方案

1. 关键技术。

（1）批流一体技术。基于自研面向逻辑数据模型的领域语言、语法解析器及编译器，面向业务提供了统一逻辑的标签规则定义语言，面向流处理及批处理计算与存储组件提供了一致性的基础算子，实现了实时流数据处理与离线批处理语义、计算的一致性。

（2）位图计算（Roaring Bitmap）。Roaring Bitmap 算法是将 32 位的 INT 类型数据划分为 216 个数据块（Chunk），每一个数据块对应整数的高 16 位，并使用一个容器（Container）来存放一个数值的低 16 位。Roaring Bitmap 将这些容器保存在一个动态数组中，作为一级索引。容器使用两种不同的结构：数组容器（Array Container）和位图容器（Bitmap Container）。数组容器存放稀疏的数据，位图容器存放稠密的数据。如果一个容器里面的整数数量小于 4096，就用数组容器来存储值。若大于 4096，就用位图容器来存储值。

采用这种存储结构，Roaring Bitmap 可以快速检索一个特定的值。在做位图计算（AND、OR、XOR）时，Roaring Bitmap 提供了相应的算法来高效地实现在两种容器之间的运算。使得 Roaring Bitmap 无论在存储还是计算性能上都表现优秀。

（3）复杂事件处理（CEP Complex Event Processing）。复杂事件处理（CEP）是事件处理，它结合来自多个来源的数据来推断表明更复杂情况的事件或模式。复杂事件处理的目标是识别有意义的事件（例如机会或威胁）并尽快响应它们。

自研复杂事件处理引擎实时识别用户行为及其之前的关联关系，高效捕捉营销时机及风险行为，从而达到实时营销及实时风险识别的效果，实现了最小 5 分钟窗口期的事件序列识别与处理，可实现百万级事件分级的识别处理与分发。

2. 应用架构。平台目标是建立一个完善的标签体系，提供人群圈选、标签场景服务等能力，提供数据源接入及管理功能，将标签生产流程配置化，让业务自助配置取代数据开发和前端开发，实现将标签开发流程线上化、自动化，形成用户生命周期的标签图书馆（见图 3）。

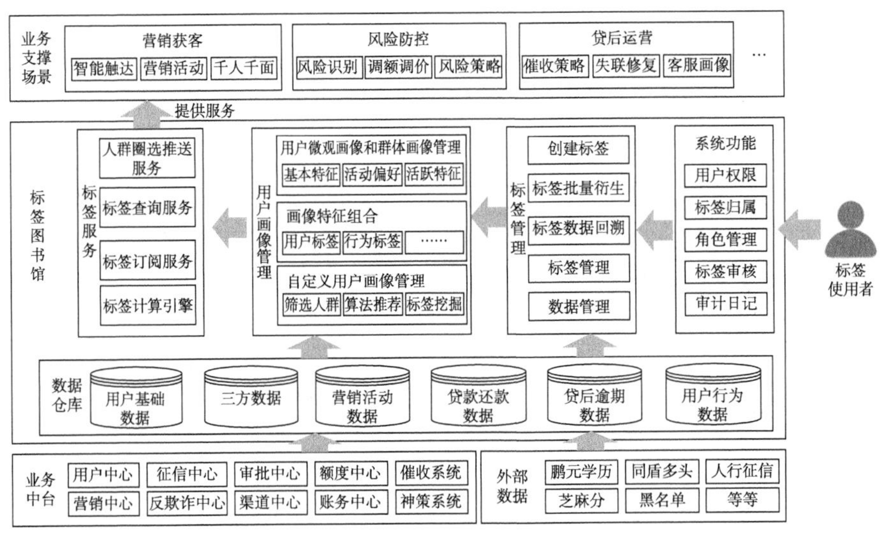


**图 3　应用架构**

从数据中台思想出发，更全面地规划和实施标签图书馆的设计，应用架构将从以下五个方面规划。

（1）数据仓库。数据仓库的数据一部分来源于业务中台的业务系统产生的交易数据、行为数据、营销数据、用户信息以及贷后逾期数据等，另一部分来源于与外部合作数据，鹏元学历、同盾多头、人行征信、芝麻分、黑名单等。将业务中台与外部数据采集、转换、清洗、加工、标准化以及分层处理后最终汇入数据集市，形成用户基础数据集市、三方数据集市、营销活动数据集市、贷款还款行为数据集市、贷后逾期数据集市以及用户行为数据集市。这些数据作为标签最基础的数据源，提供标签配置与计算。

（2）系统功能。提供用户权限管理及审计能力，保障数据安全，包括用户权限管理、审计日志、标签共享、工单审批流程等平台能力。

标签审核支持用户在线登记新标签，通过工单审批流程的审核后新标签自动加入标签知识库提供标签服务；另外将标签保密等级分为私域和公域标签，私域只能被归属部门查看和使用，而公域能被所有人查看和使用。标签所有权只属于标签归属人或部门，只能被归属人变更。当然标签也可以共享，标签共享后能被指定人员变更，从而满足业务员的个性化业务需求。

（3）标签管理。提供标签生产及使用流程，新增标签无须开发介入，产品或运营可自助完成；标签管理帮助管理员对标签进行上线、隐藏、下线的生命周期管理，针对标签的状态变更对相关用户进行变更通知与预警，管理流程清晰完整，严谨规范。

标签管理是基于数据源及业务逻辑，可视化配置标签，同时支持通过标签模板批量衍生标签；基于标签体系的层级展示和标签统计逻辑、分类、归属以及名称匹配进行查询，标签创建后能预览标签用户数据。

数据管理涵盖用户基础信息、用户行为、用户偏好、用户状态、监管信息相关标签及其元数据信息，随需即取，易查易用。

（4）用户画像管理。基于可视化配置的方式提供基于标签的人群筛选功能，精准圈定目标人群，对目标人群的基础属性、行为属性等进行多维度交叉分析。

另外，通过用户 ID 查询出某个用户画像体系，该体系充分结合业务过程和运营场景需求。以消费金融行业为例，标签画像体系分为基础属性、行为属性、贷款交易属性、营销属性、风控属性等。

（5）标签服务。标签输出服务有人群圈选推送服务、标签查询服务、标签订阅服务三种服务方式。

人群圈选推送服务：基于用户画像的标签圈人能力，精准圈定目标人群进行数据打包输出至目标位置，并异步通知营销系统或业务人员到目标位置获取数据包。

标签查询服务：是根据给定实体 ID 和选中的标签返回该实体具体的标签值的在线服务接口。业务系统可以利用标签图书馆生成的在线接口即时获取目标用户的标签与属性信息，可满足“千人千面”或者风险防控的业务需求（比如人群查询、用户判定、人群差异化等需求）。

标签订阅服务：业务系统订阅标签后，标签计算引擎将根据标签消息队列数据，自动计算标签值，并将其推送至审批系统、决策系统、营销系统等目标端。

3. 技术架构。标签图书馆技术架构从下到上分为大数据底架、计算层和应用层，同时也对应着数据加工处理的流程和方向（见图 4）。

底层的大数据底架是基于 Hadoop 生态大数据组件，提供对大规模离线数据的采集、存储、计算及资源调度管理功能以及低延迟实时数据处理能力，并采用 kafka 分布式发布订阅系统及 Hbase 分布式数据库提供高吞吐量的消息传输和数据存储功能。聚集公司内部各业务系统及第三方外部数据，构建离线、准实时（小时级）、实时（毫秒级）等多种场景的数仓，并通过基于 Hive 及 Spark 的批量计算引擎、Flink 实时流式计算引擎以及 HBase 位图算法为数据应用方提供统一 SQL 语义

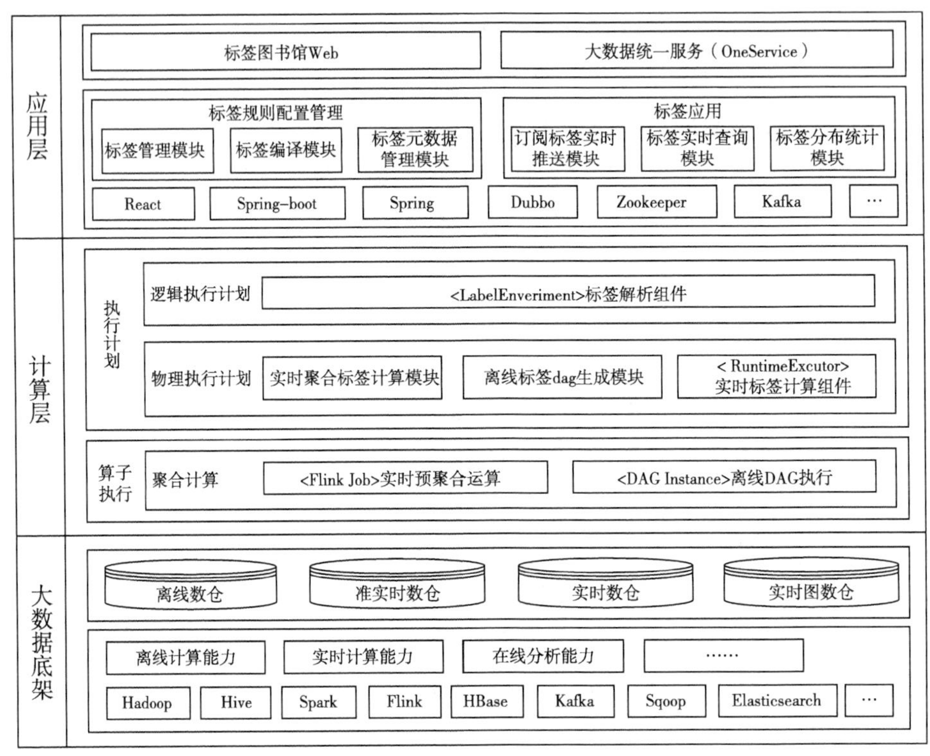


**图 4　技术架构方案**

与快速数据计算能力。

中间的计算层基于大数据底架，横向实现分为算子执行及执行计划两层。算子执行包括实时预聚合运算和离线 DAG 执行，分别支持实时聚合标签执行计划和离线聚合标签执行计划。执行计划又分为物理执行计划和逻辑执行计划，物理执行计划包含实时聚合标签计算模块、离线标签 dag 生成模块和实时标签计算组件，提供基于标签编译结果非聚合标签的数据查询与表达式计算功能、生成离线标签计算 dag、基于明细数据的聚合标签的计算；逻辑执行计划则包含标签解析组件，其负责完成应用层请求的标签解析需求，并向下输出相应的物理执行计划。

顶层的应用层则是基于 Spring Boot 框架搭配 Kafka、Dubbo 等组件实现标签图书馆 Web 后台及统一数据服务，前端交互页面则采用"React + antd"实现。应用层总体纵向划分为标签规则配置管理和标签应用两部分应用。标签规则配置管理包括标签管理模块、标签编译模块和数据管理模块，提供标签规则管理相关交互、标签配置规则的解析及编译、元数据的获取与录入等功能；标签应用则包括订阅标签实时推送模块、标签实时查询模块和标签分布统计模块，提供计算并推送实时订阅标签服务、标签同步/异步查询接口服务、维护并提供标签统计相关信息等。

4. 系统流程。

（1）人群圈选推送服务流程。当营销员在营销系统上配置营销活动规则时，通过标签圈选营销客群，营销系统发送标签订阅请求给标签图书馆的接口。标签图书馆接收标签订阅请求后，根据“标签业务逻辑、技术口径以及调度时间”生成定时跑批任务。该跑批任务基于数仓的数据集市加工圈选出指定客群，然后将数据压缩打包处理并推送至中间存储介质 SWIFT，推送成功后，发送到成功消费通知营销系统。营销系统接收到通知后根据存放路径获取打包客群数据，最终通过手机短信或手机 App 个推 PUSH 方式触达到用户，进行精准营销（见图 5）。

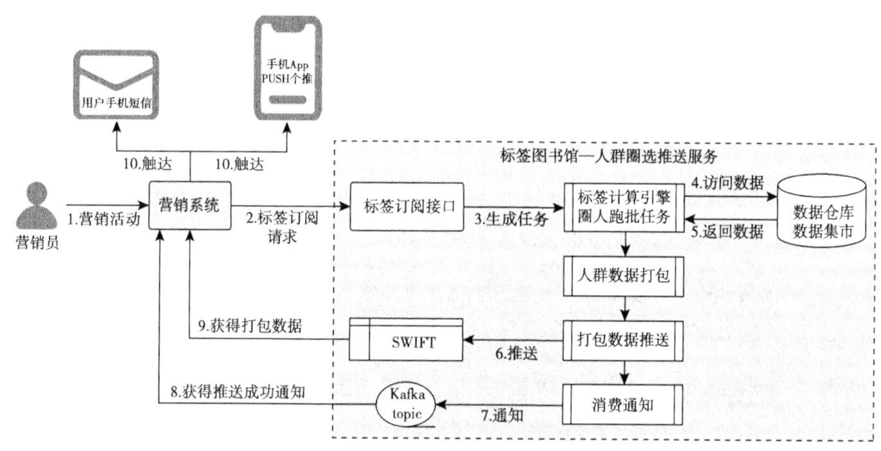


图 5　人群圈选推送服务流程

（2）标签查询服务流程。当用户在营销、进件、授信和用信等场景下，营销系统、渠道系统、审批系统、决策系统、催收系统等业务系统需要通过标签图书馆的标签服务接口获取某个用户相应的标签值。标签服务接口获得标签请求后，传到标签计算引擎，标签使用者创建/更新标签并生成标签业务逻辑与技术逻辑 JSON 报文，计算引擎调用标签解析模块使用基于 UL - DSl 语法规则以及基于 Antlr4 语法解析器将页面上的标签规则解析成系统可执行的 SQL 语句，标签计算引擎执行可执行的 SQL 语句完成标签计算并返回标签值（见图 6）。

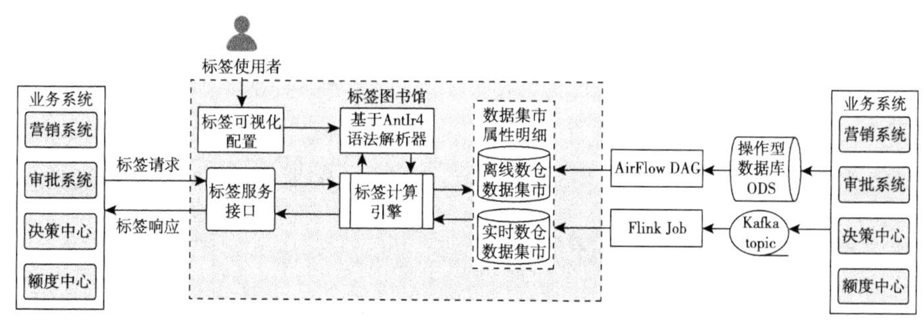


图 6　标签查询服务流程

标签计算引擎分为实时链路和离线链路。实时链路数据主要来源于业务系统所产生的 Kafka 报文，通过 Flink 处理后进入 HBase，供应用实时调用。离线数据通过

Sqoop 或 Sqluldr 从 ODS 进行抽取，并以文件的形式存储在 HDFS 上，当需要通过 HiveSQL 或 AirFlow DAG 进行运算的时候，再由 Hive 元数据管理把文件解析成结构化的数据，应用于标签计算引擎的计算，再将结果返回给业务系统使用。

5. 技术安全与风险管控。

（1）平台接入统一身份认证。用户访问权限需要在统一身份管理平台上申请，由各部门领导审批通过后，用户获取访问权限，否则用户无法在标签图书馆登记，这样可以保证访问的合法授权。

（2）接入审计日志，保证全流程可溯源。为保障客户信息安全，系统操作全程接入审计日志，业务人员所有操作包括创建、更新、删除和查看标签以及用户画像分析等皆被记录到审计日志平台。

（3）标签设置保密等级与权限管制。为了保障标签数据的保密性，部分风险类标签属于风控决策机密，设置最高保密等级，这部分标签无法共享成为公有标签，只有获得标签归属部门的授权后才能访问。私有标签设置访问权限管制，不允许在未授权情况下访问私有标签。

（4）标签审核流程。为保障标签变更可控，需配备标签创建、更新、删除审核机制，特别是针对标签更新或删除，通过标签血缘链路对其进行分析后，确认标签更新与删除不影响下游应用，标签变更操作给予审核通过。

## 三、案例创新点

### （一）多维度标签管理体系

标签图书馆接入用户全流程业务数据和丰富的第三方数据，加工形成业务属性、用户属性、行为属性等多个维度属性。业务属性包括交易属性、账户属性，用户属性包括个人信息属性、位置属性、联系人属性，行为属性包括活跃属性、动作属性、商城购物等。多维度属性交叉组合形成事实标签、模型标签和预测标签，标签按照业务线分为基础标签、营销标签、风险标签、催收标签等，形成立体化用户画像，建立以用户生命周期为基础的用户分层体系。目前生产上已经配置 6 000 多个标签，支持 4 000 多条策略运行，支撑营销、风险、贷后、客服等多业务场景的标签应用。

### （二）实时离线数据混合计算

支持实时数仓和离线数仓混合计算，生成基于用户行为的动态标签和基于客观事实的静态标签，多样化描述实体的主观认知和客观事实属性。当实时标签计算出现偏差时，利用离线标签数据作为补充，实现离线计算准确性与实时计算时效性的互补，降低高成本实时计算资源的消耗。

### （三）批流一体计算架构（见图7）

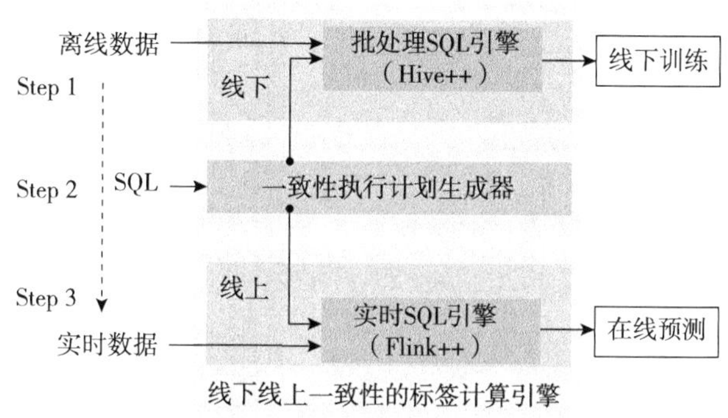


**图7　批流一体计算架构**

业务人员新建一个标签，实际上是将其转化成统一标签领域语言，该领域语言屏蔽标签的复杂底层数据结构及组合逻辑。标签领域语言由一致性执行计划生成器的编译解析后，生成可执行的 HiveSQL 和 FlinkSQL，标签计算引擎融合实时 SQL 引擎与批处理 SQL 引擎，通过实时任务执行 FlinkSQL 和批处理任务执行 HiveSQL，最终实现线下线上标签逻辑执行的一致性。批流一体架构既满足高吞吐、低延迟、高性能的分布式实时计算，又满足百亿大数据量标签人群圈选的离线计算，还能实现计算资源的动态扩容。

### （四）基于位图的标签存储与计算

通过位图算法 BitMap，实现标签数据按位存储与交并补集合运算，实现了十兆存储空间的亿级标签数据存储，亿级标签数据集合运算的秒级响应。

## 四、案例成效

通过标签图书馆的应用实践，打通营销、风险、催收等业务数据，实现精细化管理，利用大数据技术对客户历史行为数据进行计算，提供决策引擎的实时触达。具体成效如下。

### （一）在营销拉新获客方面

基于标签图书馆的用户画像标签圈人能力，精准识别高价值客户，有效支撑营销拉新活动，提高客群转化率。截至 2022 年 9 月底，通过标签图书馆对高价值客户拉新获客成效显著。

### （二）在存量促活经营方面

通过用户标签体系，将用户细分为“引入阶段、成长阶段、成熟阶段、沉默阶段和流失阶段”五个生命周期阶段，根据存量客户的不同生命周期阶段对用户进行聚类分析，将每个阶段的用户划分出高、中、低三个价值等级。采用 A/B 策略测试通过短信、电销、PUSH 等多种方式派送现金券或免息券，精准识别出“免息券 + 电销”转化率更高。

### （三）在风险策略防控方面

标签图书馆已经积累了 6 000 多个标签，其中风险标签部署 3 000 多个，覆盖了风险信用评估、反欺诈、额度和定价等类型标签。

## 五、经验总结

在项目初建阶段面临着大量遗留数据资产和平台改造等问题，同时也面临着诸多技术上的不确定因素。但是，实践证明，数字化转型的战略是明智的，科技驱动业务的方向是正确的，数据服务化的道路是关键的。

标签图书馆引入了多模查询、批流一体计算架构、位图算法等大数据技术，实现高性能的分布式标签计算，为贷前、贷中、贷后全流程的应用提供更加快速和稳定的数据标签计算和挖掘能力。它构建企业级的用户标签体系和立体化客户画像，支撑营销获客、客户精细化分层管理、策略智能触达、风控策略等全流程闭环，在消费金融全流程业务应用上发挥了重要作用。

## 六、未来展望

围绕“加快发展数字经济，促进数字经济与实体经济深度融合”重点工作，全面推进业务技术融合，奠定数字金融发展新基石。以促进现代金融科技推动数字普惠金融发展为指向，以自动化和智能化建设为目标，全面推进业务技术融合和数据驱动，进一步夯实金融科技基础。

为了进一步实现标签智能化建设的目标，在智能预测方向上需要作进一步升级。利用决策树、DBSCAN、K - means、RNN、TF - IDF、NLP 等算法，为标签生成、标签生命周期管理、标签权重、预测等场景提供算法支持。通过智能算法标签判断用户的意图，预判用户的行为，前置营销动作，再进一步联动推荐系统、分流平台、活动平台等，形成“航母作战群”，生成强大的数字化营销能力。

随着标签体量越来越大，加强标签全链路治理越发重要，在此标签体系的基础上，逐步增加标签地图、标签溯源（标签时间轴）、血缘、标签质量、标签热度、标签覆盖率、标签价值评估等全链路治理能力，帮助运营人员实现精细化运营和精准投放，进而提升用户留存率，最终实现数字化运营的“可持续业务增长”目标。

# 发 展 篇

## 广州数字金融司法发展研究报告（2023）

罗玲玲　黎　明　陈嘉敏　覃书凝　谭嘉霖①

## 第一章　数字金融司法发展综述

### 第一节　数字金融司法的概念和范围

在新一轮信息技术变革的背景下，数字技术越来越广泛深入地应用于各种传统领域与行业。其中，金融业因其本就具有的对数据的高度敏感性以及与经济运行的密切关联性，在信息技术变革浪潮中一举成为数字化程度最高的行业。与此同时，作为一个与经济安全、国家安全息息相关的行业，数字金融的飞速发展也需要数字金融法治化建设作为保障。然而，目前大多数对于数字金融法治化的探讨研究基本都停留于立法规制和行政监管角度，即立法和执法两个层面，在法治化中占据着同样重要地位的司法端比较少开展系统的研究和探讨。如果说立法规制和行政监管是数字金融发展的预防机制，数字金融司法则是在数字金融风险与纠纷发生后充当了

① 罗玲玲，律师，仲裁员，并购交易师，北京德恒（广州）律师事务所合伙人，广州市数字金融协会理事，研究方向：数字金融司法、数据合规、数字金融不良资产处置、绿色金融产品法律合规等。黎明，北京德恒（广州）律师事务所专职律师，研究方向：港澳台金融法、数据合规等。陈嘉敏，律师，北京德恒（广州）律师事务所专职律师，研究方向：数据合规、投融资法律服务、涉外法律服务。覃书凝，助理研究员，北京德恒（广州）律师事务所金融团队助理研究员，研究方向：经济法、公司法、数字金融不良资产处置、数字金融司法等。谭嘉霖，香港大学法学硕士 LLM，研究方向：公司法、金融法、证券法等。

最后一道屏障。因此，厘清数字金融司法的概念范畴、发展现状，既是开展数字金融司法的基础，也对数字金融的法治化和健康发展有着十分重要的意义。

如上所述，由于数字金融司法的相关研究和实践探索仍处于起步阶段，当前理论界对于数字金融司法并未有一个明确的定义。从文义解释的角度来看，可以明确的是，数字金融司法的概念和范畴涵盖数字化、金融行业和司法实践环节三个维度，三者相互产生交集，进而使数字金融司法的概念和范畴得以明确。因此，我们可以将数字金融司法拆解为数字金融、数字司法和金融司法三个方面，对其整体概况进行梳理，以求为数字金融司法的界定提供思路。

## 一、数字金融概述

涉及数字金融，那就不得不提起数字经济，数字金融是数字经济的重要组成部分。国务院印发的《"十四五"数字经济发展规划》对数字经济给出了明确定义：数字经济是以数据资源为关键要素，以现代信息网络为主要载体，以信息通信技术融合应用、全要素数字化转型为重要推动力，促进公平与效率更加统一的新经济形态。[①] 然而对于数字金融，学术界尚未形成统一的认知，也没有相关官方法规和文件给出明确定义，包括"数字金融"与"互联网金融""金融科技"之间的关系也有不同的理解。比如有学者认为"互联网金融"属于广义"数字金融"的组成部分。[②] 也有学者认为"数字金融"是"互联网金融"和"金融科技"的进阶产物。[③] 还有学者认为，如果直观地理解，它们三者之间存在较为明显的差异，"互联网金融"更多地被看作互联网公司从事金融业务，而"金融科技"更突出技术特性，"数字金融"则指的是传统金融机构与互联网公司利用智能技术实现融资、支付、投资和其他新型金融业务模式，相比较而言，"数字金融"更为中性，涵盖面更为广泛。[④] 以国务院对数字经济的定义为背景，综合多方学术观点及当前数字金融的实践情况来看，本报告认为，强力教授对数字金融的概念的界定较为全面——强力教授指出，数字金融是以互联网、大数据、人工智能、区块链等为代表的数字技术与金融深度融合，将金融活动的用户获取、用户识别、交易行为、交易记录、风险控制、信用评价、信用交换，甚至是争议解决，以数字化方式予以实现。数字金融通过扁平化的获客方式、大数据的风险控制、低成本的管理运营，打破了地理距离与区域对开展金融业务的限制，极大地降低了信息的获取、处理和传播成本，有效扩大了金融服务的广度和深度，提高了金融资源的配置效率，对金融产品、业务、组织和服务

---

① 国务院关于印发"十四五"数字经济发展规划的通知［J］. 中华人民共和国国务院公报，2022（3）：5－18.

② 丁晓蔚. 从互联网金融到数字金融：发展态势、特征与理念［J］. 南京大学学报（哲学·人文科学·社会科学），2021（6）：28－30.

③ 许多奇. 论数字金融规制的法律框架体系［J］. 荆楚法学，2021（1）：147.

④ 黄益平，黄卓. 中国的数字金融发展：现在与未来［J］. 经济学，2018（4）：1490.

等方面产生了深刻影响。[①] 究其本源来说，数字金融依托数字技术而产生，具有科技属性，同时数字金融本质上仍然是提供金融产品与服务，因此也具有金融属性。

从数字金融的定义可以看出，数字金融旨在通过金融机构和非金融机构不同的合作形式，经由后台算法提供自动化数据归集，并进行客户分析、资产配置、投资组合选择、交易执行、投资组合再平衡、税收损失汇集和投资组合分析等金融高阶服务。[②] 数字金融最大的特点就在于，其利用数字化技术极大地提高了金融信息传递的速度和范围。对金融信息的关注程度越高，对宏观和微观金融市场的理解和认识自然也就越深，资本市场的参与率和金融资产组合的有效性随即提高。同时由于进行金融决策时的信息搜索和处理成本的降低，人们所掌握的金融知识也逐渐丰富。在此基础上，数字金融还突破了传统金融对于物理网点的硬性需求，为收入较少以及距离银行网点较远的人群参与金融服务提供了便利性。总而言之，数字金融降低了金融门槛，让越来越多的人接触到各种形式的金融产品和服务，这就是现今常被提及的数字普惠金融。然而，金融本是一个机遇与风险并存的行业。从微观角度来讲，金融融入大多数个体的日常生活中，许多人都会或多或少面临金融风险与纠纷。从宏观角度来讲，金融风险所导致的金融危机会给整个社会造成极大的冲击，经济活动全产业链均会受到或多或少的影响，因而也会产生更多争议和纠纷，这正是数字金融司法所要关注并面对的。

## 二、数字司法概述

数字司法的概念理解起来相较于数字金融更为简单，即数字技术在司法领域的运用。从广义的角度来讲，司法是一个宽泛的范畴，从主体来看，我国司法机关包括“公检法司安”，即公安机关、检察机关、人民法院、司法行政机关和国家安全机关。这些司法机关有着不同的司法职能，其中，公安机关的司法职能主要集中于在刑事案件中进行的侦查活动；检察机关的司法职能为通过行使检察权，打击刑事犯罪活动；人民法院的司法职能为通过行使审判权开展审判活动，惩治犯罪、解决纠纷；司法行政机关的司法职能较为复杂和琐碎，但主要体现为与司法相关的监督、管理和指导工作；国家安全机关在涉及国家安全的刑事案件中与公安机关行使相同的职能。随着科技不断进步，数字化技术在广义司法中的应用也多种多样。在实务中，有关金融以及数字金融的司法大多是指向民事领域，主要是以商业银行为主体的贷款融资机构与企业、自然人等借款人之间的民事纠纷。因此，本报告在对数字金融司法中的司法概念进行认识的时候，对其定义及范畴作一些缩小解释，即以审判机关、仲裁机关、司法局为主体，按照法定职责和程序处理金融相关的民事纠纷的行为。

明确数字金融司法中司法的概念和范畴之后，我们可以从技术端来看数字技术是

---

① 强力．中国数字金融发展、监管及其法治回应［C］//西北政法大学经济法学院，陕西省法学会金融法学研究会．长安金融法学研究（第 11 卷），北京：法律出版社，2020.

② 许多奇．论数字金融规制的法律框架体系［J］．荆楚法学，2021（1）：147.

如何与司法相结合的。实务中数字司法的应用，以面对的主体不同，可以分为对内和对外两个场景。对外场景面对的是诉讼参与人，数字技术应用的主要方式是运用人工智能、大数据、区块链等技术搭建一个数字化的诉讼平台，让诉讼参与人通过这个数字诉讼平台直接参与从起诉到立案、提交证据材料、法院收受材料、案件开庭审理、材料及文书送达一直到判决裁定结果执行整个诉讼流程。以一种新型的在线参与诉讼的形式使得整个诉讼流程更加高效便捷。我国首席大法官、最高人民法院院长曾就数字诉讼平台在线诉讼建设提出：推行在线审理机制，设立互联网法院，探索"网上案件网上审理"机制，推进司法全流程网络化，打造线上线下并行的诉讼模式。健全在线司法规则，在全球率先出台人民法院在线诉讼、在线调解、在线运行"三大规则"，探索建立中国特色互联网司法规则体系，广泛运用5G、大数据、云计算、区块链、人工智能等现代科技，助力诉讼服务、诉前调解、案件审理、审判管理，建成人民法院在线服务平台，研发各类智能化办案辅助平台。①

对内则是面对司法机关工作人员，目的是提高其内部的工作和管理效率，在运用场景上，以近年来关注讨论度较高的智慧司法为主。智慧司法本身的范畴是要大于数字司法的，因为它不仅包括数字化技术运用于司法，还包括司法工作人员利用数字化技术进行司法活动，但是智慧司法更多导向的是司法机关内部以及司法工作人员，因此与数字司法的对内场景是相重叠的。具体而言，智慧司法包括机器学习、智慧审判，即通过数学建模、人工设计和自主训练的方式，利用人工智能高效的学习能力，对大量案件以及新的法律信息等数据资料进行不断的判别式学习，最终做到对同类案件作出符合法律规定的相同裁判结果，并且能够不断地适应社会的发展，缓解司法容易陷入僵化和落后的状况；区块链技术，这是智慧司法的关键技术。即利用区块链的确定性和难以篡改性，对电子证据进行留存，甚至还可以以此为基础扩大到裁判文书生成，例如以区块链为基础的智能合约，将法律规则转化为数字规则。在智慧司法的实践中，北京、上海的法院通过调解书或判决书中约定的履行条件，部署线上合约节点，当事人只需点击"确认未履行完毕"，就能触发生成未履行报告和执行申请书，系统将自动抓取相关案件信息，执行立案，并生成执行通知书、报告财产令等文书。② 除此之外，还包括大数据、云计算、5G技术应用于司法监督和司法管理中等。

### 三、金融司法概述

金融司法是金融基础设施的重要组成部分，是国家数字金融治理体系的重要一环。③ 因此，相较于数字金融、数字司法的技术性，金融司法更多关注的是金融本身的专业性。我国《人民法院组织法》将金融法院与军事法院、海事法院和知识产权

---

① 周强．加强数字经济法治建设，服务数字经济高质量发展［N］．法治日报，2022-05-27.

② 范明志．智慧司法的基本逻辑——数字技术与司法如何对应［J］．法学论坛，2023，38（3）：27-37.

③ 刘贵祥．关于金融民商事审判工作中的理念、机制和法律适用问题［J］．法律适用，2023（1）：10-22.

法院一道纳入专业法院，其对金融领域专业性的注重可见一斑。金融司法本身和金融发展状况密切相关，因此，金融司法是具备金融法专业知识和处理金融案件丰富经验的司法工作人员开展的围绕金融领域的司法活动。

之所以实践中对金融领域展开专门集中的司法活动，甚至衍生出金融司法这一专有名词，除金融本身专业性较强的原因外，还包括近年来随着我国经济的飞速发展，金融业日益繁荣，金融案件的数量也呈现出了爆炸式增长这一现实因素。由于相关金融法律规则的不完善，再加上金融案件各种复杂的状况和专业性问题，金融司法一直饱受司法实践中难以做到同案同判的困扰。因此，金融司法也在探索利用数字技术谋求未来出路，例如，一些金融法院积极引入智慧司法，运用大数据、人工智能等数字化技术打造融合金融大数据“智源”平台、法院内部“智管”平台、金融案件“智审”平台、智能会议和云端服务相结合的智慧法庭四位一体的金融智慧法院，追求金融案件实现批量处理、类案同判，提高审判执行效率。[①] 由此可见，数字金融司法的范畴中，金融司法的数字化也是重要组成部分。

### 四、小结

综上所述，对于数字金融司法的概念和范畴，我们可以从两个方面来理解。数字金融司法既是数字金融的司法，也是金融司法的数字化，或者说数字司法在金融案件中的应用。它既包括以审判机关和仲裁机关为主的司法工作人员，在处理与数字金融这一金融业全新的发展形态相关的案件纠纷中运用法律法规开展的各项司法活动，也包括上述主体在进行金融司法活动时，引入数字司法的技术和理念，对金融司法模式、运行机制等进行的数字化创新。

实践中，数字金融司法案件涉及的主要是民商事领域的数字金融和传统金融产品与服务融资纠纷，体现为银行等金融机构推出的以“线上贷款”为主要形式的普惠金融产品，因贷款金额相对较小缺乏担保、借贷人分布范围广催收困难、借贷人信用等级良莠不齐导致不良的失联率较高以及贷款利息计算分歧严重、不纳入失信等问题产生的金融纠纷的调解、审判、执行、救济的司法全流程。

## 第二节　数字金融司法的发展历程和现状

### 一、数字金融司法发展历程

我国金融司法数字化的发展以数字司法本身的发展为基础。二者的历程可以说是高度一致。从全世界的角度来看，我国的数字司法和数字金融司法起步都可以说相对较早。早在2016年，《国家信息化发展战略纲要》就已经把智慧法院建设纳入其中。2017年国务院发布了《新一代人工智能发展规划》，其中就特别强调要加强人工智能在司法领域的应用，实现智能化审判。2018年，我国首家金融法院在上海

---

① 王刚，范一，王晓晴．我国金融法院的现状挑战与未来发展［J］．重庆理工大学学报（社会科学版），2021，35（5）：11－20.

落地，上海金融法院一经设立，便开始着手对于金融纠纷全领域诉讼与调解全流程线上化的探索，谋求数字化技术助力金融领域司法与时俱进。到了2019年，我国基本实现数字司法的全业务网上办理、全流程依法公开、全方位智能服务建设目标。此外，国家发展改革委、中国银保监会在当年还联合印发了《关于深入开展“信易贷”支持中小微企业融资的通知》，除了进一步支持中小微企业融资外，开始提出金融机构可以探索依托金融科技加快债务纠纷解决速度，以及依托全国信用信息共享平台对失信债务人开展联合惩戒，严厉打击恶意逃废债务行为，维护金融机构合法权益。这份文件为区块链等技术在数字金融司法的领域性应用进一步提供了依据。[①] 到了疫情期间，在线诉讼需求的增加使得数字金融司法发展进一步加速。2021年，最高人民法院分别发布了《人民法院在线诉讼规则》[②] 和《人民法院在线调解规则》[③]，前者对在线诉讼的法律效力、基本原则、适用条件进行了详细的规定，后者对在线调解工作的开展作出了明确指导，可以说涉及在线立案、调解、证据交换、庭审、宣判、送达等方方面面的司法诉讼环节，为数字金融司法的在线平台构建了完善的体系。2022年，最高人民法院又印发了《人民法院在线运行规则》[④]，至此，三大规则共同构建出了一个全面、系统、完整的数字司法诉讼机制。

在数字金融这一新的金融业态的司法发展历程方面，早期金融行业与数字化技术的结合主要是与互联网相关的内容，与之相关联的理论和实践主要是探讨通过搭建互联网法院应对互联网金融纠纷。随着数字金融的日益成熟，数字化技术在金融行业的应用更加深入和全面，线上金融纠纷也呈现出扩大化的趋势。区块链司法运用逐渐作为预防和化解金融纠纷的机制得以推广，区块链技术逐渐成为数字金融司法的核心数字技术之一。2018年，最高人民法院发布《关于互联网法院审理案件若干问题的规定》[⑤]，首次对区块链技术作为电子存证手段进行了确认。2022年最高人民法院发布《关于加强区块链司法应用的意见》[⑥]，促进区块链技术在数字金融司法多元纠纷、诉讼服务、审判执行中的全面应用。区块链技术在数字金融司法的应用中，逐渐发展出一种借助数字金融司法建立线上可强制执行的公证机制，称为在线赋强公证，所谓在线赋强公证，指的是关于以公证赋予债权文书具有强制执行效力的相关规定，把传统方式办理的赋强公证过程加以数字化固定、存储和场景应用，包括：获取、处理金融数据形成证据链条，存储于金融机构和司法机构中；与法院

---

① 杨力．论数字金融司法一体化［J］．政法论丛，2022（4）：50－60.

② 参见最高人民法院《人民法院在线诉讼规则》（法释〔2021〕12号），2021年6月16日。

③ 参见最高人民法院《人民法院在线调解规则》（法释〔2021〕23号），2021年12月30日。

④ 参见《最高人民法院关于印发〈人民法院在线运行规则〉的通知》（法发〔2022〕8号），2022年1月26日。

⑤ 参见《最高人民法院关于互联网法院审理案件若干问题的规定》（法释〔2018〕16号），2018年9月6日。

⑥ 参见《最高人民法院关于加强区块链司法应用的意见》（法发〔2022〕16号），2022年5月23日。

智能执行系统相衔接，进行链上治理化解金融机构执行难问题。① 该机制被列入解决数字金融矛盾纠纷的重要方式，引起最高人民法院、司法部、银保监会（现国家金融监督管理总局）的高度关注。

## 二、数字金融司法现状

首先，从数字金融司法的实践状况来看，数字金融的普惠性使相关案件呈现出覆盖面广、增长速度快、涉及群体多元化的特征。能够接触到金融的门槛越来越低，接触金融产品和服务的人越来越多，纠纷自然而然也就相对更容易发生。但是，由于金融本身客观存在不同的地区间发展差异，即使数字金融司法案件数量众多、范围较大，仍然出现了明显的地域差异。我国当前整体的经济发展地域状况是东部沿海地区经济发展程度较高，中西部地区相对落后，金融业的繁荣程度与经济发展水平息息相关，而金融业越繁荣、金融科技水平越先进的地区，也就越频繁地面临数字金融纠纷。因此，我国当前东部经济较发达地区的数字金融司法案件数量较多，中西部经济欠发达地区的则相对较少。除此之外，由于涉及数字金融司法的纠纷往往与数字普惠金融、民间借贷融资相关，因此当前的数字金融司法案件还呈现出了小额、个体、分散的特点，解决纠纷的压力也集中在了基层法院和仲裁委。

其次，从数字金融司法的技术发展现状来讲，如前文所述，在数字金融司法发展的过程中，区块链技术逐渐成为支撑数字金融司法的核心技术。当前，区块链已经深深融入金融司法机制，在缓解传统的取证与执行难度、纠纷流程的智能化处理、构建与金融机构区块链平台的跨链协同应用机制等方面发挥着巨大作用。例如，其要求金融科技公司与司法机关对数据进行分布式存放，转化为数字化的赋强公证。在数字普惠金融纠纷中，一旦发生贷款逾期等情况，公证机构先行向贷款人进行催告，并可邀请相关行业性或第三方调解组织介入进行先行化解，启动公共法律服务体系的纠纷预警、筛选和分流功能。当产生不良贷款之后，金融机构即可凭借公证机构线上出具的电子执行文书，依法不经过审判，以具有法定效力的区块链证据批量直接申请到法院立案，进入“快速执行”阶段。法院在执行中追缴失败而制作终本裁定之后，又可运用区块链技术，把终本裁定同步向金融机构、贷款人确认送达地址分布式记账，以及把贷款人纳入失信被执行人名单予以惩戒。这一方式全链条解决了金融机构到法院执行的“最后一公里”，实现了金融机构线上信贷业务的合同签约与赋强公证、贷后管理与数据存证、核实催告与法院执行在全链上行为。其本质是在贷款人、金融机构、公证机构和法院之间实现了不同标准的闭环数据分布式存储，以区块链技术解决电子存证的公正性，有效提高电子证据的认证效率。借此，可以大幅提升线上债权文书执行的质效，为金融机构和客户两端提供“一站式”的数字式债权纠纷解决方案。②

---

① 吴一楷，李国安，王健璇．非同质化通证的金融属性及司法认定实践［J/OL］．广东财经大学学报，2023（3）：98－112［2023－08－27］．

② 杨力．论数字金融司法一体化［J］．政法论丛，2022（4）：50－60．

## 第三节　数字金融司法运行和发展的主要技术手段

### 一、区块链技术

其一，区块链技术可用于应对普惠金融带来的纠纷扩大化问题。区块链的司法运用作为预防和化解金融纠纷的机制近年来逐渐得到推广，有多份文件[①]直接或者间接为区块链等技术在数字金融司法领域的应用提供了依据。区块链融入金融司法机制在缓解传统的取证与执行难度、纠纷流程的智能化处理、构建与金融机构区块链平台的跨链协同应用机制等方面大有成效，典型如要求金融科技公司与司法机关对数据进行分布式存放，从而转化为在线赋强公证[②]，再如可以将法律规则转化为数字技术规则的智能合约[③]。

其二，区块链技术可用于提高审理加密数字资产案件的便捷性。传统的金融司法裁判主要聚焦在线下，即使是互联网金融法院将审判环节安排在互联网上进行，仍然需要各方主体提供交易记录、金融合同等数据材料。并且，在涉案资产为加密数字资产（如NFT）时，传统的审判方式会因技术的客观限制而存在诸多审理案件的不便之处。而区块链结合金融司法是以技术手段解决技术纠纷，这极大地提高了在加密资产的固定、金融数据的存取等问题上的效率，降低了成本。

### 二、大数据技术

大数据技术在数字金融司法的运行和发展中扮演着重要角色。它可以帮助侦查和预防金融犯罪、支持法律政策制定，并提供有效的证据收集和分析手段，能够维护金融市场的秩序和公正，从而实现金融参与者的权益。

第一，在金融犯罪侦查和预防方面，大数据技术通过对大量交易数据和用户行为数据进行分析，可以建立模型和算法来检测异常交易与可疑行为，以发现潜在的洗钱、恐怖主义融资和金融诈骗等违法犯罪行为。这些技术可以帮助司法机关及时干预和打击金融犯罪，保护金融系统的安全和稳定。

第二，在法律政策制定方面，大数据技术对数字金融司法的法律政策制定提供了支持。通过对大规模的金融数据和司法数据进行分析，可以揭示金融市场的发展趋势、

---

① 2018年发布的《最高人民法院关于互联网法院审理案件若干问题的规定》（法释〔2018〕16号）首次对区块链技术作为电子存证手段进行了确认；2022年5月最高人民法院发布的《关于加强区块链司法应用的意见》（法发〔2022〕16号）。

② 在线赋强公证是指关于以公证赋予债权文书具有强制执行效力的相关规定，即把传统方式办理的赋强公证过程加以数字化固定、存储和场景应用。包括：获取、处理金融数据形成证据链条，存储于金融机构和司法机构中；与法院智能执行系统相衔接，进行链上治理化解金融机构执行难问题。参见杨力．论数字金融司法一体化［J］．政法论丛，2022（4）：50－60.

③ 智能合约是在区块链技术上发展出来的一项法律应用，它能以技术契约的形式自动化执行法律，从而实现所谓的“法律代码化”。比如，北京、上海的法院通过调解书或判决书中约定的履行条件，部署线上合约节点，当事人只需点击“确认未履行完毕”，就能触发生成未履行报告和执行申请书，系统将自动抓取相关案件信息，执行立案，并生成执行通知书、报告财产令等文书。参见范明志．智慧司法的基本逻辑——数字技术与司法如何对应［J］．法学论坛，2023，38（3）：27－37.

存在的问题和法律漏洞，为相关部门和立法机构提供参考。这些数据分析的结果可以帮助他们制定更合理和有效的法律政策，以应对数字金融领域的挑战和风险。

第三，在证据收集和分析方面，大数据技术可帮助数字金融司法机构更有效地收集、整理和分析证据。通过数据挖掘和数据分析技术，可以从大规模的金融数据中提取与违法行为相关的证据，加速案件调查和审理的进程。这些技术有助于提高证据的可信度和完整性，同时减少人工处理的时间和错误率，提升司法机构的工作效率。

### 三、人工智能技术

人工智能技术在数字金融司法的运行和发展中发挥着重要作用。最高人民法院发布了《关于规范和加强人工智能司法应用的意见》（法发〔2022〕33 号），提出了人工智能在司法应用的目标：到 2025 年，基本建成较为完备的司法人工智能技术应用体系，为司法为民、公正司法提供全方位智能辅助支持，显著减轻法官事务性工作负担，有效保障廉洁司法，提高司法管理水平，创新服务社会治理。到 2030 年，建成具有规则引领和应用示范效应的司法人工智能技术应用和理论体系，为司法为民、公正司法提供全流程高水平智能辅助支持，应用规范原则得到社会普遍认可，大幅减轻法官事务性工作负担，高效保障廉洁司法，精准服务社会治理，应用效能充分彰显。

针对人工智能在司法应用的目标，最高人民法院还规划了人工智能司法应用的十大应用场景。

#### （一）人工智能全流程辅助办案

支持证据指引与审查、法律法规推送、类案推送、全案由裁判辅助、法律文书辅助生成、法律文书辅助审查等智能化应用，促进裁判尺度统一，保障司法公正，维护司法权威。

#### （二）人工智能辅助事务性工作

支持电子卷宗自动分类归目、案件信息自动回填、案件繁简分流、送达地址及方式自动推荐、司法活动笔录自动生成、执行财产查控辅助、电子卷宗自动归档等智能化应用，降低各类人员工作负担，提高司法效率。

#### （三）人工智能辅助司法管理

支持案件裁判偏离度预警、终本案件核查、不规范司法行为自动巡查、廉洁司法风险防控等智能化应用，提升司法管理质效，保障廉洁司法。

#### （四）人工智能服务多元纠纷和社会治理

支持司法资源推荐、诉讼和调解咨询问答、诉讼预期辅助评估、社会治理风险预警与辅助决策等智能化应用，为化解社会矛盾、服务社会治理提供新的途径和方式。

#### （五）拓宽人工智能司法应用场景和范围

结合人工智能技术创新进程和人民法院改革发展实践，积极探索诉讼服务、审判执行、司法管理和服务社会治理等领域的重大应用场景，不断拓展新的应用范围。

**（六）人工智能应用顶层设计**

按照人民法院信息化建设发展规划部署，设计完善智慧法院人工智能相关信息系统体系架构和技术标准体系，丰富拓展人工智能司法应用场景，建立健全人工智能系统信息安全和运维保障制度，指导和规范各级人民法院人工智能系统建设。

**（七）司法数据中台和智慧法院大脑建设**

加快推进司法数据库、数据服务平台、司法知识库、人工智能引擎、知识服务平台和司法区块链平台等系统的建设和集成，打造实体化司法数据中台和智慧法院大脑，为面向各类业务的人工智能司法应用提供核心驱动。

**（八）司法人工智能应用系统建设**

围绕人民法院司法活动典型业务场景，以提升智能化水平为主线，促进司法数据中台和智慧法院大脑与智慧服务、智慧审判、智慧执行和智慧管理等业务应用系统融合集成，不断提供满足司法业务需求、符合先进技术发展方向的司法人工智能产品和服务。同时，为了提供符合司法业务需求和先进技术发展方向的司法人工智能产品和服务，需要持续进行技术研发和创新，结合司法领域的专业知识和实践经验，推动人工智能在司法领域的应用不断取得突破和进步。

**（九）司法人工智能关键核心技术攻关**

依托国家重点工程、科研项目和科技创新平台，组织产学研优势力量，发挥学科交叉催化剂作用，针对面向司法语境的大规模预训练语言模型及其应用、多模态司法大数据高效处理方法、司法数据驱动与知识引导相结合的深度神经网络模型构建与样本学习方法、基于法律知识增强的可解释检索和推理模型、面向司法效能提升的人机交互范式、基于新一代人工智能的审判辅助系统等关键核心技术集智攻关，为司法人工智能系统建设提供牵引和支撑。

**（十）基础设施建设和安全运维保障**

根据司法人工智能对算力、通信和服务能力的需求，科学合理地规划和建设通信网络、计算存储、通用终端设备和专用信息化设施等信息基础设施，强化网络安全、数据安全和个人信息保护能力，完善人工智能运行维护机制，为人工智能司法应用提供必要的保障条件。①

除了在这十大场景中的应用，人工智能技术在数字金融司法中还可以充当自动化客户服务和智能助理，通过自然语言处理和语音识别等技术，实现对客户服务过程的自动化，提供全天候的在线支持。智能助理能够回答常见问题、处理简单的交易请求，并根据用户的个性化需求提供定制化的建议和推荐。这些技术的应用有效提高了诉讼参与人参与到诉讼中的效率和便捷性。

---

① 最高人民法院《关于规范和加强人工智能司法应用的意见》（法发〔2022〕33 号）。

# 第二章　广州数字金融司法发展现状

## 第一节　数字金融司法的法律法规和政策制度

### 一、广州市数字经济促进条例

2022年6月1日，广州市正式实施《广州市数字经济促进条例》，力图推动广州市建成具有全球影响力的数字经济引领型城市。这一条例是国内首个数字经济地方法规，数字金融司法作为数字经济发展过程中的一环，自然也在《广州市数字经济促进条例》规范的范畴之中。该条例的颁布代表广州市数字经济的发展走向制度化、体系化并且日益成熟，同时也可以看出，广州市在数字金融司法法律法规的规制上也走在全国领先的位置。其中，《广州市数字经济促进条例》专门就广州市数字金融的发展提出了要求：首先，要推动金融业数字化转型升级，推进数字金融科技创新平台建设，建设金融科技产业聚集区；其次，要发展数字普惠金融、供应链金融、绿色金融等金融新业态，推进企业信用信息与融资平台的对接，完善数字金融精准服务中小微企业体系；再次，要推进数字人民币应用；复次，还要探索开展数字资产的质押融资、保险、担保、证券化等金融创新服务；最后，要完善数字经济金融服务体系和风险保障机制，拓宽数字经济市场主体融资渠道，支持数字经济领域有条件的企业上市、扩大金融服务跨境合作。[①] 这些要求，不仅是对广州市数字金融发展的推进和完善，也给广州市数字金融司法提出了要求——现阶段及未来一段时间内，广州市的数字金融司法重心要放在规制和监管金融科技创新平台、数字金融新业态、数字人民币、数字金融创新服务等相关领域。

此外，在数字金融司法领域，由于“数字鸿沟”的存在，导致老龄化群体在数字金融司法中往往处于弱势地位，权利难以得到保障，《广州市数字经济促进条例》也对此给出了解决思路，即坚持智能创新和传统服务相结合，引导社会力量关注老年人的信息需求，扩大适老化数字技术和智能产品的供给，满足老年人在数字金融服务中运用数字技术的基本需要，同时也要注意为其保留传统的服务方式。通过这种方式将数字金融服务向老龄化群体的普及，既可以从预防端减少老龄化群体因对数字金融产品和服务的不了解产生的司法纠纷，也可以在产生纠纷之后相应的救济手段能够更好地介入，有效保障老龄化群体在数字金融司法领域的权利。

### 二、广州互联网法院司法信用报告制度

在数字金融业务中，征信是一个十分重要的环节，自然人、法人及其他组织的信

---

① 参见《广州市数字经济促进条例》第三十八条。

用信息以及由此产生的信用报告、信用评估和对信用风险的控制、管理还是对借贷和投融资而言都是重要的参考依据，同样地，将信用报告制度引入数字金融司法实践，是基于数字金融征信模式成功经验的有益尝试，是广州市在数字金融司法中的制度创新。据悉，广州互联网法院从2019年开始着手建立司法信用报告制度，对外发布《广州互联网法院关于建立互联网司法信用报告制度的若干规定（试行）》，在全国最先推出司法信用概念和互联网司法信用报告制度。这一司法信用报告制度以民事诉讼法等法律法规为依据，结合了互联网法院的审判实际，除总则外，主要包括司法信用报告的制作与构成、信用等级的评定要素、信用等级的评定规则、信用等级的变更与撤销、司法信用报告的发布与运用五章，构建出了一个完整的司法信用报告制度体系。在总则中，还首次明确了司法信用的概念是“应当履行生效法律文书确定义务的当事人，在诉讼过程中是否自觉遵守诉讼规则、主动履行法律义务等行为。”①

此外，该司法信用报告还创设了“五色信用”评价体系，将司法信用报告的总体评级分为绿色、蓝色、黄色、红色、黑色五种颜色，其中绿色为信用优秀等级、蓝色为信用良好等级、黄色为一般失信等级、红色为较重失信等级、黑色为严重失信等级，按照当事人遵守诉讼规则、主动履行法律义务的程度，从绿色到黑色，信用等级逐级降低，具体在评级时，广州互联网法院还选取了当事人诉讼过程中的36种特定行为作为司法信用等级的评定要素。按照清华大学法学院王亚新教授对这一司法信用报告制度的评价，其不仅对审判、执行程序中的当事人诚实守信有着实实在在的促进作用，而且在作为社会治理现代化标志之一的我国征信体系总体的形成过程中，也是具有新意和建构潜力的一种尝试。司法信用报告按照“一案一制”原则记录制作，既有对于不诚信行为的负面评价乃至严厉的否定，也包括对守信当事人的正面激励，构成了能够容纳层次多样、信息丰富的信用记录。这种记录的大量积累，将会在有利于法院实施送达、查证和执行的同时，借助大数据、云计算等信息技术并通过查询服务的广泛利用和公布、推送等机制，逐步在全社会信用体系的建构上发挥更大的效应。②

### 三、广州智慧司法体系建设

早在2017年，广州市司法局已经开始着手布局广州智慧司法信息化建设规划，2017年以来，广州市司法局在智慧司法体系建设上已经基本构建出了“智慧司法”“司法为民”新模式，达到广东省司法厅要求的“加强信息技术与业务工作的深度融合，建设网上司法行政”的总体目标要求。据悉，广州市司法局运用大数据、云计算、“互联网+”、物联网、人工智能、虚拟现实等新技术的理念和思路，加强律师、公证、人民调解、社区矫正、安置帮教、监狱、戒毒、司法鉴定、普法教育各

① 参见《广州互联网法院关于建立互联网司法信用报告制度的若干规定（试行）》第二条。

② 参见澎湃新闻《假如信用也有颜色？广州互联网法院首创司法信用报告制度》，https：//m.thepaper.cn/baijiahao_4289031。

类业务应用，做到以业务为导向，加强信息技术与业务工作的深度融合、建设“网上司法行政”，逐步建成了“业务专网互联互通、技术标准规范统一、业务应用全面覆盖、信息系统高度集成、业务工作网上协同、信息资源深度共享、硬件设施充足稳定、安全保密有效可靠”的信息化体系，提高政府管理效率和服务水平。

不仅如此，目前广州市司法局在智慧司法体系建设上已经建成了完善的信息技术标准规范体系，推进业务集约发展；进行了完善的基础支撑环境建设，推进司法行政“一张网”建设；建成了司法大数据中心，推动司法行政决策智能化；进行了深化业务应用系统建设，现实业务深度融合；进行了“互联网＋政务”的强化建设，覆盖“互联网＋律师服务”“互联网＋公证”“互联网＋调解”“互联网＋鉴定”“互联网＋社矫”“互联网＋监管”“互联网＋法援”“互联网＋普法”全领域，开展掌上司法并提高公众服务水平。此外，广州市智慧司法体系还不断探索新技术应用，逐步推动业务应用智能化。目前，广州市在智慧司法体系建设中还在尝试进一步加强“区块链＋司法行政”的融合建设工作，这也必将助推广州市数字金融司法在科技信息化层面再上新台阶。

## 第二节　数字技术和数字金融司法结合应用现状

广州市在数字金融领域先行先试方面取得了显著成效，先后落地了数字人民币、金融科技创新监管、资本市场金融科技创新、区块链创新应用等金融科技领域一批国家级创新试点项目，已成为全国获得区域金融改革创新试点最多的城市之一。对于数字金融领域的创新项目而言，数字金融法治、数字金融司法也是其中的一个重要板块，在2023年第二届“点数成金”数字金融创新案例示范活动所展示的“数字金融十佳案例”和“数字金融专项示范案例”中，就不乏在司法领域应用的场景，从这些典型案例中我们可以窥见当前广州市数字金融司法的结合应用情况。

在第二届“点数成金”数字金融创新案例示范活动所遴选并公布的10个“数字金融十佳案例”中，与数字金融司法密切相关的有两个，分别是广州银行股份有限公司携手广州金融科技股份有限公司、杭州亦笔科技有限公司联合申报的“银行不良资产一站式司法追索综合处置平台”和招商银行股份有限公司广州分行申报的“基于区块链跨链技术的金融司法生态融合平台”。其中，以“银行不良资产一站式司法追索综合处置平台”为例，其建构意在通过互联网司法手段快速处理不良资产相关合同纠纷，实现电子数据区块链技术保全、诉裁材料一键生成、合同纠纷线上处理、案件批量执行快速受理。这一平台主要划分为六大功能模块，分别为“司法联盟链区块链存证”“司法追索处置业务”“金融类纠纷诉前调解”“类案批量智能审理”“司法案件智能评估系统”“金融赋强公证系统”，通过这六大核心模块各自发挥作用，使得线上处置不良资产、实现催收的数字化作业更为成熟。据了解，目前这一平台正在试点进行批量提交案件至广州互联网法院进行调解诉讼，并批量入库储备案件，通过这一数字化平台使得不良资产处置流程更为高效，不良资产处置能力大为提高。

同样地，在第二届“点数成金”数字金融创新案例示范活动所遴选并公布的8个“数字金融专项示范案例”中，也有两个与数字金融司法密切相关的项目，分别为广州广电仲达数字科技有限公司申报的“数字普惠金融与数字仲裁协同处置不良资产”和广州互联网法院申报的“基于互联网金融类案的三项团体标准”。其中，“数字普惠金融与数字仲裁协同处置不良资产”属于一种数字仲裁模式，其运行机制为：银行在与客户交易时便按照智能合约的要求提取出关键交易数据与电子证据的哈希摘要，随即将哈希摘要提交到线上的存证系统，系统上传至仲裁区块链。如果该笔交易被认定为不良，则会执行智能合约，将相关对应的数据提交到线上系统，由系统对数据进行智能处理，系统在处理数据后会自动生成仲裁申请书、整理证据及证明内容，并将该案及相关材料提交到仲裁机构对应的系统中，再由仲裁机构的智慧系统接收仲裁申请并且自动完成从立案、送达到组建仲裁庭的一系列流程，此外仲裁机构的智慧仲裁系统还会自动对比哈希、还原交易事实并最终草拟裁判文书。在这种模式下，通过大数据实现仲裁流程的自动化，能够极大地缓解案多人少的问题，并且能够提高不良资产案件的处理效率、缩短处置时间，对数字普惠金融的发展具有非常显著的促进作用。对于另外一项广州互联网法院的数字金融专项示范案例，所谓“三项团体标准”，即2022年9月由广州互联网法院牵头起草的《互联网金融借款合同纠纷要素标准》《互联网小额借款合同纠纷要素标准》《互联网金融电子数据存证标准》，通过这三项标准，可以有效填补数字金融产品前端要素设计的空白，一定程度上能够减少纠纷隐患，提升审判效率。

## 第三节　广州数字金融司法的成功模式及经验

在广州市数字金融司法实践中，广州互联网法院作为广州数字金融司法的领头羊，总结出了四大成功经验：搭建纠纷隐患评估模型，为数字金融产品“把脉问诊”；打造全国首个互联网金融纠纷在线批量审理系统，实现类案批量化解[①]；制定多项互联网金融要素标准，推动数字金融纠纷的司法标准建设；参与共建全国首个数字金融协同治理中心，以司法对接监管，提升纠纷解决质效。[②]

### 一、搭建纠纷隐患评估模型

广州互联网法院在办案过程中，发现部分数字金融产品存在风险控制弱化、客户资质下沉、重复授信、片面营销等问题。更具体地，一些产品在格式条款表述、电子合同存证、助贷机构责任、消费者个人信息收集等方面的规定也不够明晰，造成该领域纠纷频发。

为了预防纠纷的发生，广州互联网法院研究出评估模型，在进入立案环节之前，

① 参见中国法院网《广州互联网法院提升数字金融纠纷治理能力工作纪实》。

② 参见南方网《广州互联网法院创新提升数字金融纠纷治理能力》。

该模型通过6个维度34项指标对金融产品进行全方位“问诊”，着重考察产品证据数字化水平、贷款流程化能力、产品合规化程度等。在评估过程中，金融机构将自家产品导入广州互联网法院“数字金融产品纠纷隐患评估模型”，法院对金融产品披露的贷款申请流程、身份校验方式等详细审查后提出评估综合得分和改进建议。上述评估信息与金融消费者权益息息相关，对其进行合理评估、督促整改后，将有效促进金融产品进一步依法合规，并加快数字化转型。

除此之外，为进一步优化数字金融产品结构，降低纠纷隐患，案件审理完毕后，法院也会对解纷效果进行终端评估。终端评估以每季度为一个周期，通过建构数据模型，结合类案审判执行效果、金融消费者意见反馈、整改落实情况等8个方面进行综合评估并核定等级，从而实现对金融产品的“体检”贯穿案件始终。

**二、打造互联网金融纠纷在线批量审理系统**

广州互联网法院发布在线纠纷“类案批量智审系统”。该系统为全国首个针对互联网金融纠纷的全流程在线批量审理系统。该系统全程覆盖存证调证、催告、和解、调解、申请立案、立案审查、送达、证据交换、庭审、宣判、执行等诉讼环节，实现了全程在线快速、批量、智能办理。①

当事人可通过该系统，在线批量提交证据、发起立案申请。法官可批量立案审查、批量排期、批量在线庭审、批量生成裁判文书、批量送达。送达全程区块链留痕，可实时追踪送达时间、地点、签收人等关键节点信息。同时，对于代表性强、具有示范意义的典型案件，法官可以通过发送邀请码等形式，实现同类型案件当事人在线旁听，推动类型化案件达成和解、调解协议或自动履行。

**三、制定多项互联网金融要素标准**

数字金融领域合同纠纷数量庞大，相关产品合规情况参差不齐，在案多人少的情况下，完善金融产品要素标准，是实现批量化解的前提。广州互联网法院围绕当前金融产品通用合同文本中的主体、管辖、标的、送达、存证等方面提取了40项要素，并在司法实践中逐步形成规范。比如，受理的数字金融产品借款人遍布全国，但很多借款合同文本中电子送达条款缺失或约定不明，找不到借款人，从而导致过往90%以上的案件都需进入漫长的公告送达阶段，给纠纷批量化解造成不小障碍。因此，法院向相关金融机构提出增改电子送达等合同内容条款的建议，上述问题得到了很好的解决。如今，电子送达已成为数字金融产品设计中的重要条款。

**四、共建全国首个数字金融协同治理中心**

中共广州市委金融委员会办公室与广州互联网法院签署了《数字金融协同治理框架协议》，将在建立数字金融协同治理中心、开展数字金融法律法规研讨培训、建立数字金融风险防范协同联动机制、建设在线纠纷多元化解平台、数据共享等方面

① 参见大洋网《全国首创！广州这些互金小额贷纠纷可以网上批量办了》。

形成合力，共同探索防范数字金融风险，维护数字金融秩序，妥善解决数字金融纠纷，推动数字金融协同治理。

广州互联网法院践行司法审判与数字金融监管有效联动。比如，在审理金融纠纷案过程中发现，产品未以合理方式展示贷款实际年化利率，此类问题在金融产品中具有一定普遍性。因此，法院以示范性庭审方式，邀请监管部门、相关企业、行业协会等在线旁听庭审，并当庭宣判，使得该类具有普遍性的问题的解决得到广泛关注。

此外，广州互联网法院目前已对上亿条电子合同类数据进行了对接、存储，充分发挥司法大数据多源分析、多维评估、多重预警作用，定期向监管部门推送隐患评估结果。

综上所述，广州互联网法院与金融监管部门、地方金融风险监测平台、调解组织、行业协会等单位密切联系，针对司法实践中发现的普遍性问题及时给出司法建议，涉及借款人隐私和信息保护、金融机构披露义务、反欺诈筛查等领域。

## 第四节　数字金融司法实践中面临的困境和不足

尽管目前数字金融司法在实践中取得了一定突破，但在发展过程中也面临一定的阻碍。只有通过解决这些问题，数字金融司法才能更好地应对和处理好数字金融领域的各类纠纷，维护金融市场的秩序和稳定。目前面临的困境主要包括以下几个方面。

### 一、技术不成熟问题

数字金融司法所涉及的技术领域包括区块链、大数据分析、人工智能等，这些技术本身具有一定的复杂性和技术挑战。以区块链技术为例，在金融领域的应用还处于发展初期，技术标准体系建设不完善，存在安全性、可扩展性和性能等方面的问题。例如，数据的质量和准确性、算法的可解释性和公平性、模型的训练和更新等方面需要仔细考虑和解决，以确保司法决策的准确性和公正性。

### 二、数据隐私和安全问题

数字金融涉及大量的个人和企业数据，数据隐私和安全问题成为数字金融司法实践中的重要考虑因素。然而，随着数据规模的不断扩大和数据共享的增加，数据隐私和安全问题日益突出。未经充分保护的数据可能被滥用、泄露或被用于非法活动，这对司法机构和用户的信任构成了威胁。在当前，如何保护用户的个人隐私和数据安全，防止数据泄露和滥用，是数字金融司法实践中亟待解决的问题之一。法院关注当前数据权利的边界等立法前沿问题，审慎地进行司法判断，引导市场有效发挥作用，提升金融司法专业能力水平。

### 三、人才和专业知识短缺问题

目前，发展数字金融司法需要具备深厚的法律、金融和技术知识的专业人才。这涉及对法律、金融和技术的深入理解和综合运用。然而，当前人才市场上对于掌握数字金融领域知识的专业人才的需求远远超过供应，造成了司法机构、金融机构等普遍面临技术专业人才短缺的问题，而缺乏相关领域的专业人才可能影响数字金融司法发展的快速推进，不利于提高解决金融司法现实问题的效率。

# 第三章　广州数字金融司法未来实践和发展的路径

## 第一节　数字金融地方性法律法规的完善

当前，尽管支撑数字金融司法实践和发展的法律法规尚未形成完整的体系，但现有的数据安全、数字交易、数字司法诉讼、金融科技四个方面的立法，已初步构建起数字金融司法的法律框架，促进广州数字金融司法的实践和发展，广州市要围绕这四个方面重点完善数字金融的地方性法规体系。

### 一、数据安全立法

数字金融的发展和数据安全法制建设密不可分，金融业在数字化转型过程中，数据安全法制建设经历了最早从《中华人民共和国商业银行法》（2003 年修正）中确立了信息保护的原则，到《电子银行业务管理办法》《商业银行信息科技风险管理指引》等关于信息安全保护的各项部门规章的出台，直到《中华人民共和国数据安全法》《中华人民共和国个人信息保护法》《中华人民共和国网络安全法》三部最重要的构建数据安全法律体系的法律陆续出台后，与《中华人民共和国民法典》《中华人民共和国刑法》为基础法律框架，《关键信息基础设施安全保护条例》《金融消费者权益保护实施办法》《个人金融信息保护技术规范》等行政法规、部门规章、国家标准、行业规范性文件为配套，开始形成金融业数据安全法制体系（见图 1、图 2、图 3）。

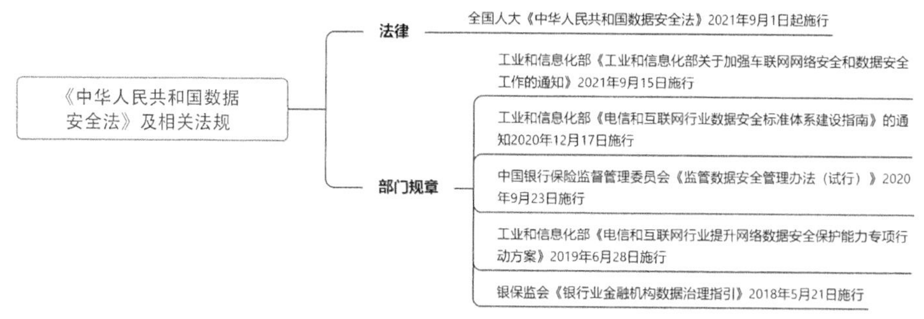


图 1　《中华人民共和国数据安全法》及相关法规

### 二、数字交易立法

《中华人民共和国电子商务法》：该法律规定了电子商务的基本规则，包括电子支付、电子合同、电子商务平台等方面的规定，为数字金融提供了法律依据。

中央网信办《国家网络安全事件应急预案》

国家网信办《个人信息和重要数据出境安全评估办法（征求意见修改稿）》

国家网信办《网络产品和服务安全审查办法（试行）》2017年6月1日起实施

国家网信办《互联网新闻信息服务管理规定》2017年6月1日起实施

国家网信办《互联网信息内容管理行政执法程序规定》2017年6月1日起实施

国家网信办、工信部、公安部、国家认证认可监督管理委员会《网络关键设备和网络安全专用产品目录（第一批）》2017年6月1日实施

工信部《公共互联网网络安全威胁检测与处置办法》2018年1月1日起实施

国家网信办《互联网论坛社区服务管理规定》2017年10月1日起施行

国家网信办《互联网跟帖评论服务管理规定》2017年10月1日起施行

国家网信办《互联网群组信息服务管理规定》2017年10月8日起施行

国家网信办《互联网用户公众账户信息服务管理规定》2017年10月8日起施行

国家网信办《互联网新闻信息服务新技术新应用安全评估管理规定》2017年12月1日起施行

国家网信办《互联网新闻信息服务单位内容管理从业人员管理办法》2017年12月1日起施行

工信部《公共互联网网络安全突发事件应急预案》2017年11月23日施行

国家网信办《微博客信息服务管理规定》2018年3月20日起施行

中国国家认证认可监督管理委员会《关于发布承担网络关键设备和网络安全专用产品安全认证和安全检测任务机构名录（第一批）的公告》2018年6月19日施行

中国国家认证认可监督管理委员会《关于发布网络关键设备和网络安全专用产品安全认证实施规则的公告》

公安部《公安机关互联网安全监督检查规定》2018年11月1日起施行

国家网信办《具有舆论属性或社会动员能力的互联网信息服务安全评估规定》2018年11月30日起施行

国家网信办《金融信息服务管理规定》2019年2月1日起施行

国家网信办《区块链信息服务管理规定》2019年2月15日起施行

国家网信办《网络安全审查办法（征求意见稿）》

市场监管总局《网络交易监督管理办法（征求意见稿）》2019年4月30日施行

国家网信办、发改委、工信部及财政部《云计算服务安全评估办法》2019年9月1日施行

国家网信办《互联网信息服务严重失信主体信用信息管理办法（征求意见稿）》

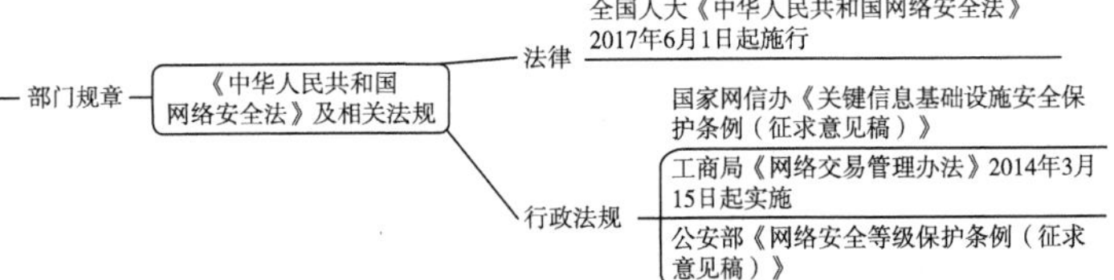


**图2 《中华人民共和国网络安全法》及相关法规**

注：《中华人民共和国网络安全法》及相关法规规定了网络安全的基本要求和责任，包括金融机构的网络安全保护措施和个人信息保护等方面的规定，为数字金融的安全运营提供了法律支持。

## 三、数字司法诉讼立法

目前，数字司法没有专门出台有关诉讼程序法，诉讼规则主要由司法解释构成，包括《人民法院在线诉讼规则》《人民法院在线调解规则》《人民法院在线运行规则》《最高人民法院关于印发〈人民法院在线运行规则〉的通知》《最高人民法院关于互联网法院审理案件若干问题的规定》等。

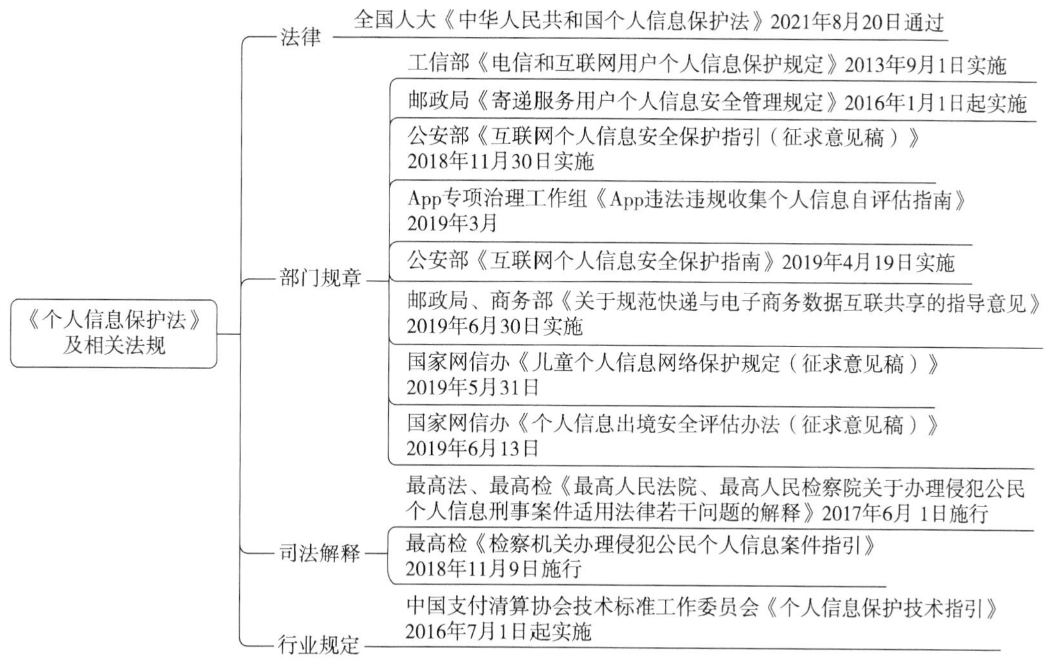


**图3 《个人信息保护法》及相关法规**

## 四、金融科技立法

目前，我国金融科技法律法规建设主要以部门规章的形式加以推进。近年来，中国人民银行、中国银行保险监督管理委员会等制定了《商业银行互联网贷款管理暂行办法》《网络小额贷款业务管理暂行办法（征求意见稿）》等部门规章，对规范金融科技发展起到了很大的促进作用。以部门规章的形式推进金融科技法律法规建设，在时效性、规范性、指引性、可行性等方面具有优势，但是目前的覆盖面还不够广，需要及时加以补充完善。

以上四个方面的立法旨在规范数字金融市场的运作，保护金融消费者权益，促进数字金融的健康发展，但当前国家与地方的法律框架仍有较大空白急需新增的法律法规进行完善填补，广州地区在围绕以上四个方面加强立法完善地方性法规体系时，需要考虑以下几个重要问题。

第一，要加强法律风险防范意识，设置负面清单，明确数字金融市场可能触及的法律红线和盲点问题，提升市场主体的法律意识。第二，要强化部门联动构建风险预防机制，构建地方保障数字金融安全联席会议机制，明确各类监管部门、企业的权利与义务，制定工作制度和规范，确保各个主体各司其职。第三，要完善金融市场参与主体准入机制，优化数字金融市场主体的信用评级法律机制，确保市场有序发展。第四，要完善数字金融消费者权益保护机制，建立金融消费者权益保护机构，对金融市场损害消费者行为及时干预，提高市场监管的有效性和针对性。① 第五，创新互联网技术监管手段，依托互联网技术对数字金融企业的法人、自然人及其他信息进行及时监管，在互联网层面，进行金融市场的监督。

## 第二节　对数字司法平台用户的引导与培育

如前文所提及的相关案例，包括广州互联网法院搭建的在线审判平台，广电仲达搭建的数字仲裁平台，广州金科搭建的数字调解平台等数字司法平台，数字司法平台已经在有序发展运行，大大地提高了化解金融纠纷的效率。但对于普通的诉讼主体而言，普及数字司法平台的使用，使诉讼主体能熟悉应用数字司法平台的功能参与诉讼活动，还需要一个推广和普及的过程。当前为了更好地推进数字金融司法的发展，进一步引导与培育平台用户，确保平台成功运营，需要采取引导与培育的数字金融司法平台的诉讼主体用户的举措。

首先，可以为用户提供清晰的用户指南和培训材料。为了帮助用户熟悉和了解数字司法平台的功能和操作流程，平台应提供清晰的用户指南、培训视频和文档。这些材料应该详细说明如何注册、登录、提交案件、查看案件状态、使用平台的通信和协作工具等。

其次，可以提供个性化的用户支持和服务。平台应提供个性化的用户支持和服务，以解答用户的疑问、解决问题和提供帮助。这可以通过在线聊天支持、电子邮件支持、电话咨询或专门的用户支持团队来实现。

最后，可以收集用户反馈加以改进。平台应积极收集用户的反馈和建议，避免形式主义，及时回应用户问题，并根据用户需求不断改进和优化平台功能。用户应被鼓励提供反馈，例如通过在线调查、用户满意度调查或建议反馈表单等方式。

## 第三节　法律科技的开发与应用

当前，法律科技的开发与应用日新月异，由于生成式人工智能的持续进步，大批量风险投资也积极涌入法律科技的赛道，更是从侧面反映了法律科技已经历了一场技术革命，此时正保持突飞猛进的发展势头，包括但不限于下列领域：电子取证、法律研究、法律招聘、法律编辑、合同协作、司法情报、法律交易管理、股权薪酬与合规、在线调解、在线审判、在线仲裁等。

法律科技作为新兴的科技领域，政府的引导鼓励起着重要的积极推动作用。以上海市为例，上海市司法局印发的《关于推动上海法律科技应用和发展的工作方案》提及了4个部分21项举措。其中在深化法律科技应用板块，提出了6项举措：（1）持续推进政法单位科技应用：推进“数字法院”“数字检察”“智慧监狱”“智

① 杨戈戈．大学生金融消费权益保护问题研究［D］．兰州：甘肃政法学院，2019.

慧矫正”建设。(2) 提升行政执法和行政复议智能化水平：强化行政执法案件全生命周期数据管理、数据分析，推进行政复议案件审理智能化应用。(3) 深化律师行业科技应用：打造一批示范性律师事务所建设数字化管理平台，鼓励律师运用信息技术工具，借助智能化应用高效开展法律服务活动，推动跨境法律大数据检索技术研发和应用。(4) 提升仲裁、调解工作智能化水平：引入人工智能等技术，实现类案推送、法律文书辅助生成等智能化应用，完善多元化解矛盾纠纷服务“一站式”平台功能，开展矛盾纠纷大数据分析。(5) 加快公证、司法鉴定行业数字化转型：强化公证、司法鉴定行业区块链技术应用加强数据汇集分析，对公证、司法鉴定行业业务风险、执业合规性等进行预警提示。(6) 加强智能化公共法律服务供给：构建公共法律服务数据分析模型，提升服务资源配置效率，运用人工智能技术分析法律咨询服务需求，通过大数据分析强化精准普法。

同样地，广州作为中国重要的经济中心和科技创新城市，可以借鉴上海的法律科技发展应用经验，提升数字金融司法领域的技术能力和创新水平，同时，广州发挥自身的特点和优势，可以重点从以下几个方面鼓励法律科技的开发与应用。

首先，广州市通过加强与高校、科研院所和企业的合作，积极促进数字金融司法领域的科学研究和技术创新。在数字金融领域，广州的科研机构和企业致力于开发智能合约、区块链技术、人工智能和大数据分析等技术，以提高司法机构对数字金融案件的调查、审判和执行效率。

其次，鼓励广州的司法机构和金融机构积极引入法律科技工具，提升工作效率和服务质量。例如，广州的法院系统正在采用电子诉讼系统和在线审判平台，实现电子化的诉讼流程和在线审判服务。与此同时，广州的金融机构也在数字身份认证、风险评估和反欺诈技术等方面应用法律科技，加强数字金融风险防控和客户保护。

最后，广州市通过搭建数字金融司法法律科技创新生态系统，鼓励创业企业和初创公司在数字金融司法领域进行研发和创新。政府提供政策支持、创业孵化和技术咨询等服务，为创新者提供良好的发展环境和资源支持。这种生态建设有助于培育数字金融司法法律科技的创新企业和项目，推动数字金融司法领域的发展和应用。

综上所述，广州市通过加强合作、引入法律科技工具和搭建创新生态系统等措施，致力于推动数字金融司法领域的科研创新和技术应用。这些举措有望提高司法机构的效率和服务质量，促进数字金融领域的发展。

## 第四节　数字金融司法人才队伍的建设

在数字金融司法实践中，需要大量既懂金融又懂科技还懂法律的复合型人才，但目前面临数字金融司法人才短缺的困境，急需就解决“三懂”专业人才短缺问题进一步研究对策。要加强数字金融司法人才队伍建设，主要有以下四个方面的抓手。

首先，需要加强相关领域的教育和职业培训，培养更多具备法律、金融和技术知识的专业人才。高校、培训机构、司法机关、金融机构、法律科技企业可以开设数字金融相关专业培训课程，提供综合性的教育培训和职业培训，为数字金融司法储备和输送更多专业人才。

其次，需要加强跨领域合作，建立数字金融司法领域的人才培养机制。为了更好地满足数字金融司法领域的人才需求，司法机构、金融机构、科研机构和高校等可以共同合作，开展人才培养项目和研究合作，建立数字金融司法人才素质认证标准，通过认证标准的人才可进入数字金融司法人才库，库内人才可以优先获得发展机会。

再次，需要加强人才流动和交流，可以通过引进海外人才和经验。数字金融领域的发展是全球性的，不同国家和地区都在积极推动相关创新和实践。司法机构可以积极引进具有数字金融领域专业知识和经验的海外人才，借鉴其成功经验并加以本土化。同时，可以加强与国际组织和机构的合作，共享最佳实践和技术资源。

最后，需要加强人才激励机制建设。一定的激励机制更有助于激发人才在数字金融司法领域的生产力与创造力。通过建立完善的薪酬体系、职业发展通道和晋升机制，激励人才在数字金融司法领域从事长期的工作和研究。同时，要提供良好的工作环境和发展平台，吸引更多专业人才加入，吸引人才留在该领域。

# 第四章　广州法律科技的发展对数字金融司法的赋能

## 第一节　广州法律科技发展的现状

近年来，作为中国科技企业的重要集聚地之一的广州，有越来越多的创业公司和科技企业涌现，致力于开发和应用人工智能、大数据、区块链等技术来改善法律服务和解决方案。政府为了积极推动法律科技产业发展，设立了各类科技创新园，园区为法律科技企业提供了创新孵化、技术支持、政策扶持等方面的支持。

在广州，高校和研究机构也致力于法律科技领域的研究和教育，培养法律科技人才，推动学术交流和创新成果的转化；司法、行政机关也应用法律科技对外搭建了“粤省事”“广州微警”“广州微法院”“广州法院 AOL”“电子诉讼服务中心”等 PC 端或手机端的便民线上服务平台，对内建设系统提高行政和司法效率；律师事务所和法律机构也开始采用人工智能技术辅助法律研究、文书撰写和法律咨询等工作。通过自然语言处理和机器学习等技术，这些系统能够快速分析大量的法律文本和案例，并提供相关法律意见和建议。

## 第二节　法律科技对数字金融司法赋能的成功经验

广州的法律科技对数字金融司法赋能方面取得了一些成功经验。通过司法科技创新平台的建设、数据驱动的司法决策等方面的努力，智能合约审查平台、金融数据分析中心、区块链技术和金融数据治理平台等创新应用，提高了广州数字金融司法的效率、公正性和安全性，为广州的数字金融领域的司法工作提供了强有力的支持和保障。

### 一、智能合约审查平台

应用法律科技建立的智能合约审查平台，能利用自然语言处理和机器学习等技术，对金融合约进行自动化审查。该平台可以快速分析合约条款、识别潜在风险，并提供法律意见和建议，这些解决方案涵盖了智能合约审查、争议解决机制、金融数据分析等方面。智能合约审查的应用加速了数字金融交易的合规审查流程，减少了人工成本和时间消耗，为数字金融领域的司法工作提供了高效、准确的支持。

### 二、金融数据分析中心

金融数据分析中心利用大数据技术和人工智能算法，对金融交易数据进行深入挖掘和分析。[①] 在数字金融司法中，能够利用数据分析技术，对金融交易数据、市场行情数据等进行深入挖掘和分析，帮助法官更好地理解案件背景、判断争议事实，并依此作出公正、合理的裁决。该中心能够提供全面的数据支持，帮助法官了解案件中涉及的金融活动、识别交易模式和风险特征，从而更加准确地作出裁决。这种数据驱动的司法决策提高了司法效率和公正性，还增强了司法的可预测性。

### 三、金融数据治理平台

金融数据治理平台，对金融数据的采集、存储和使用进行规范和管理。该平台包括数据分类标准、权限管理、数据加密等功能，保障金融数据的安全性和合规性。同时也通过制定相关的数据管理政策和隐私保护法规，规范了金融数据的采集、存储和使用，加强了隐私保护措施，确保个人隐私信息的保密和合法使用，防止数据泄露和滥用，为数字金融司法提供了可靠的数据基础和法律保障。

## 第三节　法律科技在数字金融司法实践中带来的问题

法律科技发展日新月异，技术发展为数字金融司法赋能的同时，也无法避免地在发展过程中带来了一些问题和矛盾。

其一，数字金融的发展可能会加剧社会不平等和风险。法律科技的应用可能导致数字鸿沟的加剧，即技术资源和能力不平等地分布，无法适应数字化的可能会被边缘化。法律科技的应用可能需要较高的技术能力和资源投入，这可能会使那些缺乏技术能力和资源的人和机构无法参与数字金融。如果只有少数人或机构能够访问和利用法律科技工具，可能会加剧司法不平等和访问障碍的问题。需要采取措施确保法律科技的普惠性和可及性，以避免进一步加剧不平等现象。

---

① 王祥兵，林巍，喻彪．大数据技术与金融业融合发展研究［J］．贵州工程应用技术学院学报，2019，5(37)．

其二，数字金融的发展可能会受到人机协作和专业判断的限制。尽管法律科技可以提供高效的数据分析和决策支持，但在数字金融司法中，仍然需要法官和律师等专业人士的专业判断和人类智慧。技术工具不能完全替代人类的决策能力和专业知识，而应该作为辅助工具来提供参考和支持。

这些问题需要在数字金融司法实践中得到重视和解决。在推动法律科技应用的同时，需要建立有效的监管机制，促进技术与人类专业判断的有机结合，以确保数字金融司法的公正、可靠和可持续发展。

# 地方金融控股集团数字化演进与展望

广州越秀金融科技有限公司课题组①

## 一、新的逻辑

当前，在我国“加快构建新发展格局，着力推动高质量发展”的背景下，金融行业发展的“新的逻辑”，是以解决我国高质量发展关键问题为导向，着重扶持实体经济，尤其是科技、普惠、共享、绿色等重点产业。而地方金控自带服务实体经济的“基因”，在推动产融结合和产业高质量发展等方面发挥了越来越重要的作用。同时，地方金控以数字科技为基础支撑，让金融服务更具创新力与想象力。

### （一）政治经济政策

当今世界正面临百年未有之大变局，以中国为代表的新兴经济体的快速发展与崛起，带动全球经济增长引擎逐渐从传统的欧美发达国家转向亚太等新兴市场国家。从全球经济主导力量的历史经验来看，利用市场与企业的力量，努力促进科技发展，并实现产业的调整与升级，是最终驱动各国之间综合实力对比调整的关键要素。

党的二十大报告作出“加快构建新发展格局，着力推动高质量发展”的重大部署，报告给出了五个关键着力点：构建高水平社会主义市场经济体制；建设现代化产业体系；全面推进乡村振兴；促进区域协调发展；推进高水平对外开放。报告强调，建设现代化产业体系，要坚持把发展经济的着力点放在实体经济上。

### （二）地方金控行业演进

促进实体经济发展急需发挥金融资源配置功能。金融发展应深化供给侧结构性改革，为我国经济高质量发展提供有力支撑。地方金控作为由地方政府主导、通过整合当地金融资源而成立的金融投资控股平台，将服务实体经济、落实产融结合作

---

① 课题组组长：鄢勇，高级工程师，广州越秀金融科技有限公司科技管理部副总经理，研究方向：金融科技演进、金融企业数字化、科技风险管理等。课题组成员：彭婷，工程师，广州越秀金融科技有限公司科技管理部高级助理总监，研究方向：金融科技演进、金融企业数字化、科技风险管理、项目管理等。

为其重要使命。

自2005年开始兴起，至2024年初全国共有地方金控77家，平均资产规模为1 745亿元，2019—2024年五年的平均ROE为4.23%，营业收入复合增速为8.54%，利润总额复合增速为12.72%，发展持续向好。

地方金控业务涉及银行、证券、保险、期货、融资租赁、不良资产管理、产业投资、担保小贷等多业务领域。截至2022年末，银行业总资产规模超过320万亿元，证券业总资产规模11.06万亿元，保险业总资产规模27.15万亿元，公募基金管理规模26.03万亿元。因此，地方金控具有体量大、业态广、资产繁杂、信用中枢较高的显著特征，可为本地区的居民和企业提供各类金融产品和服务，并通过地方金控运作参与各类企业和项目的投资。地方金控能够发挥多元金融的优势，是促进地区产业结构调整，服务区域经济发展的重要金融力量。

### （三）地方金控业务产品发展方向

从具体业务来看，地方金控平台业务主要集中在金融业务、类金融业务、创投及基金业务、实业四类，含有产业布局是大多数地方金控平台的业务模式，“金融+产业”的方式能够更好地支持当地产业发展。地方金控平台通过整合区域内金融机构，化零为整，能有效提高地方金融机构的综合竞争力，股权作为纽带的综合管理也控制了金融风险。而除了能够发挥出规模经济、范围经济、协同效应外，地方金控平台也有其鲜明的特点和区域优势。具体为产融协同、融融协同、推动地区国有资产证券化，平滑缓释政府隐性债务风险。

### （四）地方金控数字化热点趋势

数字科技作为地方金控解决问题的基础支撑，数字化转型正日益成为地方金控发展的一堂“必修课”“必答题”，也日益成为重塑竞争力的一个重要抓手。地方金控数字化转型热点趋势有以下几点：

1. 积极推动数字化在全价值链的应用。其中，销售和投研领域是地方金控数字化战略落地的重点，同时也布局在投资管理、中后台管理及运营领域，实现更出色的客户体验，更高的运营效率和更优异的业务增长与利润水平。

2. 核心技术支撑数字化的未来。大模型的出现标志着第四次工业革命的开始以及通用人工智能时代的到来，目前大模型在地方金控投资管理方面应用已形成新的突破。一是通过人机交互新突破提升用户体验。二是智能投顾助力资产管理。三是AIGC强化业务风险管控，预先测算出客户可接受的最大风险敞口。

3. 深入融合业务发展，做好全量、全要素的实时连接和反馈。以客户为中心，深入挖掘客户需求，深度抽象业务服务。通过情景化产品设计，不断提升需求响应质量和客户满意程度，构建交互友好的个性化场景式金融服务体系。打造线上金融服务新生态，继续加强“开放”“全景”式的产品研发，完善对外开放平台建设，拓宽获客渠道。

4. 深刻认识数据资产，辅助企业决策质量提升，优化经营成本。结合大数据、人工智能等新兴技术，对数据进行多维加工、深度分析和高效使用，提升组织决策效率，降低业务服务成本，帮助地方金控不断提高管理精细化水平。

## 二、数字化转型的战略规划

地方金控数字化发展战略应匹配国家战略、行业趋势以及集团整体业务规划，通过落实数字化转型打造价值创造型总部，并推进经营单元高质量发展，提升核心竞争力。

业务战略引领：以服务经济新旧动能转换，构建经营驱动、战略协同、区域领先的金融控股集团为业务发展战略。坚持金融服务实体经济，产业经营与资本运作双轮驱动，持续优化结构、适度增长、寻求突破，努力打造产融结合的地方金控典范。

数字化战略规划：基于集团业务战略目标，坚持自主创新 + 资源整合的战略基点，加快战略性、前沿性技术的应用，构建符合业务发展和管理要求的领先科技体系，全面推进金控集团的数字化转型。

### （一）数字化战略要达成的目标

1. 数据价值的提升。通过数据治理，实现数据要素向数据资产的转化。提高数据使用效率的同时，对数据资产深度挖掘，为企业经营决策、业务拓展、集团运营管控提供重要的支持。

2. 风险控制能力的提高。构建精确的风险模型，对各类可能出现的风险进行提前预警，帮助地方金控及时发现潜在的风险，并提供有效的风险应对策略。

3. 对业务的赋能。利用数字技术转化实物资产为数据资产，在产品服务、客户体验、业务洞察、开放创新等领域全面提升数字化支撑能力，批发、零售共进，建立智能运营体系，形成开放生态圈。逐步实现“科技驱动型”资产管理，打造以智能投研为核心的智能化产业投资平台，丰富数字化的产品和服务，聚焦核心能力建设，助力地方金控成为具有核心竞争力和全国影响力的综合资产管理公司。

4. 对流程的优化。传统的信息化是遵循业务流程，而数字化转型能够在很大程度上塑造流程，优化流程。以业务逻辑为主线，横向打通各类制度与流程，纵向落地以“数据为驱动”的精细化管理理念，形成“横向打通、纵向贯通、协调有力”的一体化格局。

### （二）数字化战略中长期规划

第一阶段，需筑牢科技底盘。形成集团管控的 IT 能力，下属企业业务处理的 IT 能力，协同与整合的 IT 能力，分级授权的 IT 治理体系，安全稳定、集中化的数据中心及运维体系。通过信息化系统的建成推动从依赖个人能力将向机制、制度、流程硬性控制的系统转变。

第二阶段，以中台战略为支撑，数据赋能为抓手，实现地方金控管控数字化和业务数字化。包括实现“业财风人”一体化的数字化管控模式，建成各业务板块专业化、数字化的业务服务平台，并搭建业务中台、数据中台、技术中台等数字化中台体系，打造领先的数字化地方金控平台。

第三阶段，地方金控未来可探索和关注的方向包括：规模化的大数据应用，管控和业务的自动化、智能化，通过持续的科技创新不断探索新的商业模式，构建互联网开放平台，打造综合金融服务生态圈。

## 三、拖拉机上高速，可能会跑散架

科技基础能力是地方金控实现深化服务实体经济与绿色低碳、科技、普惠行业的关键支撑。如果在地方金控初期不能打造坚实可靠的科技底盘，累积数据资源，进而深化数字化转型，势必为地方金控后续的发展埋下隐患。当业务高速增长时，科技能力将成为发展短板，就如同拖拉机上高速，可能会跑散架。

基于地方金控的数字化实践经验，科技底盘至少要包括以下关键内容：核心业务全面线上化；建成金融级数据中心等基础设施；形成一套业务—财务—风控一体化（以下简称业财风一体化）；打造一套业界领先的风险管理系统；培养一支能打硬仗的科技队伍。

### （一）自主可控实现核心业务的全面线上化

实现地方金控主营业务全面线上化是数字化转型的第一步。对于不良资产公司，核心系统需全面支撑业务管理从资产包到户到底层资产的精细化管理要求。融资租赁业务，实现对公核心租赁业务全面线上化，进一步可探索零售租赁产品，并逐步推动零售租赁生态系统的建设。产业基金从基金的视角和维度出发，建设一体化管理体系，实现募投管退全流程管控，并实现经营决策可视化、信息披露动态化、基金维度统一化。

### （二）数字化新基建

建设金融级数据中心，按照国际 ITIL 运维标准，建立整套流程和制度，为地方金控信息化系统运行提供稳定服务保障。建设符合 ISO 27001 国际标准的信息安全管理体系，实现跨不同投资牌照在集团层面统一的安全管控。同时，形成研发运维一体化体系，围绕流程优化、应用监控和科技风险管理进行迭代优化，强化以数据驱动的精益管理能力，建成数字化科技服务运营体系。

### （三）业财风一体化

统一规划地方金控集团总部数字化建设，形成数据、业务和系统相统一的业财风一体化管控体系。提升财务标准化与规范化能力，构建全方位财务数智化服务体系，并发挥财务预测、分析等职能，强化财务风控能力，不断进行财务变革、配合集团产业结构调整，推动业财风一体化管理转型升级。

### （四）全面风险管理系统

对于地方金控，信用风险、市场风险、操作风险、法律风险无处不在。因此，针对战略规划、产品研发、投融资、市场运营、财务结算、内部审计等各个环节，建立和完善风险管理的基本流程，构建包括风险管理策略、风险理财措施、风险管理的组织职能体系，以及风险管理信息系统和内部控制系统在内的全面风险管理体系。另外，以内部管理数据为基础，结合外部接入数据，建设风险预警系统，利用数据分析和智能模型，识别潜在的风险客户，降低资产风险，提高资产质量。

### （五）健全科技治理体系

地方金控科技治理体系主要包括研发体系、IT 架构体系、IT 风险管理体系等。在构建研发体系方面，通过建立技术中台打造新一代软件流水线和数字化工具箱，敏捷响应业务需求，激发业务创新。IT 架构体系方面，基于云原生、大数据等技术，引入先进算法和算力，建设顶层技术架构，满足业务快速扩张需求，支持企业现代化运营。另外，地方金控需形成和强化 IT 风险管理的三道防线，落实 IT 检查监督，明确 IT 检查内容、范围、计划和实施等要素。

### （六）科技人才和科技文化

人才是数字化转型成功的根基，以科技人才赋能业务、引领业务为目标，明确科技人才的价值主张和人才机制，构建全方位、系统化、多层次的人才培育体系，打造具备业务、数据、技术能力的复合背景团队。同时，加强体制机制改革，为科技人才创造更多担纲领衔的机会，让他们在关键岗位上、重大任务中磨砺成长。

科技文化方面，重点要提升科技人才“学习力”，聚焦金融科技产品与服务，以问题为导向的共同学习，不断引入先进技术，并能够形成组织级的知识沉淀，让科技队伍形成地方金控发展的生力军。

## 四、数据驱动

地方金控采集数据并将数据作为生产资料，实现业务数据化和数据业务化，持续支撑战略布局、市场预判、产品结构调整和客户差异化服务。实现跨板块、跨业态的协同营销，完成客户与产品的深度联动。

## （一）数据治理

数据治理必然带来新标准的确立和旧系统的改造，是一个有破有立、无破不立的过程。这一过程涉及大量的跨部门、跨条线、跨系统的沟通协调，同时也涉及不小的投资。以下是地方金控在数据治理过程中值得注意的关键点。

1. 数据治理与地方金控发展战略相吻合。在发展战略框架下，建立数据治理的战略文化，包括企业重视程度、所能提供的资源、重大问题的协调能力，以及对数据治理文化的宣传推广、培训教育等一系列措施。

2. 管理层的支持是促成数据治理成功的最大因素。首先，需要评估高层负责人如何理解自身在领导数据治理变革中的角色定位，以及变革对自身影响的容忍程度。其次，应清晰地说明，需要从高层负责人获得哪些具体支持，以及希望他们向组织传达哪些信息。

3. 利益相关者的深度参与。在数据治理变革过程中，将每个个体或群体根据其在组织内的影响程度、对数据治理实施项目的兴趣程度进行投射。对于受影响的个人和群体有一个清晰的了解和认识，有助于确定让他们积极参与数据治理变革。

4. 数据治理路径："管""存""算""规""治"。通过数据之"管"，来确保数据来源的可靠性、数据内容的准确性、数据的安全性及数据粒度的精细性。"存"是指通过技术手段将数据存储起来，数据的有效性、及时性、相关性、一致性、安全性、准确性最终都会体现在"存"之上。数据之"算"，是指对数据的清洗和加工，也包括通过智能手段如借助算法模型对数据的清洗和加工。数据之"规"是指数据规范，包括两个层面：一方面针对数据本身，即数据标准；另一方面是数据管理上的规范和制度。数据之"治"是指包括数据、应用、技术和组织的四位一体均衡的治理体系，它不仅是技术上的治理工作，更是以有效满足组织各层级管理诉求的有效手段。

## （二）围绕数据应用场景，实现数据价值变现

重点围绕地方金控"数字场景"，沉淀数据资产、强化数据驱动，提升数字化分析与预测能力，最大化提升数据对业务的价值。让数据为业务发展和集团管控压实关键着力点，提供有力支撑。

1. 聚焦战略管控和经营分析。依托数字化平台建立穿透式的经营管理体系，结合不同行业特点，实现信息数据的集成化（基础数据整合、机构维度拆解、历史趋势展示）、经营指标的可视化（交叉销售规模、联合融资规模）、决策反馈的便捷化（战略层层分解、关键指标预警），以实现对各子公司业务经营全流程的评估诊断，

确保战略高效执行。

2. 为业务赋能。因金控集团具有多牌照的特性，不同子公司对投资研究均有不同程度需求。借助数字化手段，通过在金控层面搭建统一的投研平台，统一投研需求、减少重复投资，既能帮助信托、租赁、期货等聚焦少数行业研究的公司扩充数据来源，降低投研成本，同时还能集中投研资源，助力银行、证券等研究覆盖范围广、研究深度要求高的行业，通过数字化工具的建设提升投研效率，赋能业务专业化发展。此外，建设估值测算模型，结合战略目标、事业计划、外部环境、内部政策等因素，准实时（T+1）测算持股盈亏情况，合理安排投资，提升数据模型对投资业务的支撑价值。

3. 引入合作伙伴、拓展外部场景。金控集团依托资源集约的优势，在合规前提下，通过打造开放的数字化业务平台，一方面能够聚合内部各子公司的优质资源；另一方面也能够吸引外部第三方的合作伙伴，以丰富的资讯信息、优质的投教内容、专业的金融服务、多样的展现形式，构建起高频的线上服务场景，推动平台与客户的互动，在已有的服务渠道之外，拓展出新的业务增长空间。

## 五、数字化运营

数字化运营是地方金控实现精细化运营，以运营促业务增长的重要方面。同时，将传统的粗放型、依赖人工的运营模型，转型升级为以用户为核心、以线上运营为主、以数据和AI决策替代人工决策为特点的精细化运营体系。

### （一）中后台运营数字化

数字营销：客户资源整合平台激活私域流量池资源，开展统一会员体系和标签体系建设，完善各渠道营销能力，建立客户深度链接，形成对客户的深度洞察，构建各业态的数字化客户管理和经营体系，实现跨业态的协同营销。

数字风控：搭建全面风险管理系统，依据风险政策对业务开展进行刚性管控，并及时识别、计量和处置风险。通过预警提示，加强市场风险感知能力，满足日常业务风控和监管要求。

数字决策：经营决策分析平台解决传统经营管理耗时长、成本高、误差大、信息分散和管控难深入五大痛点，打通数据孤岛以缩短信息传递时间，通过指标层层穿透、追根溯源，透视利润产生背后的资产信息，统一指标口径，实现真正的战略预警。

### （二）业务运营数字化

围绕不良资产、融资租赁、产业投资、期货等主营业务，以市场、客户为导向打造数字化产品与服务，实现业务运营数字化的进一步深化。

具体而言，不良资产公司借助大数据环境下的多维数据，精确刻画抵押资产或债务人特征，提高不良资产估值定价与风险评估的准确性与合理性。对不良资产管理系统进行流程再造，实现“移交—尽调—估值—分类—预案—审批—处置—回收”智能控制，辅以人工调试，促进非标产品的标准化，节约成本，提升不良资产处置效率。

融资租赁公司培育技术先进、业务高效、渠道融合、风控精准的数字化能力，强化智能感知、穿透分析和联动处置，全面增强租赁行业服务小微普惠客户的综合实力。在数字化智能风控方面，租赁公司可进一步通过业务数据、人行征信、第三方等数据形成多维大数据模型，搭建专家规则模型和人工智能模型，实现合规准入、反欺诈、信用评分、额度授信、资产预警等在线风险场景的把控落地。

产业投资基金公司打造以智能投研为核心、数据为驱动的智能化产业投资平台，丰富数字化的产品和服务，建成具有核心竞争力的综合资产管理平台。

期货公司推动经纪业务、资管业务、风险管理业务发展，加大对交易型客户及互联网渠道的支持力度。如经纪业务开拓培育互联网渠道、建设在线App服务平台，提升客户体验。风险管理业务打造现货与衍生品协同的综合业务平台，强化融资及服务能力。投资咨询业务通过外部投顾数据合作、内部数据平台建设，提高对境内外资产配置的研究能力。

## 六、第二曲线

如《经济发展理论》中所言“无论把多少辆马车相加，也绝不能造出一辆火车”。科技创新只有通过不断地创新尝试，才有机会开拓新的商业模式和业务增长点，为地方金控注入新活力、新动力，开辟发展的第二曲线。

### （一）科技创新机制

创新底座：地方金控科技创新以能力提升和业务赋能为路径导向，从价值与能力双维度，业务增长与科技增长并驾齐驱，通过完善的调研、探索、推广机制，建立创新机制促进创新生态。以数据中台作为底层支撑，将智能客服、AI中台、RPA平台、智能外呼、大模型基座等原子化的共性服务能力作为公共中台，提供通用组件服务，实现创新资源最大限度复用，形成地方金控的创新底座。

探索机制：结合前沿观察、竞品分析、场景提报、共创研讨，自上而下推行营造创新文化氛围、配套专项团队及预算，并建立与创新探索相匹配的汇报、评估、评价体系。

推广机制：对于创新场景落地成果，通过场景复用、规模推广等方式宣传成效，积极关注对外提供服务的能力，形成典范案例。沉淀试点项目工作流程，注重成熟技术的宣贯推广、规模落地。

### （二）以科技创新为抓手实现数字化、产品化、智能化

地方金控利用大数据和大模型等新技术深度解析市场动态和客户需求，从而创新性地打造一系列高度个性化和智能化的金融产品。

深化新客户和新渠道的开发与拓展。通过数据分析和智能算法，更精准地识别和定位潜在客户群体，从而实现更为高效和精准的客户服务与营销。利用 API 技术和云平台构建一个开放和灵活的业务生态系统，以实现多渠道和多方位的业务拓展与合作。

推进业务流程的智能化改造和升级。将 RPA、OCR、AI、大模型在场景中有机融合，实现业务流程的高度自动化和智能化，从而大大提高业务效率和客户满意度。

通过人机交互新突破提升用户体验。融入智能客服体系，提升交互效率，利用场景服务体系中的产品了解客户多样化的诉求，以语音交互、产品交互或者文字交互等方式获取信息并通过智能引擎精准识别并匹配细分产品。

智能投顾助力财富管理。智能投顾通过数据收集整理以及投资风险评估，整合判断风险偏好和投资需求目的。并在获取用户数据之后，为用户构建一个多元化的投资组合。通过定期监测市场变化、投资组合再平衡等方式，提供目标优化等方面的辅助投资决策。

AIGC 强化业务风险管控，提供“定制化”智能模型方案。打造大数据平台实现风险流程的低成本管理。在客户营销环节，从“依据经验”到“依据数据”，实现对客户的精准营销，预先测算出客户可接受的最大风险敞口，提高风险控制的效率，建立风险预警信息系统，实现实时的风险防控与客户监测，用于风险的提前预警与化解。

## 七、面向未来的数字化转型趋势展望

### （一）绿色转型

科技助力地方金控拓展绿色、低碳、普惠业务。随着我国产业结构升级调整，地方金控更加契合国家战略，投资绿色、普惠等重点产业成为驱动地方金控发展的新机遇。以绿色低碳产业为例，我国在实现碳中和转型过程中，绿色投资需求预计将达 130 万亿元，占 GDP 总量的 2% 左右，每年绿色投资的需求预计将超过 3 万亿元。地方金控结合绿色产业市场机遇与融资需求，不断拓展绿色产品体系，完善绿色金融的业务模式。例如，融资租赁以光风电站为主的清洁能源和新能源汽车为目

前绿色投放的主要领域，已有租赁公司通过“电池银行”模式、“城市充电合伙人”模式切入充电和换电领域，打造“物流地产+分布式光伏”生态体系。科技可重点通过优化绿色租赁业务系统租前获客、租中审批、租后管理全流程，并对接融资租赁多家外部合作厂商系统，高效支持业务拓展。在清洁能源方面，股权投资机构围绕关键上游原材料、核心零部件、清洁能源商业化应用场景开展股权投资布局；新能源汽车方面，围绕电动化、智能化、网联化趋势开展产业链投资布局。结合产业投资业务场景，重点打造以智能投研为核心，数据为驱动的智能化产业投资平台。另外，地方不良资产公司采用“破产重整+资产重组”的方案组合，帮助上市公司纾困，实现经营性高质量发展。不良资产管理系统提升业务估值能力与资产监控管理，有效提升不良资产处置效率和业务扩张能力。期货公司关注与绿色相关衍生品业务机会，包括新品种上市的经纪和做市服务以及交易与产品创设机会。开拓培育互联网渠道、建设在线App服务平台、打造现货与衍生品协同的综合业务平台等寻求业务深入发展。

数字化的ESG系统平台助力实现地方金控的ESG战略。地方金控建设ESG系统，建立对内ESG评价体系，评估大宗商品/投资产品ESG价值，并将ESG评级结果纳入风险管控体系。并且可尝试发布行业ESG指数，智能生成ESG报告，持续跟踪地方金控及布局产业的绿色发展趋势。

### （二）生态圈构建

开放的地方金控能加强业务层面的协作，开辟股权关联之外的“第二个协同战场”，并以内部合作的示范效应带动外部生态加入，实现多方共赢。

形成产业金融综合运营服务。通过数据整合+可视化分析，实现对核心客户上下游投资情况的跟踪，随时查看“股+债”的运行情况，投资回报情况等。发现产业链、客户、优势领域现状及存在的问题，以及在区域的竞争态势。衡量自身与同业在业绩、资信、地域的优劣势和业绩目标达成情况，重点客户的价值潜力、合作关系、投入力度等，拓展同业分析、区域市场分析等场景应用。

构建开放的地方金控平台，实现线上化、智能化的地方金控数字生态协同模式。包括灵活、高弹性、可扩展的技术架构，软件、接口、数据的统一管理和开放共享，以及一体化的运营体系。进而打通外部融投合作有机生态链，形成行业领先的数字化运营管理平台、业务协作平台、资源分享平台，实现业内上上下下数千家企业的商业信息和机会共享。

### （三）持续深化产融合作

加深与产业客户的协同。深入客户产业链条构建综合管理平台，展示客户全景图，如合作内容、投放成本、收益测算、潜在风险、上下游机会，探索股权投资配置、融资租赁及资产运营一体化。

建立信息获取渠道形成数据资产。在与产业客户开展的金融合作中，通过与产业端系统对接、物联网跟踪监控等手段获取、积累运营数据，逐步建立产业数据信用机制，为资金投放提供参考依据。

构建供应链金融体系服务集团产业。构建供应链金融服务体系，基于“四流”（物流、资金流、信息流、商流）通过数据化、线上化手段，探索为地方金控业务上下游企业提供信用类融资支撑。

## 八、从量变到质变，赋能高质量发展

数据互通共享、数字化产品服务、智能化交互营销、数字生态创新是地方金控数字化转型路径四部曲。从最基础的数据沉淀、数据价值挖掘着手，逐步实现数据价值变现，形成数据驱动的战略布局、市场预判、资本分配、产品结构调整、客户差异化服务，形成对客户的深度洞察，构建各业态的数字化客户管理和经营体系，实现跨集团、跨业态的协同营销，完成客户与产品的深度联动。

古语云“合抱之木，生于毫末；九层之台，起于垒土；千里之行，始于足下”。正像参天的大树总是始于一种一根，巨大的建筑总是始于一石一木，地方金控的数字化转型，并不是一蹴而就，而是一个由少到多、从量变再到质变的过程。只有地方金控数字化转型经历从科技底盘建设，到逐步实现数字化、智能化的“量变”累积，才能够在常规经营层面助力企业降本、增效、提质，更能在业务拓展、绿色转型、敏捷创新、协同开放等层面发挥决定性的作用，成为经营能力“质变”的重要抓手，从而实现多元化、创新性、智能化的金融服务，驱动实体经济的发展、新兴产业的崛起。

# 论我国个人金融数据法律监管体系的完善

钟　瑜　李小龙　汪靖欢

北京市康达（广州）律师事务所[①]

**摘　要**：在数据推动经济发展的当下，高效安全的数据治理是数字经济良好发展的前提，然而我国现行的个人金融数据法律监管体系却存在权利属性不明、行政监管不足、行业与自我监管缺位、救济途径有限等法律问题。作为法律监管体系的核心概念，个人金融数据区别于现有权利类型，兼具私权与公权属性，兼具财产权益与人格权益。我国现行个人金融数据法律监管体系，因秉持传统监管模式与监管理念，以行政监管为主，忽视行业组织自律与企业自我监管，相关救济途径也无法全面保障数据主体权益。借鉴美国与欧盟的域外监管模式的有效经验，从多元主体协同治理的法律监管角度，我国个人金融数据法律监管体系的完善应当着重于建立权属清晰与监管主体职责明确的个人金融数据法律制度，侧重于构建包容审慎的行政监管，提升行业组织自律监管的独立性与企业自我监管的积极性，健全数据权益侵害救济机制。

**关键词**：个人金融数据；行政监管；行业自律监管；企业自我监管；救济机制

当前我国数字金融高速发展，数据成为推动经济发展的重要因素之一。习近平总书记指出，发展数字经济是把握新一轮科技革命和产业变革新机遇的战略选择。数据作为数字经济的关键要素与我国五大市场要素之一，高效安全的数据治理是数字经济良好发展的前提。而在现有金融监管体系的数据治理环节中，个人金融数据作为最为敏感的内容，却存在权利属性不明、立法规定零散无体系、行政监管不足、行业与自我监管缺位、救济途径有限等诸多法律问题。

在个人金融数据法律监管问题的严重性日益凸显之际，如何在当前的法律监管框架中提出合理的解决对策与完善建议，就成为理论研究与实践操作必须面对的法律问题。本文拟从明晰个人金融数据的权利属性起始，分析我国现行有效的个人金融数据法律监管体系困境，然后横向对比与提取美国、欧盟等域外个人金

---

① 钟瑜，硕士，北京市康达（广州）律师事务所高级合伙人，广州市数字金融协会数字金融法律专业委员会执行副主任，主要研究方向：金融与资本市场、涉外法律服务。李小龙，硕士，北京市康达（广州）律师事务所律师，主要研究方向：金融与资本市场、民商事争议解决。汪靖欢，硕士，北京市康达（广州）律师事务所律师助理，主要研究方向：金融与资本市场、民商事争议解决、涉外法律服务。

融数据法律监管模式的有效借鉴经验，以此完善我国现行个人金融数据法律监管体系的不足。

## 一、我国个人金融数据的概念界定

### （一）个人金融数据与个人金融信息辨析

在我国金融领域，随着数据处理技术的迭代升级与大数据挖掘价值的不断上升，金融机构在生产经营过程中所直接收集与使用的，是便于数据处理的个人金融数据，而非隐含其中需要挖掘的个人金融信息。

但是我国现行法律与规范性文件并未直接规定个人金融数据的相关概念与内涵，仅规定了与个人金融信息在语意上较为接近的“个人金融信息”概念，从未明确区分“信息”与“数据”的具体差异，更未明确“个人金融数据”与“个人金融信息”的区别与联系，因此有必要优先厘清个人金融数据与个人金融信息的相关概念。

我国《个人信息保护法》第四条明确规定，个人信息是通过电子或者其他方式记录的，与已经识别或者能够被识别的自然人，具有一定关联的信息。《中华人民共和国数据安全法》第三条第一款规定，数据是通过电子或者其他形式对信息的记录。而参照国家技术监督局发布的国家标准《信息技术　词汇　第 1 部分：基本术语》的定义，信息是关于客体的知识，而数据是对信息的可再解释的形式化表现。

由上述规定可以推导出，个人信息的本质是关于自然人的相关知识，而个人数据是包含个人信息的便于进一步操作的载体。参照此种推导方法，《个人金融信息保护技术规范》第 3. 2 条明确界定了，个人金融信息是金融业机构在提供金融产品与相关服务过程中，获取、加工和保存的个人信息，因此个人金融数据就应当界定为个人金融信息的可再解释、可用于数据处理的形式化表现。

综上所述，个人金融数据是个人金融信息的具体表现形式之一，是便于通过数据处理进行组织、存储、计算、分析和管理的个人金融信息。

### （二）个人金融数据的立法现状

我国的个人信息保护制度参照了欧盟的综合性立法模式，制定了适用于所有行业领域的统一个人信息保护规则，即于 2021 年颁布了《中华人民共和国个人信息保护法》作为基本法律规范，明确规定了个人信息的收集与处理规则、个人信息处理者与个人的权利义务，以及国家网信部门的监管职责。

与此同时，我国又在《中华人民共和国民法典》第一百一十一条与第四编“人格权”第六章“隐私权和个人信息保护”以及《中华人民共和国网络安全法》《中华人民共和国数据安全法》《中华人民共和国反洗钱法》《中华人民共和国消费者权益保护法》等法律规定中，零散规定了个人信息保护的基本原则或者寥寥数条处理规则，未专门就特定领域调整对象的不同而出台专门的法律规定，由此产生了个人信息在具体领域的立法碎片化问题。

结合上文分析，个人金融数据属于个人金融信息的另一种表现形式，因此我国针对个人金融信息的相关规定，可以适用于调整个人金融数据。而针对个人金融信息，个人信息在金融领域延伸的下位概念，我国尚未专门出台法律或行政法规层级的法律规定，仅在中国人民银行颁布的部门规章与规范性文件中有所涉及，比如中国人民银行于2011年发布的《关于银行业金融机构做好个人金融信息保护工作的通知》；个人金融信息处理的具体操作细则更只局限在中国人民银行等金融监管部门组织起草的金融行业标准层级，比如中国人民银行于2020年发布的《个人金融信息保护技术规范》。

综观我国相关法律规范性文件，因个人金融数据的立法碎片化，引发了诸多法律问题：比如个人金融数据的定义、范围、法律属性等均无统一界定；过于分散的规范文件也难以形成较为完整的法律监管体系，尤其是缺少能协调各个监管主体的牵头监管部门；① 个人金融数据法律监管方式的单一与公权力化趋势；个人金融数据权益因制定时间与立法目的的不同，上位法与下位法之间在前述问题上也存在一定冲突。②

## （三）个人金融数据的权利属性认定问题

数据权属及其分配规则不清晰，直接阻碍个人金融数据的积极利用。根据科斯定理所述，市场的均衡效率以及资源配置的帕累托最优，需要明晰的产权制度。③ 而在我国现行规定中尚未明确规定个人信息的权利属性，且我国学术界与实务界也未就个人信息权利属性问题形成统一意见的情形下，个人金融数据的权利属性认定问题更是众说纷纭。

我国学术界目前针对个人信息权利属性问题，主要出现了认定为私权属性的"财产权说"、"人格权说"以及兼具人格权与财产权的"复合权利说"，也出现了兼具公权属性与私权属性的"权利束说"、"框架权说"④ 以及"数据用益权说"。在分析个人信息权利属性的认定依据过程中，"财产权说"主要认为个人信息具有一定程度的经济价值⑤，"人格权说"主要认为其信息内容可体现每一特定自然人的人格特征⑥，"复合权利说"认为个人信息兼具经济价值与人身属性而区别于现有权利类

---

① 郭雳．数字化时代个人金融数据治理的"精巧"进路［J］．上海交通大学学报（哲学社会科学版），2022，59（5）：19.

② 李东方．数字经济时代个人金融信息的经济法分析与对策——从"立法碎片化"到个人金融信息保护法［J］．中国政法大学学报，2023，93（1）：203－204.

③ 申卫星．论数据用益权［J］．中国社会科学，2020，299（11）：111.

④ 任龙龙．个人信息民法保护的理论基础［J］．河北法学，2017，35（4）：185.

⑤ 刘德良．个人信息的财产权保护［J］．法学研究，2007，29（3）：80.

⑥ 王利明．论个人信息权在人格权法中的地位［J］．苏州大学学报（哲学社会科学版），2012，33（6）：68.

型[①]，“权利束说”认为个人信息是一个集合了免受入侵、独处等消极防御权能与目的限定、知情同意、安全保障等主动行使权能的权利束，“框架说”认为个人信息权本质上是兜底作用的框架性权利[②]，“数据用益权说”认为数据原发者拥有数据所有权与数据处理者拥有数据用益权的二元权利结构[③]。

综观上述各种学说，私权属性认定学说侧重于确权却因限制过多而影响数据的利用，而公权属性认定学说侧重于静态的宏观调整而忽视了个人信息内部的特殊性与差异性。[④] 因此，笔者认为，个人金融数据与其上位概念个人信息类似，兼具私权属性与公权属性，兼具经济价值的财产权益与人身利益的人格权益，是一个区别于现有权利类型的复合型权利之客体。如果我们仅分析与研究其中一个侧面，将导致个人金融数据无法在保护与利用的两大目标上达成平衡。

具体而言，个人金融数据具有私权属性，主要体现在其可用于识别特定自然人的人格权益，以及具有一定经济价值的财产权益。个人金融数据记载的个人财产信息、借贷信息及家庭住址、联系方式等信息一般为非公开的私密信息，属《中华人民共和国民法典》第一千零三十二条规定的个人隐私之范畴，个人金融数据因此具有显著的人格权益。而个人金融数据处理者进行数据处理后，可以通过大数据应用技术挖掘此类数据，分析或得知具体自然人乃至特定群体的财产情况、信用情况甚至生活消费习惯等敏感信息，继而作为开展金融交易活动的决策基点，个人金融数据因此具有可交易的有经济价值的财产权益。

另外，个人金融数据的社会公共属性主要来自金融行业及金融机构的公共属性。首先，当海量的个人金融数据汇集到金融机构，金融机构通过分析与挖掘便可精确锚定金融消费者的贷款、投资等金融活动倾向；而金融监管机构在汇集金融行业报送的监管数据后，就可较为精确地了解我国金融行业的具体动态，采用有针对性的监管措施，增强预防与抵御金融业系统风险的能力，稳固我国金融行业乃至国民经济的平稳发展。其次，我国金融行业和金融机构均须承担一定公共职能，比如，我国的个人征信体系的建立，是一个国家汇总个人征信数据的重要金融基础设施。[⑤] 又如，我国金融机构有义务履行客户身份资料和交易记录保存等反洗钱义务。此外，金融消费者使用其对个人金融数据所享有的权益，将因其信息的正外部性而惠及整个金融消费者群体，其他受益的金融消费者无须额外付出相应补偿便可享有相应收益。[⑥]

---

① 张素华．个人信息商业运用的法律保护［J］．苏州大学学报，2005，21（2）：36.

② 郑岩．从私益到公益：金融信息权保护路径研究［J］．辽宁大学学报（哲学社会科学版），2021，49（2）：99.

③ 申卫星．论数据用益权［J］．中国社会科学，2020，299（11）：118.

④ 李东方．数字经济时代个人金融信息的经济法分析与对策——从“立法碎片化”到个人金融信息保护法［J］．中国政法大学学报，2023，93（1）：208.

⑤ 个人信息保护课题组．个人信息保护国际比较研究［M］．北京：中国金融出版社，2021：129.

⑥ 郑岩．从私益到公益：金融信息权保护路径研究［J］．辽宁大学学报（哲学社会科学版），2021，49（2）：100.

## 二、我国个人金融数据法律监管体系之困境

在我国的金融监管领域，中央全面深化改革委员会于2022年审议通过的《关于构建数据基础制度更好发挥数据要素作用的意见》已经指出，构建政府、企业、社会多方协同治理模式，是完善数据基础制度建设的重点工作。

但是在我国的个人金融数据法律监管体系中，目前仍以行政监管为主，金融行业自律监管公权力化，金融机构自我监管能力与资源分配不均，个人金融数据权益救济途径不足，尚未全面构建多方主体协调治理的协同治理模式。

### （一）我国个人金融数据行政监管之困境

在目前的行政监管模式中，尚未形成金融数据治理的协调网络，无论是在横向的各金融监管部门或跨行业部门之间，还是在纵向的中央与地方政府监管机构之间。① 比如，中国人民银行于2020年颁布的《金融控股公司监督管理试行办法》第四条第四款明确规定了建立跨部门联合机制，但是关于联合机制的组织架构、职能分配、议事程序等具体操作细则，却未在该法中进行详细规定。而在中央与地方政府监管机构的协同治理层面，中央金融监管机构无法有效统合各地区的金融数据治理资源，也无法调和中央与地方在金融数据管理上的不同诉求。比如，目前仅上海、广东等少数省份制定了地区金融数据资源整合以及中央、地方数据共享的地方金融监管条例，大多数省份尚未切实落地中央关于金融数据资源整合的相关政策。此外，地方金融机构如融资租赁企业由省级金融监管部门管理，而在金融机构跨地域性发展的情形下，不可避免地会出现金融数据治理标准不一、各省各自为政的困境。②

在海量个人金融数据汇入金融机构后，金融机构可以立即使用大数据分析技术，实时分析与挖掘数据，也可能会实时产生相应的风险，而传统监管模式仍依赖金融机构报送监管数据与合规报告、现场检查、行政约谈等方式，两者存在明显的滞后性。③ 我国监管机构虽然在其内部设置了金融消费者权益保护的专门机构，但是仍在具体操作过程中侧重于金融行业发展的整体利益，尚未注重微观层面的金融消费者个人金融数据的权益保护，尤其是大量金融消费者还处于监管力度较弱的金融长尾市场。

### （二）我国个人金融数据行业与企业监管之困境

囿于传统金融监管对于行政监管的路径依赖，以及我国诸多金融监管机构设置

---

① 郑丁灏．论中国金融数据的协同治理［J］．经济学家，2022，1（12）：79.

② 郑丁灏．论中国金融数据的协同治理［J］．经济学家，2022，1（12）：80.

③ 李伟．监管科技应用路径研究［J］．清华金融评论，2018（3）：21.

的历史渊源，我国金融行业协会的自律监管，在其监管权能上都近乎“贫瘠”[①]，难以实现行业自律的效能。而金融机构因其数据治理能力与数据治理资源的分配不均，在自我监管层面难以共同实现数据资源效用的最大化。

针对我国金融行业协会的自律管理，因金融行业协会的设立、管理与定位等多方因素影响，存在金融自律公权化现象。[②] 基于金融行业的公共属性以及其对国民经济的战略性，我国金融监管秉持行政监管为主的监管理念。虽然我国已经设立诸多金融行业协会，但是其建立与内部规制缺乏独立性，自律规章也往往是行政规章的重述或者补充，金融机构参与度低，且核心目的不在于保障会员机构的相关权益。比如，中国人民银行等十部门于2015年联合颁布的《关于促进互联网金融健康发展的指导意见》第十九条指出需要组建互联网金融协会，而后人民银行牵头各金融监管部门迅速组建了互联网金融协会，并在其协会章程和自律公约中反复提及“中国人民银行的指导下”。我国金融行业协会俨然成为我国金融监管机构变相行使行政权力的代理机构，与其行业自律者以及会员机构利益代表者的自身定位存在严重不符。[③]

我国金融监管目前固守传统金融行业的主要金融机构，尚未充分关注金融基础设施、中小型金融科技公司以及诸多中小型金融机构。金融基础设施作为金融业的核心机构，具有数据高密度特征，能实现数据整合分析与交换管理；但现有监管规范尚未针对其数据处理特征而投入与金融经营机构存在差异化的治理规范资源，也未针对其跨行业数据处理的特性而配置相应的治理组织资源[④]。随着金融信息科技的更新与普及，金融科技公司也开始收集与处理海量的个人金融数据，但因其自身经营规模与技术实力的差异，政府部门往往更关注大型金融科技公司，而忽视数量众多的中小型金融科技公司。与之类似，中小型金融机构区别于大型金融机构享有的巨量数据合规管理资源，在合规管理制度、合规人员、技术手段、合规成本上均受到极大限制；而为面对日益严格的数据合规要求，有的中小型机构甚至还会虚报数据，粉饰内部漏洞，试图逃避监管处罚，例如内蒙古鄂托克农村商业银行等四家地方性银行因伪造数据被当地监管部门处罚。

### （三）我国个人金融数据个人权益救济之困境

当个人金融数据的个人权益遭受侵害，我国现有金融监管模式下的救济途径，根据需要向有管辖权的裁判机构提起民事诉讼或者商事仲裁，而主要分为诉讼途径与非诉途径。在现有救济途径，享有个人金融数据权益的金融消费者等自然人，因

---

① 郑丁灏．论中国金融数据的协同治理［J］．经济学家，2022，1（12）：80.

② 曹兴权．金融行业协会自律的政策定位与制度因应——基于金融中心建设的考量［J］．法学，2016（10）：85.

③ 张继红．大数据时代金融信息的法律保护［M］．北京：法律出版社，2019：344.

④ 郑丁灏．论中国金融数据的协同治理［J］．经济学家，2022，1（12）：80.

其经济上的弱势地位、维权成本的高昂以及侵权事实的认定难题等多种原因，往往很难全面维护其自身合法权益，甚至会因维权之难望而却步。

我国目前设置了两种非诉救济途径，但个人维权容易陷入不平等博弈的困境。个人在发现其个人金融数据权益被侵犯后，可以径直向金融机构、对应的金融监管机构以及金融行业协会进行投诉，要求金融机构停止或者制止侵权行为；个人也可以要求前述机构或者第三方调解组织，居中调解其与金融机构之间侵权纠纷事宜；个人还可以依据事前约定的仲裁协议，向相应仲裁机构提起商事仲裁。然而在具体操作过程中，金融机构身兼运动员与裁判员，难以确保其投诉处理结果的公正性；金融行业协会缺乏公权力背书的强制执行力，所能采取的救济手段也收效甚微；金融监管部门侧重于公共管理而非专注纠纷解决，相对缺乏纠纷解决能力与相应专业人员。

我国诉讼救济途径主要包括向人民法院提起民事诉讼与依据仲裁协议提起商事仲裁，被侵权人将会面临维权成本的高昂以及侵权事实的认定难题。一方面，被侵权人按照我国民事诉讼与商事仲裁的专业化程序要求，投入相对非诉救济途径而言更多的时间、人力与财力，但是其被损害的个人金融数据权益往往价值较小，或者仅是群体性个人金融数据侵权案件中的其中一人，变相增加了争议解决的成本。另一方面，因被侵权人无法掌握其个人金融数据处理机构的数据处理手段、难以举证侵权行为与损害后果之间的因果关系、难以列明侵权行为所造成损害的赔偿金额等因素，缺乏相对专业知识的被侵权人将陷入规范评价困境①。证明能力的匮乏，以及实际赔偿金额的确定，是诉讼救济途径中阻碍个人金融数据权益维护的最大难题。

## 三、个人金融数据监管的域外实践

### （一）美国个人金融数据的监管模式

作为判例法国家和联邦制国家，美国联邦层面虽有针对特定领域个人数据保护的法规，但并未针对个人数据保护做统一立法。② 美国联邦和州层面的各类法律、行政规章、行业准则及大量判例共同组成了美国个人数据的法律监管体系。因此，美国个人数据的监管模式是分散式的、部门式的。③

针对个人金融数据保护，在金融隐私权保护体系下，美国于1978年颁布了《金融隐私权法》，于1999年通过了《金融服务现代化法案》，于2010年通过了《金融

① 方乐．个人金融信息保护的逻辑演进与立法完善［J］．现代经济探讨，2022（3）：130.

② Shawn Marie Boyne. Data Protection in the United States［J］. The American Journal of Comparative Law，2018（66）：315.

③ N. Terry. Existential Challenges for Health Care Data Protection in the United States［J］. Ethics，Medicine and Public Health，2017，3（1）：245.

消费者保护法》等专门性立法。其中，《金融服务现代化法案》对美国金融服务行业进行了改革，允许商业银行和投资银行、证券公司和保险公司进行整合，并着眼于金融领域隐私保护的增强，在其第五章专门设置了金融机构的隐私保护政策，对个人金融数据的收集、分享、保护也作了详细规定。

1. 个人金融数据保护范围。《金融服务现代化法案》根据公开与否划定受保护的个人金融数据的范围。具体来说，金融机构使用的消费者的“非公开个人数据”受到法律保护。“非公开个人数据”是指消费者向金融机构提供的可识别个人身份的金融数据。此类数据既包括由金融机构在与消费者的往来交易或给消费者提供服务的过程中产生的数据，也包括金融机构以其他方式获得的个人数据。而且《金融服务现代化法案》赋予了数据主体“选择退出”（opt - out）权利，金融机构可事先未经数据主体同意就与非关联的第三方开展数据共享等数据利用活动，除非数据主体明确表示退出。

2. 个人金融数据保护的行政监管。美国并未创设监管个人金融数据的专门执法机构，而是授权联邦银行、联邦贸易委员会（FTC）、金融消费者保护局（BCFP）、保险监督官协会（NAIC）、证券交易委员会（SEC）及各州的保险监理机关等机构，在各自职权范围内负责个人金融数据的监管。金融消费者保护局有权对违反《金融服务现代化法案》的个人或实体在联邦地区法院提起诉讼或进行行政裁决。

金融消费者保护局对个人金融数据的保护采取预防式策略。即便金融机构或市场主体侵害消费者个人金融数据的行为尚未实际导致消费者个人的重大损害，金融消费者保护局也倾向于提前介入以维护个人金融数据安全。如在 Dwolla 公司案中，Dwolla 公司收集了用户的敏感个人金融数据，但其采取的数据安全保护措施并未达到其所宣称的超过行业公认标准之水准。虽然 Dwolla 的违法行为并未对其用户的个人数据安全造成实质损害，但金融消费者保护局仍对 Dwolla 处以 10 万美元的行政罚款，责令其停止关于数据安全措施的错误声明并采取措施提升数据安全保护标准。

3. 个人金融数据保护的行业自律监管与企业自我监管。美国因未制定统一的个人数据立法，再加之自由主义理念影响，因此鼓励促进与改进金融行业自律规范，来达成个人金融数据保护的目标。[①] 其中，美国行业自律规范，作为行业组织自行制定、符合金融监管法律的行为准则，是自律监管的核心成果体现[②]，主要包括建设性行业指引与隐私认证标志。较具代表性的建设性行业指引，应属在线隐私联盟（OPA）发布的《在线隐私权政策指引》，其明确规定了联盟成员应当及时告知数据主体所需收集的数据类型、使用目的、是否向第三方披露等，并需要联盟成员承诺个人数据的安全使用。典型的隐私认证标志则如美国首家民间网络认证机构 TRUSTe

---

① 龙卫球．数据新型财产权构建及其体系研究［J］．政法论坛，2017，35（4）：68.

② 王秀秀．大数据背景下个人数据保护立法理论［M］．杭州：浙江大学出版社，2019：196.

所颁布的 TRUSTe 标识①，其要求成员机构发布隐私声明、公布个人数据使用情况，并建立了每季度的随机抽查检验、投诉审查等监督机制，并可行使撤销隐私认证、提起违约诉讼、移送行政监管部门等处置措施。

而在企业的自我监管层面，美国企业针对个人数据使用的合规建设，专门设立首席隐私官制度（Chief Privacy Officer，CPO）。但因美国尚未在法律层面明确规定 CPO 的设立、职责等，因此不同规模企业在其内部制度构建时，也因时因地制宜，但总体上包括以下职责：制定数据保护策略与程序，组织员工数据合规培训，跟进联邦数据立法动态，评估企业现有数据合规问题，调查与处理数据合规事故。

### （二）欧盟个人金融数据的监管模式

欧盟对以个人金融数据为代表的个人数据的保护由来已久，个人信息权甚至被视作公民的基本权利之一。《欧盟基本权利宪章》的起草人之一 Rodotà 就曾将公民的个人信息权同公民的人身权利类比，认为保护个人权利不受侵犯的场域须从实体层面扩展到数字层面。1995 年，欧洲议会及其理事会通过了《数据保护指令》，创立了公民个人数据处理的综合性法律保护框架。2018 年，欧盟《通用数据保护条例》（GDPR）正式施行，统合了《隐私保护指令》《数据保护指令》《欧盟公民权利指令》等立法内容，应对数据经济时代的网络服务与新兴科技发展挑战，在欧盟范围内建立起了对个人数据自上而下的统一监管模式，并具有以下特征。

1. 规制对象的广泛性。《通用数据保护条例》第 4 条第 1 款扩大了个人数据的涵盖范围，任何可供识别特定人或未来可能识别特定人的数据都属于个人数据。因此，以银行对账单、银行账户、股票账户信息等为代表的个人金融数据也属于《通用数据保护条例》规制的对象。另外，《通用数据保护条例》第 4 条第 2 款将“处理”定义为对个人数据或个人数据集自动化或非自动化执行的任何操作，包括收集、存储、披露、分析、处理和擦除数据等活动。因此，数据处理者或拥有者对个人数据所能进行的大多数操作都将被视为“处理”而受到《通用数据保护条例》的规制。

2. 行政监管主体的集中性。《数据保护指令》第 29 条设立了数据保护的专门性工作组，但其职权仅限于对数据保护法规作出不具有强制约束力的建设性解释，并不足以保障《数据保护指令》在欧盟范围内的有效落实。而为解决行政监管的有效性问题，《通用数据保护条例》第 68 条设立了欧洲数据保护委员会（EDPB），由欧盟成员国国内的数据保护机关的代表和欧洲数据保护监督机构（EDPS）组成，主要职权包括为欧盟成员国国家数据保护机构提供咨询和建议、为欧盟委员会提供咨询和建议、发布指引和建议。区别于《数据保护指令》设立的数据保护工作组，当不同欧盟成员国的数据保护机关对《通用数据保护条例》执行存在差异时，欧洲数据

① 张继红．大数据时代金融信息的法律保护［M］．北京：法律出版社，2019：334.

保护委员会有权对欧盟成员国数据保护机关作出有约束力的决定。此外，《通用数据保护条例》第52条也特别强调，各成员国需要在国内设置独立的数据监管机构，不受其他机关影响或指示。

3. 企业自我监管的创新性。《通用数据保护条例》针对数据控制者与数据处理者专门设置两种全新的数据合规制度，即数据保护官（DPO）制度与数据影响评估制度（DPIA）。《通用数据保护条例》第35条第1款明确规定了数据影响评估制度：当数据处理方式可能对自然人的权利造成相当程度影响时，数据控制者或处理者需要在事前进行数据保护的影响评估工作。若评估结果为高风险且无法采取有效措施降低相应风险时，数据控制者就需要与数据保护监管机构进行事前协商，后者可出具书面建议或采取中止措施。《通用数据保护条例》第3章第4节专门规定了必须设立数据保护官的情形以及数据保护官的任务、职能与地位。数据保护官作为沟通政府的数据监管机构、企业、数据主体之间的桥梁，不仅需要掌握GDPR与所在国数据保护的相关知识，还需要具备数据处理相关的专业技术知识，并熟悉所在企业的业务流程与组织架构。

### （三）域外实践对我国的启示

无论是美国采用的政府部门立法与行业自律相结合的监管模式，还是欧盟采用的综合性立法兼顾行为守则的监管模式，都对个人数据采用了赋权立法的方式。GD-PR将个人数据保护权作为基本权利之一，通过赋予数据主体的同意权、删除权、携带权等系列权利，共同构建了较为完整的个人数据权利体系。而美国的制定法更加注重个人金融数据的利用，虽无明确规定个人金融数据的权利属性，但是也通过制定法与行业自律方式明确了个人金融数据处理者的相关义务，且赋予数据主体“选择退出”权利。

针对个人金融数据的行政监管模式，美国是由各自行业的监管部门按照职责范围自行监管，能覆盖各个领域且监管方式多样，但是无法专注于个人金融数据的特定类型监管，各个监管部门之间也无法协调合作。而欧盟设立了统一的三个层次的数据保护专职机构，从EDPB到成员国数据保护机关再到DPO，使得个人金融数据的监管资源高度集中，监管执法的标准、程序、结果等也相对统一，但无法兼顾各个行业数据监管的特殊性，以及因机构独立性而必须支出较高的监管资金成本。

针对个人金融数据的行业自律监管与企业自我监管，美国将其与行政监管并列作为重要的监管方式，高度的行业自律催生了大量可操作性极高的数据处理规则，也便于针对金融行业的实时动态及时更新或制定相应的行为准则。对于行业组织成员单位的数据控制者或处理者，基于共同利益而更容易接受行业规则①，进而降低监

① 郭薇．政府监管与行业自律——论行业协会在市场治理中的功能与实现条件［M］．北京：中国社会科学出版社，2011：161.

管成本。而欧盟制定颁布的GDPR所设立的DPO制度与DPIA制度，有效链接了政府数据监管机构、企业与数据主体，在遵循数据处理政策基础下，及时调整企业内部数据合规制度，降低数据处理技术对数据主体可能造成的影响与风险。

## 四、我国个人金融数据法律监管之完善路径

### （一）完善个人金融数据保护之法律制度

我国以《个人信息保护法》为核心的个人信息保护体系已经初步建立，但是细分到个人金融数据领域，因个人金融数据身兼多种权利属性的特殊性，有必要在立法层面确立相应的个人金融数据权，明确其基本概念、权利属性与适用范围。欧盟设立个人信息权的赋权模式就值得我国参考与借鉴，赋权模式能通过确认数据主体在个人金融数据的数据处理过程中所获得的利益，来进一步证成数据主体的相应权属①。

针对个人金融数据的数据主体，其基于个人信息的人格属性与财产属性而享有原始数据的数据所有权，并可基于所有权许可个人金融数据处理者收集与处理相应的个人金融数据，也有权从个人金融数据处理者处获得相应的对价。此处所涉的对价，在数据经济时代语境下，一般不是直接从他人处获得经济反馈，而是将数据作为功能要素，从他人处获得多样的、特定化或者更优质的智能化服务。② 针对个人金融数据处理者，可参考学者提出的“数据用益权说”③，在个人金融数据的采集、加工、共享等过程中，基于其投入的巨大资金等成本以及个人金融数据所有权人的许可（或者基于法定事由而直接取得相应数据处理权利），取得个人金融数据的用益权。个人金融数据的处理者可基于数据用益权，直接控制、开发、再许可、转让个人金融数据，也可在遭受他人干涉、窃取和破坏数据后，寻求停止侵害、排除妨碍、恢复原状等救济。

在立法层面明确了个人金融数据的权属关系后，我国还应在构建统一的个人金融数据法律监管体系。一方面，在我国现行的监管模式下，需要合理分配立法机关与金融监管部门之间、金融监管部门与被监管机构之间的规则制定边界。立法机关基于法律的稳定性与一定的滞后性，应当优先制定个人金融数据处理的基本原则与基本行为准则；金融监管部门基于各行业的特殊性与动态变化，颁布与金融市场发展态势相适应的监管规则；被监管机构可通过行业自律与自我监管，结合自身企业发展的需要与业务特点，自行拟定符合审慎监管要求的合规操作细则。另一方面，

① 刘友华，任祖梁．消费者权益保护视域下金融APP数据处理的规制研究［J］．消费经济，2022，38（1）：25.
② 申卫星．论数据用益权［J］．中国社会科学，2020，299（11）：123.
③ 申卫星．论数据用益权［J］．中国社会科学，2020，299（11）：128.

我国需转变行政监管为主的监管模式，构建个人金融数据监管的协同监管框架。针对行政监管多部门联合共治局面，应当设立统一的个人金融数据治理牵头部门，首选以数据治理经验较为丰富的中国人民银行，联合国家金融监督管理总局、证监会、网信部门、市监部门、公安部门等监管部门，构建个人金融数据治理协调与联合执法机制①。针对行业自律监管公权力化问题，有必要在立法层面强调行业协会的独立自主性与利益代表者属性，行业协会应当积极吸纳成员单位的具体利益诉求，在一定程度上摆脱行政权力的干涉与影响，创新设立具有行业特色且符合成员利益的自律规则，由此才能充分发挥其在个人金融数据监管中的行业自律作用。此外，在协同治理体系中，我们还可充分发挥第三方认证机构等民间组织的技术优势与资源优势，通过政府授权或认可的合规评价方式，减轻政府的合规评价成本。

### （二）健全包容审慎的行政监管体系

我国个人金融数据的行政监管，应当从传统的机构监管、“控制—命令型”监管与“机会主义监管”，逐步转变为功能监管、“适应性监管”与“试验包容性监管”，构建具有我国特色的包容审慎的行政监管体系。

区别于机构监管中以职责权限为主，功能监管注重“同一行为，相同监管”的规则路径。② 在混业经营模式下，行政监管部门若仅专注于特定行业的割裂式监管，将无法全面评价个人金融数据处理的全流程以及所产生的相应影响。在功能监管中，行政监管部门侧重于功能相同的金融行为应当按照同一原则进行处理，且能在跨行业金融行为中加强与其他行政监管部门的合作，进一步防范系统性金融风险。而在跨部门、跨市场的联合执法过程中，行政监管部门不仅可提高对单一金融行为监管与处置的效率，也有助于减少行政监管真空或者行政监管重叠。此外，针对个人金融数据创新中涌现的科技公司等非持牌机构，行政监管部门也可以基于功能监管理念，将其开发使用的金融产品以及牵涉的个人金融数据处理行为，纳入行政监管范围，避免因法律法规层面的立法空白而出现行政监管真空。

区别于侧重事前规则制定的“控制—命令型”监管，适应性监管强调行政监管部门基于监管对象的特殊性与监管场景的差异性，作出阶梯化的因时因地制宜的监管决策。按照一般理智人趋利避害的基本理念，个人金融数据处理者为规避现行监管规则所强加在自身的不利之处，必然努力通过技术创新、业务创新、产品创新等多种方式，尝试摆脱监管规则所附加的锁链。再加上法律规范性文件本身具有一定滞后性，行政监管部门在面对金融创新时，若严格按照监管规则，极易造成个人金融数据监管的空白与失真。当然，适应性监管也要求行政监管规范性文件，在其制

---

① 郭雳．数字化时代个人金融数据治理的“精巧”进路［J］．上海交通大学学报（哲学社会科学版），2022，59（5）：26．

② 郑彧．论金融法下功能监管的分业基础［J］．清华法学，2020，14（2）：124．

定颁布之前就需提前预设相应的监管原则，以便行政监管部门在无法可依时较为灵活地处理。

区别于监管政策极端化的机会主义监管，试验包容性监管强调给予金融创新一定程度的试错空间。在机会主义监管中存在明显的钟摆效应①：行政监管在经济形势大好时放松监管，而金融市场的潜在风险与负面效应得以迅速累积而爆发，随后行政监管施加严格的监管政策，压制金融创新，等待新一轮经济复苏。而试验包容性监管则秉持常态化、谦抑的监管理念，不因金融市场繁荣或萧条而大幅度改变监管政策，也不过度压抑或者追捧金融创新。行政监管部门可以深入探索自身的数字化与智能化，通过融合金融科技与大数据处理技术，创新行政监管的新形式与新手段，比如英国金融政策委员会（FCA）联合英格兰银行等机构，开展了监管沙盒、数字沙盒、监管托儿所等多种科技创新型容错机制②。

### （三）优化行业自律监管与企业自我监管体系

在多元主体协同治理的个人金融数据法律监管体系中，行业自律监管也是重要组成部分，有助于充分发挥行政监管在具体行业的补充监管功能。作为连接行政监管部门与个人金融数据处理者的中间桥梁，行业组织应当提升其行使自身金融数据治理职能的独立性，行政监管部门也应当适当放松步步紧逼的直接或者间接的干涉或影响。具体而言，我国在立法层面就应明确行政监管部门对行业组织的关系为柔性的“业务指导关系”而非刚性的“监督关系”③，行业组织还通过自行起草或创设新型的自律规则与相对独立的机构设置，减轻行业组织对行政监管部门的依附性。行业组织可通过汇集成员单位最新个人金融数据合规经验，组织个人金融数据治理研讨会与实地调查，编撰各成员单位认可的符合其利益诉求的自律规范。行业组织还着重构建成员单位的内部合规评估机制与行业惩戒措施，参照美国的行业自律组织，在成员单位不符合自律规范要求时，要求成员单位采取管理部门的强制性培训、通报批评、除名、移送行政监管部门等措施，以保障自律规范的有效实施。

在协同治理法律监管体系中，最小的组成单位就是处理个人金融数据的企业。只有充分发挥数据处理者的自我规制，才能达成低成本下个人金融数据法律监管主体与客体之间的有机联系，较好地实现法律监管完整性与系统性的效果。一方面，要强化个人金融数据处理者的自我监管，首要任务就是企业自主构建企业内部的个人金融数据合规体系。参照行政监管部门与行业协会颁布的数据合规指引、全流程信息披露制度、数据全生命周期处理技术规则、数据处理人员岗位设置等具体制度

① 朱晓娟，等．金融危机风险的法律防范机制研究［M］．北京：中国政法大学出版社，2021：232.

② 左振财．英国金融数据治理：框架、重点与启示［J］．金融发展研究，2023（7）：7.

③ 曹兴权．金融行业协会自律的政策定位与制度因应——基于金融中心建设的考量［J］．法学，2016（10）：85.

模板，企业可使用较低成本较高效率搭建符合自身实际情况的数据合规体系。另一方面，强化个人金融数据处理者的企业内控体系，需要进一步完善个人金融数据安全保护制度，明晰个人金融数据处理者的安全保障义务。企业在处理个人金融数据过程中，应当定期在行政监管部门或行业协会监督下开展数据安全风险评估，并在特定情形下实时报送数据安全风险评估结果。若企业涉及处理特定类型的个人金融数据，应当参照欧盟的数据保护官制度，设立专门的个人金融数据保护岗位，负责与监管部门合作、沟通，实时监测企业内部数据处理制度与数据处理活动的合规性。

### （四）健全个人金融数据权益的救济机制

个人金融数据权益作为复合型权利，兼具多种权益，单一救济途径无法满足全面保障其权益的要求。我们需要弥补现有救济途径的不足，构建以调解为中心、诉讼为补充的纠纷解决机制，强化诉讼与调解的对接机制，完善个人金融信息权益的损害赔偿制度。

为避免民事诉讼案件与商事仲裁案件的激增，增加个人金融数据纠纷处理成本，我们应当优先注重个人金融数据侵权调解综合机制的构建与完善。除各行政监管部门按照各自监管行业设置金融调解机构外，各地方政府监管部门也可尝试成立综合性个人金融数据调解机构，统一协调个人金融数据全生命周期流程的侵权纠纷，比如中国人民银行在上海、山东、四川等地试点的金融消费纠纷调解中心。行政监管部门可在金融消费纠纷调解中心新增个人金融数据侵权的专门调解部门，招聘个人金融数据的专业人才，聘请相关领域专家学者定期交流指导，提升该调解机构专业化程度。各金融行业协会本身作为各行业的专门性组织，具备各行业基础知识与业务运作背景，可以凭借自身专业优势设立相应的个人金融数据调解机构，对成员单位所涉及的个人金融数据侵权案件组织调查研究，可以通过其行业自律规则与行业惩戒措施，有效查明数据侵权案件事实，化解纠纷。

作为维护公民权益最后一道防线的司法救济途径，可通过完善公益诉讼、举证责任倒置以及明确法官释明义务等方式，对现有的个人金融数据侵权案件司法救济路径予以完善。一方面，在单一的个人金融数据侵权案件中，侵权事实可能涉及数量庞大的数据主体，甚至一定程度上危害公共利益，因此我们有必要在《个人信息保护法》第七十条基础上，进一步构建个人金融数据公益诉讼制度，明确公益诉讼的适格主体、适用程序以及与现有法定的公益诉讼类型之区别。另一方面，在个人金融数据侵权案件的审理过程中，基于个人金融数据处理者的经济优势、技术优势与内部合规基础，应当实行举证责任倒置制度，由个人金融数据处理者承担相应举证责任，除非其能证明存在相关免责事由；而在个人金融数据侵权方式较为恶劣、侵权损害结果较为严重时，法官也应当主动承担精神损失赔偿请求权的释明义务，充分保障个人金融数据主体的人格利益，并可在立法层面试探惩罚性赔偿制度施行的可行性。

## 五、结语

在大数据时代背景下，随着数字金融经济的日益繁盛，个人金融数据在金融行业也越发重要。我国在不断吸收个人金融数据处理与利用过程所产生的经济红利时，也同步显露了个人金融数据法律监管体系的不完善、行政监管秉持传统监管模式、行业自律监管公权力化、企业自我监管不足、数据权益救济途径不完善等法律问题。

横向比较个人信息保护制度较为完善的美国与欧盟，美国采用行政监管部门分别立法与行业组织自律监管的监管模式，欧盟采用综合性统一立法与设立三层次的独立监管主体的监管模式。两种模式对于我国现行的个人金融数据法律监管制度均具有相当程度的借鉴意义，比如美国较为独立与自由的行业自律监管组织及其实施程度较高的自律规则，欧盟独创的三层次数据监管制度。借美国与欧盟的他山之石，可以攻克我国这块宝玉在个人金融数据监管领域的瑕疵与不足。

囿于笔者能力有限，本文主要着重于我国个人金融数据法律监管体系在行政监管、行业自律监管、企业自我监管与权益救济等宏观层面的制度完善问题，从构建多元化主体协同治理的法律监管体系角度出发，从个人金融数据保护法律制度的立法完善、健全包容审慎的行政监管体系、优化行业组织自律监管的独立性与企业自我监管的积极性、健全个人金融数据权益侵害救济机制等方面，集中阐述完善我国个人金融数据法律监管体系的相关建议。本文未对每一项具体制度的实施细则以及制度之间的相互衔接作具体分析论证，实属遗憾。也希望本文的点滴建议，能为个人金融数据法律监管制度的学术研究贡献绵薄之力。

# 数字科技下普惠金融与绿色金融融合发展路径研究

## ——以广州市为例

广州华商职业学院　周贤娴[①]

随着全球经济的发展和环境问题的凸显，绿色金融和普惠金融逐渐成为金融发展的重要方向。近年来，广州普惠金融和绿色金融获得快速发展，两者之间的联系越来越紧密，融合发展的需求也越来越迫切。与此同时，数字科技在金融领域的深度应用给普惠金融和绿色金融的融合发展既带来了机遇，也带来了挑战。本文运用文献和实证分析等方法，探讨如何借助数字科技，解决广州绿色金融与普惠金融发展面临的发展不平衡、覆盖面有待扩大、缺乏绿色普惠金融标准、信息不对称等问题，针对性提出广州数字绿色普惠金融发展的路径建议，为广州发展助力。

## 一、普惠金融、绿色金融与数字金融——理论辨析与发展现状

普惠金融、绿色金融与数字金融都是人类发展进入到21世纪后，随着社会经济生活的创新发展与日益复杂、数字经济划时代变革的来临、科技水平的飞跃、权利与环保意识的勃兴与全球共识的逐渐形成、对金融无差别和高效供给的普遍需求，而渐次产生并快速发展的。

### （一）普惠金融、绿色金融与数字金融的定义及发展沿革

1. 普惠金融的定义及发展沿革。普惠金融是指“依据商业可持续和机会平等原则，以相对较低、可承担的成本，给小微企业主、广大农民、城镇低收入人群、贫困人群、老年人和残疾人等特殊群体，提供及时、适当、有效的金融服务。”[②] 它是提升金融服务效率、增大金融服务实体经济覆盖面、为广大民众提供包容性金融服务的一种方式，关注金融服务的普及性和可负担性，目的是减轻贫困和不平等问题，

---

① 本文系广州华商职业学院绿色金融与区域发展科研团队（项目编号：KYTD2022001）和广州华商职业学院2023年度校级科研课题广东省绿色金融与普惠金融融合发展路径研究（项目编号：GZHSKY2023019）的研究成果。周贤娴，广州华商职业学院讲师、财金学院金融科技应用专业负责人，研究方向：数字金融和金融科技。

② 国务院：《推进普惠金融发展规划（2016—2020年）》。

促进经济的包容性增长。

目前，较多研究者认为2005年国际小额信贷年中提出的Inclusive Finance是普惠金融的首次出现[①]。事实上，早在2003年12月29日，时任联合国秘书长安南在宣布2005年为国际小额信贷年的讲话中就提出了“Inclusive Finance”这个概念。

在我国，普惠金融一开始就是以国家战略的形式出现和推进的。2013年，党的十八届三中全会在《中共中央关于全面深化改革若干重大问题的决定》中正式提出发展普惠金融。2015年，经中央全面深化改革领导小组第十八次会议审议通过后，国务院出台《推进普惠金融发展规划（2016—2020年）》。2017年3月，发展普惠金融写入《政府工作报告》；7月，习近平总书记在第五次全国金融工作会议上强调要建设普惠金融体系；10月，发展普惠金融写入党的十九大报告。2023年10月11日，国务院印发《关于推进普惠金融高质量发展的实施意见》。

为推动普惠金融发展，国家明确要求相关金融机构单独成立相关业务部门。2007年3月的《政府工作报告》及国务院常务会议都明确要求大型商业银行设立普惠金融事业部；2017年5月银监会等11个部门联合印发《大中型商业银行设立普惠金融事业部实施方案》；全国金融工作会议要求所有银行都要成立普惠金融工作部，为小微企业和金融扶贫工作服务。此后，国务院决定将普惠金融纳入银行业金融机构绩效考核，2020年，更是决定将普惠金融在银行业金融机构分行综合绩效考核指标中的权重提升至10%以上。

在国家战略和政策的强力引导下，金融机构服务中小微企业和广大“长尾客户”的力度越来越大。2020年以来，中央和各部委出台了诸多引导金融机构让利小微企业的金融措施。[②] 截至2022年末，人民币普惠金融领域贷款余额32.14万亿元，同比增长21.2%，比各项贷款高10.1个百分点。

2. 绿色金融的定义及发展沿革。绿色金融是指通过金融机构、金融工具、金融资金和金融服务，以实现低碳减排、资源节约、绿美生活和转型升级为价值目标，促进环境与人类和谐共存、可持续发展的一种金融活动。它主要聚焦于环保产业、绿色项目，旨在促进低碳、循环经济和生态保护等领域的发展。

绿色金融的发展沿革可以追溯到20世纪70年代初，当时联合国环境和发展委员会就开始探讨如何将金融工具与环境保护相结合。然而，直到21世纪初，绿色金融才逐渐成为国际金融界和政府机构关注的重点。

2016年8月，中国人民银行等七部门发布《关于构建绿色金融体系的指导意见》，其对绿色金融的定义是：为支持环境改善、应对气候变化和资源节约高效利用的经济活动，即对环保、节能、清洁能源、绿色交通、绿色建筑等领域的项目投融

---

① 吴金旺，顾洲一．数字普惠金融文献综述［J］．财会月刊，2018（19）：123．

② 2023中国普惠金融国际论坛举行专家共议以乡村振兴、消费金融、数字经济促进经济发展［OL］．经济参考网，2023-10-09．

资、项目运营、风险管理等所提供的金融服务。

我国早在2002年就开始重视绿色金融的发展并采取一系列行动。当时，中国人民银行发布了《关于落实科学发展观加强环境保护工作的意见》，首次明确提出要引导金融机构加强对环保产业的支持。随后在2007年，中国人民银行、银监会和当时的国家环保总局联合推出了绿色信贷政策，这被广泛认为是中国绿色金融发展的起点。

2010年以后，我国绿色金融进入了快速发展阶段。2015年12月，中国人民银行、财政部、发展改革委、环境保护部、银监会、证监会、保监会联合印发了《关于发展绿色金融的指导意见》，明确了绿色金融的发展目标、基本原则和主要任务，成为我国绿色金融发展的纲领性文件。此外，我国还推出了多项绿色金融政策和措施，如绿色信贷、绿色债券、绿色基金等，为绿色金融的发展创造了良好的政策环境。

自2020年以来，我国绿色金融发展进入深化阶段。2020年10月，中国人民银行、银保监会、证监会、外汇局联合发布了《关于金融支持碳达峰碳中和的指导意见》，对金融支持碳达峰、碳中和工作进行了全面部署。此外，我国还积极参与国际合作，推动绿色金融标准的国际对接，提升我国绿色金融的国际影响力。

经过近年来的大力推动，绿色金融快速发展。2017年2月，绿色贷款余额还只有7.5万亿元，而人民银行官网数据显示，截至2021年末，我国本外币绿色贷款余额已达15.9万亿元，同比增长33%，存量规模居全球第一。2015年，绿色债券发行规模几乎为零，到2022年底，中国境内外绿色债券存量规模已达3万亿元。到2022年前后，我国已初步形成绿色贷款、绿色债券、绿色保险、绿色基金、绿色信托、碳金融产品等多层次绿色金融产品和市场体系。①

3. 数字金融的定义及发展沿革。数字金融，作为数字时代金融业与数字科技相结合的产物，利用数字技术和互联网平台在信息化与网络化的环境下，提供更高效、便捷、个性化的金融服务。具体业务活动包括电子支付、数字货币、数字化资产管理、在线借贷、智能投顾等。

数字金融的发展历程可以划分为三个阶段。首先是金融电子化阶段，其主要特征是金融机构运用电子化手段对业务流程和服务进行优化。在这个阶段，金融机构广泛采用计算机技术进行数据的处理和存储，从而实现金融服务的自动化。

进入21世纪，互联网的广泛普及为金融市场带来了在线交易和电子商务等新型服务。这标志着以互联网与金融行业的深度融合为特征的互联网金融阶段来临。在这个阶段，第三方支付、在线理财、P2P借贷等新兴金融业务迅速发展，为消费者和企业提供了更加便捷和多样化的金融服务。

2010年，金融科技创新成为行业发展的驱动力，催生了一系列前沿技术在金融领域的应用，如人工智能、大数据、区块链和物联网等。在这个阶段，金融机构通

---

① 截至2021年末我国绿色贷款余额存量规模全球第一　绿色金融+普惠金融　粤银行出真招［N］. 广州日报，2022-03-11.

过技术创新，对传统业务进行优化，旨在提高服务效率、降低成本，并开发出多种新型金融产品和服务。与此同时，监管政策和技术标准的逐步完善为金融科技的发展提供了保障。2021 年 12 月，中国人民银行发布的《金融科技发展规划（2022—2025 年)》明确提出，要为人民群众提供更加普惠、绿色、人性化的数字金融服务。2022 年，中国银保监会发布《关于银行业保险业数字化转型的指导意见》，鼓励银行保险机构利用大数据，提升普惠金融、绿色金融和农村金融服务能力。

## （二）普惠金融、绿色金融的融合与数字化及其存在的问题

1. 普惠金融、绿色金融的融合与数字化简述。普惠金融、绿色金融和数字金融在发展脉络上互相关联。随着数字技术的发展，数字金融成为推动普惠金融和绿色金融发展的重要手段，数字化已经在普惠金融和绿色金融领域得到广泛应用。在普惠金融方面，数字化技术为金融机构提供了更便捷的渠道和更多元化的服务，如移动支付、互联网金融平台等。这使得农村地区和低收入群体能够更方便地获取金融服务。在绿色金融方面，数字技术推动了绿色金融的数字化创新，可以提高绿色金融产品的发行和销售效率，例如通过区块链技术实现绿色债券的有效发行和追踪，还可以整合和分析大量数据，进行绿色金融风险评估和监测。同时普惠金融和绿色金融也可以通过数字金融的支持，实现更好的整合和协同发展，为可持续发展目标作出更大贡献。

数字技术与普惠金融的结合形成数字普惠金融。2016 年在 G20 普惠金融全球合作伙伴（GPFI）报告中，对数字普惠金融的定义是：泛指一切通过使用数字金融服务以促进普惠金融的正规金融服务行动，关键点在于负责任、成本可负担、商业可持续。2016 年 9 月，G20 杭州峰会发布的《G20 数字普惠金融高级原则》列举了“数字普惠金融”的具体内容，它是指通过数字化或电子化技术，比如电子货币、支付卡和常规银行账户，开展各项传统金融规划和银行对账服务。“利用数字技术推动普惠金融发展”是《G20 数字普惠金融高级原则》的第一原则。如今，以 G20 成员国为代表，其他国家广泛参与推动，发展数字普惠金融已成为全球共识。

同样，数字技术与绿色金融的结合则形成数字绿色金融。数字普惠金融、数字绿色金融具有共享、共赢、便捷、高效、低成本、低门槛等特点，在传统金融之外开辟了新天地，在传统金融无法触及或极难触及的空间、领域和人群中提供了一种全新可能性。得益于数字技术的创新力、便捷性，数字普惠金融与数字绿色金融的发展更迅速，成效更显著。根据世界银行 2022 年 6 月发布的全球普惠金融调查数据，中国 86% 的受访者使用数字支付，大幅领先 64% 的全球平均水平。近几年数字普惠金融、数字绿色金融在拓展金融服务覆盖面、解决小微企业融资难题、提升金融服务适老化水平①、促进绿色低碳发展、支持乡村振兴、推动经济社会发展等方面

① 大数据战略研究中心．有序推进数字普惠金融发展［N］．经济日报，2023-03-27.

都取得了显著成效。国内外众多研究（国内有宋晓玲；韩晓宇、星焱；马彧菲、杜朝运；卢盼盼、张长全等人的不同研究，国外有 Sarma，Pais；Park，Mercado；Jin 等人的不同研究）表明，数字普惠金融具备减贫效应，能有效缩小收入差距。[①]

2. 普惠金融、绿色金融融合与数字化面临的问题。当前，普惠金融与绿色金融融合发展还尚处于起步阶段，绿色普惠金融服务实践较多的是将更多的绿色生产经营行为、消费行为以及绿色生产主体纳入绿色金融服务框架之中，而真正从绿色金融发展中产生的新增普惠贷款需求还需要进一步提升。受限于绿色普惠贷款发放标准的缺乏或不够统一、明晰等因素，很容易形成绿色普惠金融业务倾向于识别存量而非发掘增量的情况。[②] 姜再勇（2018）指出，普惠金融和绿色金融都面临商业可持续与风险防范问题，可以将发展绿色有机农业、发展绿色第二产业、支持乡村第三产业、促进大众绿色消费、增强金融业本身的绿色化和普惠性五个方面作为二者融合发展的支点。[③] 魏长江（2017）在全面对比了普惠金融与绿色金融的异同点后，提出了应从组织协调、制度优化、科技支撑和全面参与等方面提升绿色普惠金融融合发展的策略。[④] 刘婷（2018）指出，融合发展缺乏完善的法制保障政策体系、绿色普惠融合发展的信息交流体系尚未健全、缺乏对融合发展的激励约束机制。[⑤]

首先，普惠金融和绿色金融在融合与数字化发展过程中面临的共同问题是如何进行精准定价和风险防控。全球普惠金融合作伙伴组织（GPFI）在其白皮书中指出，数字技术的发展带来了新风险，包括运营管理风险、结算汇兑风险、流动性风险、信用风险、洗钱风险及恐怖融资风险等。[⑥] 其次，数字鸿沟问题可能导致一部分人被排除在数字金融服务之外，加剧了金融不平等。再次，信息安全和数据隐私问题成为数字化发展的一个重要挑战，特别是在绿色金融领域，需要加强数据保护和风险管理。最后，数字金融的监管和合规问题也需要解决，以保护金融市场稳定和消费者权益。

## 二、数字科技下普惠金融与绿色金融融合发展可能性、原则及现状简析

### （一）数字科技下普惠金融与绿色金融融合发展的必要性及可行性

1. 金融服务中国式现代化要求普惠金融与绿色金融融合发展。金融服务中国式

---

① 吴金旺，顾洲一．数字普惠金融文献综述［J］．财会月刊，2018（19）：126.

② 宋珏遐．稳妥推进普惠金融和绿色金融协同发展［N］．金融时报，2022－07－14.

③ 姜再勇．绿色普惠金融探析［J］．中国金融，2018（18）.

④ 魏长江．绿色金融与普惠金融的比较与融合发展［J］．甘肃金融，2017（12）：35－37.

⑤ 刘婷．普惠金融与绿色金融融合发展研究［J］．现代营销，2018（11）：37－38.

⑥ 吴金旺，顾洲一．数字普惠金融文献综述［J］．财会月刊，2018（19）：127.

现代化，首先就是要最大限度地服务最广大人民群众，服务共同富裕，服务绿色可持续高质量发展。当前，我国正面临经济结构调整、环境保护以及金融改革等多重挑战。2022 年，中央全面深化改革委员会第二十四次会议已明确将“推动普惠金融、绿色金融以及科创金融等领域的融合发展，提升政策的精确度和有效性”设定为一个重要的建设目标。绿色金融与普惠金融的融合发展既可以推动环境保护和社会公平，也可以促进金融业的可持续发展，已逐渐成为金融创新的主要趋势。这种融合发展方式不仅具有深远的现实意义，且具有较高的可行性。

2. 普惠金融与绿色金融有诸多共性使其必然趋向融合发展。

（1）发展动力相同。发展普惠金融与绿色金融都已被提升至国家战略层面，这是二者最大的原动力。自党的十八大以来，国家先后出台一系列政策、文件，推动大力发展普惠金融和绿色金融。国家层面的规划、部署，为二者发展奠定了坚实的基础，并提供了最有力的政策保障。

（2）目标使命相同。普惠金融与绿色金融都是为了实现社会公平和经济可持续发展目标。普惠金融和绿色金融都具有社会公益性质，关注社会、经济和环境的可持续发展，追求金融的社会责任与价值。普惠金融旨在解决金融服务的普遍性问题，让更多的人获得合理的金融服务；绿色金融致力于解决环境问题，推动可持续发展的经济模式，因此绿色金融与普惠金融具有共同的发展方向。

（3）服务对象存在重合性。国内学者的研究发现，尽管绿色金融与普惠金融在服务对象上有所区别，但存在较多的重合部分。例如，小微企业、农村居民等是普惠金融服务的重点对象，也是绿色金融的服务对象。

（4）面临问题相同。普惠金融与绿色金融均面临信息不对称和成本问题。

3. 数字科技的勃兴为普惠金融与绿色金融融合发展提供了更大可能性。随着科技的迅速发展，数字科技为普惠金融和绿色金融的融合发展提供了更多的机遇和可能性。

（1）数字科技为普惠金融和绿色金融的融合发展提供了动力。数字科技的运用可以提升金融服务的效率、便捷性，以及降低服务成本，从而使更多群体得以享受金融服务，推动金融机构更好地履行社会责任，实现经济可持续发展目标。金融科技促使传统金融机构进行数字化转型，涉及碳汇交易、绿色信贷指标体系构建、数字金融服务创新实践以及线上服务的优化和迭代升级等多个领域，从而在提升金融服务效率方面发挥了积极作用。

（2）数字科技可以消除普惠金融和绿色金融融合发展中的障碍。如大数据、云计算和区块链等智能技术可用于绿色项目的筛选和监测，并为绿色普惠金融产品的发行和追踪提供支持，可以解决绿色金融与普惠金融融合发展面临的客户对象精准识别与服务跟踪难题。人工智能和大数据分析还有助于金融机构更好地评估和管理环境风险，提升金融体系的稳健性，可以解决绿色金融与普惠金融融合发展的风险问题。

（3）数字科技可以实现普惠金融和绿色金融融合发展的倍增效应。数字科技可有效连通绿色信贷和普惠金融，打破信息孤岛问题，通过信息共享实现效能倍增；数字科技可以让普惠金融和绿色金融融合发展带来难以想象的理念、模式、产品、服务创新；数字科技可以降低金融服务门槛，扩大金融服务范围，提高金融服务效率，降低金融风险。

### （二）基于数字科技的普惠金融与绿色金融融合发展的原则

1. 以人民为中心。以人民为中心应当成为我国金融业最本质的特征。普惠金融与绿色金融内在地包含了人本、共享的价值追求。基于数字科技的普惠金融与绿色金融融合发展，应当将以人民为中心作为首要的指导原则，贴近群众生活，满足人民需求，增进民生福祉，促进共同富裕，让全体人民共享发展成果。

2. 公平平等。从某种意义上说，机会平等是最大的公平、最根本的平等。金融是否对全体国民及市场主体具有无歧视无差别的可获得性，决定着公平平等是否能真正实现。基于数字科技的普惠金融与绿色金融融合发展，应当始终遵循公平平等的价值理念，展现巨大的包容性和金融的人性温度，将服务触角延伸至每一个角落，让每一个有需求的人和企业都有机会获得优质的金融服务。

3. 绿色发展。绿色金融最重要的特征就是绿色发展。普惠金融与绿色金融融合发展，以及数字科技的加入，都应当坚持绿色发展的理念，更好地发挥金融在促进绿色低碳、资源节约、绿美生活、转型升级方面的激励引导约束作用和正外部性。

### （三）国内部分地区普惠金融、绿色金融融合发展的现状分析与启示

1. “三农”领域是绿色普惠金融的首要集聚地和衔接点。基于我国传统农业国地位、广大的农村地区和农业人口及相对较大的城乡差距对“三农”问题的高度重视，“三农”领域成为绿色普惠金融的集聚地。在赤水，普惠信贷与绿色信贷高度重合，涉农信贷中63.5%的比例投向了与林业有关的领域，特别是投向了规模化竹种植与深加工领域；小微企业、个体工商户的信贷也有53.8%投向了绿色种植、绿色加工、绿色物流等有关产业。[①] 福建省宁德市结合当地特色，探索农村生产要素流转，通过建制度、搭平台等实现农村生产要素确权登记、价值评估、抵押融资、流转处置全流程服务，有效拓宽抵押范围，缓解农村经营主体贷款抵押物不足问题，帮助农村资源变资产、资产变资金。与此相似的还有成都的“农贷通”平台，推动了农村隐性资源变显性资本，引导金融资源与农村资本相对接，支持农村电商等广大涉农经营主体和企业发展。

2. 数字科技推动平台和产品创新层出不穷。平台创新方面，有建行开发的“裕

---

① 邱兆．普惠绿色科技助力打好脱贫攻坚战［N］．社会科学报，2020-04-09.

农通”普惠金融服务平台，邮储银行开发的“邮 e 链”涉农产业链金融服务平台，福建宁德福鼎开发的当地特产白茶的溯源数据平台。产品创新方面，有农行开发的“惠农 e 贷”“农银 e 贷”等产品体系。尤为突出的是，2021 年农业农村部推出的“农业经营主体信贷直通车”农村金融服务平台，通过收集各类农业经营主体及农村集体经济组织的金融服务需求，打造“主体直报需求、农担公司提供担保、银行信贷支持”的数字化农贷模式，将“政银担”合作模式数字化、线上化。经过近两年实践，该平台已累计服务了 80 万农业经营主体，相关金融机构授信 32 万笔，金额为1 034亿元，平均综合成本仅为4.55%。

3. 数字授信与风控的普遍应用。通过加强政企银农的四方协作和数据共享，通过公开渠道或协议方式多方收集获取农村土地确权、农业和新农村建设、农业种植、农业补贴等数据，对目标客户进行数字画像、精准识别、产品设计和高效投放，产生双赢多赢的结果。如网商银行与县域政府合作，为县域农户建立起专属的数字化风控模型，开发出针对农户的免担保纯线上信用贷款。截至2022 年末，为全国2 239万县域农村客户提供了数字信贷，并与全国 28 个省（自治区、直辖市）的 1 230 个县域签约合作。

### （四）广州市普惠金融、绿色金融发展现状、经验及不足

1. 近年来广州市普惠金融、绿色金融发展迅速全国领先。

（1）广州金融发展总体势头良好。2021 年末，全市金融机构各项存款、贷款余额分别为7.5 万亿元、6.1 万亿元。全年金融业税收 513 亿元，同比增长 4.9%，金融业税收对全市税收的贡献率达 9.2%。[①] 2021 年全市金融业增加值 2 467.9 亿元，同比增长5.3%，占 GDP 比重为8.7%，拉动 GDP 增长0.5 个百分点。[②] 广州“获得信贷”营商环境考评连续两年名列前茅，成为该指标全国排名中唯一连续两年名列前茅的城市。2023 年上半年，广州金融业继续保持迅猛发展势头，全市金融业增加值1 410.77 亿元，同比增长 7.8%，高于全国增速，与广东省增速持平，增速居北上广深津渝六大城市第一位。

（2）广州市的普惠金融发展水平居于全国前列。近年来，广州市强化政策、机制扶持和保障，广州金融机构纷纷设立普惠金融事业部，推广普惠金融产品和服务，扩大了金融服务的覆盖面，实现了对中小微企业、农业经营户、贫困农民等的精准滴灌，普惠金融贷款余额持续增长，金融服务质量和效率不断提高。2020 年，全市共有 1.3 万多家中小微企业获得央行专项优惠贷款 330.8 亿元，总金额全省第一。

---

① 中国人民银行广州分行.2021 年广州金融运行情况与 2022 年展望［M］//2022 广州金融发展形势与展望，广州：广州出版社，2022：33.

② 邱亿通.开好局　起好步　奋力谱写“十四五”广州金融业高质量发展新篇章［M］//2022 广州金融发展形势与展望，广州：广州出版社，2022：24.

截至2021年12月末，全市中小微企业贷款余额2.1万亿元，比年初增加1 976.6亿元，同比增长10.5%；普惠小微贷款余额5 499.5亿元，比年初增加1 417.1亿元，同比增长34.7%。[①] 远高于同期全市中小微企业贷款。根据北京大学数字金融研究中心2020年发布数据，广州市数字普惠金融指数在337个地级以上城市中位列第7，较2011年提高17个名次，跃居第一梯队[②]。

（3）广州绿色金融发展全国领先。在绿色金融方面，广州市出台了一系列绿色金融政策，大力发展绿色信贷和绿色债券，还与香港、深圳、澳门一道，联合成立了全国首个区域性绿色金融联盟——粤港澳大湾区绿色金融联盟，促进绿色金融发展。截至2021年末，全市绿色信贷余额、绿色债券发行规模分别为5 705.59亿元和960.89亿元，分别增长49.33%和49.54%，规模均居全国各试验区首位。广东碳市场碳配额累计成交量和成交金额分别突破1.97亿吨和49亿元，均占区域试点碳市场总规模的1/3以上，排名位居全国各区域试点碳市场首位，在中国人民银行组织的六省九地绿色金融改革试验区建设成效自评价中，广州连续两年、三次排名第一。建设银行广州南沙气候支行成为全国金融监管部门批准的首家气候支行。跨境发行绿色债券实现新突破。[③]

2. 政策、平台与创新是广州普惠金融、绿色金融快速发展的主要推动力量。

（1）强化政策支持与保障。广州金融“十三五”、“十四五”发展规划对发展普惠金融、绿色金融有明确的指引，广州市先后出台了《广州市构建现代金融服务体系三年行动计划》、《广州市推进农村普惠金融发展实施方案》、《广州市普惠贷款风险补偿机制管理办法》、《广州市企业转贷服务中心管理办法》和自贸试验区金融创新83条等政策，建立了普惠贷款风险补偿、应急转贷等机制，强化对普惠金融、绿色金融的支持。中国人民银行广州分行充分发挥基层央行作用，强化与国家和广州市发展战略对接，出台《金融支持国家城乡融合发展试验区广东广清接合片区建设行动方案》等，促进广州普惠金融、绿色金融发展。综合运用再贷款、再贴现、普惠小微企业信用贷款支持计划、普惠小微企业贷款延期还本付息激励政策等多项货币政策工具，向广州提供流动性资金支持共计超过1 100亿元，累计惠及近1.2万户中小微市场主体；引导金融机构扩大对“专精特新”中小企业信贷投放和服务覆盖面，提高“专精特新”中小企业信贷可获得性和融资便利度。[④]

---

① 中国人民银行广州分行．2021年广州中小微企业金融服务情况与2022年展望［M］//2022广州金融发展形势与展望，广州：广州出版社，2022：47.

② 郭峰，王靖一，王芳，等．测度中国数字普惠金融发展：指数编制与空间特征［J］．经济学（季刊），2020，19（4）：1401－1418．转引自李项佑．广州市数字普惠金融发展研究：趋势演变与区域比较［J］．新经济，2022（3）：64.

③ 中国人民银行广州分行．2021年广州绿色金融发展情况与2022年展望［M］//2022广州金融发展形势与展望，广州：广州出版社，2022：213－216.

④ 中国人民银行广州分行．2021年广州中小微企业金融服务情况与2022年展望［M］//2022广州金融发展形势与展望，广州：广州出版社，2022：48.

（2）强化平台建设与对接。通过多个金融业务平台的建设、运用与对接，持续提升普惠和绿色金融用户身份、经营和信用数据采集的力度、广度和深度，提升融资对接效率、金融服务可获得性和便捷度。如截至2021年末，依托广东省中小微企业信用信息和融资对接平台（简称“粤信融”平台），通过广州市政务服务数据管理局采集各部门、单位提供的公共服务和涉企信用信息累计9 900多万条，共撮合银企融资对接13.5万笔，金额为343.6亿元；向全市银行机构推送企业1 466家，银行已对接1 186家，提供授信564家，授信总额726.9亿元；金融机构通过该系统申报并经市地方金融监督管理局审批通过的普惠小微信用贷款业务超过17万笔，放款金额达370亿元，惠及小微企业及个体工商户超过6万户。加强“中征应收账款融资服务平台”应用，为中小微企业提供全流程、高效率、可持续的应收账款融资和线上政采贷服务，截至2021年末，该平台在广州促成融资259笔，金额117亿元。[①]建成并开通农村信用信息整合共享平台“农融通”。[②]

（3）强化产品和服务创新。强化创新试验区建设，开展全域性、协同性、规模化创新，广州市绿色金融改革创新试验区成为国务院批准的全国绿色金融改革创新试点，是首批五个试点区唯一的一线城市，绿色金融改革创新试验区建设全国领先。在全国首创建设民间金融街，成为全国民间金融产业发展标杆和示范，公益金融试验区、数字普惠金融监管试验区获省授牌。

创造性推出普惠贷款风险补偿机制和应急转贷机制。2020年6月10日，普惠贷款风险补偿机制开始正式运行，在该项政策支持下，2020年末，11家合作银行机构已授信超过202亿元，实际投放超过188亿元，受惠小微企业和个体工商户超过2.8万家；[③] 2021年，22家合作银行实际投放资金超过24.5万笔，共计584.1亿元，共惠及企业8.85万余户。广州市普惠小微企业贷款余额5 500亿元，增速高达34.7%。[④] 普惠小微企业贷款余额增速远高于总贷款余额增速。

创新土地承包经营权抵押信贷方式，促成商业银行以土地承包经营权作抵押授信；接受生猪等禽畜活体生物资产进行浮动抵押，面向禽畜养殖产业链提供信贷资金支持；在银行间市场发行乡村振兴债券。[⑤]

强化普惠与绿色金融保险，农业保险累计为涉农贷款提供风险保障106.9亿元，受益农户3万户次。累计为3.6万户、581亿元普惠小微企业实施延期还本付息。

---

① 中国人民银行广州分行.2021年广州中小微企业金融服务情况与2022年展望［M］//2022广州金融发展形势与展望，广州：广州出版社，2022：49.

② 中国人民银行广州分行.2021年金融服务广州乡村振兴情况与2022年展望［M］//2022广州金融发展形势与展望，广州：广州出版社，2022：218.

③ 广州市人民政府.广州市金融发展“十四五”规划.

④ 邱亿通.开好局　起好步　奋力谱写“十四五”广州金融业高质量发展新篇章［M］//2022广州金融发展形势与展望，广州：广州出版社，2022：25.

⑤ 中国人民银行广州分行.2021年金融服务广州乡村振兴情况与2022年展望［M］//2022广州金融发展形势与展望，广州：广州出版社，2022：218－219.

3. 广州普惠金融、绿色金融的数字化融合发展仍存在不足。

（1）对数字科技下普惠金融、绿色金融的融合发展缺乏具体规划、政策和标准。数字绿色普惠金融发展在广州金融“十四五”规划中仍然缺位。广州金融“十四五”规划提出到2035年，广州金融要建设六大中心，科技金融、普惠金融、绿色金融、数字金融等全面发展，形成现代金融服务体系。但对于普惠金融、绿色金融、数字金融的融合发展和如何支持数字绿色普惠金融并未有更具体的规划，相关的政策、标准仍付之阙如或相对不足，各金融机构在相互协同推进数字绿色普惠金融发展方面也还未形成合力。这是影响数字绿色普惠金融发展成效的首要因素。

（2）绿色普惠金融的全面数字化还未实现。从作为服务主体的金融机构来看，系统、平台、产品的数字化转型和创新还嫌不足。从服务对象来看，广州地区中小微企业、农民、低收入者、老人等，因其资金、受教育水平等限制，数字素养严重不足，对金融科技的接受能力与应用水平相对较弱。

（3）广州碳排放权交易市场的独特优势尚未完全发挥。广州碳排放权交易市场作为绿色普惠金融的绝佳结合体，尽管具有全国领先地位，但从参与主体数量、上线产品、成交规模看还有较大发展空间。

（4）村镇银行等金融服务乡村发展的生力军还不够壮大。截至2021年末，广州地区共有7家村镇银行，设立支行26家。村镇银行农户和小微企业贷款余额合计66.77亿元。[①] 尽管这些数据已属不错，但从广州乡村振兴发展的广大空间和巨大的乡村金融需求潜力来看，这些数据还是偏小。

## 三、基于数字科技的广州市普惠金融与绿色金融融合发展路径建议

### （一）强化顶层设计与规制

1. 加强政府与政策层面的统筹。

（1）要尽快出台数字科技下广州市普惠金融与绿色金融融合发展的规划政策。首先，要尽快研究制定广州数字绿色普惠金融发展的规划政策，填补支持、指引数字绿色普惠金融发展的政策空白。

其次，要明确各区数字绿色普惠金融发展的侧重点。广州金融“十四五”规划对各区赋予不同的金融功能区定位及建设任务，其中花都区要“建设绿色金融改革创新试验区核心区”，番禺区要“建设普惠金融创新服务示范区”，南沙区要“建设自贸试验区金融创新示范区和金融业对外开放试验示范窗口”，从化区要“建设金融

---

① 中国银行保险监督管理委员会广东监管局. 2021年广州村镇银行发展情况与2022年展望［M］//2022广州金融发展形势与展望，广州：广州出版社，2022：57－58.

支持乡村振兴战略示范区和城乡融合发展示范区”，增城区要“推进中小微企业金融服务区建设和农村金融服务改革创新”[①]。根据统计数据，2021 年末，各区城镇人口占常住人口比例除荔湾、越秀、海珠、天河 4 区为 100% 外，其他各区分别如下：白云 81.18%、黄埔 93.98%、番禺 90.53%、花都 70.15%、南沙 73.41%、从化 50.06%、增城 73.79%。可见从化非城镇人口占一半，占比在各区是最高的，其乡村振兴、城镇化的任务最重，花都、南沙、增城紧随其后。而从从业人口结构看，2021 年全社会从业人数为 11 634 400 人，其中第一产业 582 200 人，第二产业 2 637 800人，第三产业 8 414 400 人，[②] 可见广州农业从业人数无论是绝对额还是占比，都是比较低的。因此，根据农业从业人数分析和非城镇人口占比，从化、花都、增城、南沙可侧重发展面向“三农”的数字绿色普惠金融；根据经济实力、中小微企业数量、科技发展潜力，天河、黄埔、番禺可侧重发展面向中小微企业的数字绿色普惠金融。

最后，抓紧建立支持数字人民币发展的细则指引，发挥数字人民币在数字绿色普惠金融中的积极作用。

（2）要加强财政、税收、金融政策的协调，形成促进数字绿色普惠金融发展的政策叠加效应。目前，在支持绿色发展、乡村振兴、金融发展方面，财政、税收、金融各有各的政策。无论是从激励扶持还是从限制约束的角度看，单一政策的效果往往不及多种类、多数目政策的效果。但源于不同部门的多个政策如果不能协调配合，形成积极的协同效应或错配效应，则政策效果将大打折扣甚至相互抵消。因此，要推动数字绿色普惠金融发展，就要做好财政、税收、金融政策的协调，包括财政方面的财政资金扶持、财政补贴与信贷风险补偿等政策，税收方面的有关“三农”和乡村振兴、节能环保和绿色发展、中小微企业和个体工商户等税收政策，金融方面的关于支持普惠金融、绿色金融和数字金融发展的相关政策，让不同部门不同种类的政策共同指向数字普惠金融的相同价值目标、相同目标群体、相同对象和相同经济行为，通过政策的层叠协同发挥“1 +1 >2”的聚变效果和多重杠杆效应。

（3）要紧密结合新发展理念和广州发展战略，激发加速数字绿色普惠金融发展的强大动力。加速数字绿色普惠金融发展，要贯彻创新、协调、绿色、开放、共享的发展理念，结合广州建设国家中心城市的发展战略和广州市委提出的“1312”具体部署，在加快构建以实体经济为支撑的现代化产业体系、深入实施“百县千镇万村高质量发展工程”、全力建设海洋创新发展之都、深入推进绿美广州生态建设、用心用情保障改善民生等领域加大数字绿色普惠金融的改革、创新、投入、投放力度，形成数字绿色普惠金融与广州经济社会发展良性互动、互相促进的良好局面。

---

① 广州市人民政府．广州市金融发展“十四五”规划．

② 人口数据来源于广州市统计局网站．

广州数字绿色普惠金融要创新发展，结合广州绿色金融改革创新试验区建设，设立数字普惠绿色金融融合发展试验区，集聚创新数字绿色普惠金融业务组织体系、金融产品和服务、线上线下对接与融资渠道，建设全国领先、对标国际的数字绿色普惠金融创新发展标杆城市。

要利用股票发行注册制改革契机，推动广州农商银行及其他在推进数字绿色金融发展过程中涌现出来的优质金融机构上市，壮大数字绿色普惠金融发展实力。

2. 加强金融企业的协作与互补。广州是金融重镇，在这里从业和提供金融服务的，既有传统的四大国有商业银行，又有深耕本土多年的广州农商银行和新近涌现的广州城投、越秀金控，还有多家村镇银行和成百上千家小额贷款公司。它们相互促进，携手发展，共同推动广州金融事业的繁荣。数字绿色普惠金融既有很强的政策属性，又有其固有的市场属性，这就注定了金融机构在开展数字绿色普惠金融业务时不可避免地会产生重复和竞争。因此，各类型金融机构要有协作自律意识，注重发挥各自的传统优势和经营特点，尽可能避免在发展数字绿色普惠金融时的重复竞争或无序竞争。

各金融机构要在现有的普惠金融事业部、绿色金融事业部、数字金融事业部或相似机构基础上，新设或整合设立数字绿色普惠金融事业部或专营机构，同时可探索成立数字绿色普惠金融机构联盟，以在对内对外两个层面实现跨部门、跨机构协调。引导、鼓励村镇银行、金融保险公司、金融租赁公司、融资租赁公司、小额贷款公司、专业性中介机构等有序参与数字绿色普惠金融业务。

在粤港澳大湾区绿色金融联盟基础上，建设大湾区绿色普惠金融创新中心，推进粤港澳大湾区数字绿色普惠金融交流合作，推动设立粤港澳大湾区气候投融资中心、绿色普惠债券发行服务中心。

3. 统一规则与标准。据中国人民银行广州分行报告称，2021 年第四季度，广州大、中、小型企业信贷审批条件指数均处于 50% 的荣枯线及以上，金融机构对大中型企业信贷审批条件基本保持不变，对小型企业则有所放松。[①] 如果没有一定的规则支持，则这种对小企业的信贷审批条件“稍微放松”不具备稳定性，并可能产生随意性和不公平，比如经济形势差时迫于政府压力或政策目标而放松，经济形势好时则又收紧；因金融机构各自判断、偏好不同而有的松有的紧；对不同的借贷者实施非公平待遇等。因此，强化数字绿色普惠金融顶层设计，还要统一相关规则与标准。一是要建立数字普惠金融法律和监管体系。广州要充分利用《立法法》授予的地方立法权，结合有关法律政策，包括以《银行业监督管理法》《商业银行法》《保险法》为核心的金融法，以《环境保护法》《环境保护税法》为核心的环境保护和绿色发展法律，以《农业法》《土地法》为核心的“三农”法律，以《中小企业促进

① 中国人民银行广州分行. 2021 年广州金融运行情况与 2022 年展望［M］//2022 广州金融发展形势与展望，广州：广州出版社，2022：35.

法》《个体工商户条例》为核心的中小微市场主体保护促进法律和《中共中央 国务院关于促进民营经济发展壮大的意见》，以《网络安全法》《数据安全法》《个人信息保护法》为核心的数字科技等相关法律，制定促进数字绿色普惠金融发展的专门性地方法规。二是要制定并统一数字绿色普惠金融的准入门槛和行为准则，服务规范、标准和流程；绩效考核体系；数字绿色普惠金融监管与安全规则和标准。具体包括数字绿色普惠金融通用基础标准、数字绿色普惠金融产品服务标准、数字绿色普惠金融信用评级评估标准、数字绿色普惠金融信息披露标准、数字绿色普惠金融统计与共享标准、数字绿色普惠金融风险管理与保障标准以及数字绿色普惠金融评级认证、数字绿色普惠金融信息披露和行业标准体系。三是要推动粤港澳大湾区数字绿色普惠金融标准对接互认。

### （二）推动数字科技与绿色普惠金融的全面深度融合

1. 实施绿色普惠金融的全面数字化转型。为促进数字科技在绿色金融与普惠金融中的深度融合，可以通过全面数字化主体、对象与内容、渠道等方面进行推进。建立绿色普惠金融的数字化平台，使得绿色金融和普惠金融的数据、业务、系统、平台能够实现互联互通、共享共用。

（1）推进广州绿色普惠金融供给主体的数字化转型。加快推进广州银行、证券、保险、期货、基金、碳交所等金融机构和存、贷、取、支付等金融业态数字化转型，探索构建数字化金融机构，加大金融交易平台数字化升级改造，提供数字化的绿色普惠金融服务。

（2）推动建设基于数字科技的广州绿色普惠金融服务生态与内容。推动金融机构运用数字技术创新优化金融产业业态、经营模式、产品服务、业务流程、系统平台等，在“互联网＋金融”基础上，充分利用最新数字技术，建设“区块链＋绿色普惠金融”“人工智能＋绿色普惠金融”“大数据＋绿色普惠金融”“云计算＋绿色普惠金融”等，促进产业链、数据链、资金链和价值链“四链合一”。建设粤港澳大湾区数字绿色普惠金融科创中心。

（3）提升广州绿色普惠金融服务对象的数字化应用水平。数字绿色普惠金融因其对象的特殊性，其发展除了从供给侧全面进行改革创新之外，还应同步从需求侧发力。北京大学数字金融研究中心主任黄益平在谈到移动支付如何使个体工商户群体受益时说，“小商贩如果连续使用二维码收款的工具，12 个月大概有 60% 的码商可以直接获得授信，36 个月获得授信的可能性就上升到 90% 左右”；[①] 广州绿色普惠金融的服务对象中，还有相当一部分是个体工商户、偏远地区的农户、老年人、残疾人、城镇低收入者，应有针对性地提升这一部分人群对于金融科技的接受度和应

① 2023 中国普惠金融国际论坛举行专家共议以乡村振兴、消费金融、数字经济促进经济发展［OL］. 经济参考网，2023－10－09.

用能力，以实现数字绿色普惠金融在供给端与需求端的无缝对接和匹配。

2. 实现当前普惠金融、绿色金融数据的深度共享与利用。要实现系统互通、打破信息孤岛，同时处理好数据共享与商业利益保护的关系。

（1）大力加强广州数字基础设施建设。数字绿色普惠金融发展依赖数字基础设施建设。目前最大的两个现实困境一是政府部门、金融机构、中小微企业各有各的信息系统并且联通程度不足，二是城市与农村地区数字基础设施水平差距明显。要由政府和金融监管机构牵头，多方参与，构建自主可控、安全可信、互通共享的数字基础设施建设。加大对农村地区数字基础设施建设的投入力度，为提升数字绿色普惠金融覆盖度提供技术支撑。

（2）深化普惠金融、绿色金融数据共享利用。要共享利用广州产业数字化平台、数字政府、国家超级计算广州中心、广州金融风险监测防控中心等数字资源；要充分利用现有的广州政务数据交换平台，实现政府部门掌握的企业经营、税收、环保执法和绿色普惠项目数据，小微企业、个体工商户、农户等征信与纳税数据，绿色普惠金融监管数据等的互通共享。同时，推动建立商业金融机构数据交换平台，与政务数据交换平台实现对接。加强政银企协同、银税协同和产融对接，利用“粤信融”“信易贷”“中小融”“银税通”“税信码”等信息平台实现关键信息实时共享，提升绿色普惠金融服务、产品的精准度、安全性和可获得性。

3. 利用数字科技加大绿色普惠金融创新。

（1）服务理念创新。要树立绿色普惠服务理念，更多关注传统金融服务忽略的“长尾群体”、小微项目、绿色项目；树立数智服务理念，运用互联网思维和数字科技手段实现服务迭代升级；树立总体金融安全观，注重金融创新与金融安全之间的平衡。

（2）产品与服务模式创新。利用数字科技，深入进行广州绿色普惠金融市场、潜在客户群体、经济效益与社会效益水平分析测算，创新开发绿色普惠金融产品和服务模式，例如，设立广州数字绿色普惠金融发展基金；开发和发行小微企业绿色增信债、都市绿色农业债、养老产业专项债等绿色普惠债券、绿色普惠基金和绿色普惠保险等；在广东股权交易中心建设“绿色科创板”“绿色青创板”“绿色小微板”等特色服务板块；大力发展面向农村、支持绿色环保的汽车金融、消费金融等金融业态；开发农地、农房、农产品抵押贷和知识产权质押贷、应收账款质押贷、股权质押贷、排污权质押贷、碳排放权质押贷，实施农户信用贷、绿色信用贷，丰富农业保险产品；进一步完善“政府＋银行＋保险”模式，推动将“三农”、科技、绿色等更多领域的财政补贴逐步转化为保险保费补贴，实现“以保代补”；支持金融机构发行小微企业贷款专项金融债券、创业创新专项金融债券；推动银行机构创新供应链信贷产品和服务模式，探索推广“互联网＋缴税信息”“互联网＋交易信息”等金融服务新模式；探索开发绿色普惠股票指数，开发农产品期货。

4. 围绕广州碳排放权交易平台开展绿色金融与普惠金融融合发展的重点突破。广州碳排放权交易平台是绿色金融发展的重要平台，也是普惠金融的潜在平台。2021 年，依托广州碳排放权交易所，广东碳市场总体规模、现货累计成交金额在全国稳居第一。下一步，可以通过与普惠金融的深度融合，推动区域碳市场的发展；通过数字科技的应用，实现碳排放权交易的数字化管理和监测，提供普惠金融产品和服务，促进绿色项目的融资与发展。具体可以围绕数字化、普惠化、绿色化在以下方面发力。

（1）不断提升参与主体数量。截至 2021 年末，广州碳排放权交易所现有年排放 2 万吨二氧化碳（或年综合能源消费量 1 万吨标准煤）及以上的高排放企业共 178 家，碳排放权投资者账户总数 2 059 个，并首次引入以信托机构为代表的金融机构等新兴参与主体。[①] 相较于广州的企业总量与巨大市场潜力，这些数据还有很大提升空间。据研究，交通运输业是碳排放的第一大户，而数据中心将是未来的能源消耗大户，陶瓷生产、建筑业等都是环境污染的重点监控行业，下一步，可将这些行业逐步纳入碳市场。同时，大幅扩大碳市场控排范围，增加控排企业主体，将年排放 0.5 吨二氧化碳（或年综合能源消费量 0.5 万吨标准煤）及以上的控排企业纳入。

（2）增加碳排放权交易产品和业务量。广东碳市场现有广东碳配额（GDEA）、中国核证自愿减排量（CCER）、广东碳普惠核证减排量（PHCER）三种碳排放权交易产品，开展了碳排放权抵押融资、法人账户透支、配额回购、配额托管、远期交易、碳汇价值综合保险等创新型碳金融业务。截至 2021 年末，广东碳市场开展各类碳金融业务 254 笔，涉及碳排放权规模 5 406.86 万吨，助力控排企业实现融资约 4.23 亿元，[②] 虽然位居全国前列，但总体业务量仍然不够大。广州作为广东省会、大湾区中心城市和全省 6 个碳普惠试点城市之一，要结合碳普惠减排量方法学的创新与规范，致力于研究更高标准、更广范围、更多创新的碳普惠金融产品。可在现有基础上开发林业、农业、环保产业碳排放权交易产品及相应的碳汇险，研究在广州期货交易所上线以广东碳配额为基础的碳期货产品，推动跨境人民币碳交易落地，打造粤港澳大湾区碳市场合作示范区，建立大湾区碳排放权交易所、大湾区气候投融资项目库、大湾区碳金融实验室等。发挥碳减排支持工具（如低利率、再贴现、新产品）的引导扶持作用，结合广州打造千亿级汽车产业的发展目标，为新能源汽车、清洁能源、节能环保、碳减排技术、充电桩抵押融资等产业、项目提供绿色普惠金融支持。扩大碳排放权抵押贷款业务、生态公益林补偿收益权质押贷款业务、基于“碳账户 + 供应链金融”的“绿色碳链通”融资规模。

---

① 广州碳排放权交易所 . 2021 年广东碳市场发展情况与 2022 年展望［M］//2022 广州金融发展形势与展望，广州：广州出版社，2022：108.

② 广州碳排放权交易所 . 2021 年广东碳市场发展情况与 2022 年展望［M］//2022 广州金融发展形势与展望，广州：广州出版社，2022：107 - 108.

（3）金融机构要开展低碳化建设。各银行要大力建设“零碳网点”，在花都、从化、增城等区域争取实现全覆盖。

5. 围绕制造业立市、乡村振兴与绿美广州三大目标实现普惠金融与绿色金融融合发展的全面升级。结合广州发展总体战略和区域资源禀赋、产业优势等特点，重点围绕制造业立市、乡村振兴与绿美广州三大目标，建立针对性、差异化的绿色普惠金融供给。

（1）在服务制造业立市中推动广州绿色普惠金融融合升级。制造业是中小微企业的集聚地。广州实施制造业立市，需要中小微企业的更大发展和贡献，也将给中小微企业发展带来更大空间。而金融支持是其发展的重要源头和决定性条件之一。2021 年，广州地区制造业贷款余额 4 297 亿元，同比增长 18.8%。[①] 要依托广州产业发展平台、政务数据平台、金融监管平台，构建中小微企业数据库和数字化“户籍”图、制造业金融服务数据库和数字化全景地图；建立制造业绿色普惠项目评价标准和流程，向制造业中小微企业、个体工商户开展应收账款抵押贷款、纳税信用贷、环保信用贷、仓单存单质押贷等业务；开展制造业“互联网 + 供应链”金融，将绿色普惠金融服务延伸至上下游全链条。

（2）在服务乡村振兴和绿美广州中推动广州绿色普惠金融融合升级。绿色普惠金融支持乡村振兴和绿美广州，要重点面向农村地区和种地农民、养殖户、农村集体经济组织、农民合作社、农业社会化服务组织、农业企业（含国有农场）、家庭农场等主体，充分发挥定向降准、支农支小再贷款、再贴现等货币政策作用，加大金融支持力度。金融机构可借鉴现有经验，利用“农融通”平台，全面采集广州农业经营主体信用信息，在全市农业区域全面开展“整村建档”，广泛推行金融信用白名单制度。要结合财政、税收优惠政策，对特色农业和高科技农业发展、农村人居环境整治和质量提升、农村饮水工程运营；结合广州实现老城市新活力目标，对城市更新、农村集体产权制度改革等提供资金和其他金融支持；助力发挥增城区参评“国家级乡村振兴示范县”和全市在册省市级农业龙头企业和现代农业产业园的示范带头效应，开展农业龙头企业和现代农业产业园为关联农户、家庭农场、农民合作社提供担保的绿色普惠贷业务；扶持乡村旅游、文化产业发展；根据不同农业产业和产品特色，积极开发农村土地承包经营权抵押贷款、农业保险等涉农贷产品，创新推出“养殖 e 贷”“农村车险 e 贷”“农产品冷链 e 贷”等数字化经营贷产品。

## （三）强化数字绿色普惠金融的风险防范

1. 用数字科技构筑防范之网。截至 2021 年末，广州市共有 40 家地方性机构分别接入个人、企业征信系统，人民银行征信服务点已布设 15 台个人信用报告自助查

---

① 裴光．以高质量监管引领高质量发展　有效服务广州实现老城市新活力和“四个出新出彩”［M］//2022 广州金融发展形势与展望，广州：广州出版社，2022：17.

询机、4 台企业信用报告自助查询机，设立 40 个个人信用报告自助（代理）查询点并布设个人信用报告查询机 45 台。① 今后要适应绿色普惠金融发展，进一步优化改善信用查询可获得性，布设更多机器，覆盖包括农村地区的更广范围，同时扩大接入个人、企业征信系统的用户数目，构建更高效的信用网络。

要让数字科技全面参与普惠金融、绿色金融的融合创新中去，尤其是利用数字科技构建完善的监管体系、提高风险监测水平、完善信息披露。建设全面数字化的广州金融风险监测防控中心、地方金融风险防控平台和地方金融大数据库。加快大数据、云计算、人工智能、区块链、物联网、安全多方计算和联邦学习等技术在监管科技领域的应用，探索运用“监管沙盒”、企业画像、企业动态网络超大图谱等技术，提升精细画像、精准获客、准确风险评估和及时贷后风险预警等能力。

用数字科技加强与广州公安、法院、税务、环保、农业农村等部门合作，形成保障绿色普惠金融发展的监管合力。

2. 加强消费者教育。消费者永远是自己的主人。数字绿色普惠金融是数字时代、数字经济和数字社会的必然产物，带来的是金融业态、服务、产品的全面创新，也相应地对金融消费者提出了更高的素质与能力要求。由于数字绿色普惠金融面向客户的特定性、产品服务的科技性，容易造成数字绿色普惠金融科技含量与服务对象的背离，因此消费者教育的任务更重。鉴于数字绿色普惠金融具有很强的政策属性，政府及金融监管部门应在消费者教育方面承担更多责任，编制《数字绿色普惠金融宣传册》等宣传品，采用“线上 + 线下”“传统 + 现代”相结合的方式，让数字绿色普惠金融知识先期或与相关产品一道，送达所有客户尤其是长尾客户。要尤其注重数字金融风险提示，防诈骗、防误信、防过度营销，确保最底层消费者的合法权益受到充分保护，不受侵害。

## 参考文献


[1] 鲁政委，汤维祺．协同推进绿色金融与普惠金融发展［J］．银行家，2017（12）：11 - 14.

[2] 卜永祥．普惠金融与绿色金融融合发展的探索与思考［J］．可持续发展经济导刊，2022（11）：12 - 13.

[3] 宋庶民，李星烨．引导普惠金融与绿色金融协同发展［J］．吉林金融研究，2022（4）：64 - 65，76.

[4] 蔡永卫．普惠金融与绿色金融融合发展的研究与思考［J］．财经界，2019（28）：70 - 71.

[5] 魏长江．绿色金融与普惠金融的比较与融合发展［J］．甘肃金融，2017（12）：35 - 37.

[6] 任丽璇．绿色金融与普惠金融融合发展的岳阳实践［J］．中国外资，2022（14）：72 - 74.

[7] 夏春雷．普惠金融与绿色金融融合发展的赣州模式［J］．金融博览，2023（1）：58 - 59.


---

① 中国人民银行广州分行．2021 年广州信用体系建设情况与 2022 年展望［M］//2022 广州金融发展形势与展望，广州：广州出版社，2022：201 - 202.

[8] 张奎. 普惠金融与绿色金融融合发展的浙江实践 [J]. 中国金融, 2022 (21): 54 - 55.

[9] 大数据战略研究中心. 有序推进数字普惠金融发展 [N]. 经济日报, 2023 - 03 - 27.

[10] 邱兆. 普惠绿色科技助力打好脱贫攻坚战 [N]. 社会科学报, 2020 - 04 - 09.

[11] 2023 中国普惠金融国际论坛举行专家共议以乡村振兴、消费金融、数字经济促进经济发展 [OL]. 经济参考网, 2023 - 10 - 09.

[12] 宋珏遐. 稳妥推进普惠金融和绿色金融协同发展 [N]. 金融时报, 2022 - 07 - 14.

[13] 邱亿通. 建设绿色金融改革创新试验区　探索绿色金融 "广州模式" [J]. 清华金融评论, 2017 (10): 31 - 33.

[14] 李项佑. 广州市数字普惠金融发展研究: 趋势演变与区域比较 [J]. 新经济, 2022 (3): 63 - 68.

[15] 2022 广州金融发展形势与展望 [M]. 广州: 广州出版社, 2022.

[16] 吴金旺, 顾洲一. 数字普惠金融文献综述 [J]. 财会月刊, 2018 (19): 123 - 129.

[17] 杜林丰, 周玲. 普惠金融、绿色金融与智能金融协同效应研究 [J]. 普惠金融, 2021 (8): 49 - 57.

[18] 姜再勇. 绿色普惠金融探析 [J]. 中国金融, 2018 (18).

[19] 截至 2021 年末我国绿色贷款余额存量规模全球第一　绿色金融 + 普惠金融　粤银行出真招 [N]. 广州日报, 2022 - 03 - 11.

[20] Knaack, P. and Volz, U. "Inclusive green finance", *Scaling up sustainable finance and investment in the Global South* [M]. London: CEPR Press, 2020: 149 - 160.

[21] Alliance for Financial Inclusion - AFI. Inclusive Green Finance: A Survey of the Policy Landscape, Second Edition [R]. AFI Special Report, 2020.

[22] Wang, X. and Wang, S. The impact of Green Finance on inclusive economic Growth—empirical analysis based on spatial panel [J]. *Open Journal of Business and Management*, 2020, 8 (5): 2093 - 2112.